A. L. H. M. JOLY

LE
SOUVERAIN

CONSIDÉRATIONS
SUR
L'ORIGINE, LA NATURE, LES FONCTIONS, LES PRÉROGATIVES
DE LA SOUVERAINETÉ
LES DROITS ET LES DEVOIRS RÉCIPROQUES DES SOUVERAINS
ET DES PEUPLES

Elibron Classics
www.elibron.com

Elibron Classics series.

ISBN 1-4212-2845-9 (paperback)
ISBN 1-4212-2844-0 (hardcover)

This Elibron Classics Replica Edition is an unabridged facsimile of the edition published in 1868 by Emm. Renault, Paris.

LE SOUVERAIN.

LE

SOUVERAIN.

CONSIDÉRATIONS

SUR

L'ORIGINE, LA NATURE, LES FONCTIONS, LES PRÉROGATIVES
DE LA SOUVERAINETÉ,
LES DROITS ET LES DEVOIRS RÉCIPROQUES DES SOUVERAINS
ET DES PEUPLES,

Par A. L. H. M. J.

ANCIEN PROFESSEUR D'HISTOIRE.

> *Ni révolutions, ni partis, mais seulement
> la Patrie et son Chef.*

PARIS
Chez Emm. RENAULT
LIBRAIRE-ÉDITEUR,
Rue des Saints-Pères, 11.

1868.

AVANT-PROPOS.

Le livre que nous publions devait paraître en 1866, au moment où la force triomphait en Allemagne, au moment où des droits et des intérêts de premier ordre paraissant sacrifiés par ces graves événements, la crainte de leurs redoutables conséquences dans l'avenir tenait un si grand nombre d'esprits inquiets et frémissants. Dans ces conjonctures douloureuses, rien, ce semble, n'était plus opportun que la publication d'un ouvrage destiné dans son humble sphère à affirmer les principes d'ordre et de justice dont le mépris allait à l'affaiblissement du respect de la souveraineté elle-même dans la personne de ceux de ses représentants qui avaient eu le malheur de soulever de si grandes et si injustes querelles. Mais diverses circonstances, indépendantes de la volonté de l'auteur, ne lui permirent pas de donner suite alors à son désir. Et toutefois nous pensons que ces contre-temps, bien loin de nuire à notre livre, ont tourné au contraire à son avantage, et cela principalement pour deux raisons. D'abord on a profité de ce moment d'arrêt pour le soumettre à de nouvelles épreuves et à un examen sévère. Des savants, des théologiens, des hommes d'un esprit éminent et initiés à l'étude de ces matières si délicates l'ont revu dans toutes ses parties; et par leur conseil il y a été fait un certain nombre de retranchements et d'explications qui nous paraissent devoir servir à en augmenter la clarté et l'utilité, et nous donnent la confiance qu'il sera favorablement accueilli du plus grand nombre des lecteurs. D'un autre côté, les grands événements qui ont surgi depuis l'an dernier sont venus corroborer nos doctrines en les étayant d'une nouvelle preuve, et en montrant avec éclat leur à-propos et leur actualité. Les excès du fenianisme et des unions ouvrières en Angleterre, les tentatives révolutionnaires dans les Etats romains, les commotions de l'Espagne et de la Crète, tous ces mouvements, toutes ces agitations dangereuses, dont le but assez manifeste est le renversement de la puissance souveraine, et le but caché la destruction de l'ordre social, démontrent avec l'éloquence irrésistible des faits la nécessité de se rattacher avec plus de force que jamais à ces souverainetés si attaquées, mais si nécessaires; puisqu'elles seules, après Dieu, sont la sécurité du présent et l'espoir de l'avenir ; elles seules sont le rempart de la société, et la défense de la liberté et de l'ordre contre les maximes subversives et les tendances tyranniques des révolutions, ces éternelles et incorrigibles ennemies de la paix, de la prospérité, des intérêts spirituels et temporels de tous les peuples du monde. Mais grâce à l'action tutélaire et incessante de la Providence, à côté du mal il y a le bien, à côté du parti audacieux mais borné des perturbateurs il y a la foule immense des hommes modérés et de bon sens, qui s'instruisent et se fortifient par l'expérience; et c'est de ce réveil de l'esprit public et de la force des vrais principes que nous attendons l'heureuse issue de notre œuvre, et pour la société un meilleur avenir.

INTRODUCTION.

Il est dans l'histoire du monde un fait saillant et qui domine tous les autres ; c'est l'existence du pouvoir souverain. On le voit établi dans tous les temps, depuis la Création jusqu'à nos jours, et chez tous les peuples de la terre. C'est une institution constante et universelle. Or, « ce qui se fait toujours et partout, dit Cicéron, ne peut être que l'expression de la voix de la nature, » un commandement de son Créateur, un précepte naturel, une nécessité sociale. Donc, l'établissement général et perpétuel de la souveraineté parmi les hommes en prouve l'indispensable nécessité, et, par conséquent, le droit.

Et nous ne parlons pas seulement ici des peuples civilisés. Les sauvages eux-mêmes ne font pas exception. L'on a beaucoup cité cette parole de Plutarque : que l'on a vu des agglomérations d'hommes sans murailles, sans écoles, sans lois écrites, mais non sans culte et sans autels ; on peut en dire autant du Gouvernement, c'est-à-dire de l'autorité supérieure d'une ou plusieurs personnes commandant à tous les autres. Il ne faudrait point se représenter les sauvages comme des gens contents d'errer à l'aventure dans les forêts, isolés, sans union entr'eux, et absolument indépendants les uns des autres ; non, ce sont de vraies tribus quoique ordinairement nomades, et de vraies peuplades quoique voyageuses, à la manière des Arabes, des Bédouins, et des populations africaines. Ils n'ont sans doute que les premiers éléments des connaissances humaines, et presqu'aucune des ressources de notre civilisation ; mais ils conservent, néanmoins, assez d'intelligence pour comprendre qu'ils ne peuvent se passer de la principale des ressources et de la plus nécessaire des institutions, qui est l'autorité suprême du Gouvernement, sans laquelle ils se dévoreraient les uns les autres.

Il n'est pas une seule tribu parmi eux qui n'ait son chef, élu en vertu de certaines coutumes, et dont les ordres sont rigoureusement exécutés. Et ce que nous disons des sauvages s'entend de toutes les autres associations humaines, et les brigands eux-mêmes sont soumis à cette loi. Tant il est impossible aux hommes de former entr'eux une société quelconque sans une autorité supérieure qui par la subordination puisse empêcher tous les désordres, et procurer la paix et l'unité de direction.

Mais cette nécessité d'un pouvoir souverain si bien établie par l'expérience n'est pas moins évidente aux yeux de la raison. Et, en effet, de l'aveu de tout le monde, sauf de quelques rêveurs, l'homme est fait pour vivre en société; d'un autre côté la société ne peut subsister sans une direction commune, et cette direction comprend nécessairement des hommes qui commandent et d'autres qui obéissent; donc le pouvoir est nécessaire de droit naturel. Toutes ces propositions sont incontestables.

Que l'homme soit fait pour la société, c'est ce que prouve surabondamment l'expérience et l'usage universels du genre humain, qui ne vit nulle part dans l'isolement; et sans doute on lui accordera assez de raison pour discerner quels sont ses vrais avantages et les nécessités de son être. Et, comment l'homme ne serait-il pas né sociable, puisque sans les secours qu'il trouve dans le sein de la société, il ne pourrait ni conserver sa vie et la défendre contre l'intempérie de l'air et les autres ennemis qui l'entourent, ni éclairer son intelligence presque réduite à néant en dehors des bienfaits de l'éducation, ni connaître son Créateur et lui rendre ses devoirs, ni pratiquer la vertu, ni jouir des immenses douceurs de l'amitié et du commerce de ses semblables. Quand on est sans aucun rapport avec la société, en quoi diffère-t-on de la brute? Mais s'il est évident que l'homme est vraiment né pour vivre dans la société, il ne l'est pas moins que la société ne peut se passer d'une direction, d'une volonté qui la conduise, autrement elle irait à l'aventure; sans but, sans plan, sans unité, sans ressources, sans défense, elle deviendrait la proie de ses adversaires, ou elle mourrait d'inanition, semblable à un navire abandonné à lui-même sur l'Océan, et n'ayant ni capitaine, ni pilote, ni vapeur, ni voiles, ni gouvernail. Une telle société n'en serait pas une; et la triste existence de l'homme isolé dans les bois et ne dépendant que de lui-même lui serait infiniment préférable. Mais il est bien facile de voir que cette direction si nécessaire à toute société n'est pas autre chose qu'une autorité supérieure et reconnue qui domine tout et fait plier toutes les résistances ; qu'un vaste système de supériorités et de dépendances; qu'un état permanent où sous un premier chef les uns commandent et les autres obéissent; en un mot, que la souveraineté. Donc, la souveraineté est nécessaire à la situation réelle et à la vraie constitution du genre humain, et cette nécessité dérive de la nature même. Le Souverain peut donc, comme dans toutes les autres supériorités, et à plus forte raison, donner des ordres auxquels tous les autres soient tenus de se soumettre; le Souverain a donc un droit naturel et imprescriptible, dans les limites des constitutions, au respect et à l'obéissance de tous les membres de la société sans exception; autrement, sa souveraineté ne serait que nominale, dérisoire, absolument incapable de diriger les hommes dans leurs voies ; l'association serait tiraillée en sens contraires, perdue dans des troubles sans fin, dans les envahissements continuels des uns sur les autres ; nulle paix, nulle justice, nulle sécurité, mais un brigandage affreux mille fois pire que l'état sauvage. Donc, le pouvoir suprême est de toute nécessité, et son autorité indépendante des volontés particulières qui dépendent, au contraire, de la sienne dans le gouvernement de la nation, sauf les conventions réciproques.

Quant aux formes du pouvoir souverain, elles sont diverses selon l'état social, le génie des peuples et la différence de leurs constitutions. Dans les temps primitifs et à l'origine même du monde, l'autorité souveraine se confondait avec l'autorité paternelle, qui était alors la seule existante ; et la société civile ne différait pas de la société domestique. Dans sa maison, le chef de famille, ou patriarche, était à la fois père, prêtre, roi, réunissant ainsi, dans sa personne, toutes les autorités de la terre. Outre l'action directive du père, il était l'unique sacrificateur dans les choses de la religion; et pour les affaires temporelles l'unique monarque, ayant la puissance de faire des lois; l'unique juge par le droit d'en punir les violateurs, même par la mort. Dans les temps post-diluviens, le nombre des hommes s'étant considérablement accru, et le gouvernement patriarcal devenu insuffisant et même impossible à cause de cette grande multitude et de leurs passions frémissantes et impatientes d'une autorité si faible, les hommes sentirent le besoin de se rapprocher, d'unir leurs forces, et de se former en société pour se soutenir et se défendre mutuellement, comprenant bien que sans cette réunion des énergies ils ne pourraient ni réprimer les prétentions et les rivalités contraires des diverses familles, ni résister aux attaques de leurs ennemis communs; ils furent donc naturellement amenés à créer une puissance protectrice, mais dominante, puisque, comme on l'a vu plus haut, il ne peut pas y avoir de société parfaite sans hiérarchie, sans subordination, sans direction, et, par conséquent, sans puissance souveraine.

Il est vrai que les humeurs mobiles et inconstantes des peuples varièrent souvent les formes de ce pouvoir, soit à l'origine, soit dans la suite. Les uns ont adopté ou subi le gouvernement despotique, qui domine presque partout en Asie; les autres ont établi le pouvoir absolu d'un seul homme soumis lui-même aux lois; d'autres ont voulu une autorité tempérée par des pouvoirs secondaires et modérateurs, sous le nom de monarchie constitutionnelle, ou de république. Cependant, il est à remarquer que tous les gouvernements des grandes nations ont commencé par l'État monarchique, comme plus fort et plus capable de maintenir l'union, et d'atteindre le but des sociétés. Les chefs des peuples ont pris diverses dénominations selon la nature de leur autorité : roi, empereur, autocrate, duc, calife, landgrave, président, consul, etc. Mais sous ces formes, sous ces restrictions, sous ces noms et titres différents, on voit toujours le même fonds de pouvoir, la même nécessité du commandement pour le bien du monde, les mêmes égards pour les Souverains de la part des subordonnés.

En outre, comme il est pour l'homme, au jugement de tous les peuples et dans tous les systèmes religieux, deux grandes destinées générales, deux fins principales et dominantes, le bien-être du temps présent et le bonheur attendu dans une autre vie, deux grands pouvoirs aussi ont dû présider à la direction des hommes dans l'une et l'autre de ces voies : le pouvoir *civil* ou *politique*, qui a pour but d'assurer en cette vie la paix et la prospérité de l'homme dans sa personne, dans sa famille, dans ses biens, dans tout ce qui dépend de lui ; puis le pouvoir *sacerdotal* ou *spirituel*, dont la fonction est de gouverner les choses de la religion, et de préparer l'humanité à la félicité de l'existence éternelle. Mais ces deux autorités souveraines ont le même principe, la nécessité de la conservation physique et morale de l'homme; et par conséquent elles sont également d'ordre naturel et d'institution divine, Dieu ne pouvant manquer à rien de ce qui est nécessaire au bien général des créatures et au gouvernement de l'Univers. Quand nous parlons du Souverain, nous l'envisageons donc toujours sous l'un et l'autre point de vue, et dans notre pensée nous ne séparons point ces deux ordres.

L'institution des pouvoirs humains est donc divine, de droit naturel ; et par conséquent les hommes en les établissant ou en les recevant n'ont été, peut-être sans le savoir, que les instruments de la Divinité. Et pourtant aujourd'hui, par suite de l'ignorance provenant de la diffusion des idées révolutionnaires, y a-t-il beaucoup d'hommes d'Etat, de légistes, de publicistes, de politiques, profondément convaincus de cette double vérité si certaine ? C'est en quoi le célèbre sophiste J.-J. Rousseau s'est grossièrement trompé dans son *contrat social*, dans cette rêverie si retentissante mais si funeste, où il confond perpétuellement le mode et le canal d'établissement du pouvoir avec le principe de ce pouvoir commandé par la nature même des choses, et par conséquent par une nécessité indépendante de tous les systèmes philosophiques, et supérieure aux volontés particulières des hommes. Cette seule observation bien méditée suffira pour montrer à tout esprit intelligent et droit l'inanité de pareilles utopies, et pour faire crouler de fond en comble l'échafaudage misérable et si péniblement établi de ce fameux livre, destiné à saper par la base toutes les institutions du monde, mais qui ne peut faire impression qu'à des gens préoccupés et irréfléchis.

Aussi l'a-t-on généralement abandonné, du moins quant à ses conclusions extrêmes, qui tendent à poser la révolution en permanence, et à rendre à jamais impossible le mécanisme de tout gouvernement et le repos de toute société humaine. De toutes ces vaines élucubrations autrefois si vantées du *contrat social* et de la souveraineté du peuple, il ne reste donc pratiquement et officiellement que la représentation nationale et le vote des citoyens dans les affaires publiques, double base essentielle du régime démocratique qui fait aujourd'hui le fond de la plupart des gouvernements européens. Mais ce prétendu droit du peuple ou de tout autre de déposséder les rois, n'est plus admis en spéculation, sinon dans certains cas exceptionnels et très-rares; et par le fait, il ne sera presque jamais exercé envers les souverains puissants que quand ils manqueront de se défendre; défense du reste assez facile avec un peu de précautions, puisque les insurrections ne viennent jamais d'abord du peuple entier, mais seulement de quelques factieux à la tête de minorités audacieuses.

Et cependant ce sont ces fausses théories qui, répandues dans les masses par les feuilles démagogiques et autres publications séditieuses ont ébranlé la puissance de la souveraineté en enflammant contre elle les imaginations, et en les portant à lui refuser le respect et la confiance sans lesquels elle ne peut fonctionner et se rendre utile. Quand donc voudra-t-on comprendre que commandement et obéissance sont des idées corrélatives? Dès-lors que l'autorité est nécessaire et qu'elle existe, ses ordres deviennent obligatoires, et obligatoires *en conscience;* et il ne peut dépendre des peuples d'obéir ou de n'obéir pas à leur gré, puisque d'un côté ils ne peuvent se passer d'un pouvoir souverain, d'une direction, d'un commandement, d'un gouvernement; et de l'autre, ce pouvoir, cette direction et ce commandement supposent essentiellement l'obligation d'obéir. Or, si l'on doit obéir au Souverain, l'on doit conséquemment l'estimer et le respecter, sinon à cause de lui qui n'en est pas toujours digne, du moins à cause de cette même dignité suprême dont il est revêtu et qui le mérite toujours; de sorte qu'à ce titre, la personne du prince est toujours respectable, quoi qu'il en soit de sa conduite privée. Et cette observation est de la plus haute importance, car les hommes sont ainsi faits, que généralement peu touchés des considérations morales de la religion et de la conscience, ils obéissent non à cause du devoir, mais en raison de la vénération et de l'amour que le supérieur sait leur inspirer par ses qualités personnelles; et ainsi l'obéissance cesse d'être une vertu comme telle. Or, le Souverain, on ne peut assez le redire, est toujours vénérable, sinon en lui-même et par ses propres vertus, du moins par ce grand titre de représentant de Dieu et de la nation, et par cette haute majesté de la puissance suprême, qui l'accompagnent toujours, et sont inséparables de sa fonction, et par conséquent de sa personne tant qu'il est sur le trône.

De plus, sous le souverain il est une hiérarchie d'emplois, de ministères, de magistratures, qui participent à sa puissance et relèvent de lui, pendant qu'il ne relève lui-même que de Dieu et des lois. Tous ces fonctionnaires et ces magistrats, qui aident le souverain et sans lesquels il ne pourrait s'acquitter de sa charge, ont donc droit au respect, à l'amour, à la soumission de leurs subordonnés en proportion de leur dignité, de l'importance de leur position sociale, et des degrés de proximité qu'ils entretiennent avec l'autorité première. C'est le Souverain se continuant et se réfléchissant par tout son empire dans les dépositaires et les aides de son pouvoir, de même que le soleil darde ses rayons jusqu'aux extrémités du monde dont il est le centre. Ainsi, dans ses diverses branches, dans ses divers membres, la souveraineté est une, et ne fait qu'un même corps; de sorte que c'est le Souverain qui est honoré ou insulté dans la personne de ses magistrats; parce que étant la source première de toute puissance dans le corps politique, tout aussi vient de lui et remonte jusqu'à lui. Voilà la grande idée que la raison nous donne de la souveraineté, idée qui est aussi ancienne que le monde, parce qu'elle est l'expression de la vérité absolue.

Mais la génération actuelle, égarée par l'esprit révolutionnaire et par d'autres circonstances malheureuses, s'est laissé emporter par l'orgueil et par une fureur d'innovation et d'indépendance, qui se remarquent dans la plupart de ses institutions, et dont elle ne revient que fort difficilement; aussi a-t-elle une peine extrême à retrouver le calme. Il y a partout un sourd murmure, un état d'agitation qui n'est pas la guerre, mais qui nous la fait continuellement appréhender; les plus assurés tremblent en jetant un coup-d'œil vers la suite des temps, et en se sentant comme suspendus sur un abîme où l'on est certes bien près de tomber lorsqu'on n'obéit que par force.

Or la société ne sera replacée sur sa base, elle ne reposera sur ses véritables assises, et ne recouvrera les douces espérances de l'avenir qu'en retournant pour toujours à l'estime, à l'amour, à l'obéissance dus à Dieu et à ceux qui la gouvernent; parce qu'alors, mais alors seulement, la révolution aura pris fin.

Jusque-là toutes les situations politiques ne sont que des pauses dans le combat et de simples trêves, laissant dans leur entier toutes les inquiétudes de l'avenir. Il importe donc à tout le monde de se faire une idée juste de cette souveraineté si peu connue, de bien comprendre la grandeur, la beauté, l'immense utilité de sa puissance. Voilà pourquoi, dans la première partie de cet ouvrage, nous montrons au peuple ce qu'est son Souverain par rapport à lui, ce qu'il est et dans ses fonctions selon l'idée que la simple raison nous en donne, et dans l'origine de son pouvoir manifestée principalement et avec certitude par la Révélation, et dans les titres glorieux dont cette même Révélation le décore. Puis, dans la seconde partie, nous rappelons au peuple ce qu'il est à l'égard du Souverain, ce qu'il a le droit d'attendre de lui, et ce qu'il lui doit à son tour; de sorte que ce double regard sur le Prince et sur le peuple puisse donner une idée exacte de la souveraineté, des rapports essentiels qui existent entr'elle et la nation, des droits et des devoirs de l'un et de l'autre. Car lorsque les nations seront bien convaincues de l'obligation sacrée et imprescriptible qui leur incombe, non pas d'entraver leur Souverain, mais de lui aplanir, par leur bon esprit et par leur soumission, les immenses difficultés du gouvernement, d'où dépendent leurs intérêts les plus précieux, alors elles se plieront à leur devoir, et elles seront sauvées.

La pensée générale de notre ouvrage, et effectivement tout son fond, c'est la doctrine du respect et des autres devoirs imposés à tous les hommes envers la puissance souveraine, temporelle ou spirituelle, ecclésiastique ou civile, et par conséquent envers toutes les autres autorités, qui découlent de cette première. La pensée générale de l'ouvrage, c'est la réfutation de la théorie de la souveraineté du peuple par rapport au pouvoir établi, c'est la doctrine sacrée de l'origine divine de ce même pouvoir, de ses fonctions, de ses prérogatives, de tous ses titres à l'amour et à la confiance de ses subordonnés; c'est la lutte contre l'idée révolutionnaire et anarchique, contre l'idée communiste et socialiste, contre l'idée oppressive de la justice et des droits de la conscience, qui se traduit de mille manières de nos jours; c'est la résistance à l'esprit des partis, respectés dans ce qu'ils ont de vrai, dans leurs opinions et dans leurs affections intimes, mais combattus dans leurs tendances perpétuellement hostiles, et dans leurs mouvements conspirateurs; c'est la guerre aux oppositions, non pas aux oppositions raisonnables, honnêtes, fondées, consciencieuses, mais aux oppositions systématiques, hautaines, injustes et déloyales; c'est, tout en reconnaissant et en admettant les libertés légitimes et essentielles des peuples, la négation du droit prétendu à ces libertés vagues, indéfinies, exagérées et sans bornes qu'on sollicite aujourd'hui avec tant d'instance, dans le but assez visible d'affaiblir et de renverser plus aisément les pouvoirs qui font ombrage, et d'éterniser ainsi le malheur des peuples par les révolutions. En un mot, défendre l'autorité de l'Eglise et des princes contre les mauvaises passions qui la menacent, dénoncer les projets infernaux des sociétés secrètes, source de tout le mal, montrer la nécessité du retour aux principes religieux et conservateurs, qui sont la plus sûre garantie de l'ordre, de la vraie liberté et de la paix dans le présent et dans l'avenir; telle est la pensée générale de l'ouvrage.

Mais qui ne voit que c'est là une doctrine qu'il faudrait prêcher sur les toits, et dont le monde a le plus grand besoin; comment donc la lui laisser ignorer? Il y aurait dans cette somnolence un effroyable péril. Et c'est probablement parce qu'on paraît éviter d'aborder de pareilles matières, qu'il règne tant d'incertitude et de confusion dans les pensées et dans la conduite d'un grand nombre de gens de bien; ne voyant rien de bien clair dans les principes, chacun se fait une règle à sa mode.

Est-ce à dire que l'on doive approuver tous les actes de l'Autorité, lors même qu'ils s'écartent évidemment de la ligne droite? Non; nous déclarons formellement en plusieurs endroits que la liberté du jugement reste entière, que la règle de la conscience est toujours la première, que le respect ne se confond pas avec une basse flatterie, que quand l'Autorité commande une chose contraire au droit ou au devoir, l'obéissance au Prince n'a pas d'application pour ce cas, et que la vénération due aux plus hautes puissances ne consiste point à en approuver indistinctement et aveuglément tous les actes. Dans notre écrit, il ne s'agit pas plus des cas particuliers que des systèmes sur les divers modes de gouvernements; il s'agit de la souveraineté en elle-même, indépendamment des formes, des pays, des opinions, des intérêts en discussion; tout cela est en dehors de la question que nous avons dessein de traiter. Monarchie pure, constitutionnalité, république, libertés politiques, absolutisme, nous entrons fort peu dans tous ces détails, sur lesquels nous laissons tout le monde dans sa manière de voir. Mais la question est plus haut : nous nous tenons sur le terrain des principes. La doctrine à laquelle nous nous attachons exclusivement, c'est la doctrine apostolique, c'est l'enseignement de l'Eglise, de toute la tradition, des SS. Pères, des théologiens, des vrais philosophes, des jurisconsultes honnêtes et chrétiens, de tous les conservateurs, de tous les hommes d'ordre, à quelque opinion spéculative qu'ils appartiennent; toujours on a reconnu l'inviolabilité de la puissance, malgré quelques insoumissions ordonnées par une loi supérieure. On a pu disputer sur telle forme, sur telle constitution, sur telle liberté, mais on n'a jamais varié sur ce point. C'est donc un enseignement divin, un enseignement catholique, un enseignement éminemment conservateur. Si les peuples avaient été solidement instruits de ce principe, et fortement convaincus de sa vérité, on n'aurait pas vu notre trône français crouler trois fois en si peu d'années, pour le malheur des peuples, sous les fureurs des révolutions; on n'aurait pas vu naguère les souverains italiens chassés de leurs Etats par des sujets trompés; on ne verrait pas encore à cette heure l'Europe si dangereusement menacée par les complots des sociétés secrètes; on ne verrait pas les hordes de Mazzini, devenues si puissantes, s'apprêter à dévorer les derniers restes du domaine du Saint-Siége; on n'entendrait pas tant de sourds murmures, tant de paroles d'insubordination contre les actes les plus équitables de l'autorité secondaire, contre l'autorité de la magistrature, contre celle des pères de famille, contre tout ce qui a droit de commander. Il est donc important que ces grandes maximes soient hautement enseignées, puisqu'il s'agit ici des devoirs les plus sacrés et de la paix la plus indispensable non-seulement des nations, mais des familles et des simples individus.

Tel est aussi notre dessein ; puisse-t-il être béni de Dieu et couronné de succès ! Le succès, nous ne l'attendons que de lui seul, et non de nos efforts ni des dispositions communes ; la raison est si émue, et les préventions si fortes ! Mais qu'importe ! l'opinion tombe, les principes triomphent tôt ou tard, car ils ont en eux quelque chose d'invincible et d'éternel. N'ayant en vue que le bien public, nous ne comptons que sur la droiture de cœur et le concours des hommes sensés, calmes et réfléchis, qui se tiennent en garde contre l'enthousiasme, la passion et les idées préconçues. Nous nous adressons principalement aux esprits modérés et sérieux, aux hommes de bonne volonté, et à l'avenir non moins qu'au présent. Nous n'avons point prétendu nous préoccuper de la politique du jour, ni travailler simplement à un sujet de circonstances ; nous avons voulu traiter une question de principes, applicable à tous les temps, quoique plus spécialement au nôtre, et capable de faire une impression salutaire sur ceux qui préfèrent la vérité à toute autre considération. Et de la sorte, quand nous ne réussirions qu'à détruire un seul préjugé, nous nous trouverions amplement dédommagé de toutes nos peines.

PREMIÈRE PARTIE.

Le Souverain devant le Peuple.

LIVRE PREMIER

Titres, attributions, prérogatives, devoirs et fonctions du Souverain.

CHAPITRE PREMIER.

Ce que l'on doit entendre par le nom de Souverain.

Nous entendons par *Souverain*, le directeur de tout l'Etat, celui qui est à la tête des affaires publiques et du gouvernement, qui possède la puissance exécutive et maintient tous les citoyens dans l'obéissance aux lois, quels que soient d'ailleurs son titre et l'étendue de sa domination. Ainsi, le Président ou le Doge d'une république, le Duc, le

Stahouder dans une petite principauté autonome et indépendante, le Roi, le Pape, l'Empereur dans une monarchie, sont des *Souverains*.

Car toutes les formes de gouvernements ou d'autorités publiques se réduisent à cinq, comprises en deux classes déterminées par les rapports qu'elles ont avec les lois, sources du droit de toutes les administrations. La première comprend les gouvernements *réguliers*, c'est-a-dire conformes aux règles de la nature et de la raison. Ce sont : 1° la *démocratie*, divisée en république et en aristocratie, dont les lois sont faites par l'ensemble des citoyens ou par leurs délégués, ou par les principaux de la nation; 2° la *monarchie tempérée*, où le chef de l'Etat et les Représentants du peuple ont une égale part à la confection des lois; et 3° la *monarchie absolue*, où le Roi seul en est l'auteur, mais en les rendant fixes et en s'y soumettant le premier.

Dans la seconde classe sont deux formes de gouvernement *irrégulières*, comme contraires aux règles naturelles, aux principes de la raison et aux exigences de la dignité humaine: le *despotisme*, dans lequel le Prince agit comme s'il n'était soumis à aucun principe supérieur, et ne reconnaît d'autre loi que ses caprices; et enfin le dernier, qui est plutôt un abus horrible et une anarchie qu'un gouvernement proprement dit, consiste dans la *tyrannie*, ou destruction des peuples par celui qui avait charge de les protéger et de se sacrifier à leurs intérêts, au lieu de les sacrifier à soi-même. Or, quoi qu'il en soit de ces diverses formes, le Souverain, c'est celui qui préside à ces gouvernements, et qui commande à l'Etat tout entier. C'est, en d'autres termes, le chef du pouvoir exécutif. Nous n'exceptons même pas le chef d'un Etat despotique, car cette forme, tout irrégulière qu'elle est, se trouve néanmoins acceptée par un trop grand nombre de peuples, surtout hors d'Europe, pour qu'on puisse les dire sans gouvernement et sans autorité.

Ils ne sont même que trop gouvernés, puisqu'ils le sont en dehors des lois. Nous n'excluons que la tyrannie qui, de même que l'anarchie, n'est pas tant un gouvernement que la négation de tout gouvernement.

Il ne faut donc pas entendre par le nom de souverain, comme on le fait quelquefois, celui qui fait les lois. Sans doute la puissance législative est bien la première de toutes, puisque le prince lui-même est soumis aux lois; mais elle est nulle quand elle est seule, puisqu'elle n'a par elle-même aucune force en main pour plier les résistances et faire respecter ses décrets. Pleine de force vis-à-vis la conscience, elle est d'une faiblesse extrême devant les mauvaises volontés. Toute sa vigueur réelle, toute son action extérieure est concentrée dans le pouvoir exécutif, qui a le commandement suprême, et promulguant les règlements, les fait exécuter de toutes parts; si bien que les lois seront fidèlement observées si elles sont appliquées par un prince vigilant et ferme, tandis qu'elles resteront à l'état de lettre-morte si le chef de l'Etat est faible et sans énergie. Ainsi toute la puissance législative, de quelque part qu'elle vienne et quel qu'en soit le canal, est représentée par le Prince et tout entière renfermée en lui, puisque c'est lui seul qui fait passer les lois du projet à l'acte et de la théorie à la pratique, de manière à pouvoir dire en un sens très-vrai : l'Etat c'est moi. Il personnifie donc en soi toute la puissance publique, et lui seul est véritablement Souverain.

Et voilà pourquoi, malgré la grande renommée de J.-J. Rousseau, nous ne pouvons nous empêcher de considérer comme insoutenables ses théories sur la souveraineté du peuple. Selon lui, le peuple reste toujours souverain, lors même qu'il a délégué sa puissance; délégation à laquelle, du reste, il est bien obligé, même dans son système, puisqu'il est absurde de penser que la masse d'un peuple puisse se donner des ordres à elle-même et s'imposer un frein.

Mais dès-lors qu'une nation a délégué son pouvoir à un citoyen en toute liberté et justice, ce pouvoir passe tout entier aux mains de ce mandataire qui, en vertu de la commission du législateur, a toute la force morale des lois pour commander à tous et à chacun, et toute la force physique et matérielle pour les leur faire réellement observer. L'on reconnaît bien là le chef, le prince, le modérateur suprême, le Souverain. Mais comment le peuple pourrait-il se glorifier de ce titre, quand il ne peut appliquer sa propre loi, quand il ne peut se faire obéir, quand c'est lui, au contraire, qui est commandé, soumis, perpétuellement plié aux règles de l'obéissance, et quand il y manque, puni dans chacun des individus qui le composent. Le peuple n'est donc souverain ni individuellement, ni collectivement : il ne l'est pas individuellement, puisque chaque citoyen reste sujet dans toutes les formes de gouvernement, même les plus démocratiques, et n'a aucune puissance par lui-même; il ne l'est pas non plus collectivement, puisque lors même qu'il aurait la puissance intrinsèque de faire des lois obligatoires, ce qui n'est pas démontré, le pouvoir d'appliquer les lois étant impraticable pour lui, ne s'élèvera jamais jusqu'à la hauteur du commandement, de cette autorité première et vraiment supérieure qui fait fléchir toutes les volontés particulières, c'est-à-dire de la souveraineté.

Ainsi, dans une monarchie quelconque le Souverain c'est le monarque, quel que soit, d'ailleurs, son titre particulier : roi, duc, pape, empereur, peu importe; dans l'aristocratie, c'est le corps qui est à la tête des affaires; dans la démocratie, c'est le directeur de l'Etat sous le nom de président, de doge, de consul, ou sous toute autre dénomination.

Et nous ne faisons aucune différence entre une autorité à vie et une autorité temporaire, puisque, dans l'un et l'autre cas, tant que celui qui a reçu la mission de commander commande réellement, il est le seul véritable souverain.

Et tous ceux qui, sous lui, donnent des ordres en son nom dans les diverses fonctions de l'autorité et de la magistrature, participent à cette souveraineté dont il est revêtu, mais à divers degrés, selon qu'ils ont reçu une plus grande partie de sa puissance, et qu'ils approchent davantage de cette autorité première, source et centre de toutes les autres. Ils ont donc tous, mais non dans la même proportion, les mêmes devoirs et les mêmes droits; et c'est toujours le Souverain que l'on honore ou que l'on méprise, à qui on obéit ou on résiste, dans la personne de ses représentants.

CHAPITRE II.

Le Souverain considéré dans ses rapports essentiels avec ses sujets.

Comme rien n'est plus contraire à la raison que les préjugés des partis, qui ne se conduisent habituellement que par enthousiasme, par boutade et par passion, et non par principes, ni surtout avec l'esprit de modération nécessaire pour discerner la vérité, nous nous garderons bien, si nous voulons nous former une idée exacte des Souverains, de nous en rapporter à ce qui a été dit et écrit sur eux depuis cent ans par les ennemis de l'ordre et par les feuilles qui se sont faites leurs échos. Toutes ces appréciations sont plus ou moins fausses, plus ou moins erronées, comme produites par la prévention, qui ne juge point les choses comme elles sont en elles-mêmes, mais les approuve ou les condamne au gré de ses haines et de ses affections, qui lui mettent un bandeau sur les yeux et l'aveuglent. Au lieu d'examiner la souveraineté en général et dans son fond, ils se sont arrêtés à juger à outrance la personne de tels souverains qui ne leur revenaient pas; et comme il est impossible de trouver la perfection sur la terre, ils ont conclu des défauts publics et particuliers de ceux qu'ils jugeaient avec tant de rigueur, que ces défauts étaient inhérents à la Souveraineté elle-même; et ils ont essayé de la faire regarder comme le fléau du genre humain. S'ils avaient été moins transportés et plus maîtres d'eux-mêmes, ils auraient senti l'extrême fausseté de leur raisonnement; ils auraient vu qu'il n'y a rien de plus contraire à toute logique, que de passer du particulier au général et de tirer des défauts, même graves, de quelques princes cette conséquence insoutenable que tous les autres sont également mauvais; et que lors même que tous les souverains seraient corrompus ou incapables, ce qui, grâce à Dieu, ne s'est jamais vu, il ne s'ensuivrait rien contre la souveraineté elle-même; qu'une chose excellente en soi ne répond pas des abus qui s'y mêlent, et que la conduite du ministre n'infirme en rien la sainteté du ministère; autrement, il n'y aurait rien de bon parmi les hommes, puisqu'il n'est rien qui soit sans abus.

Pour nous, laissant de côté les divagations des partis, nous ne nous attacherons, pour avoir la notion exacte de la Souveraineté, qu'aux idées éternelles et toujours sûres de la raison et de la foi, cette double voix de Dieu qui ne trompe jamais ceux qui la consultent avec impartialité et droiture.

La raison nous montre d'abord le Souverain comme le soutien du peuple, comme le centre auquel tout aboutit, comme le grand ressort qui fait mouvoir toute la machine de l'Etat, comme la représentation de la nation entière, qui se résume en sa personne et se trouve maintenue par lui dans une parfaite unité. Si à sa mort il laisse un successeur immédiat, l'homme meurt, mais le Souverain reste toujours;

tout se conserve dans l'ordre. Tombe-t-il, au contraire, sans être remplacé, c'est l'anarchie et le désordre, c'est-à-dire, le malheur public qui commence. Tout est en inquiétude, tout souffre, tout languit, la confiance s'évanouit, les capitaux se cachent, le commerce est paralysé ; de sombres incertitudes planent de toutes parts, et l'horizon paraît chargé de nuages effrayants : les ennemis de l'ordre relèvent la tête, les honnêtes gens tremblent, c'est un malaise indéfinissable ; l'on n'ose ni acheter, ni bâtir, ni penser à l'avenir de ses enfants ; les arts, les sciences, les lettres se ressentent de cette commotion funeste, et deviennent timides ; c'est un commencement de terreur. Et si cet état d'anarchie persiste, les fureurs populaires se déchaînent, il n'y a plus de frein aux passions cruelles des partis, tout est à feu et à sang, et la nation est déchirée jusque dans ses entrailles.

Mais, quand il y a un souverain, qu'il est reconnu, affermi, respecté, qu'il règne, qu'il commande, et qu'il est partout obéi, la paix règne avec lui, la nation s'appuie sur son sceptre, la confiance renaît ; l'on voit refleurir le commerce, la richesse publique, la joie, la prospérité universelle ; les champs sont mieux cultivés, les beaux-arts et tous les travaux de l'esprit répandent sur le pays un air de distinction et de grandeur qui le rend heureux et respectable ; la Religion peut se livrer en liberté aux splendeurs de son culte et aux consolations de son divin ministère ; les doctrines perverses, qui naguère se publiaient sur les toits et enflammaient les multitudes, font silence ou prennent un ton plus modeste ; un calme profond succède aux divisions intestines et aux agitations de la rue ; quelquefois même les partis s'apaisent, se rapprochent et se concilient, assurant ainsi le calme des générations futures ; et cette immensité de biens découle comme de sa source de la Souveraineté, dont la tête et le bras se font ainsi sentir heureusement jusqu'aux extrémités du corps social.

Secondement, le Souverain est le défenseur du peuple contre les ennemis du dehors. Que deviendraient les hommes, malgré les plus sages lois, s'ils n'étaient protégés contre l'ambition et les attaques de leurs voisins? Mais comment les protégerait-on s'il n'y avait pas unité dans le commandement, et s'ils n'avaient à leur tête un chef de guerre? Aussi, dans tous les temps et dans tous les pays du monde, les nations, même les plus fières et les plus indépendantes, se sont donné des généraux pour les conduire aux combats. C'est dans ces grandes occasions que le besoin d'une direction suprême et unique, jointe à la science et à la valeur guerrière, se fait plus vivement sentir, en montrant avec évidence qu'on ne saurait se passer de la souveraineté. Alors le prince dirige les armées de l'Etat, non-seulement par les capitaines qu'il a sous ses ordres, mais souvent par lui-même, à la tête de ses troupes. Qu'il est beau de voir celui sur qui reposent toutes les espérances de la patrie marcher l'épée à la main devant ses bataillons, diriger leurs mouvements, partager leurs fatigues, coucher comme eux sur la dure, faire avec eux des marches forcées, sans s'inquiéter de l'éclat de son rang, parce qu'il se souvient que *noblesse oblige*, soutenir ses soldats de son regard, les enflammer de son ardeur, les suivre au plus fort de la mêlée, et, sans s'exposer témérairement, les électriser par son bouillant enthousiasme, et par les efforts combinés de son courage et de sa prudence, leur faire remporter la victoire! Nous autres Français, en particulier, comme nous avons un juste sujet d'être fiers et de remercier Dieu en voyant une telle bravoure héréditaire dans les diverses races de nos princes, qui semblent se la transmettre les uns aux autres avec leur sang et leur puissance, et en les contemplant soit vainqueurs, soit même vaincus, mais toujours dévoués, toujours illustres, toujours dignes de commander à l'une des plus vaillantes nations de l'univers. Et cependant, quelque naturel, quelque obligatoire que paraisse un si héroïque dévouement d'un prince devant ses armées, il y a là un sacrifice, et le sacrifice coûte toujours. Oui, il doit en coûter à des hommes qui, comme tous les autres, ont l'amour de la vie, de s'exposer si hardiment dans les hasards de la guerre; il doit en coûter beaucoup à des hommes élevés dans les douceurs des cours et dans les agréments infinis des conditions supérieures, de mener cette rude vie des camps et de supporter toutes les souffrances des champs de bataille, ces fatigues accablantes des marches et des contre-marches, la faim, la soif, le froid, le chaud, la dureté des climats et le changement si pénible de toutes leurs habitudes. Et pourtant, au milieu de tout ce tumulte, et lorsque tout est plein du fracas et des horreurs de la mort à la frontière, l'intérieur jouit d'un calme profond; le peuple dort en paix pendant que son Chef combat pour lui; il se met à l'abri des rigueurs de l'hiver et de l'été pendant que son Chef supporte toutes les intempéries, et il ne lui en tiendrait aucun compte? Il n'éprouverait pas pour un si grand dévouement le plus léger sentiment de reconnaissance? Il remercie le moindre des hommes pour une bagatelle, et ce service capital que lui rend son Souverain le trouverait insensible? Et la majesté du trône, et ses titres à l'amour public ne lui paraîtraient pas centuplés par cette immense protection dont il environne, à ses dépens, la nation qu'il représente? Non, cela n'est pas possible; il n'est pas possible qu'un peuple entier manque de cœur; et s'il n'apprécie pas toujours, comme il le doit, les bienfaits qu'il reçoit de son prince, s'il ne se sent pas remué par une vive gratitude pour son attention à repousser avec tant de fatigues et de sueurs les ennemis de la patrie, c'est qu'il n'y réfléchit pas suffisamment.

D'autant plus que les soins continuels du Souverain ne se bornent pas à défendre le pays contre les agressions étrangères : il le protége avec non moins de sollicitude contre les ennemis du dedans. Ces ennemis sont de deux sortes : les ennemis privés, et les ennemis publics; ceux qui s'attaquent par cupidité ou par vengeance à la vie, aux biens, à l'honneur de leurs concitoyens, et ceux qui veulent renverser le souverain régnant et détruire l'ordre de l'État. Double péril, social et politique. Contre le premier danger, le Prince déploie une police vigilante et exacte; contre le second, la puissance militaire et toutes les ressources de la force armée.

Dans les temps de licence et d'insubordination, combien les révolutions, déjà malheureusement si fréquentes, comme on le voit dans notre Europe, ne se multiplieraient-elles pas encore davantage, si certains hommes que leur chute irrite sans les changer, pouvaient impunément lever la tête et ébranler l'État? Car c'est là leur but fixe et leur travail incessant, sous une apparence de soumission et de tranquillité; la haine est leur élément, et la conspiration, sous une forme ou sous une autre, comme une nécessité de leur existence. Les passions politiques ne désarment presque jamais. Les esprits exaltés viennent-ils à subir un échec? au lieu d'immoler au bien public leurs prétentions particulières, au lieu d'accepter loyalement leur insuccès, de rentrer dans le calme, de déposer leurs rancunes et de tendre la main à leurs frères, ils ne songent et ne travaillent perpétuellement qu'à supplanter les vainqueurs, dussent ces nouveaux bouleversements attirer sur le pays d'incalculables calamités. Pourquoi demandent-ils avec de si grands cris la liberté, quand ils sont inférieurs, eux qui, étant les maîtres, l'ont presque toujours refusée aux autres, sinon pour avoir plus facilement raison de leurs adversaires, et pour se frayer un passage au pouvoir au travers des démolitions? Spectacle profondément affligeant! Que l'opinion publique ne s'y trompe pas; que, lassée de tant de malheurs, elle achève de s'instruire et de s'apercevoir que les caractères ambitieux et remuants, quels qu'ils soient en eux-mêmes et dans leurs illusions, sont ses ennemis les plus terribles. Heureusement l'autorité veille, et les personnes sensées de toutes les opinions doivent regarder comme une des plus grandes faveurs de la miséricorde divine la fermeté tranquille des Princes qui, sans sortir des bornes de la modération et sans se laisser ébranler par les menaces, savent contenir les hommes ardents dans leurs aspirations politiques, tout en les laissant jouir de leurs droits civils dans leur intégrité. Qu'il est difficile de marcher d'un pas assuré parmi les nombreux écueils qui entourent la puissance publique! Si le Souverain refuse de céder aux légitimes désirs de la *nation*, il se rend odieux, et il ébranle son trône; s'il fait des concessions sans nécessité, il montre sa faiblesse; l'on revient à la charge, il faut accorder aux esprits hardis et entreprenants faveurs sur faveurs, entamant essentiellement la prérogative royale, qui ne peut plus se soutenir, et le trône croule encore, bien que par l'excès contraire; mais cette perspicacité et cette vigueur qui, démêlant le vrai du faux et le nécessaire du dangereux, accorde au premier, refuse au second, et sauve ainsi les empires sans faire tort aux particuliers, que tous les bons citoyens la doivent bénir, dans quelque genre de gouvernement qu'elle se rencontre! C'est la science, la force, la perfection de l'autorité. L'armée est toute prête pour réprimer les révoltes, et pourtant elle n'a jamais besoin de tirer l'épée; les malheurs présents et futurs sont évités, et sans cette vigueur du Prince ils pourraient devenir effroyables. Troisième titre du Souverain à la reconnaissance, à la confiance et à l'amour : la défense assidue des peuples contre leurs ennemis du dehors et contre les complots des factieux.

Le quatrième titre du Souverain est celui de conservateur

des lois. Il est établi principalement et presque exclusivement pour en maintenir le règne, et pour les faire observer dans tout l'empire. C'est là le propre devoir de la Souveraineté, ce qui en fait la puissance en même temps que la gloire. Le Prince est établi non pour lui-même, mais pour les peuples; non pour les gouverner par ses caprices, mais pour tout soumettre à l'autorité des lois. Elles sont mises en dépôt entre ses mains, et soit qu'elles viennent de lui, soit qu'elles aient une autre origine, lui seul a le droit de les faire fonctionner; c'est en quelque sorte la loi qui s'incarne en sa personne: voilà pourquoi il porte le nom de Majesté. Il a les lois en mains pour faire respecter tous les droits, ceux du pauvre comme ceux du riche, ceux du pâtre comme du grand seigneur, ceux de la veuve et de l'orphelin, comme ceux de l'homme puissant qui cherche à les opprimer. Le droit de la conscience, le droit de la liberté, le droit de la propriété, le droit politique et social trouvent en lui un protecteur et un appui, et sans lui aucun de ces droits ne peut être assuré contre les attaques. Avec la force des lois il maintient tout dans la paix et dans l'ordre. Les querelles, les séditions, les vols, les fraudes, les abus dans le commerce, les brigandages, la contrebande, trouvent dans son pouvoir une répression qu'ils ne rencontreraient nulle autre part, ou seulement au moyen d'autres désordres peut-être encore plus grands.

Par la puissance des lois il a de plus la facilité si nécessaire d'intimider les méchants et d'encourager les bons, de punir le mal et de récompenser le mérite. C'est en vain que le voleur, l'assassin, le calomniateur, le faux-monnayeur, le factieux cherchent à s'envelopper de ténèbres pour se dérober à la vengeance des lois et pouvoir plus aisément recommencer leurs forfaits; le Souverain a l'œil à tout: par la police, par la gendarmerie, par la justice des tribunaux, il les trouve, les arrête, les fait condamner, et la société respire. Si quelques fois le coupable irrévocablement frappé par les arrêts des hommes, et cependant plutôt égaré un moment que foncièrement pervers, espère obtenir miséricorde, quelle ressource lui reste-il encore? Il ne lui en reste plus qu'une : il va frapper à la porte de la clémence, cette magnifique prérogative de la Souveraineté, qui est comme un rayon de la clémence divine ; et l'infortuné, rendu à l'existence, à sa famille éplorée et à tous ses amis, remercie Dieu qui a communiqué au Prince une partie de sa bonté, et par sa commisération royale lui a donné une seconde vie. Alors la personne du Prince est immensément élevée au-dessus des autres hommes; il paraît aux yeux de tous comme une image de Dieu sur la terre.

Mais ce beau titre de conservateur des lois ne brille jamais avec plus d'éclat que lorsqu'il s'agit de conserver les lois de Dieu et d'être le protecteur de la Religion. Le pouvoir temporel, il est vrai, ne doit jamais s'immiscer dans la confection de ces lois sacrées ; car si c'est Dieu qui les a faites, comment l'homme oserait-il y porter la main ? Et s'il s'agit des lois ecclésiastiques, tout le monde sait qu'elles sont exclusivement du ressort de la Papauté et de l'épiscopat, les seules puissances législatives de l'Eglise. Dans les matières mixtes, sans doute il a son droit, il joue son rôle ; mais qu'il prenne garde d'outrepasser ses bornes et d'empiéter sur le spirituel ; qu'il imite la sagesse de l'Eglise, qui, lorsqu'elle le peut, a bien soin de ne rien déterminer sur ce terrain que de concert avec les Princes ; et c'est là effectivement l'unique moyen d'éviter de grands malheurs. Cependant le Souverain est le protecteur-né de la Religion et de ses lois, et la raison le dit clairement, puisqu'il est évident qu'il n'est placé si haut que pour maintenir l'ordre dans la vie présente dont la Religion est l'un des plus grands besoins. Il ne forcera pas l'incrédule à croire, l'hérétique à abjurer ses erreurs, et le schismatique à rentrer dans l'union; mais il laissera aux pasteurs toute liberté pour les amener doucement à leurs devoirs. On le voit favoriser de toutes ses forces les manifestations de l'esprit religieux, protéger les saintes expansions de l'âme; dans les pays catholiques appuyer les décrets et règlements de la vraie Eglise, assurer à tous ses ministres autant qu'il peut des moyens d'existence, soutenir leur autorité, respecter leur indépendance spirituelle, imposer silence à tous les insulteurs de le Religion, mettre son bonheur à augmenter la pompe et la splendeur du culte, et lui-même,

Eclairant l'univers par d'illustres exemples,
Baiser avec respect le pavé de ses temples,

bien persuadé que l'exemple du Souverain entraîne insensiblement tout le reste.

Regis ad exemplar totus componitur orbis;

et ainsi se souvenant que selon la parole de saint Optat, l'Eglise est dans l'Etat plutôt que l'Etat dans l'Eglise, il l'environne de sa sollicitude comme la plus noble portion du troupeau sur lequel il doit veiller, et c'est par cette sagesse constante et ses soins assidus qu'il mérite ce beau titre d'*évêque du dehors*, que lui a donné l'estime des peuples et la reconnaissance de l'Eglise.

Le cinquième caractère que la raison nous découvre dans le Souverain, est celui de père de la patrie, de nourricier de la nation, de pourvoyeur universel. C'est son père, puisqu'il lui procure directement, sinon la vie, du moins les moyens de conserver cette même vie, en la défendant contre tous les ennemis intérieurs et extérieurs; et il lui donne indirectement la nourriture, le logement, le vêtement, la religion, l'instruction et tout le reste, par les lois qui, en assurant la tranquillité publique, la mettent en état de se fournir de toutes ces choses, et par la fermeté avec laquelle il veille à l'exécution de ces lois. Sans la paix publique, sans la police de l'État qui réprime les pillages et les empiétements, sans les encouragements donnés au travail, que deviendrait l'agriculture; et sans l'agriculture où seraient les récoltes, où serait l'alimentation du peuple? Mais cette paix, cette police, ces encouragements, à qui les doit-on, sinon à celui qui maintient tout dans l'ordre? Si le Souverain ne gouvernait pas, s'il ne savait pas réprimer les factions partout où elles essaient de remuer, s'il n'était pas écouté, obéi, comment les hommes songeraient-ils à bâtir? Comment les métiers et le commerce apporteraient-ils au pays les étoffes nécessaires à vêtir et à orner nos corps? Ne sont-ce pas les lois sur le respect dû à la religion et sur la liberté du culte qui nous permettent de remplir nos devoirs religieux? Ne sont-ce pas également les lois si favorables à l'enseignement et au développement des lumières qui nous procurent le moyen de nous civiliser et de nous instruire? Mais, encore un coup, les meilleures et les plus sages lois ne servent à rien quand le pouvoir exécutif ne les applique pas. Ainsi, tous ces biens si grands, si indispensables, nous viennent du Souverain; il est donc vraiment le père de la patrie. Et si les sophismes des disciples de J.-J. Rousseau et les préventions reçues depuis un siècle n'avaient changé les anciennes idées et révolutionné tant de têtes, chaque nation se trouverait heureuse de se considérer comme une famille, dont le Souverain est le véritable père. Alors le respect, la confiance, la joie doublerait le charme de la vie; et si nous nous sentons généralement si méfiants et si tristes, au lieu du calme et du bonheur dont nous jouissions autrefois, c'est à l'oubli des traditions antiques que nous devons attribuer ce malaise. Convenons donc que le roi, l'empereur, le pape, le chef de l'Etat, quel qu'il soit, est vraiment l'image de Dieu sur la terre, répandant comme lui ses bienfaits sur tout son empire; il est le centre où aboutit l'expression de tous les besoins, et d'où partent toutes sortes de biens, qui, comme autant de rayons, vont ranimer, réjouir et vivifier le pays jusqu'à ses extrémités les plus reculées. Et voilà pourquoi le Prince peut dire avec vérité : l'État, c'est moi; non pas dans un esprit d'accaparement et d'égoïsme, comme si lui seul était quelque chose et que les autres dussent être comptés pour rien; mais parce que les joies du peuple sont ses joies, ses tristesses sont les siennes, ses besoins et ses prospérités sont les siens, et que tous les intérêts publics se trouvent comme absorbés, résumés et personnifiés en lui.

Et qu'on ne regarde pas ces considérations comme une flatterie à l'adresse du pouvoir. Non, la flatterie suppose des qualités fausses et chimériques, elle se paye plus d'imagination que de raison, et le sens commun la repousse avec dégoût; tandis que l'idée que nous venons de donner du Pouvoir souverain se tire de la nature même de la Souveraineté et de ses fonctions, et elle tient aux entrailles du sujet; et la preuve, c'est qu'ainsi l'entendent tous les peuples depuis l'origine du monde, quand ils ne sont pas travaillés par les révolutions, par ces grandes commotions qui troublent tout, qui répandent comme un nuage épais sur les intelligences, leur font perdre la vraie notion du bien et du mal, font tourner les têtes, les jettent dans une sorte de vertige, et ne laissent presque plus rien de sain dans les esprits et dans les cœurs. Les nations justes et sages n'ont pas regardé les qualités du Souverain, mais le Souverain lui-même; elles étaient moins touchées des vices de quelques-uns que de la nécessité et des bienfaits de l'ensemble, et elles pardonnaient les faiblesses de l'humanité, et même l'irrégularité de l'origine, en faveur de la sainteté de l'institution et des biens immenses qu'elle produit dans le monde. Mais tous les hommes ne pensent pas ainsi. Par une suite de l'orgueil humain, il n'est point de Souverain qui ne soit plus ou moins en butte aux contradictions et aux haines. Dès-lors que l'on suit les idées et qu'on favorise les intérêts des uns, ces idées fussent-elles les meilleures et ces intérêts les plus justes, on doit nécessairement froisser les autres, dont les manières de voir et les intérêts sont contraires; et comme la plupart des hommes ne jugent des choses que par ce qu'ils y trouvent d'agréable ou d'utile pour eux-mêmes, et non par ce qu'elles ont d'utile et de convenable en soi, il s'en suit que les plus grands princes, un saint Louis même ou un Charlemagne, ont leurs contradicteurs et leurs ennemis. C'est ce que montre presque par toute l'Europe, d'une manière aussi triste qu'éclatante en nos temps de dissensions et d'opposition systématique, la conduite des hommes extrêmes. Toujours en guerre les uns avec les autres, et ennemis plus acharnés que s'il s'agissait de l'étranger, ils oublient qu'ils sont les enfants d'une même patrie, pour se déchirer sans remords; leurs méfiances réciproques sont sourdes, mais profondes, et leurs haines implacables. Mais s'agit-il de s'élever contre l'autorité des princes régnants, de la dénigrer, de l'insulter, de la combattre de toutes leurs forces et par toutes sortes de moyens, sans tenir compte des terribles catastrophes qui peuvent être la suite de ces luttes, et que quelques-uns même appèleraient, s'ils le pouvaient, pour abattre des gouvernements détestés et faire triompher leur idée; oh! alors, il semble que ces partis n'en forment plus qu'un: toute division cesse; ils s'accordent, non dans le but final, mais dans les moyens; ce sont les mêmes aspirations, le même langage, les mêmes expressions de mépris et d'aigreur; et, au besoin, ils se tendraient volontiers la main pour une action commune dans une association anormale, choquante, évidemment immorale, mais qui, toute immorale qu'elle est, leur paraîtrait suffisamment justifiée par la nécessité de réussir; et parfois les diverses couleurs politiques s'effaçant dans une union monstrueuse, ne font plus qu'une nuance insignifiante, une demi-teinte, qui reste sans nom. Telle est, en particulier, la bienveillance dont on a usé envers les divers gouvernements qui se sont succédé en France depuis cinquante ans : nous en avons assez de preuves, soit dans plusieurs des assemblées délibérantes, soit dans certaines réunions réformistes, soit dans les coalitions des journaux. Qu'il est difficile de convaincre des esprits ainsi disposés ! On ne convainc que par la vérité ; or comment la verraient-ils ? Pour l'apercevoir, il faudrait un œil serein qui ne fût pas obscurci par les passions ou par la prévention, les deux principales sources de toutes les erreurs ; et tout est passion et prévention dans les partis extrêmes, précisément parce qu'ils sont extrêmes et se rendent inaccessibles à la modération, c'est-à-dire à la raison ; ils ont un parti pris de n'admettre que ce qui leur revient, étant entièrement persuadés qu'il ne peut y avoir de juste et de vrai que ce qui abonde en leur sens. En France, en Belgique, en Grèce, en Italie, en Espagne, on voit de ces sombres esprits. A leur avis, tout ce que fait tel ou tel gouvernement part d'un mauvais principe. Il est inspiré par de déplorables sentiments ; les plus grandes impossibilités de la politique, ils les regardent comme des difficultés apparentes ou très-légères, dont il serait aisé de triompher si l'on était mieux disposé ; les lenteurs et les détours de la prudence pour calmer les agitations et concilier les intérêts leur paraissent des chefs-d'œuvre d'hypocrisie ; les faveurs les mieux à leur place répandues sur un certain nombre de personnes sont, à leurs yeux, un calcul de propagande ou un élément de corruption ; en un mot, tout est attaqué, envenimé, dénaturé, et la moindre parole prononcée avec calme pour expliquer et justifier la conduite des Princes, semble à ces imaginations trop émues un crime irrémissible. Alors, il ne reste plus qu'à se taire. La discussion, utile aux esprits droits, à quoi pourrait-elle servir, en effet, dans une pareille effervescence, où la raison n'a plus de prise? Mais, du moins, la vue d'un si triste spectacle nous aide à entendre un nouveau et dernier caractère du Souverain : c'est qu'il est l'être le plus à plaindre qu'il y ait dans l'État.

On s'accoutume aisément à regarder la royauté et en général la première place de l'Etat comme un objet digne d'envie. On voit cette charge entourée d'éclat et de magnificence au-dedans, des respects et de l'obéissance de tous au-dehors ; les princes nous apparaissent sous le prestige de la Majesté impériale ou royale, grands, puissants, satisfaits, gorgés d'or, nageant au sein des plaisirs ; et les hommes qui ne jugent que sur les apparences sont transportés d'admiration, et à la fois d'un secret désir d'un sort semblable. Ah! si j'obtenais telle faveur, s'écrient-ils, je serais heureux comme un roi; ils ne voient rien au-delà; pour eux, tout le bonheur est renfermé dans cette idée. Mais quand on va au fond des choses, on sent qu'il y a là une erreur profonde, et que cette grande puissance que l'on considère avec tant d'envie est peut-être ce qu'il y a de plus éprouvé et le comble de la misère, quoi qu'il en soit, d'ailleurs, des qualités morales du prince qui porte la couronne. Car, s'il se comporte en tyran, il est vrai qu'il n'a pas les soucis du devoir, mais il a les soucis mille fois plus terribles de la violation de ces mêmes devoirs : c'est le règne de la crainte; ce sont les remords déchirants de la conscience, s'il lui en reste encore une, ou s'il n'en a plus, la frayeur des révoltes ou de l'assassinat ; il y a longtemps que l'on s'est aperçu que la peur a établi son domicile au cœur des tyrans. Si le Prince, au contraire, est juste et vertueux, il est accablé par l'immensité de ses obligations, et de sa responsabilité devant les hommes, devant lui-même et devant Dieu: devant les hommes si sévères et si injustes dans leurs jugements, devant sa conscience si inexorable dans ses réprimandes, et devant Dieu si implacable dans ses châtiments.

Et pour mieux faire comprendre la force de cette preuve, nous disons que celui-là est grandement à plaindre qui a des devoirs très-nombreux et très-difficiles, avec des occasions continuelles de les enfreindre, qui ne saurait les transgresser sans souffrir énormément dans la pensée de la gravité de ses fautes en elles-mêmes et dans leurs suites; qui, enfin, malgré toutes ses bontés fait une multitude d'ingrats, et malgré tous ses soins une foule peut-être encore plus nombreuse d'ennemis irréconciliables. Or, tel est généralement le sort des Souverains.

Oui, la Souveraineté est un fardeau accablant, à cause du nombre et de la difficulté extrême des devoirs qu'il y faut remplir. Bornons-nous aux principaux, et considérons le Prince dans la guerre et dans la paix. Dans la guerre étrangère il lui faut connaître et préparer la quantité nécessaire de régiments et de vaisseaux, les habits des troupes et leur entretien, les armements, les provisions, les sommes d'argent, les transports, l'artillerie, pour un temps proportionné à la durée présumée de la guerre et au-delà, prévoir en gros les routes, les campements, les évolutions, l'attaque, la défense, les siéges, les projets de l'ennemi pour les déjouer, les alliances qu'il devra contracter en combinant les sujets de crainte ou de confiance qui s'y rencontrent, et tout cela avec une activité et une suite si vigoureuse que rien ne languisse et ne compromette le succès; et avec un secret si profond que l'esprit le plus habile et le plus fin ne le puisse pénétrer. Et dans la guerre civile, il a, outre toutes ces choses, à démêler quels sont ceux qu'il doit prévenir, intimider ou écraser par une promptitude énergique et une vigueur invincible, et ceux qu'il attirera et désarmera par ses bienfaits, contenant et usant les uns par les autres, tantôt agissant à force ouverte et frappant de grands coups, et tantôt se sauvegardant lui-même et se dissimulant sous des concessions faites à propos qui enlèvent tout motif à l'émeute; et selon l'occasion encore, tantôt usant de clémence envers le vaincu, tantôt l'abandonnant pour le plus grand bien à la sévérité des lois ; et cependant, dans toutes ces diverses situations, restant toujours assez maître de soi pour discerner les diverses fautes de ses adversaires, en profiter, diriger les événements, deviner la fortune et la faire tourner à son avantage. Assurément, ce sont là d'immenses devoirs et d'une prodigieuse difficulté, qui demandent des soins, un courage, un sang-froid et une habileté peu commune.

Considérons-le maintenant dans la paix : outre sa première sollicitude qui est pour la religion comme pour le plus important de tous les devoirs et le plus grand de tous les intérêts, il veille sur la conservation de la morale publique qui en est une partie si essentielle. Purger le théâtre de la corruption qui cherche à s'y glisser et en fait trop souvent, contre son but, une école de libertinage, soumettre à des règles sévères les maisons de tolérance, réprimer impitoyablement la licence de la littérature, les abus du colportage de librairie et l'immoralité parfois effroyable des feuilletons, tel est son rôle de chaque jour. Puis viennent les lois, qu'il faut préparer, proposer, soutenir, promulguer, changer selon les besoins publics, les mœurs et les situations, et appliquer par la police et les tribunaux. Il lui faut une police active pour prévenir le désordre, honnête pour ne le pas accroître, modérée pour ne pas porter atteinte à la liberté et aux droits des bons citoyens; il ne nomme aux charges de judicature, en considérant le seul mérite, que des magistrats instruits, intègres et indépendants de toute autre influence que de celle de leur conscience et des lois; qui puissent faire trembler le crime sans alarmer l'innocence, et dont le titre inamovible assure l'impartialité. Fortifier le commerce et toutes les transactions, sans les effrayer par une ingérence malentendue, mais en veillant et faisant veiller pour en écarter la fraude, de quelque nom qu'elle se décore et sous quelque belle couleur qu'elle se montre: communiquer une énergique impulsion aux travaux publics, quand ils ont pour but ou la majesté des monuments nationaux ou l'utilité générale; favoriser de tout son pouvoir les efforts de l'agriculture, lui donner la préférence sur tous les autres états, et surtout sur les états de luxe, et encourager puissamment et constamment tout ce qui tend à l'améliorer et à lui donner un plus grand développement, bien persuadé que tous les bras appliqués aux travaux des champs sont autant de bras enlevés à l'émeute, ce sont là ses soins de chaque jour. Attentif à la culture des intelligences, et soucieux des intérêts pupublics, on le voit couvrir tout le territoire d'écoles bien tenues, morales, religieuses, où le pauvre ait accès comme le riche, et où les parents puissent placer leurs enfants à leur gré; maintenir un ordre constant entre les diverses classes et les diverses opinions des citoyens, tenant entre elles une balance toujours égale, en sorte que l'admiration qu'elles concevront de la justice, de l'honnêteté et de l'impartialité du pouvoir les contraigne de s'effacer et de disparaître pour se fondre dans l'unité de la nation, sans laisser aucune trace de distinctions et de nuances; consulter cette même nation sur l'opportunité de la guerre et de la paix, et n'agir que de concert avec elle sans ambition, ni vues de conquêtes; ménager avec soin les finances et y établir une économie sévère, pour n'être obligé ni d'établir des impôts accablants dont toute la nation murmure et qui préparent la chute des trônes, ni de faire des emprunts ruineux qui augmentent la difficulté au lieu de la résoudre, ni de tomber dans une impuissance qui déshonore l'Etat, paralyse toute son action, lui interdit toute entreprise honorable et le met sous le joug de ses ennemis.

Enfin le Souverain exerce une vigilance universelle au-dedans et au-dehors; et cette surveillance, qui est le devoir propre et spécial de la Souveraineté, est si pénible et si lourde par la multitude des soins qu'elle embrasse et par leur extrême gravité qu'elle suffirait pour remplir de crainte. Car il est tenu de connaître les hommes et leurs diverses aptitudes aux emplois qu'ils auront à remplir; et comment les connaître, perdus qu'ils sont dans un vaste pays, où il ne les voit presque jamais par lui-même, mais par les rapports si souvent faux et intéressés qui lui sont faits; il est tenu de ne mettre en place que des hommes éclairés, justes, fermes et prudents; il est tenu d'avoir l'œil à tout, à la conduite des ministres, des généraux, des juges, pour s'assurer de la manière dont ils s'acquittent de leurs charges, empêcher leurs abus, leurs prévarications, leurs infidélités, les renfermer dans les limites du droit ou les y faire rentrer; de voir s'ils exercent à leur tour une semblable surveillance sur tous leurs subalternes jusqu'aux extrémités de la chaîne et aux dernières ramifications de l'autorité, qui doit toujours rester une et toute entière dans la main du Souverain. Les comptes des revenus de l'Etat et de leur perception, des contributions indirectes, des manufactures publiques, des postes, des domaines nationaux, en un mot de toutes les différentes administrations, doivent passer sous ses yeux, pour être préparés, contrôlés, apurés et mis dans leurs dernières formes par les divers ministères avant d'être présentés à la cour des comptes. Ce sont des calculs infinis où il doit entrer par lui-même, du moins pour le gros et l'ensemble, s'il ne veut pas être trompé. Dans ses rapports avec les puissances étrangères, il lui faut conserver une politique assez franche pour ne pas exciter leur défiance, assez habile pour pénétrer et déjouer leurs mauvais desseins en les prenant dans leurs propres piéges, assez honnête pour ne manquer à aucune des règles de la justice, assez bienveillante pour supprimer toute cause d'irritation; et néanmoins assez noble et assez ferme pour défendre l'honneur de la nation, protéger le drapeau contre toute insulte et ne laisser aucun tort impuni.

Sont-ce là de faciles devoirs, et le plus simple coup d'œil sur tant de soins si variés, si difficiles et si constants ne doit-il pas faire comprendre l'immensité et la pesanteur du fardeau sous lequel gémit un Prince qui veut être à la hauteur de sa mission et remplir dignement les fonctions de sa charge? Que d'inquiétudes poignantes et que de nuits sans sommeil, non-seulement dans les embarras publics et dans les adversités qui surviennent, mais dans la position la plus calme et la plus heureuse! Comment éviter des fautes, et des fautes énormes, au milieu d'obligations si diverses, malgré l'application qu'on y apporte; car enfin un Prince est un homme, et un homme plus exposé encore que les autres, à cause des flatteries, des séductions et des dangers qui l'environnent de toutes parts. L'on ne tient pas assez compte généralement de cette position exceptionnelle si délicate et si périlleuse. Mais que répondre aux cris de la conscience qui juge avec tant de sévérité et montre dans le lointain un autre jugement plus sévère encore et inexorable, non-seulement celui de la postérité et de l'histoire, toujours fort sensible à un prince, quoiqu'il importe peu à celui qui n'est plus, mais celui de Dieu, qui punit les rois avec moins de ménagements que leurs sujets, et sur la terre les sacrifie si souvent à l'instruction des autres hommes par les lamentables calamités dont il les frappe dans leur puissance, dans leur honneur, et dans toute leur race.

Si du moins au milieu de charges si accablantes, celui qui tient les rênes du gouvernement trouvait à se consoler par la reconnaissance des hommes qu'il a comblés de bienfaits! Ah! sans doute, pour l'honneur de l'humanité, il est encore des âmes nobles, reconnaissantes et dévouées; mais, en somme, la gratitude est un phénomène. Comme généralement l'égoïsme est le fonds des mœurs, et que plusieurs ne regardent les changements dans la puissance souveraine que comme un moyen de monter toujours et d'assouvir leur ambition, on laisse de côté tout égard pour le bienfaiteur; dès que la fortune tourne, on tourne avec elle, et toute la suite de l'histoire, principalement dans les temps de révolutions qui sont la pierre de touche de la fidélité, nous montre les princes et les grands les plus élevés par la faveur des Rois, être souvent les premiers, les uns à usurper leur couronne, les autres à précipiter et à achever leur ruine. Les histoires d'Angleterre, de France, d'Allemagne, en un mot, de presque toute la terre, nous en fournissent les témoignages les plus désolants. Quelles instructives et humiliantes leçons! L'on n'a donc pas à compter sur la reconnaissance, et cette pensée est l'une des plus amères au cœur des Souverains.

Et la fidélité des peuples à quoi tient-elle? A un cheveu! Surtout depuis que l'on a proclamé que *l'insurrection est le plus saint des devoirs*, depuis que d'incessants appels à la révolte se sont fait entendre, sortant quelquefois des lèvres les moins faites pour les proférer; trop souvent la fidélité des nations ne vient plus de leur conscience, mais de la force des armes dont dispose le pouvoir. L'Europe est encore toute frémissante des terribles commotions que ces funestes doctrines ont excitées : excepté une ou deux puissances, tous les Etats de l'Europe ont eu leurs révolutions depuis un siècle; les trônes ont été renversés les uns sur les autres, les Souverains exilés ou mis à mort; et aujourd'hui encore, on le sent, la terre est comme une vaste traînée de poudre où la moindre étincelle va mettre le feu.

Voilà pourquoi de tous côtés on éprouve un frissonnement et un vague mouvement d'inquiétude, parce que l'on s'est aperçu que quelquefois la paix du monde dépend de la vie d'un seul homme, et que cet homme fragile disparu, tout reste en proie aux plus terribles hasards.

Et lors même que l'on ne va pas jusqu'à la révolte consommée ou même à l'émeute, de notre temps il y a presque toujours parmi les citoyens de sourds murmures qui y prédisposent. Les partis n'abdiquant pas, les haines se concentrent; et s'il y a des flatteurs qui par ignorance ou par égoïsme trouvent tout bien, il y a aussi des caractères difficiles et en beaucoup plus grand nombre à qui rien ne plaît, et dont la parole est toujours dure. Que l'Etat soit calme et heureux, que le Souverain y entretienne l'abondance, que tous les intérêts légitimes soient satisfaits, peu importe, on ne le veut pas croire; et si la prospérité est trop évidente, on se rejette hardiment sur une foule de points de détails où la perfection ne saurait avoir lieu, pour se donner le droit de critiquer la marche générale, et donner à sa rancune une apparence de raison. La presse, les clubs, les conversations particulières, les sociétés secrètes se réunissent dans l'amertume de la censure; et ne considérant pas qu'ils ont affaire non à des anges, mais à des hommes, ne tenant compte ni de l'immensité des devoirs, ni de l'étendue des difficultés, ni de la gravité des situations, ni des résistances souvent invincibles, ils tournent tout à mal, ils profitent de toutes les circonstances pour exhaler leur humeur, et ils deviennent systématiquement impitoyables; de sorte que beaucoup de bons esprits s'étonnent comment aujourd'hui les pouvoirs publics peuvent subsister; mais ils devraient admirer encore bien davantage qu'il y ait des âmes assez courageuses pour se charger d'un tel fardeau, poussant ainsi le dévoûment à la patrie en quelque sorte jusqu'à l'héroïsme, sans autre récompense terrestre que celle de faire le bien, même à leurs contradicteurs.

Voilà donc le véritable état d'un Souverain : porter des devoirs nombreux et extrêmement difficiles, être oblig de veiller sur tous et sur tout, de démêler l'imposture de discerner et employer le mérite ; malgré tous ses soins faire des ingrats et des mécontents, parce qu'il est obligé de ménager des intérêts contradictoires ; punir ou écarter des grands, puissants et redoutables ; vivre dans de continuelles alarmes sur la conduite et le succès de ses desseins ; avoir à commander à des peuples remuants, indociles et amis de la licence, qu'il doit contenir sans les écraser, et laisser libres sans les rendre insolents ; en un mot, responsabilité effrayante devant lui-même dans les anxiétés auxquelles il est en proie, devant les hommes qui le jugent avec une sévérité excessive, devant sa conscience dans les reproches cruels qu'elle lui fait de ses propres fautes et de celles de ses représentants, et devant Dieu qui ne laisse rien d'impuni. Qu'on dise maintenant s'il est un être plus digne de pitié, et par conséquent d'indulgence.

Ainsi, pour résumer, et réunir les diverses notions que la simple raison nous donne des fonctions du Souverain, nous voyons qu'il est le soutien, le centre, le représentant de toute la nation qu'il personnifie en quelque sorte, le défenseur du peuple contre les ennemis du dehors, son protecteur contre les ennemis du dedans, le conservateur des lois auxquelles par sa puissance et sa vigilance il donne toute leur force, et par où il intimide les méchants, encourage les gens de bien et fait respecter la Religion. La raison nous le montre encore comme le père de la Patrie qu'il nourrit et qu'il pourvoit de toutes les choses nécessaires, en dépit de toutes les contradictions ; enfin, comme un homme extrêmement à plaindre à cause du poids écrasant dont il est chargé par toutes les branches de l'administration qu'il dirige et surveille, à cause de l'ingratitude de tant de personnes qui ne lui tiennent compte ni de ses bienfaits publics ni de ses grâces particulières, à cause des mécontents et des hommes d'opposition qui lui rendent la vie amère, à cause de l'immense responsabilité qui le suit dans le présent et dans l'avenir. Quiconque envisagera le Souverain sous ce point de vue, qui est celui de la raison pure et dégagée de préjugés, sera fort étonné de le voir sous un aspect nouveau, et tout autre que celui sous lequel aiment à le représenter les ennemis de l'ordre; mais, en même temps, il ne pourra s'empêcher de reconnaître la justesse de l'idée et la vérité du portrait, et de s'indigner à la vue des sophismes, des mensonges et des basses méchancetés où s'emportent les factions, qui en font si volontiers un oppresseur, un tyran, et le maître d'un troupeau d'esclaves, et dont elles déclarent le pouvoir incompatible avec le bonheur public; comme si le bonheur public n'avait pas pour base nécessaire et pour soutien la puissance du trône, et en général l'autorité, quels que soient sa forme et son nom. Donc, par la raison ainsi que par la foi, nous voyons clairement que la Souveraineté est la plus grande chose qu'il y ait sur la terre, la plus auguste, la plus vénérable, la plus sacrée, et que celui qui s'immole ainsi chaque jour à la félicité des autres dans un labeur si dur et si ingrat, a conquis des droits imprescriptibles à l'indulgence de tous les bons citoyens pour les fautes inséparables de la faiblesse humaine, non moins qu'à leur gratitude, à leur confiance et à leur amour pour l'immensité des services qu'il rend à tout le pays.

CHAPITRE III.

Le Souverain considéré en lui-même et dans le principe de son pouvoir.

ARTICLE PREMIER.

LUMIÈRE QUE LA RELIGION RÉPAND SUR CETTE QUESTION.

La Religion, qui n'est jamais en désaccord avec la saine raison, mais l'étend et la développe au contraire, en y ajoutant la puissance d'une lumière plus éclatante et le témoignage infaillible de Dieu même, nous donne des Souverains une idée encore plus haute et plus relevée. Car, soit qu'on les considère dans l'origine de leur pouvoir ou dans leurs titres, leurs fonctions et leurs droits, ces divins enseignements nous les montrent si grands, que leur personne apparaît clairement de toutes parts comme l'expression de la Majesté suprême, et leur puissance comme une émanation, un rayon de la puissance infinie qui s'exerce par leur ministère. Nous prendrons donc en main le flambeau de la foi, pour envisager successivement sous ces divers points de vue une institution dont la vraie notion a été presque perdue, ou du moins profondément altérée dans ces derniers temps, par suite des sophismes et des révolutions. Après les attaques violentes et incessantes auxquelles l'autorité a été en proie depuis un siècle, après les faux jugements, les calomnies, les injures, les affronts, les luttes sanglantes et victorieuses dont elle a été l'objet dans une grande partie de l'Europe, qui en ressent encore les secousses menaçantes, que l'âme se trouve consolée et agréablement reposée par une doctrine plus douce et plus juste qui, bien comprise et bien pratiquée par le monde, aurait pour résultat immanquable de l'affermir dans la paix, et de lui assurer des jours paisibles et prospères. Puisse-t-elle dominer toutes les préventions, dissiper tous les préjugés, détruire toutes les haines! Il est grand temps, si l'on veut échapper à de nouvelles et peut-être plus terribles catastrophes, que la vérité soit rétablie; il est grand temps que la société soit replacée sur sa base unique, qui est le respect de l'Autorité; et elle le sera quand elle aura accepté de la main de la Religion et de la raison des doctrines aussi certaines qu'elles sont pacifiantes et conservatrices, les doctrines sacrées qui traitent de l'origine de la Souveraineté, de ses titres, de ses fonctions et de ses droits, et vont maintenant nous occuper dans ce chapitre et dans le suivant.

ARTICLE SECOND.

L'ORIGINE DU POUVOIR EST DIVINE.

Tout pouvoir humain prend sa racine dans le sein de Dieu, et la Souveraineté vient des conseils du Très-Haut. « C'est par Moi que les rois règnent, et que les législateurs » rendent les lois, dit la Sagesse éternelle; par Moi » règnent les princes, les puissants, et tous les juges de la » terre (1). » Et plus loin: « Ecoutez, ô rois, et comprenez; » instruisez-vous, vous qui jugez la terre (2). » — « Prê- » tez l'oreille, vous qui contenez les peuples, et qui vous » complaisez dans la multitude de vos sujets. *La puis-* » *sance vous est donnée par le Seigneur*, et la force par » le Très-Haut, qui interrogera vos œuvres et scrutera vos » pensées (3). — Dieu a élevé un roi sur chaque nation (4). » Et pour faire voir que sous ce nom de rois et de princes

(1) Prov., VIII, 10. — (2) Ps., 2, 10. — (3) Sag., VI, 2, 3, 4. — (4) Eccli. XVII, 4.

Dieu entend toutes les puissances souveraines, les spirituelles comme les temporelles, il dit dans un autre endroit : « Que toute âme soit soumise aux puissances supérieu- » res [1], » sans distinction, par conséquent, de celles qui dirigent les âmes vers la vie future, et de celles qui s'occupent exclusivement du gouvernement de ce monde ; en quoi tous les pouvoirs humains sont compris, quel que soit leur but. Mais si tous les rois indistinctement règnent par Dieu, si la puissance leur est donnée par le Seigneur et la force par le Très-Haut, ils ne règnent donc pas par le hasard, qui est un mot vide de sens ; il n'y a ni fortune ni hasard dans le monde pour Celui qui voit tout, qui fait tout, et qui ne laisse pas tomber un seul cheveu de notre tête sans sa permission. Quoi de plus insignifiant qu'un cheveu, quoi de plus indigne en apparence des soins de la Providence divine ; et cependant pas un ne tombe sans qu'elle le veuille. Ce n'est donc pas non plus la violence qui produit la Souveraineté, quoique plusieurs princes se soient établis à main armée par usurpation et sans droits, puisqu'il n'y a rien de plus contraire à l'ordre de Dieu que ces mouvements tumultueux et injustes ; mais Dieu se sert de ces injustices pour établir le droit, comme il se sert de tout le mal qui arrive dans le monde pour en tirer le bien ; le moyen humain est mauvais, mais l'institution divine est bonne ; et le Prince qui s'établit de la sorte est répréhensible, mais le pouvoir dont il s'empare ne laisse pas d'être saint ; il est même d'autant plus coupable qu'il usurpe le bien de Dieu, qui reste toujours son bien, quoiqu'en des mains criminelles. Comme il n'y a point d'autre autorité, Dieu supplée pour le bien général au défaut du droit, qui ainsi demeure toujours. Et si l'on ne comprend pas qu'une mauvaise cause puisse produire un bon effet, nous ferons remarquer

(1) Rom. XIII.

qu'il y a ici deux causes concourant à l'établissement de l'autorité : l'action de l'homme qui s'égare, et l'action de Dieu qui se sert de sa malice pour instituer le pouvoir ; ou, pour parler encore plus exactement, la violence n'est que l'occasion, et la volonté de Dieu la seule cause ; car il est évident que si un homme pouvait dominer dans le monde sans la participation de Dieu, Dieu ne serait plus le maître. L'usurpation ne fait donc aucun tort à l'autorité, toujours divine et, par conséquent, toujours obligatoire, mais seulement à celui qui l'usurpe, et qui sera puni non pour avoir exercé le pouvoir, s'il l'a fait saintement, mais pour l'avoir fait sans mission, en prenant sacrilégement et par de mauvaises voies une autorité qui ne vient que de Dieu. Car il ne faut pas oublier que c'est la Souveraineté ou l'autorité qui vient d'en haut, et non pas le Souverain. Dieu ne permet pas seulement le pouvoir, mais il le veut ; il permet le mal de l'intrusion dans l'autorité, mais il veut le bien résultant de l'exercice de cette même autorité.

Enfin, si l'origine du pouvoir est divine, elle ne vient donc pas des hommes. C'est un principe universellement reconnu que tous les hommes sont égaux par nature ; et quoiqu'ils puissent ne l'être pas par leurs facultés physiques et morales, les uns ayant plus de forces, plus d'intelligence et plus de vertu que les autres, néanmoins, ces facultés sont les mêmes quant au fond, et elles ne diffèrent que par l'étendue ; mais cette différence quelle qu'elle soit n'est point foncière et substantielle ; la nature humaine reste toujours la même dans tout le genre humain ; c'est toujours un composé d'âme et de corps, sujet à l'erreur, à l'ignorance, aux passions, à la mort ; et le plus beau naturel ne peut se flatter d'échapper à ces misères. De quel droit donc des hommes parfaitement égaux à leurs semblables quant au fond, et souvent leurs inférieurs quant aux qualités accidentelles, prétendraient-ils leur dicter des lois, et exercer sur eux une domination que la nature leur refuse? En vain dira-t-on que les hommes peuvent choisir pour Prince un autre homme et l'investir de l'autorité par un contrat bilatéral, comme dans les autres conventions humaines. Car, le contrat lui-même, en quelque matière que ce soit, ne peut pas exister comme lien moral sans l'intervention de Dieu; puisque la liberté, étant une partie essentielle de l'âme humaine telle que Dieu l'a constituée, est, par conséquent, inséparable de son être; il répugne absolument que l'homme puisse s'en dépouiller à son gré par des obligations; vu que la liberté subsistant toujours essentiellement par l'ordre de Dieu, il est absurde qu'elle continue d'exister dans la nature, dont elle est une partie constitutive, indépendante de la volonté, et en même temps qu'elle cesse d'exister même momentanément par un effet de cette même volonté. Il est absurde que l'âme s'impose des obligations réelles, puisque l'obligation suppose d'un côté une autorité supérieure qui impose un devoir, et que l'âme ne peut être supérieure à elle-même; et de l'autre une sanction qui est également chimérique, puisque l'âme conserve toujours la faculté de se punir ou de ne se punir pas. La force des contrats n'est donc pas dans l'homme; elle relève de plus haut et vient nécessairement de Dieu, qui peut seul obliger à la fidélité aux promesses, et punir celui qui les viole sans nécessité.

Mais si l'homme n'a pas en lui-même la puissance du contrat, même pour les moindres choses, comment donc l'aurait-il dans la plus importante de toutes, qui est le gouvernement de la société! Ce n'est donc pas d'un contract social quelconque que vient le droit de commander, mais de celui-là seul qui commande par lui-même dans le monde, de Dieu. Et nous montrerons plus tard par la suite de ce raisonnement, qu'il n'y a dans l'univers qu'un seul droit proprement dit, dont tous les autres ne sont que l'expression et le développement; et que ce droit unique, c'est le droit divin, dans le sens où il le faut prendre. Et d'ailleurs, quand il serait aussi vrai qu'il est faux que l'homme possède le droit radical de se lier lui-même par des conventions, où prendrait-il cet autre droit de les imposer à celui qui n'en veut pas (1)? S'il ne peut pas exercer d'autorité sur lui-même, à plus forte raison sur ceux qui sont hors de lui, et sur lesquels il est clair qu'il ne peut agir d'aucune manière, sinon par la persuasion ou par la violence, deux choses qui n'ont aucun rapport avec l'obligation; puisque la première ne détermine qu'un consentement toujours libre de se refuser, et l'autre engendre une résistance de la volonté sans laquelle nul contrat ne peut avoir lieu. Et comment, enfin, un peuple pourrait-il lier *par lui-même* les générations futures, qui restant aussi libres que lui, ont le droit de ne se pas soumettre à un acte auquel elles n'ont pas consenti, et de ne pas se croire obligées par un accord qui n'avait même pas de soi la force d'obliger ceux qui l'avaient établi? Il ne faut donc pas chercher la source de l'autorité dans les peuples, qui ne se peuvent enchaîner indépendamment d'une autorité supérieure, et qui resteraient toujours libres de reprendre le pouvoir quand ils voudraient ; ce qui revient à dire qu'ils feraient une autorité sans autorité. Ainsi, il est évident pour quiconque y voudra réfléchir, que l'origine du Pouvoir vient non pas des hommes, mais de Dieu seul. *Non est Potestas nisi à Deo* (2).

ARTICLE TROISIÈME.

NE PAS CONFONDRE L'ORIGINE DU POUVOIR AVEC SON MODE DE TRANSMISSION.

Il y a une différence énorme entre ces deux choses: l'origine du pouvoir, l'origine logique, c'est le principe

(1) *N.* L'unanimité absolue de tout un peuple est une chimère.

(2) Rom., XIII.

même de l'autorité, la puissance primordiale d'où vient tout pouvoir humain, la source première du commandement, qui le communique à tous ceux qui gouvernent ; et le mode de transmission, ou l'origine chronologique du pouvoir, c'est le moyen dont le premier principe se sert pour le communiquer. Or, il est facile de voir qu'il y a entre ces deux choses la même distance qu'entre le principe et le moyen, entre la cause et l'instrument, entre le militaire et son arme, entre la volonté et la main qui exécute, entre le prince et le ministre, entre le mandant et son mandataire.

L'origine du pouvoir est la cause et le principe du pouvoir ; le mode de transmission est l'application du principe. Mais de même que le mandataire n'a pas de pouvoir par lui-même, qu'il n'est que l'exécuteur des ordres de celui qui l'envoie, et se borne à conférer réellement en vertu de sa commission une autorité qui ne vient pas de lui, mais de la puissance supérieure dont il est le commissionnaire et l'agent; de même la manière dont le pouvoir est transmis le transfère véritablement à celui qui en est revêtu, quand tout se passe d'après les règles établies ; mais elle ne le transfère pas en vertu de son autorité propre, puisqu'elle n'en a pas par soi-même; elle le communique en vertu du pouvoir supérieur de celui qui l'en a chargé, et qu'elle représente à cette fin. De sorte que c'est toujours et uniquement le principe même de l'autorité qui institue le pouvoir, quoi qu'il en soit du moyen dont il se sert et du mode par lequel il arrive à son but. La différence entre ces deux choses est donc essentielle et fondamentale.

Ainsi, il y a des pouvoirs institués par la conquête, d'autres par l'élection, d'autres par l'hérédité ; mais ce n'est ni la conquête, ni l'hérédité, ni l'élection qui donne le pouvoir et le droit de gouverner; parce que toutes ces choses, quelque justes et légitimes qu'on les suppose, ne sont que *le moyen* par lequel le pouvoir est transmis, et non pas *le principe* même qui le transmet. Au-dessus de toutes ces formes et de tous ces moyens, il y a une autorité première, un principe général de direction et de commandement; et cette autorité, de laquelle relèvent toutes les autres, ce principe *unique* de toute puissance, nous l'avons fait voir, c'est Dieu.

Et, par conséquent, lorsque le pouvoir est établi par l'élection, par le peuple, ce serait se tromper étrangement que de regarder ce peuple comme l'origine et la source de ce pouvoir du prince; il n'en est que le transmetteur, l'instituteur, mais il n'en est pas le maître et le principe; ce principe est entièrement en dehors de lui; il n'a fait qu'exécuter ses ordres; et sa fonction une fois remplie, il reste dans la dépendance comme auparavant, sans avoir acquis aucune puissance sur le chef qu'il a intronisé, sur le roi qu'il s'est donné, sans pouvoir, par conséquent, la lui ôter, cette puissance venant de plus haut; puisque nous avons montré précédemment qu'il n'y a point d'autre puissance, d'autre premier principe d'autorité dans toute l'étendue du monde, que Dieu seul. Le peuple peut bien faire son choix, il peut bien élire, il peut bien mettre en place, mais il ne peut pas communiquer une autorité qu'il n'a pas. Et toutefois, dès-lors que l'élection ou l'hérédité, ou tout autre moyen quelconque a établi un homme à la tête du peuple, cet homme reçoit un droit, une consécration, un vrai pouvoir, et ce pouvoir vient tout entier non pas du moyen, mais de celui au nom duquel le moyen agit, même peut-être à son insu. Ce pouvoir vient par l'élection, mais non pas de l'élection; par l'hérédité, mais non de l'hérédité; il vient de Dieu seul, qui s'est servi de ces moyens, et qui seul est la clef et la véritable source du pouvoir, puisque « la puissance est donnée aux princes par le Seigneur, et la force » par le Très-Haut [1]. » Ainsi, après l'élection, le Sacré-

(1) Sag., VI.

Collége n'a aucune autorité sur le pape qu'il a élu, parce qu'il a épuisé tout son pouvoir par cette nomination; et par suite des plébiscites primordiaux qui ont établi l'hérédité dans certains États, la nation n'est pas la maîtresse du Prince institué en vertu de ces plébiscites, quoiqu'elle lui ait originairement transmis le pouvoir. La puissance du peuple n'a été que transitoire, et pour cette seule action qui l'a absorbée toute entière, et il reste, comme auparavant, sans aucun droit de commander, mais soumis au maître qu'il s'est donné, ou plutôt que Dieu lui a donné par suite de son propre choix; et cette soumission devient alors pour lui un grand devoir, selon ce commandement de Dieu dans la Sainte-Écriture : « Que toute âme soit obéissante » aux puissances supérieures (1) » en général, et sans la moindre distinction du mode qui les constitue. Il ne faut donc pas confondre la source avec le ruisseau, ni la cause avec le moyen, ni le maître avec ses serviteurs; en un mot, il faut reconnaître et admettre une différence capitale entre l'origine du pouvoir et le mode de sa transmission.

ARTICLE QUATRIÈME.

L'IDÉE DU POUVOIR, OU DE L'AUTORITÉ, NE SE CONFOND PAS ABSOLUMENT AVEC L'IDÉE D'UN DROIT PRIMITIF.

Dans nos temps de révolutions, il se rencontre des hommes, fort honnêtes d'ailleurs et bien intentionnés, qui croient ne devoir pas se soumettre aux divers pouvoirs, parce qu'ils n'ont pas, selon eux, certains caractères de droit primitif. C'est, sans être anarchiste, aboutir néanmoins à l'anarchie par des principes qui y sont contraires en apparence.

Pour bien entendre cette question, il faut définir les termes.

(1) Rom., XIII.

Les gouvernements, considérés au point de vue du droit, sont de deux sortes : les légitimes, et ceux qui ne le sont pas; les gouvernements de droit, et les gouvernements de fait; ceux dont le droit est certain, et ceux chez lesquels il est nul ou douteux.

Le gouvernement légitime proprement dit est celui qui est primitivement fondé sur le droit et établi selon les lois du pays, quel que soit le mode de gouvernement, héréditaire ou électif, monarchique, ou aristocratique, ou démocratique; de sorte qu'à cause de cette régularité primitive, l'obéissance qui lui est due devient incontestable, et la rébellion à cette autorité, dans les cas ordinaires, paraît coupable aux yeux de tous ceux qui ont conservé la notion du devoir. Nous verrons bientôt que ce titre primitif n'est pas tellement nécessaire que l'on soit toujours dispensé de considérer l'autorité qui en est dépourvue comme sacrée, comme une autorité véritable revêtue du droit de Dieu, et, par conséquent, ayant droit à l'obéissance comme si le titre primordial était absolument irréprochable; soit parce qu'elle peut avoir un autre titre équivalent, soit parce qu'un titre faux et sans valeur peut être légitimé plus tard par certains moyens qui, en cette matière comme dans toutes les autres, ont la vertu de valider ce qui, dans le principe, était invalide et sans force.

Quant aux gouvernements qui ne jouissent pas d'une manière certaine de ce titre primordial, il faut les ranger en deux classes, selon les deux modes différents dont ils usent du pouvoir : le tyrannique et le régulier.

L'on distingue donc d'abord parmi les gouvernements de fait le gouvernement tyrannique, qui s'est établi par la violence et se continue par la violence, sans tenir compte et au mépris des droits des particuliers. Une telle puissance étant injuste et contre nature dans son origine et dans son exercice, ne mérite pas d'être tenue pour un gouvernement. Elle en est, au contraire, la négation la plus formelle, puisqu'un gouvernement n'est que la direction des hommes dans les lois de l'ordre et vers le bien public, et la tyrannie éternise le désordre et le malheur des citoyens. Il est donc clair qu'étant fondée et agissant en dehors de tout droit, elle ne saurait elle-même constituer un droit. Mais il faut que cette tyrannie soit évidente aux yeux de la majorité de la nation; autrement tous les pouvoirs tomberaient sous la violence et les déchirements des partis, qui voient aisément des tyrans dans tous ceux qu'ils n'aiment pas. Cependant, sous ces réserves, on voit que le mode tyrannique n'est pas et ne peut pas être un pouvoir tant qu'il suit cette ligne, et n'a droit, par conséquent, à aucun des devoirs de ceux qui lui sont assujettis.

Enfin, le gouvernement régulier est celui qui maintient tout dans la règle et dans l'ordre, faisant respecter les lois, la justice et la paix parmi les citoyens, et atteignant ainsi le but essentiel de tout gouvernement, qui est le bon ordre et la direction des hommes vers leur fin.

Or, si un tel gouvernement atteint le but essentiel à toute forme de commandement établi parmi les hommes et pour tous les hommes, qui ne peuvent s'en passer sous peine de tomber dans l'anarchie et, par conséquent, dans un abîme de maux, il s'ensuit clairement qu'au moins dans l'absence d'un gouvernement incontestablement légitime, il a droit à la même obéissance de la part de ses subordonnés, sinon à cause de lui, du moins à cause de ses subordonnés eux-mêmes, à qui il faut absolument une autorité protectrice, la seule défense contre les désordres et les malheurs effroyables de l'anarchie. Ici la société ne tient pas compte des droits et du mérite du Souverain en lui-même; elle ne considère que ses propres intérêts, que son propre besoin, et c'est à cause de ce besoin et de ces intérêts supérieurs à toute autre considération qu'elle est tenue en conscience de rendre à ce gouvernement régulier les mêmes devoirs que s'il était évidemment légitime. Si ce dernier titre manque au Souverain, ou c'est par sa faute, et alors il aura à rendre compte de sa conduite à Dieu qu'il a offensé, et non à la société qu'il gouverne bien et à laquelle son autorité est nécessaire; ou c'est par la faute de cette société elle-même et des factions puissantes qui la dominent, et alors il n'en est plus responsable, et le peuple ne peut chercher à lui faire un crime de sa propre faute, ni à le punir, en lui résistant, de la situation violente où il l'a mis.

Dans tous les cas, il est visible, et il le sera encore davantage par la suite, qu'indépendamment de la question souvent assez obscure du titre primitif, le pouvoir établi peut avoir tout ce qui est nécessaire pour être un vrai pouvoir, c'est-à-dire une autorité dominante, procurant l'ordre et le bien général de la société et ayant la force de se faire obéir. C'est vraiment alors cette puissance supérieure dont parle l'Ecriture, et à laquelle elle ordonne à tout le monde d'être soumis d'une soumission volontaire et selon la conscience (1). Car lorsque l'apôtre promulguait cette divine sentence et cette obligation rigoureuse pour tous les hommes, il savait bien qu'un titre sérieux manquait à ces puissances supérieures auxquelles il commande d'obéir; qu'elles se résumaient dans la personne d'un Tibère, d'un Caligula, d'un Néron, alors régnants, c'est-à-dire des maîtres par leur caractère propre les plus sanguinaires, dont le pouvoir était tout à la fois et originairement usurpé par la violence de leur prédécesseur immédiat, et despotiquement exercé; mais parce que, au milieu de ces illégitimités flagrantes, il y avait une ombre de pouvoir régulier et le seul reconnu, il ne s'arrête pas à l'examen de l'origine de ces pouvoirs, raison pourtant si décisive aux yeux de tous ceux qui croient

(1) Rom., XIII, 5.

trouver dans l'idée religieuse le motif de leur résistance aux gouvernements qu'ils n'aiment pas; mais il prononce hardiment et sans distinction, par son infaillible autorité, l'obligation pour tous d'être soumis aux puissances supérieures, à tous ceux qui étant seuls pour commander et universellement reconnus ont tous les titres, toutes les fonctions du gouvernement.

Et quand J.-C. commande de rendre à César ce qui appartient à César, le tribut et toutes les autres marques de soumission dus au souverain pouvoir, fait-il ces distinctions subtiles entre César et César? Entre-t-il dans ces examens abstraits et presqu'impossibles du titre primitif? Non; son commandement est général et sans restriction; il lui suffit que le gouvernement soit reconnu, incontesté, qu'il fonctionne régulièrement pour lui décerner le droit à toute soumission; et c'est ainsi que ce divin Législateur donne sa sanction à la déclaration de son apôtre, qu'il n'y a point de pouvoir qui ne soit ordonné de Dieu. *Quæ sunt, a Deo ordinatæ sunt* (1).

ARTICLE CINQUIÈME.

LE DROIT PRIMITIF D'UN POUVOIR PEUT CESSER DANS LA SUITE DES TEMPS.

Rien de plus aisé que de définir un gouvernement légitime, rien de plus difficile que d'expliquer quand il l'est. Un pouvoir légitime est celui qui a droit d'exister, de gouverner, qui est établi selon la règle, selon la loi, et de là lui vient son nom. Mais quand est-il légitime? que faut-il pour qu'il le soit? de quelle manière reçoit-il son droit? et quelles sont les raisons qui le constituent? Ici la question devient extrêmement compliquée, embarrassée, obscure, et les opinions se divisent. Et la source de cette obscurité vient, non pas seulement du fond de la question, mais de

(1) Rom., XIII.

cette même divergence des opinions et des passions des hommes, dont les uns voient un titre incontestable dans un principe où les autres n'aperçoivent qu'une injustice et une usurpation. L'on s'accorde bien sur certaines choses. Ainsi, un nouveau royaume fondé uniquement sur la conquête, ou autrement par une force prépondérante qui envahit un État en l'absence de toute agression et de tout grief sérieux, un trône usurpé sur un prince ami, ce sont bien là, aux yeux de tous, des preuves évidentes d'un pouvoir bâtard et illégitime; mais il est beaucoup de cas où la violence n'a pas des caractères aussi tranchés, et où, par conséquent, l'usurpation est beaucoup moins apparente.

Il y a encore d'autres circonstances de changements intérieurs et importants des États, où les esprits sont extrêmement partagés sur la valeur du titre primitif. Dans ces cas graves et extraordinaires, les meilleurs jugements se troublent, et l'on ne peut montrer avec certitude de quel côté est le droit, au moins dans les commencements, ni pour quelles raisons, tant ces sortes de questions sont naturellement obscures; tant il est difficile, non pas de reconnaître le principe même du droit, que tout le monde admet, mais de l'appliquer aux cas qui se présentent, et d'apercevoir le droit où il se trouve. Et voilà pourquoi, dans la plupart des questions politiques, l'on se décide beaucoup plus par préjugé, par habitude, par affection et par l'entraînement des milieux où l'on vit, que par principe et par raisonnement.

Cependant, parfois l'autorité du Souverain paraît incontestablement légitime, quand ce ne serait que par la longue possession et par la consécration des siècles. Or, nous disons que cette autorité, quelque légitime qu'elle soit, ou dans l'origine ou autrement, peut cesser de l'être; et elle cessera assurément de l'être en perdant son droit, puisque c'est uniquement le droit qui constitue la légitimité; et ce droit, elle le peut perdre par son propre fait, en y renonçant directement ou indirectement; ou par la force des choses, lorsqu'elle viole ou devient incapable de défendre les droits de la société, qui sont supérieurs, et l'emportent toujours sur les siens, puisqu'il est de la dernière évidence que le moyen cède à la fin, et que l'intérêt général doit toujours avoir le pas sur les intérêts particuliers.

Le Souverain légitime cesse donc de l'être par son propre fait, ou en renonçant directement à son droit par une abdication volontaire, ou en y renonçant indirectement par le parjure, comme lorsqu'ayant promis de régner à certaines conditions, il les foule aux pieds et manque habituellement à ses promesses; un droit conditionnel ne subsistant qu'autant que les conditions sont remplies. Il est bien manifeste alors que le Souverain renonce à son droit, et par conséquent à sa légitimité, puisqu'il renonce à l'accomplissement des devoirs sur lesquels seuls le droit est fondé. Nous supposons de vraies conditions à l'origine, ou des règles tracées, sans l'observation desquelles on convient de part et d'autre que le pouvoir communiqué ne subsistera plus et sera nul de plein droit.

La légitimité peut encore se perdre par la force même des choses, quand le pouvoir qui n'a été confié au Souverain que dans l'intérêt des peuples devient inutile ou nuisible à ces mêmes intérêts. Et ceci se rencontre dans quatre cas principaux : dans la démence, dans l'abandon, dans la trahison, dans la tyrannie.

1° Quand la démence du Prince est perpétuelle, ou du moins tellement forte malgré les intervalles lucides que le salut de l'Etat est en danger, comme on le vit en France sous le règne fatal de Charles VI, alors, sans s'astreindre aux périls d'une régence, la couronne passe de plein droit sur la tête de son successeur; ou s'il n'en a pas, le peuple rentre dans la plénitude de son pouvoir pour élire en sa place qui bon lui semble ; car ce Souverain est mort moralement, en tant qu'absolument incapable de gouverner.

2° Si le Souverain, par mollesse, comme l'empereur de Rome Gallien, ou par lâcheté, comme Charles-le-Gros, abandonne son peuple à l'invasion de l'ennemi, sans songer à le protéger et à le défendre, dès-lors il se rend complètement indigne du droit de gouverner, droit dont la protection nationale est une suite nécessaire et l'un des principaux devoirs; le droit naturel de la propre défense revit et l'emporte sur tout le reste; la légitimité du titre se perd par l'impossibilité de l'exercer. Et voilà pourquoi plusieurs ont pensé que la nation dans ce cas ne fait que se sauvegarder elle-même en mettant à sa tête un Prince capable de la soutenir contre les agressions du dehors; le salut du peuple est la suprême loi, et la conduite indigne et honteuse du lâche souverain signe sa propre abdication. Dans leur opinion, ce n'est pas une révolte puisque le gouvernement n'existe plus; c'est le rétablissement de l'autorité en dehors de celui qui l'abandonne.

3° Cette dernière circonstance a beaucoup de rapport avec la suivante : c'est celle où le Souverain, au mépris de tous ses devoirs et de tout son honneur, trahit le peuple en en tout ou en partie et le livre à l'étranger; lorsque, sans son consentement, il le soumet au sceptre d'un autre roi et à la domination d'un peuple rival. Il avait reçu l'autorité pour gouverner ce peuple dans son autonomie et non pour le vendre comme un esclave, pour respecter sa nationalité et non pour l'anéantir sous une servitude étrangère; il se dépouille donc lui-même de ses droits en sacrifiant ses Etats sans leur aveu; il devient illégitime et traître, et le peuple, en l'abandonnant à son tour, ne fait que ratifier sa sentence. Le Prince les a délaissés, il n'est donc rien pour eux; et ses anciens sujets, en le délaissant à leur tour sans se laisser livrer, ne se révoltent pas; ils se bornent à profiter de la liberté qu'il leur donne.

4° Enfin, le Souverain renonce d'une manière absolue à la légitimité de son titre, en le dénaturant entièrement par la tyrannie; lorsque dans l'exercice de son pouvoir au lieu de s'en servir pour protéger il persécute, au lieu d'édifier il détruit, au lieu d'élever il renverse; lorsque l'autorité qui devait être paternelle, honnête, conservatrice, devient sanguinaire et tyrannique; lorsque la confiscation des biens, l'exil, les exécutions capitales deviennent les moyens *ordinaires* de gouvernement, non pas contre les scélérats et les rebelles qu'on ne saurait trop réprimer par tous les moyens justes, même les plus sévères, mais indistinctement contre tous les citoyens, sans crime, sans accusation, sans preuve, sans intervention des tribunaux, ou par le moyen de tribunaux vendus à la tyrannie et tenant à peine compte des formes, comme sous la terreur de Robespierre et de Cromwell; en un mot, lorsque le prince au lieu d'être un gouverneur n'est plus qu'un fléau public et un bourreau.

Il est clair qu'il n'y a pas de droit contre un droit supérieur; et, par conséquent, le droit primitif du Souverain devenant si énormément abusif et absolument incompatible avec celui de la société toute entière, il disparaît devant le droit public, et la légitimité de l'origine est détruite par l'illégitimité de la conduite, lorsqu'elle est incorrigible; autrement il s'ensuivrait cette absurdité, que de deux droits qui ne peuvent subsister ensemble, puisqu'ils sont la destruction l'un de l'autre, l'inférieur devrait l'emporter. Nous avons déjà fait voir, et tel est aussi le sentiment d'Aristote (1), de Suarès (2) et autres grands personnages, que la tyrannie, surtout dans le sens où nous l'entendons, n'est pas un

(1) *Polit.*, Liv. III, ch. v.

(2) *Des lois*, Liv. III, ch. x.

gouvernement, et n'a, par conséquent, aucun des droits qui le rendent sacré.

Mais la décision de ces cas exceptionnels n'appartient qu'à la nation entière, et jamais aux minorités ni aux particuliers, lesquels n'ont pas à intervenir dans ce jugement, encore moins s'il s'agissait de déposer directement les Princes; car c'est là une question de droit et de fait, dont la solution pouvant amener d'immenses inconvénients et les plus extrêmes périls qui ébranlent tout l'État, ne peut être préjugée ni au point de vue de la raison ni à celui de la foi. Quand ces sortes de commotions arrivent, elles sont plutôt le résultat d'un mouvement impétueux et irréfléchi que d'une conviction calme et d'un principe suivi; ce sont des bourrasques qui passent et des colères qui emportent; ce n'est pas une ligne de conduite clairement indiquée par le bon sens. Dans le cas dont nous parlons, la nation, sans s'inquiéter du Prince, pourvoit à son salut comme elle peut. Mais quoi qu'il en soit, il suffit que notre proposition soit sauve; et il doit rester démontré que dans toutes les positions dont nous venons de parler, le droit primordial devenant inutile, ou nuisible et incompatible avec un droit supérieur, s'anéantit; et que, par conséquent, dans certaines hypothèses, un gouvernement d'abord légitime peut cesser de l'être plus tard, bien qu'un peuple n'ait jamais le droit de déposer directement son Souverain.

ARTICLE SIXIÈME.

UN GOUVERNEMENT ORIGINAIREMENT SANS DROIT PEUT ENSUITE L'ACQUÉRIR.

Si un Souverain n'avait aucun droit au commandement et à l'obéissance des peuples à moins de pouvoir montrer la preuve incontestable de son titre et de la légitimité de son origine, que deviendraient les puissances, les princes, les dynasties? Qui serait en sûreté dans cet examen? Et où sont ceux qui pourraient se glorifier de n'avoir rien à craindre pour leur couronne? Sauf un très-petit nombre d'origines certaines, toutes les autres sont contestées et obscures ; et il n'est pas jusqu'à cette grande race française des rois Capétiens qui, aux yeux d'un bon nombre d'hommes instruits, ne dût être embarrassée pour justifier son principe. Mais s'il n'y a de légitimes que ceux qui le sont dans la source, et encore avec certitude, il faudra donc considérer la plupart des Souverains héréditaires comme des usurpateurs, comme des hommes dépourvus d'autorité, et tout remettre en question! Alors, dans les idées de ceux qui croient que la soumission n'est due en conscience qu'aux puissances évidemment légitimes, toutes les révolutions seront innocentées, toutes les usurpations seront justes, puisqu'aucun droit ne sera violé; toutes les catastrophes, tous les malheurs publics ne seront nullement imputables à leurs auteurs, qui resteront parfaitement libres de mettre le trouble de toutes parts en l'absence d'une autorité certaine; et le monde sera obligé de se résigner au règne de l'anarchie, de courber la tête en silence sous les désordres les plus affreux et de subir la mort! Qui pourrait soutenir une pareille thèse et admettre d'aussi extravagantes opinions? Est-ce que des choses si terribles ne se réfutent pas par elles-mêmes? Ne recherchons donc pas trop curieusement dans les gouvernements cette légitimité d'origine; la plupart d'entre eux seraient trop embarrassés pour en montrer les titres authentiques. Du reste, tous n'entendent pas de la même manière ce titre primitif; et tel Souverain paraît aux uns avoir un titre incontestable à la naissance de son pouvoir, qui n'est regardé par d'autres que comme un spoliateur. L'élection même d'un prince par tout un peuple dans la vacance d'un trône, qui semble le plus assuré de tous les titres, ne trouve pas grâce devant certaines opinions. Il faut donc admettre, dans tous les systèmes, qu'il peut y avoir un droit réel indépendamment du droit primitif; autrement, un extrême entraînant un autre extrême, l'on érigerait en droit la révolution permanente et l'on deviendrait forcément anarchiste.

Pour bien comprendre cette thèse, il faut donc distinguer trois sortes de principes de droit : l'origine, l'acceptation subséquente, et la prescription.

Dans le premier cas, le droit de commander est transmis au gouvernement par ceux qui en ont le pouvoir, et ne sont liés par aucun droit précédent. Or, ce pouvoir appartient incontestablement à l'ensemble des citoyens, et n'appartient qu'à lui. Il est clair qu'un gouvernement ne peut être établi que par la violence, ou par la ruse, ou par le consentement libre, non d'un homme, mais de l'universalité ou de la majorité de ceux qui doivent être gouvernés. Il s'agit donc de prouver que ce dernier mode de transmission ou d'établissement du pouvoir est le seul qui en constitue la légitimité.

Tout le monde reconnaît ce principe que la violence, quand elle est seule, ne saurait constituer un droit ; puisque d'une part le droit est une puissance morale provenant de la loi naturelle, et la violence n'est qu'une force physique aveugle, et qui n'admet d'autre règle que le caprice. Nous ne parlons pas ici du droit de conquête, mais de la formation du Pouvoir dans une société inoffensive. Pour établir un droit quelconque, il faut une volonté première, maîtresse, indépendante, et de laquelle, néanmoins, tout le reste dépende, nous le montrerons plus tard (1) ; or, la violence n'est produite que par une volonté particulière qui ne veut dépendre que d'elle-même, et non de cette loi ou volonté souveraine et éternelle, seule capable, comme créatrice, d'imposer aux êtres raisonnables une obligation de respect

(1) Ch. IV, art. 2, § Ier

et d'obéissance envers la puissance qu'elle institue; et c'est là le fondement de tout droit. Il n'y a donc rien de commun entre la violence et le droit ; la violence à cause de son principe vicieux ne pouvant jamais imposer d'obligation, et le droit la supposant essentiellement; de sorte que la force brutale ne peut jamais par elle-même constituer un titre de légitimité. Et cette seule observation suffit pour faire voir ce que l'on doit penser des conquêtes qui n'ont pas d'autre motif que la volonté et l'ambition du conquérant.

Quant à la ruse ou à l'adresse, qui n'agit pas avec violence, mais avec finesse et par de secrets ressorts, son essence étant la fausseté et son but la tromperie, il est clair qu'elle ne peut pas plus que la violence être le principe d'un droit. Car un homme qui se met par ruse au-dessus des autres hommes est censé se faire accepter librement par eux; autrement ce ne serait pas la ruse, ce serait la violence, il s'imposerait, il ne serait pas admis; mais s'il y a consentement de la part des sujets, il y a donc un contrat entre ces sujets et le Prince. Or, tout le monde sait que la fraude portant sur le fond même des conventions annulle essentiellement tous les contrats, et les détruit par la base, puisque la base de tout contrat est le consentement, que l'on ne consent qu'à ce que l'on connaît, et l'on ne connaît rien quand on est dupe d'une finesse; puisque c'est précisément l'ignorance et l'erreur qui font tout le succès de cette finesse. La ruse et la surprise sont donc incapables d'établir un droit, et, par conséquent, un titre de légitimité.

La volonté d'un ou de plusieurs hommes puissants n'est pas un titre plus valable. Quoi qu'il en soit, en effet, des supériorités personnelles, qui ne changent pas le fond de l'être, tous étant égaux par nature, nul n'a par lui-même le moindre droit de commander aux autres hommes quand ils ne le veulent pas, la société n'étant pas encore constituée. S'il s'impose à eux comme maître, il ne peut le faire que par violence ou par ruse, ces deux titres faux et vicieux dont nous venons de montrer l'invalidité.

Il ne reste donc plus qu'un moyen légitime de fonder un pouvoir qui le soit également : c'est le consentement volontaire des peuples à l'origine des pouvoirs. Tout pouvoir législatif ou exécutif, tout droit public a sa source première et son point de départ dans l'élection, ou dans toute autre expression du vœu général. Ce vœu n'est pas la source du droit, mais il en est la condition indispensable. Il n'appartient en effet qu'à la volonté libre de l'universalité ou du plus grand nombre d'une agglomération d'hommes agissant par elle-même ou par ses représentants spéciaux, de se donner un maître commun : 1° parce que la société est toujours en droit et en devoir de pourvoir à sa conservation; 2° parce que ce droit ne peut appartenir à un particulier qui, n'étant rien de plus que les autres personnellement, n'a par conséquent aucun titre à faire valoir pour l'emporter sur tout le monde; 3° parce que évidemment la loi ne peut être faite par la minorité au préjudice du plus grand nombre; 4° parce que tout autre moyen que le consentement libre ne peut être qu'un effet de la violence ou de la fraude. C'est donc là le titre unique de la légitimité originelle, du droit primitif et constitutif de tout gouvernement quel qu'il soit, quand la Divinité n'est pas directement intervenue; ce qui ne s'est vu qu'une fois dans l'histoire de l'humanité. Ainsi toute autorité politique qui se prétend purement et simplement légale doit montrer ce consentement, cette élection libre à son origine; puisque c'est le seul principe qui puisse établir et prouver sa légalité radicale. Voilà donc ce qu'il faut entendre par la légitimité proprement dite, ou d'origine.

Les souverainetés établies par donation ou investiture d'un autre Souverain, avec le consentement des intéressés, participent au titre de leur principe.

Mais où sont encore un coup les puissances capables de montrer avec certitude cette sorte de droit ? Si l'on en croit les érudits, presque tous les titres primitifs sont douteux. Faudra-t-il donc que la paix du monde soit perpétuellement compromise, et l'obéissance des peuples incertaine? Non assurément ; la paix, l'ordre public devront toujours être maintenus, sans qu'il soit permis à personne de les violer sous le prétexte spécieux du défaut de droit originaire dans le gouvernement. Pourquoi ? Et parce que l'intérêt général, qui l'emporte sur tout le reste, exige impérieusement cet ordre, qui sera toujours suffisamment protégé par un gouvernement vraiment régulier, quoi qu'il en soit de son origine, et parce que tout gouvernement qui n'est pas entièrement nouveau devient légitime, ou provisoirement par la ratification du peuple, ou définitivement par voie de prescription.

La majorité a toujours le droit de faire la loi dans sa sphère, personne n'en doute ; c'est donc à elle en acceptant franchement un gouvernement d'abord sans droit de couvrir et d'effacer le vice radical et primitif dont ce gouvernement est entaché. Ce droit lui appartient, ou il n'appartient à personne. Mais si personne n'a droit de légitimer l'autorité régnante, c'est donc à dire que pour soutenir une prétention peut-être actuellement impossible, l'on est en droit d'éterniser le désordre et de tout mettre en combustion ou du moins en question dans l'Etat ; que pour défendre le droit d'un seul il faut violer celui de tous ; que pour l'amour d'un homme tenu de se sacrifier à tous les autres, tous les autres au contraire devront être immolés pour lui ! Où donc a-t-on pris de pareilles maximes ! Comme, si dans quelque hypothèse que ce soit, l'on pouvait jamais être autorisé à faire régner l'anarchie sanglante à la place de l'ordre et du gouvernement.

Ce n'est pas à dire pourtant que le titre primitif et incontestable de légitimité se perde dans le prédécesseur du prince régnant avec la perte de son trône, surtout quand il a été expulsé par une minorité factieuse et par la violence d'une révolution; ce titre demeure toujours, il n'a cédé qu'à la nécessité de la paix publique; et si plus tard le trône devient vacant, il est toujours en droit d'y remonter, s'il le peut sans causer un plus grand mal. Mais il n'est pas moins vrai qu'en attendant, son règne devenant impossible par le fait et la société ne pouvant se passer d'être gouvernée, l'autorité de son successeur devient provisoirement légitime par la consécration que le peuple lui donne en l'élisant ou en l'acceptant volontairement (1).

Or, si le règne illégal du Souverain peut être légitimé équivalemment par le consentement de la nation, il le peut être à plus forte raison par la prescription, qui décide souverainement dans toutes les questions de justice, en conférant toujours le droit à ce qui en était d'abord dépourvu. Mais quand est-ce qu'un gouvernement dont la légitimité originelle est nulle ou douteuse devient légitime par prescription? Il est difficile d'indiquer un terme précis; et toutefois dans le sentiment commun, on doit le considérer pratiquement comme tel quand il est régulier, et seul à diriger l'Etat, sans contestation sérieuse, ce qui n'arrive guère qu'après un certain temps.

Le temps en effet modifie profondément les choses. Si donc la voix des siècles intervenant impose silence aux oppositions antiques, s'il ne reste plus rien de la famille des premiers Souverains, ou seulement quelque membre obscur et oublié, sans crédit et sans force, dès-lors, de l'aveu de tout le monde, la prescription est faite, le droit

(1) Ainsi, l'acceptation par la nation ne donne lieu qu'à une légitimité provisoire, ou quasi-légitimité. Un pouvoir primitivement usurpé ne peut être rendu complètement légitime que par voie de prescription.

transféré, la couronne légitimement affermie sur le front des nouveaux maîtres, et toute rébellion, même de la part des descendants de l'ancienne race, serait un crime, non seulement parce que le gouvernement est régulier, mais encore parce qu'il est devenu réellement légitime. La société a besoin de repos; sans confiance il ne se fait ni commerce ni affaires sérieuses; rien ne fonctionne sans le calme des esprits; or, ce repos, cette confiance, ce calme si nécessaires, et sans lesquels la société est bientôt impossible, sont exclusivement le fruit de la prescription qui affermit tout, et fait taire tous les partis. Et si l'on admet la légitimité de la prescription lorsqu'il s'agit de dépouiller les particuliers de leurs biens, combien plus aisément encore devra-t-on l'admettre quand c'est le seul moyen de procurer l'intérêt général, et le bien de la société tout entière! Quant à la bonne foi, elle se suppose toujours dans cette question comme dans toutes les autres, à moins de preuves contraires; et d'ailleurs la société, seule juge en dernier ressort de ces sortes de différends, y supplée lorsqu'il en est besoin, puisque c'est son autorité suprême qui en cette matière tranche toutes les difficultés, comme étant le canal unique de la transmission des pouvoirs.

Concluons donc qu'il y a trois sortes de légitimité, celle de l'origine, celle de l'acceptation ultérieure, celle de la prescription. Un Souverain sans droit primitif peut devenir légitime par l'un des deux derniers modes; et pour l'ordinaire l'on doit considérer comme tels tous les gouvernements affermis et réguliers, sans tenir compte des opinions individuelles; car cette force et cette régularité seules, surtout en l'absence d'une protestation sérieuse et efficace, prouvent que la volonté et l'intérêt de la société sont d'accord, et que déjà la prescription et l'acceptation ont sanctionné les pouvoirs.

ARTICLE SEPTIÈME.

DIFFÉRENCE DU GOUVERNEMENT LÉGITIME ET DU GOUVERNEMENT RÉGULIER.

Il y a une différence notable entre la légitimité et la régularité du pouvoir. La légitimité consiste dans la légalité de son titre; la régularité, dans la force, la sagesse, l'efficacité de son action. La première est un droit, la seconde est un fait; la première regarde le Souverain dans ses rapports avec Dieu, la seconde dans ses rapports avec la société; mais l'une de ces qualités peut subsister sans l'autre.

Un gouvernement légitime est celui qui est fondé sur le droit dans son origine, qui est établi conformément aux exigences de la loi naturelle et de la loi sociale; ou s'il n'a pas ce droit dès le principe, il le reçoit ensuite de la société, ou par voie de prescription.

Un gouvernement régulier est celui qui, abstraction faite de cette légitimité qu'il peut avoir ou n'avoir pas, fait régner l'ordre, la paix et les lois; l'ordre par le fonctionnement normal de la magistrature et des autres institutions publiques; la paix, par le calme des citoyens et la répression de toute sédition; et les lois, par l'obéissance où la masse de l'Etat se conserve à l'égard des règlements établis.

Or, un gouvernement à la fois légitime et régulier est non-seulement dans tous ses droits comme celui qui est simplement légitime, mais dans toute sa plénitude, dans toute sa force morale et physique, et absolument irréprochable devant Dieu et devant les hommes; c'est le type du pouvoir parfait, si les moyens qu'il emploie sont toujours justes. Celui qui, étant légitime dans son fond, a cessé d'être régulier dans son exercice, ne perd pas pour cela son droit à l'obéissance publique; ce droit semble, au contraire, grandir en proportion de sa faiblesse et de la violence des attaques dont il est l'objet; surtout quand cette faiblesse est causée, comme il arrive presque toujours, par la faute des esprits turbulents. Si donc son action gouvernementale est paralysée par les agressions incessantes d'adversaires implacables qui l'ébranlent et le veulent renverser, alors le Prince doit paraître à ses sujets doublement respectable, et par son infortune et par la malice de ses ennemis; et c'est au peuple à se presser autour de lui, et à lui donner par un redoublement de fidélité le moyen de reprendre son autorité, et de gouverner suivant son droit. Enfin, lorsque le pouvoir légitime ou non dans le principe est régulier, la sagesse et la prudence ne permettent pas d'exciter contre lui, sous prétexte de son origine, des troubles qui retomberaient sur l'Etat tout entier, d'autant plus qu'ainsi constitué il a toutes les qualités essentielles à un vrai gouvernement, puisque c'est précisément pour la conservation de cet ordre et de cette régularité que tous les gouvernements sont établis.

ARTICLE HUITIÈME.

COROLLAIRE : LE POUVOIR RÉGULIER EST UN VRAI POUVOIR.

En récapitulant les observations précédentes, l'on voit qu'un pouvoir régulier est un pouvoir qui gouverne sans être gouverné; qui restant le premier soumis aux lois, y soumet en même temps tous les autres; qui fait observer la justice, respectant et faisant respecter les droits et libertés de chacun, punissant les malfaiteurs et récompensant les actions nobles et généreuses; réprimant ou plutôt prévenant les émeutes et les troubles, entretenant de toutes parts parmi les citoyens le calme, la concorde et la paix, et rendant florissants la religion, les mœurs, les lois, le commerce et l'industrie, l'agriculture, l'instruction, les sciences et les arts, sous la protection d'une armée de terre et de mer qui inspire le respect et la retenue à tous les peuples. Or, un pareil pouvoir atteint évidemment le but essentiel de tout gouvernement, qui consiste à procurer aux hommes ces avantages et n'a été établi que pour cela ; c'est donc un vrai pouvoir dans le sens où l'entend tout le genre humain ; et, par conséquent, il le faut ainsi entendre, sans se préoccuper trop minutieusement de rechercher s'il est primitivement légitime, puisqu'on le doit toujours pratiquement considérer comme tel dès qu'il est vraiment régulier, parce qu'alors ou il l'a toujours été, ou il le devient bientôt.

Mais si c'est un véritable pouvoir, il est donc établi de Dieu, selon cet oracle divin que toutes les puissances sont constituées, fondées, ordonnées par Dieu même : « *Quæ » sunt, à Deo ordinatæ sunt* (1). » Il est établi de Dieu ; donc son origine est divine, selon la force de cette parole. « Il » n'y a point de puissance qui ne vienne de Dieu : *Non est » potestas, nisi à Deo;* » ou encore selon cette autre : « O » Rois, la force vous est donnée par le Seigneur, et la puis- » sance par le Très-Haut. » Il est clair qu'il ne peut s'agir ici du brigandage affreux et des excès de la tyrannie, ou force exterminatrice, qui détruit et renverse au lieu de gouverner. Dieu ne donne pas le titre de Rois à des tyrans et encore moins le droit et la puissance, qui, chez de pareils hommes, ne peut être qu'usurpée de toutes façons; évidemment, il n'est question que d'un pouvoir régulier, d'un pouvoir qui fonctionne pour le bien commun et se fait obéir, quoi qu'il en soit des vices personnels de ceux qui en sont revêtus et des défauts de leur gouvernement. Le caractère sacré du pouvoir est absolument indépendant des qualités de la personne.

Et qu'on n'objecte pas ces autres paroles, qui semblent en contradiction avec les premières, et dans lesquelles Dieu se plaint « de ces princes qui ont régné par eux-mêmes » et non par lui (2); » car il est visible par le contexte que

(1) Rom., 13. — (2) Osée, VIII, 4.

ces termes ne s'adressent qu'aux rois d'Israël, où le gouvernement était théocratique. Dans cet empire, nul homme ne pouvait être roi sans une révélation directe de Dieu; et, par conséquent, quiconque montait sur le trône sans cet ordre divin positif l'usurpait contre Dieu même, et ne pouvait ainsi recevoir de Lui la consécration d'un pouvoir qui restait purement humain et même tyrannique; mais comme la théocratie n'a jamais existé hors de là, c'est donc une exception qui ne fait que confirmer la règle générale, bien loin d'y porter atteinte.

Ainsi, il demeure constant que tout pouvoir régulier et accepté vient de Dieu et que son origine est divine; non pas son origine chronologique et dans l'ordre des temps, non pas l'origine de son établissement ou de sa transmission qui vient des hommes, de leur consentement et des formes de gouvernement qu'il leur a plu d'établir; mais bien l'origine du pouvoir lui-même, l'origine logique, la puissance, *potestas*, le droit de gouverner, qui, à l'occasion de cet établissement humain et de cette transmission naturelle, devient vraiment divin, et d'une nature supérieure aux seules forces de l'humanité.

Voilà la grande idée que la raison et la foi nous donnent de la souveraineté. La raison nous la montre comme produite par la nécessité même des choses, qui exige que tout soit maintenu dans l'ordre par une puissance suprême et directrice des esprits et des volontés, et comme une déduction rigoureuse de l'ordre naturel, et par conséquent divin, demandant impérieusement la conservatiou du bon ordre sur la terre; ce qui ne se peut sans une autorité maîtresse et obéie, quelle qu'elle soit. Puis, la foi nous élevant encore plus haut et jusqu'aux profondeurs de la divinité, nous fait voir à son tour cette même puissance découlant de son sein comme de sa source première, quoi qu'il en soit de ses formes diverses et du moyen par lequel elle est transmise.

Ainsi la souveraineté, considérée dans l'origine de son pouvoir, paraît aux yeux de tous les hommes sensés à une hauteur en quelque sorte inaccessible et surhumaine, tant elle est digne des respects et de la soumission de toute la terre, puisque c'est l'autorité de Dieu même communiquée aux hommes.

CHAPITRE IV.

Le Souverain considéré par rapport à Dieu et dans les titres que lui donne l'Ecriture.

Ce qui relève encore davantage le Souverain, ce qui nous aide à comprendre toute l'étendue de sa grandeur et de ses prérogatives, à nous en former une idée juste, noble, et vraiment digne de lui, ce sont les titres que lui donne la Sainte Ecriture, et les magnifiques attributs dont elle le déclare investi. Car elle nous le montre comme le Représentant ou le Vicaire de Dieu, comme le Ministre de Dieu, comme l'Oracle de Dieu. Et ces trois grands noms, qui nous sont révélés par la Vérité même, font voir qu'à l'exception de la dignité sacerdotale il n'est aucune autorité sur la terre aussi élevée, aussi auguste, aussi vénérable ; et par là elle nous apprend de quels profonds respects intérieurs et extérieurs nous la devons toujours entourer.

ARTICLE PREMIER.

LE SOUVERAIN EST LE REPRÉSENTANT DE DIEU.

Per me reges regnant (1). Les rois règnent par moi, en mon nom, dit le Seigneur. Ainsi, le Souverain est le Représentant de Dieu : en ce sens qu'il tient son lieu et place,

(1) Prov.

et qu'il fait dans une contrée particulière, autant qu'il est permis à la faiblesse humaine, les mêmes fonctions que Dieu exerce sur l'ensemble de l'univers; appliqué comme lui à diriger les hommes, à procurer le bien, à écarter ou punir le mal, et montrant dans toute sa personne, dans son ministère et dans ses décisions une portion, un rejaillissement de la majesté de Dieu.

§ Ier. — Le Souverain représente Dieu par son nom.

Tous les Souverains de la terre sont diversement nommés selon la nature de leur autorité et le génie des peuples qu'ils dirigent: rois, empereurs, ducs, papes, grands-seigneurs, doges, présidents, tels sont les titres ordinaires. Or, tous ces noms dans la diversité de leurs formes et de leurs sens, toutes ces dénominations de règne, de commandement, de conduite, de direction et de préséance expriment une idée unique, celle de domination et de première puissance ; et, par conséquent, dans ce seul nom, le Souverain porte une admirable image de l'empire de Dieu et de sa puissance souveraine. En chaque Etat, même dans les républiques, il n'y a ordinairement qu'un Chef, de même qu'il n'y a qu'un Dieu; il gouverne tout, comme l'Etre suprême régit l'univers entier ; il est roi d'une portion du genre humain, comme Dieu est roi de tout l'ensemble; et semblable encore à ce grand Etre toujours indépendant et toujours supérieur, tout relève de lui, et il ne relève de personne; il n'obéit qu'aux lois; tout plie devant ses ordres, tout s'incline devant ses décrets; l'ordre, la paix, la grandeur de l'Etat ne subsistent et ne croissent que par sa puissance; où trouver sur la terre une plus magnifique représentation de la Majesté Divine?

Et voilà pourquoi dans la plupart des royaumes on donne au prince, en lui parlant, ce grand nom de *Majesté*, parce que l'on voit rayonner comme un trait tout divin et la ressemblance du Très-Haut dans la personne de celui qui porte en soi tout l'empire. De sorte qu'à considérer la souveraineté en elle-même et dans toute la hauteur où la main de Dieu l'a placée, il semble qu'on peut lui appliquer, avec les réserves nécessaires, ces sublimes paroles de l'Ecriture parlant de la Sagesse éternelle : « Elle est une vapeur de la vertu de Dieu, et une émana- » tion pure de la clarté du Tout-Puissant..... Elle est la » splendeur de la lumière éternelle, le miroir sans tache » de la majesté de Dieu et l'image de sa bonté; quoi- » qu'unique elle peut tout, et immuable en soi elle renou- » velle toutes choses (1). » Et si ces fortes idées nous éblouissent et nous paraissent trop hautes quand il s'agit des rois mortels, n'oublions pas que le Saint-Esprit lui-même est allé jusqu'à les appeler des dieux : « Je l'ai » dit : Vous êtes des dieux, vous êtes tous les enfants du » Très-Haut (2). » Pourquoi? Parce que cette image divine, qui les enveloppe tout entiers et efface en quelque sorte ce qu'ils ont de naturellement humain, semble détruire aux yeux des hommes leur être propre pour leur donner un être supra-naturel, et les engendrer, si je puis ainsi dire, dans les splendeurs de la Divinité. Et cela non en vertu de la superstition, comme dirait l'école révolutionnaire, mais en vertu d'une idée très-raisonnable et très-fondée. Voilà pourquoi ils sont sacrés en eux-mêmes; et sans les cérémonies extérieures, ils reçoivent par la seule possession de leur pouvoir une consécration intime; et partout la même Écriture leur donne le nom de Christs, d'Oints, de Séparés par cette onction invisible et par cet auguste caractère de la conversation des profanes. Ah! prenez garde, ô hommes, « ne touchez » pas à mes Christs, *Nolite tangere Christos meos* (3), » et n'approchez pas témérairement et sans crainte d'une si

(1) Sag. VII. — (2) Ps. 81. — (3) Ps. 104.

haute majesté. Et cet ordre est respecté par toutes les âmes honnêtes, par tous les amis de Dieu. Malgré les fureurs de Saül, Samuel le reconnaît pour le Christ du Seigneur (1); et David, quoique poursuivi à mort par ce malheureux prince, non-seulement n'attente pas à ses jours quand il le peut aisément, mais il frémit en pensant qu'il a violé la majesté royale seulement pour avoir coupé le bord de son manteau; parce que Saül, tout coupable qu'il est, reste néanmoins toujours le Christ et l'oint du Seigneur. Et pour qu'on ne croie pas que ce grand nom de Christ ne lui est donné qu'à cause de son titre d'adorateur du vrai Dieu et d'oint de l'huile sainte, Cyrus, prince païen et étranger, reçoit la même qualification, ce qui le montre inhérent à la qualité même de Souverain. Ainsi le seul nom de Roi est grand, puisqu'il est la représentation du nom du Tout-Puissant. Dieu est Roi, Roi de l'Univers; de même le Souverain terrestre est en quelque sorte dieu, le dieu par délégation de la portion de la terre où il commande. Quelle grandeur, et quelle suprême élévation pour la Souveraineté dans les principes de la foi!

§ II. — LE SOUVERAIN REPRÉSENTE DIEU PAR SA CONSÉCRATION.

Nous avons dit que le prince est sacré en lui-même indépendamment de toute cérémonie religieuse; et voilà pourquoi bien que plusieurs d'entre eux ne reçoivent pas l'onction sainte, ils ne laissent pas d'être toujours augustes aux yeux des hommes sensés, par suite de cette consécration intérieure, essentiellement attachée à leur ministère et inséparable de leurs personnes. Et toutefois la Religion est tellement remplie de respect pour une si haute dignité qui a un côté si divin, elle tient tellement à la relever de plus en plus aux yeux des peuples, et à conserver toutes les

(1) I. Rois. XII, 3.

autorités subalternes dans la juste subordination qu'elles doivent à cette autorité première et maîtresse, qu'elle invite tous les Souverains à ajouter à ce caractère sacré, qu'ils possèdent en vertu de leur rang, une nouvelle consécration à recevoir de ses mains aux pieds des divins autels. Alors, la souveraineté civile reçoit un honneur qui n'est accordé qu'au sacerdoce. Et même, s'il était permis d'établir des comparaisons entre des choses si relevées, nous dirions que la dignité royale semble l'emporter en ce point sur la sacerdotale; puisque le prince ne reçoit de son sacre que la confirmation de cette consécration intérieure dont il jouit déjà par son titre de Souverain au moment même où il est mis à la tête de l'État, tandis que le prêtre avant l'onction sainte n'avait aucun pouvoir. Le Roi est Christ et sacré dès qu'il est Roi, et le prêtre ne l'est que par son ordination. Quoi qu'il en soit, le Souverain est donc alors doublement sacré, et par sa dignité essentielle et par l'effusion de l'huile sainte, et il représente doublement la Majesté divine; par la consécration essentielle de sa dignité qui l'investit de la plus haute puissance de l'empire, il rappelle la puissance infinie du Grand Être dont il est l'image; et par l'onction extérieure que la Religion chrétienne y ajoute, il retrace la dignité de J.-C., souverain Roi et souverain Prêtre. Le Prince porte donc en lui-même la ressemblance de Dieu et de son Christ. Il n'y a donc pas lieu de s'étonner de voir les rois primitifs revêtus de la dignité sacerdotale; ils étaient à la fois rois et pontifes parmi leurs peuples, comme le père de famille parmi les siens. Et, en effet, ces deux grands ministères sont de même nature; ils n'en font qu'un, si la main de Dieu ne les sépare.

Voilà la royauté dans toute sa hauteur, dans toute sa gloire, dans toute sa sainteté ; et si les hommes, principalement dans les temps de rationalisme et de révolutions, dont les tendances vont toujours à faire passer les plus grandes dignités sous le niveau, si les hommes sont généralement plus portés à rabaisser la Souveraineté qu'à l'envisager sous ce point de vue, c'est qu'ils sont peu touchés de l'idée divine, et peu sensibles aux choses de la foi.

Et c'est pour nous rappeler à des pensées plus justes et plus vraies que cette même foi nous montre l'auguste cérémonie du sacre de la royauté. Saül, David, Salomon, ces trois premiers souverains des hébreux reçoivent l'onction sainte avec leur titre; et la plupart de nos rois depuis Clovis, le fondateur de notre monarchie, n'ont point manqué à cette pieuse pratique. Et il en est ainsi chez presque toutes les nations catholiques. Il importe, en effet, de frapper les yeux des peuples de ces grands spectacles, qui leur apprennent l'éminente dignité de leurs princes consacrés par la Religion, et les respects profonds dont ils les doivent entourer. Aujourd'hui surtout que la Révolution souffle de toutes parts un esprit de superbe indépendance, il leur est bien facile de se laisser égarer par ces fausses lueurs et par les fières utopies d'une égalité chimérique et malentendue; trompés et entraînés, ils en viendront peut-être à mépriser leurs personnes ou leur autorité, à tout ébranler par leurs manœuvres ou leurs conspirations maladroites. Mais qu'ils le sachent bien, quand ils réussiraient à les abattre, quand on verrait encore comme tant d'autres fois les générations des Souverains emportées dans l'exil par la tourmente révolutionnaire, ou leurs têtes royales tomber sur les échafauds, du moins ils ne réussiront jamais à leur enlever leur titre sacré et l'auréole presque divine dont leur dignité et la Religion les environnent; et quelle que soit plus tard la gloire et la prospérité de ces nations, ce titre sera contre elles une protestation éternelle. Il restera dans l'histoire comme un stigmate que les plus brillants progrès de la civilisation et les siècles eux-mêmes n'effaceront jamais entièrement.

§ III. — LE SOUVERAIN REPRÉSENTE DIEU PAR SON BUT.

Le dessein de Dieu en créant les hommes est de les rendre heureux ; celui du Souverain est le même ; et c'est ainsi qu'il représente Dieu dans son but. Dieu veut procurer la félicité de l'homme sur la terre par la paix, et dans le ciel par la jouissance infinie ; pour atteindre ce double but et cette grande fin si digne de lui, il a établi ici-bas deux puissances qui résument toutes les autres : la puissance spirituelle et la puissance corporelle, la sacerdotale et la royale. Le but de la première est le bien spirituel des âmes et leur salut éternel ; celui de la seconde, le bien temporel de l'homme. Le sacerdoce a pour objet la direction de l'humanité dans sa marche vers la vie future ; l'empire, la direction de cette même humanité dans les voies de la vie présente ; tous les deux, cependant, vont au même terme final, puisque la terre n'est qu'une préparation au règne éternel. Or, Dieu, ayant mis le genre humain sous l'empire de la liberté morale, n'a point ordinaire de punir ici-bas les infractions de sa loi, ni de récompenser les mérites ; cette justice si prompte, si exacte et si inévitable serait la destruction de cette même liberté ; et, d'ailleurs, il faudrait pour cela des miracles continuels, ce qui reviendrait à une violation incessante des lois de la nature, et à un perpétuel désordre. Dieu a donc remis au jugement futur la solution définitive de ces graves questions. Mais comme, d'un autre côté, s'il n'y a pas une autorité vivante et visible qui inspire la crainte aux méchants et encourage les bons, les crimes les plus affreux se déchaîneront sur la terre, qui deviendra ainsi un théâtre de souffrances et d'horreur, le Tout-Puissant délègue son autorité à un homme chargé de le représenter auprès des autres hommes, et de leur faire atteindre le but immédiat de leur création, c'est-à-dire le calme et le bien-être dans la jouissance de ses œuvres. La puissance souveraine, quelque nom qu'on lui donne, est donc la représentation, la lieutenance de Dieu même dans son but final, puisqu'elle ne se propose comme lui que le bonheur de l'humanité. Le Prince assis sur son trône, et tenant en mains les rênes de tout l'Empire, est la plus vive et la plus brillante image de la Divinité; c'est l'impression involontaire qui se fait sentir à tout le monde; mais pourquoi? Est-ce à cause de cette pompe et de cet éclat extérieur qui l'environne et éblouit nos yeux? Non, car cet appareil glorieux est bien le rejaillissement de la majesté, mais pour l'homme sensé ce n'est pas la majesté elle-même, qui consiste dans l'image de Dieu cachée au fond de cette grande puissance. Est-ce uniquement parce qu'il peut agiter la terre et la mer par le bruit de ses armées et sous le déploiement de ses flottes, ou livrer de sanglantes batailles qui, en lui donnant la victoire, changeront la face des empires? Non, car avec toutes ces guerres et toutes ces conquêtes il peut faire le malheur des peuples. Pourquoi donc paraît-il si grand? Parce qu'à l'exemple de Celui dont il tient la place, il répand ses bienfaits sur la terre, qu'il a tout pouvoir pour faire des heureux, et que se trouvant ainsi le vrai représentant du Souverain Bien et l'image auguste de sa bonté, il se rend aimable et vénérable par la sainteté de ce but dont on attend de lui la réalisation; et c'est dans cette espérance qu'on lui parle avec tant de respect comme à la ressemblance de Dieu même; et qu'on se plaît de toutes parts à lui donner le nom de *seconde Majesté*.

Car le vrai mérite et la vraie gloire de la puissance souveraine, c'est de travailler au bien général; et c'est en cela qu'Aristote met la différence des bons et des mauvais gouvernements (1). « Quand un seul, ou quelques-uns, ou le grand nombre, dit ce célèbre philosophe, exercent le pou-

(1) Polit., l. 3, ch. 5.

voir suprême, pour l'avantage commun, le gouvernement est sage et bon ; quand un seul ou le grand nombre commandent pour leur intérêt personnel, ce gouvernement est corrompu. Pourquoi ? Parce que tout individu qui a droit à la chose publique, ou n'est plus citoyen, ou doit participer au bien-être général. » Ainsi aux yeux de la raison comme de la foi, aux yeux des philosophes comme de tous les autres hommes, c'est dans l'excellence et dans l'universalité de son but que la puissance souveraine trouve sa noblesse et la raison foncière de sa majesté.

Il reste donc démontré que si le Souverain est le représentant de son peuple, parce qu'il résume en lui-même tous ses intérêts et qu'il a reçu de ses mains la transmission de son pouvoir, il est en même temps, et dans le sens le plus élevé, le représentant de Dieu, la vive image de sa puissance et de sa bonté, et par son nom, et par le noble but qu'il se propose, et par la double consécration naturelle et religieuse qui, malgré ses faiblesses et ses défauts, malgré les chutes physiques et morales inséparables de l'humanité, ne permet plus de le confondre avec le commun des hommes, toujours obligés à révérer dans le Prince, par leurs respects intérieurs et extérieurs, la glorieuse ressemblance du Dieu dont il tient la place. Et si dans la société l'on croit devoir des égards à tous ceux qui exercent une supériorité quelconque, combien plus à la première et à la plus haute de toutes les supériorités.

ARTICLE SECOND.

LE SOUVERAIN EST LE MINISTRE DE DIEU.

C'est le titre que lui donne formellement la Sainte Ecriture par trois fois dans le même chapitre : *Dei minister est* (1). Il ne faut donc pas douter qu'il ne soit vraiment le ministre

(1) Rom., XIII.

de Dieu dans les choses temporelles et dans le gouvernement civil; comme les hommes revêtus du sacerdoce et de l'épiscopat le sont dans les choses religieuses et spirituelles. Les deux autorités ont la même source, et elles exercent également, chacune en ce qui les concerne, un ministère divin; quoique différant de but immédiat et d'objet, elles servent néanmoins le même Maître, qui leur confie ses pouvoirs, et les emploie l'une et l'autre pour sa gloire et pour le bien général de l'humanité.

Si donc le Souverain est ministre de Dieu, il doit avoir les attributions fondamentales de tout ministère, et ces attributions sont au nombre de trois : le droit, la puissance et la charge; le droit d'agir, ou l'autorité; la force, ou la puissance d'user de ce droit; et enfin les fonctions attachées à ce droit, et résultant de cette force. Ce sont aussi ces trois attributs essentiels du rôle ministériel divin, et, par conséquent, de la Souveraineté, que nous avons à considérer successivement, pour nous faire une idée de plus en plus exacte et complète de la haute dignité du Souverain, en même temps que de sa puissance et de ses fonctions.

§ Ier. — LE SOUVERAIN, MINISTRE DE DIEU PAR SON DROIT.

Par le *droit*, en général, il faut entendre ce que la loi permet de faire ou d'exiger d'autrui. Donc tout droit suppose une loi, et est fondé sur une loi, et, par conséquent, sur une volonté première, absolue, indépendante et essentiellement supérieure à tout le reste; d'où il suit que dans les théories de l'athéisme il n'y a plus de droit d'aucune sorte. Le droit n'est donc pour chacun qu'une permission de la loi, qui lui procure un avantage, et en même temps un commandement de cette même loi, qui défend de le troubler dans sa possession. Si cette permission et cette défense sont données par la loi naturelle, c'est-à-dire fondées sur la nature des choses et la constitution de notre être, le

6

droit est naturel; il est divin positif, lorsqu'il vient d'une loi de Dieu écrite ou traditionnelle en dehors de la nécessité; enfin il est humain, s'il est fondé sur une loi humaine. Et c'est à cette dernière sorte que se rattachent principalement le droit des gens, le droit canonique, le droit politique et civil.

SECTION Ire. *Tout droit est divin.* — Depuis un siècle, il s'est fait un bruit immense autour de cette question; et la confusion produite dans les esprits par les passions antireligieuses et les déclamations révolutionnaires a jeté une grande obscurité sur une question pourtant bien claire par elle-même. Car il est évident, pour quiconque réfléchit, que le droit est divin dans toutes ses acceptions; puisque, par le droit naturel, il faut entendre ce qui est permis et autorisé par la loi naturelle, ou autrement par la manifestation de la volonté éternelle de Dieu; et par le droit divin proprement dit, ce que permet sa volonté libre. Pour le droit humain, ecclésiastique ou civil, la proposition n'est pas moins certaine. Nous avons déjà montré que tous les hommes sans exception étant égaux par nature, par la substance de l'être, par leurs qualités constitutives, nul, par conséquent, n'a par lui-même et dans son fond de supériorité réelle, nul n'a en soi le droit de commander aux autres, de leur imposer la moindre obligation morale et de conscience, la moindre loi; puisque la loi ne peut être intimée à un être que par celui qui lui est essentiellement supérieur, et que tout droit quelconque suppose néanmoins une loi, dont il découle. Et pourtant, d'un autre côté, le monde ne peut subsister sans une autorité visible qui tienne tout en respect, sans un commandement qui dirige toutes les volontés vers un même but; il faut donc, Dieu n'intervenant pas en personne, ni par le ministère de ses anges, qu'il communique à certains hommes l'empire sur les autres, ou le droit de leur commander pour le bien commun, de les récompenser ou de les punir; autrement ce serait l'anarchie avec toutes ses horreurs, et la société, dont cependant on ne peut se passer, deviendrait impossible. Ce qu'on appelle droit *humain* n'est ainsi nommé que parce que les lois qui le constituent sont établies par les hommes; mais la source première de leur autorité venant de Dieu qui, seul, donne la force morale et obligatoire à leurs lois, il est plus clair que le jour que tous les droits, quels qu'ils soient, viennent de Dieu, et sont par conséquent *divins*. Que signifient donc ces cris et ses railleries ineptes qui se font entendre en tant de lieux contre le droit divin, puisqu'il n'y en a pas, il ne peut y en avoir d'autre que le divin; car, qui dit un droit, dit nécessairement une chose divine, à cause de l'obligation qui s'y joint, et un droit purement humain ne pouvant produire aucun lien moral, est nécessairement une chose absurde, ou un non-sens.

Certes, l'on ne dira pas que le droit est fondé sur la prépondérance de la force : ce serait le comble de l'immoralité. Car alors presque tous les crimes seraient des droits, puisqu'ils résultent toujours, du moins la plupart d'entre eux, d'une force prépondérante. L'idée du droit renferme essentiellement l'idée d'une chose morale, honnête, juste, raisonnable; or, il n'y a rien de tout cela dans la force brutale considérée en soi, autrement les tigres et les lions auraient plus de droit que l'homme; et qui pourtant s'est jamais avisé de reconnaître des droits aux bêtes féroces? On établit par là le droit du plus fort; mais le droit du plus fort c'est la justification de toutes les violences, de tous les vols, de tous les meurtres; c'est le droit illimité de détruire; mais qui ne voit pas que ce droit de la destruction est la destruction du droit! Non, non, tout droit est évidemment divin, puisque toutes les lois viennent de Dieu, directement ou indirectement, et que le droit n'est que la conséquence d'une loi.

Sans loi, il n'y a ni droit ni devoir; c'est la loi qui fait l'un et l'autre : ce qu'elle prescrit, c'est le devoir; ce qu'elle permet, c'est le droit.

Mais puisque tout pouvoir vient de Dieu, il suit que tout Pouvoir, ministre de Dieu, a la première condition de ce ministère sacré, le droit ou l'autorité.

SECTION II. *Le droit du Souverain ne saurait contrebalancer un droit supérieur.* — Sans doute le Souverain a un droit radical de commander, mais c'est à condition qu'il respectera toujours le droit du supérieur; il a le droit, mais un droit qui doit rester constamment subordonné à celui du maître qui l'a établi. Il est clair que le ministre n'étant que le mandataire et l'officier du Prince, ne peut contrecarrer ses ordres sans perdre son droit, qui ne lui est donné que dans la supposition et dans les limites de son obéissance. Si donc le Souverain, abusant de sa haute position, venait à commander une chose contraire à la loi de Dieu, il perdrait aussitôt son droit en ce point particulier; et l'inférieur, tout en restant soumis pour le reste, non-seulement ne serait pas tenu dans le cas présent de lui obéir, mais il serait tenu de ne lui obéir pas, car tout droit devient nul quand il est en contradiction avec un droit supérieur. Voilà la règle que nous avons reçue de nos pères dans la foi, et le fondement de cette belle parole si célèbre des Apôtres : « Voyez s'il est juste de vous écouter plutôt » que Dieu (1). » C'est aussi cette même règle qui a porté les martyrs à résister aux plus grandes puissances de la terre, qui voulaient les précipiter dans l'idolâtrie, et à mourir dans les tourments plutôt que de commettre un tel crime. Et c'est une règle sans exception quand les droits naturel et divin sont en cause.

Il en serait de même si le Souverain prétendait me dépouiller d'un droit civil légitimement et certainement ac-

(1) Act., IV, 19.

quis. Car le droit du Prince est politique, le mien est civil, deux ordres de droits qui sont indépendants l'un de l'autre. Et, par conséquent, l'autorité du Souverain ne peut de soi enlever à un citoyen un droit quelconque sur sa personne et sur ses biens; il faut pour cela trois conditions : 1° que l'intérêt public l'exige; 2° que cette nécessité soit prononcée par la puissance législative, ou tout autre tribunal indépendant; 3° que cette expropriation soit faite moyennant une juste et préalable indemnité. Tant que ces conditions ne sont pas remplies, le droit du Souverain est nul et celui du particulier reste sauf.

Seulement, il faut bien prendre garde de ne pas juger précipitamment et témérairement de la conduite du Prince. Pour être autorisé à résister à ses ordres, il faut que sa prévarication soit évidente. C'est un axiôme de morale et de jurisprudence admis de tout le monde, que, dans le doute, on doit toujours présumer en faveur de l'autorité. Car le droit général des supérieurs étant certain, il ne peut être détruit dans les cas particuliers que par une obligation contraire également certaine et d'un ordre plus élevé. La suite mettra tout ceci dans un plus grand jour.

§ IIe. — LE SOUVERAIN, MINISTRE DE DIEU PAR SA PUISSANCE.

La puissance du Souverain, comme ce nom l'indique, est évidemment la plus grande de la terre, puisque tous les pouvoirs et toutes les énergies de l'Etat viennent se concentrer dans sa main. Même dans les formes de gouvernement les plus douces et les plus libérales, il a sa part dans la confection des lois, au moins quant à la confirmation et à la promulgation, et il possède seul le pouvoir exécutif. Et c'est là principalement ce qui le fait paraître comme ministre de Dieu, puisque ce que Dieu fait par lui-même dans l'ensemble de l'univers, il le fait en son nom dans une contrée particulière : il domine, il y exerce l'empire. Puissance visible, il parle et il agit à la place de la Toute-Puissance invisible; et c'est ce grand rôle qui relève cet être créé et naturellement si faible jusqu'à la hauteur de la Majesté divine, dont il doit exécuter et faire exécuter les ordres par les autres hommes qu'elle lui a soumis. Et cette magnifique prérogative de la Souveraineté humaine, ministre de la Souveraineté du Roi des rois, éclate et par la force de toute la nation qu'il a en mains pour la protéger et la conduire, et par son droit de vie et de mort, et par l'ensemble de ses fonctions. Et en considérant attentivement ces trois choses, l'on voit clairement que l'homme revêtu d'un tel pouvoir ne peut être que le ministre de Dieu : *Dei minister est.*

SECTION Ire. *Première attribution de la puissance souveraine : la force.* — La force offensive et défensive de tous les peuples de la terre est dans leurs armées, dans leurs troupes de terre et de mer; tous en ont senti l'indispensable besoin, car un peuple sans armes est un peuple voué à une prompte destruction. Et il lui faut même une armée permanente, s'il veut jouir d'une paix soutenue; nous voyons par notre histoire et par plusieurs autres les continuels désordres et les immenses malheurs d'un peuple obligé de recourir à des recrues incertaines et à la bonne volonté de ses enfants. Il faut donc pour la sûreté et pour la gloire du pays une armée toujours subsistante. Or, cette force est tout entière dans la main du Souverain; c'est le droit de la faire mouvoir à son gré qui constitue le pouvoir exécutif; c'est le moyen d'action, la garantie, la sanction de ce pouvoir; et dans l'état ordinaire de l'humanité, il n'est pas plus possible de concevoir un Souverain sans armée et sans flotte que de le concevoir sans sujets. C'est la première condition de sa puissance, ce qui en fait le fond, la force réelle. Le Souverain doit défendre son peuple, soutenir ses intérêts, repousser et punir l'étranger qui l'attaque; c'est une des grandes raisons pourquoi il est sur le trône; or, il ne peut remplir ce grand devoir sans remuer l'instrument de la guerre. Il donne un signal, et des centaines de milliers d'hommes accourent sous les drapeaux, et ses vaisseaux couvrent la mer; vaincu, il se fait un nouveau courage et de nouvelles forces pour faire reculer l'ennemi et lui enlever le fruit de son triomphe; vainqueur, il lui inspire une frayeur salutaire, se dédommage sur lui des frais de la guerre, et lui ôtant ainsi la pensée de revenir à la charge, il affermit la paix de sa nation. Or, cette force effrayante de la guerre qui fonde, soutient et détruit les empires, elle est à Dieu, elle vient de lui, et il la donne à qui il lui plaît; et celui à qui il la communique devient dès-lors le serviteur et le ministre de Dieu.

Et cela est vrai non pas seulement pour les chrétiens, mais pour tous les Princes de la terre, quelle que soit leur religion; non pas seulement pour les guerres justes et légitimes, mais pour les guerres arbitraires et les conquêtes injustes. Certes, Dieu n'inspire pas les pensées criminelles, mais il sait néanmoins faire tourner ces pensées malgré leur malice à l'exécution de ses conseils toujours saints; il fournit de bons moyens, et il fait le bien par le mal d'autrui. Voici ce que dit, par Jérémie, le Seigneur des armées, le Dieu d'Israël : « Je susciterai et j'amènerai Nabuchodonosor, » roi de Babylone, mon serviteur..... et venant il frappera » la terre d'Egypte, ceux qui sont voués à la mort par la » mort, ceux qui sont voués à la captivité par la captivité [1]. »

Mais comment Dieu peut-il appeler Nabuchodosor *son serviteur?* Il était idolâtre, et loin, par conséquent, de le servir. Mais s'il ne le servait pas par la religion, il le servait par l'obéissance à ses ordres, qu'il exécutait à son insu; il le servait comme l'instrument sert celui qui l'emploie; il croyait ne satisfaire que son ambition et sa colère, et il n'é-

(1) Jérém., XLIII.

tait que l'aveugle fléau dont Dieu frappait ses ennemis. Dans ses intentions il pouvait être coupable; mais il n'en faisait pas moins, sans le savoir, ce que Dieu voulait : Dieu voulait son action, non son crime; mais son crime concourait, sans le justifier, à l'accomplissement de la volonté suprême. Ainsi en est-il des chefs des peuples et de tous les rois de la terre. Et ces massacres que Dieu avait ordonnés dans le secret de ses justes mais terribles conseils, le roi d'Assyrie s'y portait pour assouvir sa passion; conduite impénétrable, pleine d'iniquité dans l'homme, pleine de justice en Dieu.

Nous voyons les mêmes choses par rapport à Cyrus, prince également infidèle. Dieu, en lui inspirant l'esprit de la guerre, en fait son ministre et l'exécuteur de ses ordres. « Voici ce que dit le Seigneur à Cyrus qui est *mon christ* » (quelle expression en parlant d'un païen!), que j'ai pris » par la main pour lui assujettir les nations, pour mettre en » fuite les rois, pour ouvrir devant lui toutes les portes sans » qu'aucune lui soit fermée. Je marcherai devant vous, » j'humilierai les grands de la terre; je romprai les portes » d'airain et je briserai les gonds de fer (1). »

Rollin, commentant la suite de ces paroles d'Isaïe, s'exprime de la sorte : « J'ai donné mes ordres à ceux que j'ai consacrés à l'exécution de mes desseins, et ces rois marchent déjà pour m'obéir, quoiqu'ils ne me connaissent pas. C'est Moi qui les ai placés sur le trône, et qui leur ai soumis divers peuples, pour accomplir par eux tous mes conseils. J'ai fait venir mes guerriers pour être les instruments de ma colère. Ils tiennent de moi leur courage, leur capacité dans la guerre, leur patience, leur sagesse, le succès de leurs entreprises; ils sont invincibles, parce qu'ils me servent. »

Quelle force donc il y a dans cette puissance souveraine

(1) Isaïe, XLV.

qui décide de la guerre et de la paix! D'un mot il fait surgir ces armées immenses qui épouvantent la terre, et dont il se sert au-dedans pour faire reculer et vaincre l'émeute en dépit de toutes ses fureurs, et au-dehors pour abattre l'ennemi, le poursuivre jusque dans ses derniers retranchements, incendier les villes, ravager les campagnes, faire couler des torrents de sang, et porter l'effroi aux cœurs les plus intrépides! Nécessité terrible, qui fait de la guerre un des plus cruels fléaux dont puisse être frappé le genre humain, mais qui sert en même temps à faire voir la grande puissance dont Dieu a revêtu le Prince en qualité de son ministre; puissance néanmoins qu'il serait dans l'impossibilité la plus absolue d'exercer, si Dieu, par le moyen de la société, ne l'avait mise entre ses mains.

Qu'on ne croie pas que les volontés du Prince abandonné à lui-même ou aux avis de son conseil décident seules ces grandes questions; au-dessus de lui il est une puissance suprême (il ne faut jamais le perdre de vue) qui, souvent le faisant agir sans qu'il s'en doute et contre son inclination naturelle, le force à la guerre par des événements qu'il n'aperçoit pas ou qu'il s'efforce en vain de conjurer. Écoutons encore la grande voix de Dieu dans Jérémie : « Prends
» de ma main la coupe du vin de ma fureur, et tu en feras
» boire à toutes les nations vers lesquelles je t'enverrai, et
» elles boiront, et elles seront troublées, et elles chancelle-
» ront devant le glaive que j'enverrai parmi elles. Et je reçus
» la coupe de la main du Seigneur, et j'en fis boire à toutes
» les nations auxquelles le Seigneur m'a envoyé : à Jérusa-
» lem et aux villes de Juda... à Pharaon, roi d'Égypte et à
» ses princes, et à tout son peuple... et à l'Idumée, à Moab
» et aux enfants d'Ammon, et à tous les rois de Tyr et de
» Sidon... et à tous les rois d'Arabie, à tous les rois d'Occi-
» dent... à tous les princes de l'Aquilon, auprès et au loin,
» et à tous les royaumes qui sont sur la face de la terre... Et

» s'il ne veulent pas recevoir la coupe de ta main pour en » boire, tu leur diras : Voici ce que dit le Maître des ar- » mées : vous boirez sans relâche (1). »

De tout ce passage il faut conclure : 1° que la guerre, comme tous les autres fléaux, vient moins de la volonté des hommes qu'elle n'est envoyée de Dieu aux peuples pour les punir ; 2° que souvent les rois, quelle que soit leur humeur, pacifique ou guerrière, quoi qu'il en soit de la sagesse ou de l'imprudence de leurs conseils, sont entraînés aux armes par ce secret dessein de Dieu, auquel ils ne peuvent se soustraire ; 3° qu'il donne la victoire ou la défaite à qui il lui plaît, indépendamment de toute l'habileté, de toutes les ressources, de toute la prévoyance humaine ; 4° que la paix n'arrive qu'aux peuples auxquels il l'accorde, et au moment qu'il a marqué ; 5° enfin, que malgré cette formidable puissance de la paix et de la guerre, le Souverain n'est, (souvent à son insu) qu'un instrument dans la main du Très-Haut ; que, lors même qu'il croit ne se décider que par lui-même, il est sous l'impulsion d'une volonté plus haute, qui tourne le cœur des rois comme elle veut, et qu'ainsi, par cette force qui est la plus sensible attribution de la puissance suprême, le Souverain n'est que l'exécuteur des décrets de Dieu, son serviteur et son ministre. Car s'il peut se servir du Pouvoir contre sa volonté législative et morale, manifestée par les lois du devoir et par les avertissements de la conscience, il ne peut jamais s'en servir contre sa volonté absolue, manifestée par les événements.

Ainsi, quand nous nous inclinons devant cette force du Souverain, c'est Dieu lui-même que nous révérons.

SECTION II. *Seconde attribution de la puissance souveraine : son droit de vie et de mort.* — Le Souverain n'est pas seulement le ministre de Dieu par la puissance qu'il exerce au-dehors, il l'est encore par celle qu'il exerce au-dedans ;

(1) Jérém., XXV, 15.

car « ce n'est pas en vain qu'il porte le glaive [1], » dit l'Écriture. Établi pour défendre le peuple contre tous ses ennemis, il ne se borne pas à tenir en respect ceux qui veulent attaquer ses frontières ; il sait que son plus grand devoir est de réprimer les séditieux qui cherchent à troubler la paix et l'ordre de l'État, et les scélérats qui s'attaquent à la vie ou à la fortune des particuliers. Et de là le droit de vie et de mort attaché à la puissance souveraine, et qui la rend tout à la fois si précieuse et si redoutable ; redoutable aux méchants, effrayés et contenus par l'utile terreur qu'elle inspire ; précieuse à tous les autres, et par la protection qu'elle leur accorde contre les mauvais desseins des premiers, et par la joie immense qu'elle fait sentir à un si grand nombre de familles lorsqu'elle grâcie et rend à la société les coupables repentants. Double prérogative, d'autant plus digne d'être bénie que la nécessité s'en fait perpétuellement sentir, que la société ne peut s'en passer un seul instant sans être exposée à sa ruine, et que ses services peuvent devenir quotidiens. Cette seule considération devrait faire comprendre à tous les esprits justes et sensés de quel amour il leur importe d'entourer sans cesse l'Autorité qui leur procure cette immensité de biens, quoi qu'il en soit de leurs opinions particulières.

Le droit de mort est, parmi les prérogatives du Souverain, la plus terrible, mais la plus incontestable, parce qu'elle est une des raisons d'être de son institution, parce que, sans cela, il lui serait impossible de pourvoir au salut de la nation en général et à la protection des individus qui la composent, parce qu'il serait incapable de se maintenir lui-même contre les conspirateurs et les mécontents qui en veulent à sa couronne ou à sa vie. Aussi, dans tous les temps, dans tous les lieux, et sous toutes les formes de gouvernement, le droit de mort a toujours été dévolu au Pouvoir

(1) Rom., 13.

exécutif comme un moyen de répression, sans lequel ni lui ni la société ne pourraient se maintenir. Pourquoi donc, depuis un siècle, s'est-on si fort récrié contre la peine de mort, sous le spécieux prétexte d'humanité, comme si les sentiments d'humanité avaient été inconnus jusqu'ici, comme s'ils n'étaient pas aussi anciens que le monde, et comme s'il eût été réservé à la génération actuelle qui se croit infiniment plus éclairée que les autres, ou plutôt la seule éclairée et la seule intelligente, de découvrir les vrais principes, que nul homme n'avait encore aperçus. Mais de quel front ose-t-on affirmer que la douceur de nos mœurs et le progrès de notre civilisation réclament impérieusement l'abolition de la peine de mort, quand nous voyons qu'un des premiers et des plus intrépides prôneurs de cette extrême réforme fut le citoyen Robespierre, ce même homme qui semblait s'être donné la tâche horrible de massacrer son pays; quand nous voyons que c'est le grand cheval de bataille de nos tribuns les plus sanguinaires, et que ce n'est jamais que dans les temps de troubles et d'anarchie que l'on fait une pareille motion?

Non, non, en dépit de toutes ces ridicules chimères, la société ne restera pas désarmée; et l'on ne regardera jamais comme une opinion sérieuse celle qui, sans apporter aucune nouvelle lumière, ni aucune raison particulière à notre époque, se trouve en désaccord avec le sentiment des plus grands philosophes et des plus célèbres théologiens si haut placés dans l'estime publique, en désaccord avec la parole de Dieu même, en désaccord avec la pratique constante de toutes les nations, en désaccord avec les nécessités évidentes de la société toute entière. Il faut donc montrer que la peine de mort est légitime et nécessaire, et qu'elle est justement appliquée au nom de Dieu par l'autorité du Souverain, son représentant et son ministre, qui seul a ce droit.

« Les peines des crimes contre la sûreté de l'Etat et contre la vie des hommes, dit Montesquieu, sont ce qu'on appelle des supplices. C'est une espèce de talion qui fait que la société refuse la sûreté à un citoyen qui en a privé ou qui a voulu en priver un autre. Cette peine est tirée de la nature de la chose, *puisée dans la raison* et dans les sources du bien et du mal. Un citoyen mérite la mort lorsqu'il a violé la sûreté au point qu'il a ôté la vie ou qu'il a entrepris de l'ôter. Cette peine de mort est comme le remède de la société malade (1). »

Voici maintenant le raisonnement de saint Thomas-d'Aquin : « Toute partie est établie pour le tout, dit cet illustre docteur, comme l'imparfait pour le parfait. C'est ainsi que lorsqu'il est nécessaire pour sauver tout le corps de l'homme de retrancher un de ses membres, qui autrement altérerait et corromprait les autres, il est louable de le sacrifier au salut commun. Or, il en est de l'individu par rapport à la communauté comme de la partie dans le tout. Aussi, lorsqu'un homme devient dangereux à la société et tend à la corrompre par son crime, il est utile et à propos de le mettre à mort pour procurer le bien général (2). »

Or, à qui incombe ce terrible pouvoir? Au Souverain, répond le même saint Docteur. « Il n'appartient qu'à celui à qui est confié le soin de sauver la société; de même qu'il appartient au médecin chargé de la conservation de tout le corps d'amputer le membre qui peut nuire. Or, la charge du bien commun a été remise aux Princes qui ont l'autorité publique. C'est donc à eux seuls et non pas aux simples particuliers qu'il appartient de mettre à mort les malfaiteurs (3). »

Mais à quoi bon citer des autorités particulières, quand

(1) *Esprit des lois*, Liv. XII, ch. IV. — (2) 2ª 2º, 9, 64. a. 2. — (3) *Ibid.* 9, 64. a. 4.

il n'y a qu'une voix dans tout l'univers pour soutenir la nécessité, la légitimité de la peine capitale, et le droit naturel de la société de s'en servir contre ceux qui l'attaquent? Ce qui se fait indistinctement par tous les hommes, dit Cicéron, ne peut être que le cri de la nature. Aussi ne pouvons-nous nous empêcher d'admirer la sagesse du sénat d'Italie qui, appelé dernièrement à délibérer sur l'abolition de la peine de mort, votée par la Chambre des représentants, a vu l'abîme où un moment d'entraînement pouvait tout précipiter, et a peut-être sauvé une société encore chancelante, en relevant la tendance funeste de cette loi et en lui refusant sa sanction.

Que dirons-nous de plus! Et à quoi bon encore de plus longs raisonnements, quand Dieu lui-même a tranché la question par ces solennelles paroles de Maître, par cet ordre absolu qu'il a fait inscrire dans sa loi : « Quiconque » aura répandu le sang humain, son sang sera répandu; » car l'homme a été fait à l'image de Dieu (1). » Et par ces autres non moins expressives : « Celui qui tuera par le glaive » mourra par le glaive (2). » Et pour montrer que cette grande puissance du glaive est l'apanage de la Souveraineté, il ajoute : « Le Prince est le ministre de Dieu pour notre bien. Que si vous faites mal, vous avez raison de craindre, parce que ce n'est pas en vain qu'il porte l'épée. Il est le ministre de Dieu pour exécuter sa vengeance, en punissant celui qui fait le mal (3). »

Mais comment ce droit doit-il être exercé? Car toute puissance doit avoir sa règle; autrement elle dégénérerait en arbitraire et en tyrannie. Ici encore les principes et la pratique universelle du genre humain vont nous servir de guide. Il faut que la peine soit établie par les lois, appliquée par les juges au nom du Souverain, et exécutée sans d'inutiles rigueurs.

(1) Gen., IX, 6. — (2) Mat., XXVI, 12. — (3) Rom. 13.

Les lois seules ont le droit de disposer de la vie des hommes, et de fixer les cas où elle ne leur appartient plus. Otez cette règle! Tout l'État sera à la merci d'un seul, et exposé à devenir le jouet des cruels caprices d'un furieux; il n'y aura plus de gouvernement régulier, mais le règne exclusif du despotisme et de la plus sanglante barbarie. Le Souverain n'a le droit de mort que conformément aux lois.

Et encore, ce droit il ne peut l'exercer par lui-même. A quoi en effet servirait la loi, s'il pouvait lui seul l'interpréter à son gré? Voilà pourquoi tous ont senti la nécessité de la pondération, de l'équilibre, de la division des pouvoirs; et l'impossibilité, sans cette division sévèrement maintenue, de conserver un gouvernement quelconque dans les bornes de la sagesse et de la justice. Il faut donc que la cause soit examinée, pesée, discutée par les tribunaux ordinaires, qui puissent par leurs études, leur moralité, leur indépendance, offrir une ressource à l'innocence contre l'injustice des accusations.

Avons-nous besoin d'ajouter qu'il est interdit au Souverain de se faire l'exécuteur de la sentence, et de descendre ainsi jusqu'au rôle infâme de bourreau. Ce ne serait plus la justice, mais l'emportement et la vengeance qui présideraient à ses actes; et la majesté royale, si honteusement dégradée, disparaîtrait bientôt dans des flots d'ignominie. Cette justice sommaire et brutale n'appartiendra jamais qu'aux monarques de la Turquie ou du Dahomey.

Il n'est même pas permis au Prince de changer le mode de la peine capitale; toute cette triste matière est exclusivement du ressort des lois, c'est-à-dire de statuts fixes et permanents qui règlent tout, sans rien laisser à la volonté personnelle. Dans ces hautes questions, si sérieuses et si mûrement pesées par la sagesse des nations, il ne saurait être licite à un homme, quelque haut placé qu'il soit, de rien ajouter ou retrancher de soi-même à la teneur des règlements. Ici le moindre arbitraire pourrait avoir des suites incalculables, en faisant perdre à la justice son équilibre et en ébranlant tout l'État.

Mais ces restrictions sévères dont le Souverain est environné de toutes parts quand il s'agit de punir, elles cessent et disparaissent quand il s'agit de pardonner. Le champ si resserré du côté de la rigueur, il est ouvert presque sans limites à la clémence et à la bonté. Les juges ordinaires ne peuvent que punir, le Souverain seul fait grâce. Admirable et divine prérogative de la Souveraineté, de pouvoir essuyer les larmes, consoler les douleurs, donner une seconde vie aux cœurs repentants, les rendre à la vertu, à leurs familles et à eux-mêmes, les attacher à tous leurs devoirs par le sentiment de la reconnaissance, si fort sur les âmes sensibles, malgré un égarement passager, et de s'entendre perpétuellement bénir par les femmes et les enfants qui, grâce à lui, ont retrouvé un fils, un époux ou un père ! Est-il sur la terre une fonction plus noble et une dignité comparable à celle-là ? Et un Prince qui exerce à propos sa clémence, n'est-il pas la vivante et grâcieuse image de la Providence divine, de ce Dieu bon et de cet aimable Père dont la gloire est de faire du bien, dont les coups eux-mêmes sont des bienfaits ; qui, répandant son soleil et ses pluies sur les méchants comme sur les bons, est notre confiance de chaque jour et notre espérance éternelle. Non, il n'est point sur la terre de plus grande, de plus auguste représentation de la Divinité, qu'un monarque clément et miséricordieux ; l'on voit que, de la sorte, il est vraiment son ministre ; et c'est surtout sous cette ressemblance touchante qu'il le faut considérer pour avoir une idée juste de toute sa grandeur.

Mais, n'est-ce pas encore une des plus magnifiques attributions de la clémence royale, que de rendre la vie à ceux qui sont déjà en quelque sorte dans la mort, par suite des privations cruelles qu'ils endurent, et qui sont comme leurs tombeaux. Restreindre les dépenses générales, diminuer les impôts; soulager sur les ressources de l'État, ou sur ses ressources individuelles, les familles, les villes, les provinces ruinées par la disette, par les incendies, les guerres, les inondations, les fléaux publics ou les malheurs particuliers, soutenir les veuves et les orphelins des soldats morts au service de la patrie, procurer la réhabilitation de ceux qui ont été injustement condamnés, quel rôle plus glorieux et plus digne de la Souveraineté! Quoi de plus consolant et de plus doux, quoi de plus délicieux et de plus ravissant que ces grandes fonctions de la magistrature suprême, donnant à un empire le spectacle enchanteur d'une si admirable ressemblance avec l'action de Dieu répandant ses bienfaits sur l'univers entier!

Et c'est encore un trait de la clémence du Souverain, en même temps que de sa haute prudence, de ne pas pousser à outrance la punition de l'injure, même lorsqu'elle va jusqu'à la sédition et au crime de lèse-majesté. Sans doute l'émeute doit être combattue et réprimée avec vigueur, pour le triomphe de l'ordre et la conservation de la paix publique; car, dans un État bien réglé, il faut toujours que force reste à la loi. En cas de révolte, les mesures les plus promptes et les plus énergiques sont toujours les meilleures. Qui ne sait que les fâcheuses paroles de Louis XVI : « Je ne veux pas qu'une goutte de sang coule pour ma querelle, » et le faux principe qui les inspirait furent, en grande partie, la source des malheurs de la Révolution française? Un prince doit savoir que sa cause est celle de tout son peuple; et quand sa prérogative est violemment attaquée, ce n'est point une querelle particulière, c'est celle de l'État tout entier; car les mouvements séditieux venant toujours des minorités, c'est la majorité, l'ensemble de la nation qui est insultée dans son Prince. Il faut donc se montrer de sa personne, et sévir avec promptitude et avec force, si l'on ne veut pas, en même temps qu'on sera victime de sa faiblesse et d'une générosité mal entendue, entraîner tout le royaume dans sa chute. S'il y a effusion de sang, les rebelles qui l'ont provoquée ne doivent l'imputer qu'à eux-mêmes, et le Prince qui l'a versé pour sa défense et pour celle de la nation, n'en est nullement responsable.

Toute l'histoire nous apprend que les princes pusillanimes ou indécis ont toujours succombé, et que les empires ne se maintiennent que par la fermeté, l'énergie, l'intrépidité de ceux qui les gouvernent. Et cela est vrai surtout en France où, à cause de la mobilité des esprits un peu enfants, il faut un Roi qui impose. Mais aussi, une fois que la révolte est tombée, une fois que le droit est vainqueur et l'ordre rétabli, c'est alors qu'il faut savoir se montrer aussi généreux et aussi clément après la victoire qu'on a été vaillant dans le combat. C'est alors que la mansuétude électrise, et que la reconnaissance affermit dans le devoir tous ceux qui conservent un reste d'honneur. Il est à propos de se rappeler cette maxime de saint Augustin, qui est celle de la raison et de la foi, que s'il est utile de frapper les individus, il est nécessaire d'épargner la multitude, contre laquelle la sévérité ne ferait qu'augmenter le mal et le rendre incurable. Pourquoi ensanglanter sa victoire? Pourquoi, par une sévérité implacable, flétrir ses propres lauriers que la clémence aurait rendus si glorieux, aigrir à jamais les cœurs, les forcer à conspirer dans l'ombre, et rendre les rapprochements impossibles? La force sans violence et la douceur sans faiblesse, c'est là le beau idéal de la Souveraineté. Si ce type s'est réalisé dans les princes infidèles, combien plus aisément dans des chrétiens!

Assurément, il ne faut pas que l'indulgence et le pardon paraissent arrachés par la crainte; et voilà pourquoi nous avons dit qu'on ne devait être miséricordieux qu'après le succès, et que l'oubli ne s'accorde qu'aux ennemis désarmés. Mais pour que le Prince impose un silence durable aux factions, il faut qu'après avoir triomphé d'elles par la force physique, il sache triompher de lui-même par sa force morale; que, pour dominer les passions des autres, il domine les siennes propres; que non content d'avoir montré aux rebelles un maître par sa justice, il leur montre un père par sa bonté; et qu'enfin, après les avoir effrayés et convaincus de la vanité de leurs espérances et de l'inutilité de leurs efforts, il se concilie leurs cœurs et se les attache à jamais par la sincérité et la largeur de ses amnisties. C'est par ce beau tempérament de la justice et de la force, par cet heureux mélange de sévérité et de douceur que les empires s'affermissent, qu'ils deviennent invincibles, qu'ils jettent dans le sol d'un pays d'indestructibles racines; et ce sage et habile emploi du double droit de vie et de mort montre de la manière la plus éclatante à tous les hommes que les Souverains n'ont pas reçu en vain ce grand titre de ministres du Très-Haut.

SECTION III. *Troisième attribution de la puissance souveraine : le contrôle sur toutes les fonctions publiques.* — Si la puissance souveraine nous paraît à bon droit si grande et si terrible par la force de ses armes et par son droit de vie et de mort, nous n'en concevons pas une moins haute idée en considérant l'importance immense et la suprême élévation des fonctions dont elle est investie. Sa charge est la première de tout l'Etat; car toutes les autres relèvent de celle-ci dans l'ordre temporel, elle les comprend toutes sans exception : la justice, les finances, la guerre, le commerce, les travaux publics, l'industrie, l'administration, en un mot, toutes les fonctions publiques lui sont subordonnées; il n'en est pas une seule qui puisse échapper à sa surveillance et à son contrôle; la religion elle-même, malgré la sublimité de son origine et l'indépendance surnaturelle de son ministère et de ses attributions dans ses limites propres, n'est pas naturellement exempte de l'action tutélaire du pouvoir civil, chargé, par son institution même, de la police de tout l'Etat, et, par conséquent, de surveiller et de protéger les établissements religieux comme tout le reste, pour tout maintenir en paix et empêcher ou réprimer tout désordre tant au-dedans qu'au-dehors. Ainsi, il n'est rien qui ne soit de son ressort dans une certaine mesure.

Cependant l'on se tromperait étrangement si l'on s'imaginait que la puissance souveraine doit faire par elle-même les diverses fonctions du commandement; c'est, au contraire, son caractère propre de n'en faire aucune en particulier, mais de les inspecter toutes en général, pour s'assurer si chaque fonctionnaire est à son poste et s'acquitte de son devoir. De même qu'un habile capitaine de vaisseau ne songe nullement à chasser le pilote du gouvernail pour s'en emparer, ni à faire l'emploi des matelots ou des officiers de son navire, mais à voir comment chacun d'eux se comporte et à les diriger dans leurs opérations, convaincu que tous ces détails minutieux ne peuvent que nuire à l'ensemble des manœuvres et à la conduite du vaisseau dont il est seul chargé et dont il ne peut procurer le salut que par cette attention universelle; ainsi, le Souverain ne s'occupant que des intérêts généraux ne fait aucune fonction particulière, mais il veille à ce que chacune d'elles soit bien faite; c'est là précisément la charge propre de la Souveraineté, comme de toutes les autres supériorités de la terre. Et c'est aussi en cela principalement que le supérieur est l'image, le représentant, le ministre du grand Dieu qui, après avoir laissé l'administration des choses humaines morales entre les mains du libre arbitre de l'homme, se contente de veiller du haut des cieux sur son action, et de diriger la marche de la création et de l'ensemble du mouvement des mondes. Voilà pourquoi, à l'exemple du Souverain Maître, le Chef de l'État est obligé de s'adjoindre des ministres, dont chacun est placé à la tête d'une des branches principales de l'administration, pour travailler sous l'œil du maître, qui les inspire de ses vues, coordonne toutes leurs pensées, les conduit vers la même fin, les ramène à la même idée, au même plan, et entretient ainsi l'unité et l'harmonie dans toutes les parties du gouvernement.

Et cette unité de commandement se fait sentir également dans toutes les formes, et dans une république aussi bien que dans une monarchie : les ministres changent, le gouvernement ne change pas, parce que la pensée mère et directrice qui en fait le fond reste toujours la même dans la personne du Souverain. Mais c'est aussi ce qui fait la supériorité de la monarchie héréditaire sur les formes purement démocratiques ou électives, dont la puissance est d'autant moindre que le changement des chefs ou présidents est plus fréquent; à cause des oscillations perpétuelles de la politique, qui varie selon les idées de ces chefs éphémères, et contribue ainsi à établir dans le système d'administration une incertitude, des soubresauts, des revirements qui tendent à ébranler tout l'État, à en vicier la constitution intime, et à en rendre comme impossible la bonne direction par le Prince, qui a besoin de temps et de vues suivies pour mener ses projets à bonne fin. Un gouvernement indécis et sans unité de vues mène inévitablement à l'anarchie, et la catastrophe sera d'autant plus rapide qu'il manquera davantage de force et d'unité. Mais aussi, par une conséquence contraire, plus les fonctions de la Souveraineté sont bien liées et se maintiennent longtemps dans cet état d'unité progressive, plus elles montrent en elles une grande puissance pour procurer le bien général et tout maintenir en équilibre; ce qui est le véritable but de tout gouvernement; et, en ce point comme en tous les autres, le Prince apparaît comme le doigt et le ministre de la puissance divine.

Examinons donc les principales fonctions du Souverain, pour nous convaincre par cette vue sommaire de cette importante vérité. « La Religion, la justice, le conseil, les finances, dit le célèbre Bâcon, sont les quatre colonnes sur lesquelles reposent tous les gouvernements. Renversez ou ébranlez l'une de ces colonnes, tout tombe dans le trouble et la confusion; c'est alors, surtout, qu'il faut recourir à Dieu, et le conjurer de rétablir le calme [1]. » Ces remarquables paroles, qui résument les objets fondamentaux de l'autorité des Princes, méritent d'être expliquées pour une plus parfaite intelligence de la divine puissance du ministère qui leur a été confié.

I. LA RELIGION.

Quoique la Religion ait pour terme direct l'éternité, et le Pouvoir civil la vie présente, cependant ces deux grands directeurs de la vie humaine ne doivent pas être étrangers l'un à l'autre, même en les envisageant dans la différence de leur but; la Religion bien entendue imposant le respect et l'obéissance à l'autorité des Princes, comme la puissance temporelle prescrit de rendre aux choses religieuses et à leurs ministres la révérence qui leur est due; et ainsi, elles se prêtent l'une à l'autre un mutuel secours. Il est donc à désirer pour le bien présent et futur de la société, qu'il y ait un perpétuel accord entre ces deux magnifiques et vénérables institutions, qui sont les deux ministères de Dieu au temporel et au spirituel. C'est aussi la Religion qui tient le premier rang dans les préoccupations d'un Souverain pénétré de toute l'étendue de ses devoirs. Non pas qu'il doive s'ingérer dans les consciences, qui sont un sanctuaire toujours inaccessible à tout autre qu'à Dieu et à ceux à qui il en a

(1) Fidel., *Serm.*, ch. XVI.

confié la garde ; non pas qu'il lui soit permis de décider sur le dogme ou sur les lois positives de Dieu qui sont du ressort exclusif de la Révélation, ou de rien changer à la divine constitution de l'Eglise, à son ministère, à sa discipline, ou à ses droits légitimement acquis ; ce ne serait plus protéger la Religion, mais la dominer, l'opprimer, troubler l'ordre de Dieu, mettre la main à l'encensoir, et usurper une autorité qui a ses lois à part, et doit toujours rester indépendante dans le spirituel de la puissance purement temporelle. « Il est vrai, dit Fénelon, que le Prince pieux et zélé est nommé l'évêque du dehors et le protecteur des canons... Mais l'évêque du dehors ne doit jamais entreprendre la fonction de celui du dedans. Il se tient, le glaive en main, à la porte du sanctuaire, mais il prend garde de n'y entrer pas... Voici les deux fonctions auxquelles il se borne : la première est de maintenir l'Eglise en pleine liberté contre tous ses ennemis du dehors, afin qu'elle puisse au-dedans, sans aucune gêne, prononcer, décider, conduire, approuver, corriger, enfin abattre toute hauteur qui s'élève contre la science de Dieu ; la seconde, est d'appuyer ces mêmes décisions dès qu'elles sont faites, sans se permettre jamais, sous aucun prétexte, de les interpréter (1), » pour ne pas donner dans les mêmes écueils que Valens, Constantius et plusieurs empereurs grecs qui, par leur superbe domination sur la Religion, et leur incroyable manie de vouloir décider des dogmes, causèrent de si grands troubles dans l'Eglise et dans l'Etat, qu'ils mirent l'un et l'autre à deux doigts de leur ruine.

Mais il importe de généraliser et d'étendre la question, car il ne s'agit pas précisément de tel culte en particulier, mais du respect et des égards dus par le Pouvoir à la Religion en général, et des fonctions dont il est investi envers elle par la nature même de son institution.

(1) *Discours pour le Sacre.*

Un Prince habile et vertueux sait que la Religion est le fondement de l'État. Comment imaginer une société civile qui ne soit pas basée sur le sentiment religieux? Dans quel temps du monde un peuple quelconque s'est-il trouvé sans religion? Cela ne s'est vu nulle part; par toute la terre la voix de la nature crie à tous ceux qui la veulent entendre que le respect du Prince et l'observation des lois sont impossibles, ou du moins ne sauraient donner aucune assurance contre les entraînements de l'orgueil et des passions, sans la crainte d'une puissance supérieure, terrible et inévitable. On bâtirait plutôt une ville en l'air, dit Plutarque, qu'une république sans religion. Aussi, dans les innombrables législations de la terre, il est inouï qu'il s'en soit rencontré une seule qui n'ait pris pour base l'idée religieuse et le respect de la divinité, tant on a profondément senti que dans aucune sorte de gouvernement on ne peut se passer de cette grande règle des mœurs. Le Souverain est donc le gardien par état, le protecteur-né de la Religion; laisser détrôner Dieu dans le cœur de ses sujets, il le sait, ce serait s'exposer au hasard d'être détrôné lui-même; et lors même qu'il ne protégerait pas la Religion par conviction et par principes, il la défendrait encore pour son propre intérêt, puisqu'elle est le plus ferme appui de son empire, le plus sûr garant de la fidélité des peuples. Aussi voyons-nous qu'en France spécialement nos rois ont toujours été les défenseurs de l'autel, quoi qu'il en ait pu être de leur conduite privée et des temps orageux qui ont troublé leur marche; ils ont compris que la cause de César devait être inséparable de la cause de Dieu, que cette dernière était le solide fondement de leur trône, que la conscience et l'intérêt leur faisaient un devoir impérieux de la soutenir, et jusqu'ici tous, sans exception, s'en sont montrés les fidèles et zélés protecteurs.

De plus, la Religion a encore deux grands appendices

d'une importance incalculable, qui absorbent toute l'attention du Souverain : la morale et l'éducation. Sans éducation, point de religion; sans religion, point de morale; sans morale, point de gouvernement.

Le Prince fait respecter la morale de toutes parts, et il est le premier à en donner l'exemple; car, outre que c'est le plus essentiel de ses devoirs, il sait que sans moralité il ne saurait être en sûreté sur son trône. Il ne souffre donc dans sa cour, dans son palais et dans ses amusements, rien qui puisse être une école de corruption pour le peuple qui, en se modelant, comme il le fait toujours, sur les mauvaises mœurs de son Chef, apprend à le mépriser, et plus tard à le renverser. Le Souverain est inflexible à faire punir par les tribunaux les désordres désignés par les lois : il déclare une guerre à outrance à la littérature immorale des livres et des journaux, source féconde d'infamies et de révolutions. La censure des théâtres est sévère; car si le théâtre, traité délicatement, peut être quelquefois une correction du vice, il devient, si on lui lâche la bride, une école de libertinage et de débordements affreux qui corrompent une nation jusqu'à la moëlle, et en la démoralisant l'affaiblissent jusqu'à extinction. Ainsi la Religion, la morale, l'autorité souveraine sont trois sœurs inséparables dont l'union fait toute la force, et qui ne peuvent se passer les unes des autres; et la bonne politique se regardera toujours, même pour son propre intérêt, comme la servante fidèle et la protectrice vigilante de la Religion et des mœurs.

Mais la conservation des mœurs publiques dépend entièrement de l'éducation qui les forme; c'est donc là une question immense, une affaire de premier ordre, le grand objet des préoccupations les plus sérieuses de tous les gouvernements passés, présents et futurs. Le peuple sera toujours ce que l'éducation l'aura fait. Elevé dans des idées saines, il restera fidèle et bon; soumis à de mauvaises influences, il deviendra vicieux, égoïste, et naturellement porté à la révolte; la paix publique, la vertu et le bonheur d'un empire dépendent donc de la qualité de l'éducation. Aussi, que voit-on dans un Prince habile? Une attention constante à mettre la Religion et la morale à la tête de tous les objets de l'enseignement; une vigilance exacte sur toutes les maisons d'éducation quelles qu'elles soient, pour les y faire enseigner et pratiquer, et pour en écarter toutes les tendances ou habitudes contraires; une inspection sévère sur les livres, sur les méthodes, sur le matériel et sur les personnes; un soin extrême pour ne préposer aux colléges que des hommes dignes de confiance par leurs principes et par leurs mœurs; une grande latitude à permettre la concurrence et une noble émulation entre les établissements publics et privés; une entière liberté laissée aux pères de famille de confier leurs enfants aux hommes religieux, les plus sûrs garants d'une éducation pure et forte. Ce sont là les traits qui distingueront toujours un sage et habile gouvernement, tandis que la conduite contraire montrerait à tout le monde une administration incapable, malintentionnée, ignorante de ses intérêts et de ses devoirs.

Voilà donc la première fonction de la Souveraineté et le noble objet de sa sollicitude : la vigilance sur tout ce qui concerne la Religion, et le soin continuel de lui concilier la vénération et l'amour, de lui conserver toute la tolérance, toute la liberté, et toute la protection dont elle a besoin pour remplir utilement ses augustes fonctions, et pour rendre les hommes meilleurs et plus heureux par la soumission à l'empire des lois et par l'espérance des biens futurs. Ainsi demeurent unies sans froissements la Religion et la Souveraineté, dont le perpétuel accord est indispensable à la félicité du monde.

II. LA JUSTICE.

L'utilité, la nécessité, la gloire, la puissance du Souverain ne se montrent pas avec moins d'éclat dans les soins qu'il donne à la justice. C'est là sa propre fonction. Il est vrai qu'il ne l'exerce pas par lui-même ; la faiblesse humaine ne le permet pas ; le temps lui manquerait pour juger cette foule innombrable de causes dont il serait accablé, et la réunion dans une même personne de la puissance exécutive et de la justice l'exposerait trop dangereusement à la tyrannie ; il serait souvent partie et juge. Mais ces jugements contentieux qu'il ne peut rendre directement, il les fait porter par la magistrature ; et dans tout le reste il se soumet le premier aux lois de la justice, et il prend soin que tous les citoyens s'y conforment également. La justice est donc le grand attribut de la Souveraineté ; parce que elle est la colonne des Empires, parce que la charge principale du Chef de l'Etat consiste à faire régner toujours et partout une exacte justice distributive ; parce qu'il est censé prononcer tous les arrêts des tribunaux qui se rendent en son nom ; enfin, parce qu'il est tenu de donner l'exemple du profond et inviolable respect dû aux sentences de judicature, et dans la personne des juges rendus inamovibles et indépendants, et par rapport à ces arrêts eux-mêmes auxquels il ne peut rien changer, sauf les droits de la clémence.

La justice est l'honneur, la force, le rempart de tous les empires. « C'est la justice, dit l'Ecriture, qui élève les » nations (1) » par la vigueur dont elles les remplit au-dedans d'elles-mêmes au moyen de l'ordre qu'elle y fait constamment régner, et au dehors par le respect qu'elle inspire aux autres peuples pour un voisin si juste et si honnête. Tandis que l'injustice, au contraire, est la ruine, longtemps peut-être inaperçue, mais inévitable de tous les

(1) Prov., XIV, 34.

Etats qui la commettent. « Semblable, dit Fénelon, à ces terrains qui paraissent fermes et immuables, mais que l'on sape peu à peu par-dessous : longtemps on se moque du faible travail qui en attaque les fondements; rien ne paraît affaibli, tout est uni, rien ne s'ébranle; cependant tous les soutiens sont détruits peu à peu jusqu'au moment où tout à coup le terrain s'affaisse et ouvre un abîme. Ainsi, une puissance injuste et trompeuse, quelque prospérité qu'elle se procure par ses violences, creuse elle-même un précipice sous ses pieds. La fraude et l'inhumanité sapent peu à peu tous les plus solides fondements de l'autorité légitime; on l'admire, on la craint, on tremble devant elle jusqu'au moment où elle n'est déjà plus, elle tombe de son propre poids et rien ne peut la relever, parce qu'elle a détruit de ses propres mains les vrais soutiens de la bonne foi et de la justice qui attirent l'amour et la confiance (1). »

La charge principale du Souverain est donc de faire régner la justice dans toutes les parties de l'administration, dans toutes les fonctions de l'empire, et spécialement de toutes parts une justice distributive, exacte et inviolable en conservant tous les droits des citoyens, et une équitable répartition des obligations et des bénéfices; ce qui comprend avant tout le respect de la propriété avec l'observation des règlements qui s'y rattachent, et l'égalité de tous les citoyens devant la loi. Et que deviendrait un pays qui n'aurait pas à sa tête un Souverain ferme et juste pour rendre ainsi à chacun ce qui lui appartient?

Malgré les ébranlements que l'on a voulu donner dans ces derniers temps à la grande et fondamentale question de la propriété, il est certain pour presque tout le monde que la propriété est sacrée, qu'elle est la base essentielle de la société, que sa destruction éterniserait un brigandage

(1) Télém., Liv. XXI.

immense et infini, que le droit de propriété n'existant plus, les passions dévorantes et insatiables des uns seraient pour les autres l'impossibilité de vivre ; dans le cas du partage, la paresse, la maladie, l'inintelligence seraient incompatibles avec cette prétendue égalité des biens que rêve le Communisme, et qui ne subsisterait pas un seul jour dans son entier ; et si malgré la vigilance et la sévérité des lois qui assurent aujourd'hui les fortunes particulières, les vols sont si communs, et si l'on a tant de peine à se défendre contre la rapacité de certaines natures qui n'ont plus le sentiment de l'honneur et du devoir, que deviendrait l'univers sans l'institution tutélaire de la propriété, qui réprime la plus grande partie de ces fureurs, et donne à l'homme honnête et laborieux la juste rémunération de son travail et de sa bonne conduite? O effroyables chimères d'une imagination perdue, ô absence trop évidente de toute idée saine et morale dans l'homme affreux, qui de sa bouche accoutumée aux plus horribles blasphèmes, a osé faire entendre ce cri satanique : *la propriété, c'est le vol!!* Mais retranchez le Souverain dans les divers Etats; qui alors empêchera ces infâmes théories de passer jusqu'à la pratique? Il est clair qu'elles ne peuvent espérer de succès que parmi les convulsions de l'anarchie; mais quel est donc le contre-pied de l'anarchie sinon la force du commandement et la puissance de la Souveraineté? Voilà ce qui fait comprendre combien elle est nécessaire, puisqu'elle peut seule opposer une digue infranchissable aux flots des mauvaises passions qui, sous le masque d'une abdication hypocrite, s'agitent continuellement autour de nous dans les bas-fonds d'une certaine société sans principes et sans mœurs. Mais c'est aussi ce qui doit faire comprendre à tous les hommes sensés le besoin de renoncer à toutes leurs querelles sur des objets moins importants, pour se rallier autour du Prince, leur unique défenseur contre des appétits si criminels et des tendances non moins envahissantes que terribles, si un pouvoir fort ne les réprimait pas. Le Souverain maintient dans tout l'empire ce droit sacré de la propriété et toutes les lois des divers codes, tous les droits qui en assurent l'exécution; et si quelquefois l'intérêt général exige le sacrifice d'un bien particulier, cette dérogation au principe est toujours compensée par une indemnité préalable et rémunératrice; de sorte que la règle se trouve confirmée par l'exception, d'une manière peut-être plus éclatante que si elle n'avait pas été enfreinte. Telle est la justice du Souverain, et l'éternel honneur de la Souveraineté.

En outre, tous les citoyens étant les enfants d'une même patrie, ont un droit égal d'en être protégés; c'est l'idée la plus élémentaire de toute justice. Le Souverain veille donc pour que tous soient également traités, également protégés dans leurs personnes, dans leur honneur, dans leurs biens, dans leurs droits civils; en un mot, dans tout ce qui est le but de la formation des sociétés. L'on peut, avec raison, appliquer aux sociétés temporelles vraiment civilisées ce que l'Ecriture dit de l'ordre spirituel, qu'en J.-C. il n'y a point de distinction de Grecs et de Barbares, de libres ou d'esclaves, mais que tous sont un aux yeux du même Maître (1). Tous les citoyens, sans exception, sont considérés comme enfants du même pays, par conséquent comme frères; et s'il y a quelque différence entre eux, elle consiste dans l'estime que quelques-uns peuvent obtenir de leurs concitoyens par leur mérite plus transcendant et leurs vertus plus éminentes, et non dans une inégalité choquante et injuste aux yeux de la loi. Le mérite seul, sous quelque forme qu'il se trouve, doit décider des honneurs et des charges; et tous, méritants ou non, ont droit à n'être pas traités plus rigoureusement que ne comporte la loi de l'Etat. Le Prince veille par lui-même, et par ceux qui sont sous ses ordres,

(1) Gal., III, 28.

pour que les petits ne soient pas foulés par les grands, que personne ne soit privé de sa liberté s'il ne le mérite, que nul ne soit contraint de faire une chose non commandée par la loi, et que les droits des moindres des sujets soient aussi respectés que ceux des plus considérables, soit dans la répartition des impôts, soit dans l'expropriation forcée, soit dans toute autre exigence de la justice distributive. Et il est à remarquer que la puissance du Souverain est tellement nécessaire pour maintenir cette belle égalité de tous les citoyens comme citoyens, que l'abus des castes et ces odieuses distinctions entre les sujets d'un même empire, qui composent le fond de l'histoire du Moyen-Age, ne se sont établis qu'avec la féodalité, c'est-à-dire avec l'affaiblissement continu de la puissance royale; et l'égalité naturelle entre les membres d'une même patrie ne se relève qu'à proportion du rétablissement de la Souveraineté.

Et ce qui fait encore mieux voir combien la justice est la fonction propre de la Souveraineté, c'est que tous les arrêts des tribunaux sont rendus au nom du Souverain; de sorte que, sans entrer dans l'examen d'aucune cause en particulier, il est censé néanmoins les juger toutes. Et quelque haute que la justice soit par elle-même, on croit devoir la relever encore aux yeux des hommes, en paraissant la faire descendre du trône. Et ce n'est pas une imagination vaine, puisque le Prince est le représentant de Dieu, et qu'il n'appartient qu'à Dieu de juger les hommes en dernier ressort. Et ainsi, l'on est tellement persuadé par toute la terre que le devoir de la justice est inhérent à la Souveraineté, que partout elle se rend en son nom, qu'il semblerait manquer quelque chose à la force et à la sainteté de ses arrêts, s'ils ne découlaient de cette noble source, et que les premiers magistrats d'un grand empire ne sont considérés que comme ses délégués.

Mais aussi quels respects le Souverain ne témoigne-t-il

pas pour la majesté de la justice, en assurant à la magistrature une complète indépendance par le double privilége de l'inviolabilité et de l'inamovibilité dont il les investit, ou du moins en respectant constamment cette double garantie qui leur est donnée par les lois. Les commissions, les tribunaux d'exception sont choses inouïes sous son règne, à moins que le corps entier des juges ne se soit laissé entraîner à la révolte; car les tribunaux exceptionnels étant sous la dépendance absolue du Prince, ils ne sont que ses échos, et l'iniquité des sentences serait comme inévitable, par défaut de liberté. Sans doute, les juges ordinaires peuvent errer, puisqu'ils sont hommes; mais il faut, pour le respect de leurs sentences, qu'ils ne paraissent jamais errer que de bonne foi; voilà pourquoi ils sont inviolables; et bien que leurs arrêts puissent être cassés par un tribunal supérieur, ils ne peuvent jamais être inquiétés eux-mêmes pour leurs verdicts; sans cela, la crainte pourrait troubler leur jugement, peut-être même leur droiture, et il n'y aurait rien d'assuré dans leurs décisions : la flatterie et le désir de plaire au maître dicteraient leurs sentences; et à moins d'une vertu rare et d'une énergie exceptionnelle, le bon droit serait trop souvent exposé. Mais, non-seulement le juge est inviolable dans sa personne, il est encore inamovible dans ses fonctions; et à moins qu'il ne prévarique comme simple citoyen, il reste toujours en charge comme juge, il y reste toute sa vie, ou du moins jusqu'à l'âge marqué, non par l'arbitraire du Souverain, mais par la volonté des lois. Et le Souverain s'incline devant l'indépendance de ce pouvoir qui, comme le sien, ne relève que de Dieu dans son exercice; et malgré toute la force de l'Etat qu'il a en main, il n'a pas celle de destituer le moindre juge de son royaume. Quels respects pour tous les droits, et quelle admirable modération au sein d'une puissance naturellement presque sans bornes!

Et ce n'est pas seulement aux magistrats que le Souverain témoigne de si grands égards, c'est encore à leurs sentences dans lesquelles il n'intervient jamais pour les aggraver. L'on conçoit que si le Chef de l'Etat était en droit d'infirmer les arrêts des juges pour y substituer arbitrairement des pénalités plus sévères, il serait l'unique juge de tout le pays, et la judicature ne serait plus qu'un nom; il n'y aurait plus d'autre règle que son caprice et ses passions violentes; tout dégénérerait en tyrannie, et ce serait la plus insupportable de toutes, puisqu'étant à la fois partie et juge sans appel, il n'y aurait plus de frein contre ses rancunes et ses fureurs. Que la vraie Souveraineté est loin de ces prétentions exorbitantes! et quelle attention en elle à ne jamais forcer la sentence, sinon pour l'adoucir! Quand le juge ou le jury paraît avoir fait fausse route en traitant avec trop d'indulgence un grand coupable, il reste au ministère public à se rejeter sur la violation de quelque formalité prescrite (et où n'en trouve-t-on pas?) pour provoquer, s'il le croit nécessaire, un jugement plus rigoureux et plus en harmonie avec les besoins et la défense de la société; mais cette sévérité n'est jamais remise à la discrétion du Souverain, qui, en sa qualité de premier représentant du Très-Haut, doit être plus aimé que craint. S'agit-il de sévir? Il a les mains liées. Faut-il, au contraire, pardonner et faire grâce? Il rentre dans la plénitude de sa puissance. Ainsi, de quelque côté qu'on envisage le Prince, tel que la vraie Religion et les lois l'ont fait, on bénit Dieu de son inaltérable amour pour la justice, et du bonheur qu'il éprouve à exercer sa clémence et à essuyer les larmes des malheureux, même de ceux qui ne le sont que par leur faute.

Enfin, la justice du Prince préside invariablement à la distribution de ses faveurs. « Après la Religion, à qui il appartient d'inspirer et d'ennoblir toutes les vertus, la justice est ce qu'il y a de plus essentiel dans un roi, dit l'auteur du *Comte de Valmont*, et ce qui forme la véritable bienfaisance du Souverain. Hé! que serait en lui cette dernière qualité si elle était séparée de la première! que penser d'un Prince qui, peut-être libéral, généreux, bienfaisant en apparence, verserait avec profusion ses dons sur ceux qui l'environnent, sans avoir égard à ceux qui le mériteraient davantage; sans s'informer si les services qu'on lui a fait valoir ont quelque proportion avec la récompense qu'on se croit en droit d'en attendre; sans s'inquiéter si les grâces accordées à la sollicitation et à la faveur ne sont pas à charge à l'Etat, et n'appauvrissent pas tout un peuple pour enrichir quelques particuliers (1). »

Et, en effet, la justice distributive ne doit jamais être aux dépens des finances de l'Etat; ou plutôt l'économie et le sage emploi des finances fait une partie essentielle de la justice du Souverain.

III. LES FINANCES.

Nous n'avons point à nous occuper ici du mécanisme et du détail des diverses sortes d'opérations financières entre les particuliers; notre unique but est d'établir quelques principes généraux touchant la gestion des finances de l'Etat.

Du haut du Ciel, Dieu verse ses bienfaits sur toute la nature; sa main est une source intarissable de faveurs, et ses richesses ne s'épuisent jamais. Tout ce qui est nécessaire à ses créatures, il le leur fournit surabondamment pour la nourriture, le logement, le vêtement; il n'est pas jusqu'aux commodités et aux agréments de la vie qu'elles ne trouvent dans le sein de ses trésors; et ce qu'elles perdent par la consommation, il le leur rend par la circulation du commerce et par la fécondité sans fin de l'agriculture; de sorte que toute l'action de Dieu sur la terre est un immense et perpétuel bienfait. Or, ce que Dieu fait en grand

(1) IIe Partie, Lettre LIIIe.

dans l'ensemble de l'univers, le Souverain, son représentant et le ministre de sa droite, le fait également, selon ses forces, dans le pays dont il lui a confié le gouvernement, et c'est par son initiative et par ses soins que l'État se conserve comme Etat, au moyen des ressources qu'il trouve dans la fortune publique qui lui vient en aide.

C'est donc dans la bonne administration de cette fortune, ou autrement des finances, que consiste en grande partie la prospérité des gouvernements. Car si les finances sont mal dirigées, si des dépenses excessives y introduisent le désordre, si tout est en proie à l'avidité ou aux dilapidations; outre la catastrophe effroyable de la banqueroute qui mine complétement un gouvernement en le rendant impossible et dont le danger est toujours à craindre, il est certain que la confiance intérieure et le crédit à l'étranger diminuent en proportion de ce mauvais état du trésor, et peuvent amener des mécontentements, des conspirations, et à la longue des révolutions capables de bouleverser tout le pays, et d'y causer les plus grands malheurs. Or, cette sage et fidèle administration si nécessaire dépend des ministres et des autres officiers préposés au maniement des deniers publics. Mais qui maintiendra tous ces hommes dans le devoir s'ils sont tentés de s'en écarter, sinon le Souverain? Qui contrôlera leur gestion, leurs opérations diverses? Si ce Souverain montrait peu de soucis pour les intérêts de la nation, s'il fermait les yeux sur les dilapidations des inférieurs, s'il ne savait pas s'arrêter à temps et réprimer son propre penchant pour d'excessives dépenses, la dette grossirait de plus en plus, et l'on marcherait à l'abîme. Si, au contraire, il sait modérer ses goûts, préférer les intérêts généraux à une vaine magnificence, se faire rendre un compte exact de tout ce qui se fait en matière de finances et tout examiner par lui-même; en un mot, s'il est vraiment Souverain, l'on peut dire avec certitude qu'à moins de graves événements, imprévus et supérieurs à toute la prudence et à toute l'activité humaines, les finances seront prospères, et la prospérité des finances entraîne toujours celle de l'empire, laquelle ne peut jamais avoir lieu par conséquent sans la vigilance du Souverain; de sorte que l'ordre ou le désordre qui y règne peut presque toujours avec raison lui être attribué.

« Donnez-moi de bonnes finances, disait avec raison un ministre de nos jours, et je vous ferai une bonne politique. » La réciproque est également vraie.

Voilà pourquoi la grande et continuelle préoccupation d'un Prince prudent, habile, ami de son pays, qui veut consolider son trône et ne pas laisser la fortune publique péricliter entre ses mains, est de travailler à tenir la balance toujours égale, et à conserver l'équilibre entre les recettes et les dépenses. C'est là le premier principe dans cet ordre de choses, et le but où l'on doit toujours viser. Car si, même après une seule dépense supérieure aux recettes, celles-ci ne laissent jamais d'excédant, il s'ensuit que l'Etat ne paiera jamais ses dettes, et sera par conséquent toujours en dehors du devoir; et si le déficit, au lieu de s'atténuer, suit une progression croissante, surtout si cette progression va jusqu'à absorber toutes les ressources de l'Etat pour le paiement de la rente, il est clair que toutes choses restant au même point, la ruine est inévitable. Le triomphe de la science financière consiste donc à maintenir toujours inviolablement cet équilibre; et le chef-d'œuvre du genre et la plus grande gloire du Souverain, en cette matière, serait de dépenser habituellement moins qu'il ne reçoit, sans rien refuser aux véritables nécessités de l'Etat.

Mais pour arriver à un aussi heureux résultat, le Souverain travaille constamment à augmenter les recettes. Tout le monde sait que la vie est pleine d'accidents et d'événements imprévus qui déroutent tous les calculs : une guerre inévitable surgit tout-à-coup, et il la faut soutenir; une inondation, une mauvaise récolte, une épidémie surviennent, qui font une foule de malheureux, et il les faut soulager; un renchérissement notable dans les vivres et les provisions de l'année se déclare, et il le faut subir; une flotte devient la proie des flammes, et il la faut remplacer. L'équilibre est nécessairement rompu; les dépenses sont forcément plus élevées, les finances souffrent; et si ces malheurs viennent à se multiplier dans une certaine proportion, l'on roule sur une pente funeste. Que faut-il donc faire? Le principe fondamental, c'est d'augmenter sans cesse les recettes, de manière qu'elles soient toujours *un peu* supérieures aux dépenses dans tous les cas; et qu'elles le soient *notablement*, tant que la dette n'est pas entièrement éteinte. C'est là ce qui fait la différence essentielle des gouvernements habiles et des gouvernements moins capables; là est le vrai secret de la force des premiers et de leur supériorité. Le pouvoir exécutif, s'il comprend ses devoirs et s'il en a conscience, doit donc travailler sans cesse à accroître la fortune de l'Etat; et celui qui y préside, semblable à un père tendre et prudent chargé d'une nombreuse famille, se sent obligé d'exercer le contrôle le plus vigilant, le plus sévère et le plus continu sur tous ses ministres pour les contraindre à cette administration prévoyante, s'il veut bien se rappeler non-seulement qu'il est responsable à tous les citoyens, suivant les règles naturelles de la justice, du soin qu'il apporte à gérer leurs revenus, mais qu'étant lui-même le ministre du Roi des rois et du Seigneur des seigneurs (1), il lui rendra un compte exact et terrible de sa négligence ou de son application dans le maniement de la fortune publique qu'il lui a confiée pour la faire valoir (2). Sa surveillance doit être minutieuse sur ce point, qui est le pivot de tout le gouvernement, l'objet le plus capital de toute l'attention des hommes d'Etat, et surtout du premier

(1) Apoc., XIX, 16. — (2) Luc, XIX, 23.

d'entre eux, du chef de tout l'empire, dont le devoir et la grande gloire sont de s'appliquer non au plaisir, qui ne doit être qu'un délassement, mais aux affaires, dont une des principales est bien sans contredit l'administration des finances, d'où dépend la paix, la prospérité, le salut même de la nation toute entière. C'est donc une doctrine à conserver en forme d'axiôme, une maxime dont il n'est jamais permis de se départir, une règle sans exception, que la première obligation du Souverain, son plus grand mérite, la nécessité la plus évidente de sa position sont de tendre, dans la mesure du juste et de l'honnête, à augmenter sans cesse les revenus de l'Etat.

Mais comment les augmentera-t-il? Sera-ce par l'emprunt? Oui, dans le cas grave et exceptionnel d'un besoin *urgent et imprévu*, qui absorbe et dépasse toutes les ressources ordinaires; car la nécessité ne connaît pas de loi. Mais, dans toute autre circonstance, non. Pourquoi? 1° parce que l'emprunt ne fait que reculer la difficulté, il ne la résout pas; que dis-je, il l'accroît, puisqu'il accroît la dette; c'est un expédient utile pour le moment de l'embarras, mais c'est un expédient malheureux en soi, puisqu'il tend à appeler d'autres emprunts pour acquitter le premier, et, par conséquent, en creusant de plus en plus le déficit, à mettre hors d'état de le payer. 2° Il tend à ruiner le crédit devant les puissances étrangères; si c'est à elles qu'on s'adresse, elles prêteront d'abord à un intérêt modéré; mais si les emprunts se multiplient, la confiance diminue, et alors, ou elles refuseront d'engager leurs fonds, ou elles ne les engageront qu'à un taux toujours plus fort, et par conséquent toujours plus désastreux; outre qu'elles seront plus hardies à déclarer la guerre à un peuple endetté, affaibli, qui, en raison même de ses dettes, aura moins de force pour la soutenir. 3° L'emprunt tend à mettre le Pouvoir à la merci des citoyens, si c'est d'eux qu'on emprunte, ou du moins à les rendre plus entreprenants contre lui. Tant que que la dette sera exactement payée au peuple, peut-être ne murmurera-t-il pas, dans la crainte de perdre son capital; toutefois, pour ce motif même, il verra certainement de mauvais œil la multiplication de ces emprunts. Il sera, par conséquent, porté à se tenir en défiance contre l'Autorité, à la mépriser, à la critiquer à outrance, à lui faire une opposition systématique, et de cette guerre sourde à une révolte ouverte, il n'y a qu'un pas. Qui ne sait que la cause immédiate de la grande Révolution française fut le mauvais état des finances, et la nécessité de recourir à un emprunt auquel la nation n'était pas accoutumée, dont la plupart s'effrayaient, pendant que les artisans de troubles se servaient de cette frayeur pour pousser à l'assaut de la royauté? Enfin, si le capital même est compromis par l'exagération des emprunts, c'est la révolution générale, la banqueroute, le cataclysme.

Comment donc établir cet équilibre si nécessaire entre les dépenses et les recettes? Par l'augmentation des impôts? Mais un gouvernement prudent, économe, et ami des vrais intérêts du peuple, cherchera toujours à les diminuer. Les plus grands motifs l'y obligent. Car il y est tenu par devoir, par l'intérêt de sa conservation, pour son propre honneur. Le Souverain ne peut oublier qu'il est dans la nation comme le chef dans la famille : il est père, et le devoir d'un père est de ménager la fortune de ses enfants, de l'accroître, s'il le peut, ou du moins de ne jamais la laisser s'éteindre ni même s'amoindrir entre ses mains; c'est donc un devoir essentiel pour le père de la nation de ne pas lui imposer des charges accablantes, de travailler continuellement à en atténuer le fardeau, à ne pas écraser l'agriculture et l'industrie sous le poids de redevances qu'elles sont incapables de porter. Encore une fois, le Souverain doit se considérer comme un père, et non comme un maître absolu.

Et quand il serait maître, est-ce qu'un maître honnête, un maître qui a le sentiment du devoir, peut se croire en droit de traiter ses subordonnés comme des esclaves, comme des êtres qu'il exploite jusqu'à extinction de forces, comme une mine qu'il creuse jusqu'aux entrailles pour la dépouiller de son dernier grain d'or? Non-seulement une telle conduite ne serait pas conforme aux règles de la conscience, mais elle serait évidemment le comble de la barbarie et de l'immoralité.

Mais à quoi bon parler du *devoir* du Souverain de ne pas surcharger le peuple, son *intérêt* même s'y oppose. Est-ce qu'il ne voit pas qu'en exagérant les impôts, il appauvrit la nation, et qu'en l'appauvrissant et en la réduisant à l'impuissance, il se prive lui-même pour l'avenir de toutes les ressources qu'il eût été en droit d'en attendre? Quand il aura exprimé tout le jus de son fruit, que trouvera-t-il encore? Dans les moments critiques, où tout dépendra de la bonne volonté et du dévouement de ce peuple, comment l'appèlera-t-il à son aide? Ou s'il l'appelle, ce peuple lassé, épuisé, pressuré, que lui répondra-t-il? Le Prince espère-t-il maintenir son pouvoir autrement que par l'affection universelle? Mais si, par des contributions exorbitantes et sans fin, qui lui donnent des allures de tyran, il s'aliène les cœurs, quelle sera la solidité de sa race? Ne sommes-nous pas dans un temps où les soulèvements trop fréquents des peuples mécontents balayent les couronnes, les dynasties, les monarchies, les républiques, comme le vent balaie la poussière! Or, les impôts sont le thème ordinaire des doléances, et ce qu'il y a de plus impopulaire dans tous les empires. En général, les masses s'intéressent fort peu à la liberté, à l'égalité, à toutes ces questions politiques qui passionnent à un si haut point les avocats, les journalistes et gens de lettres, et tous ceux qui cherchent à jouer un rôle; mais elles attachent la plus grande importance à donner le moins possible au gouvernement, dont le meilleur, à leurs yeux, sera toujours le gouvernement à bon marché; et la mesure des impôts sera aussi toujours, en sens inverse, celle de leurs affections. Pressurées, elles s'irritent; ménagées, elles s'enthousiasment. Il est donc facile à un Souverain prudent de trouver beaucoup d'indulgence parmi les hommes et de s'en faire des amis, quand il saura ménager leurs deniers; car, si on ne lui pardonne pas l'élévation des tributs, on passe tout, au contraire, à celui qui est avare de l'argent et du sang de ses sujets. Autrement, dans les moments critiques, où les plus beaux talents sont impuissants, tout se réunit contre lui, il n'a plus de défenseurs, et il tombe. Et non-seulement l'intérêt de sa conservation, mais l'intérêt non moins précieux de son *honneur*, lui fait une loi de ne pas fouler les peuples. S'il commet cette faute, en quelle estime sera-t-il dans la postérité? Son nom, et celui de sa race peut-être, ne sera-t-il pas flétri d'une flétrissure éternelle? Qu'on se rappelle le jugement de l'histoire sur Vespasien, Philippe-le-Bel et tant d'autres; qu'on se demande si un Prince jaloux de sa gloire peut aisément souffrir de pareils mépris. Il doit donc être extrêmement réservé sur cet article, et ne pas songer aisément à l'exagération des impôts. D'autant plus que cette mesure, outre son impopularité et son danger, est presque toujours inutile; car un ministère fastueux, insatiable, augmentant toujours ses dépenses, finit par se trouver en face de besoins prétendus et factices, auxquels l'impôt poussé à son dernier terme ne peut plus répondre; il élargit le gouffre de sa dette, et malgré l'énormité des exactions, il se trouve plus pauvre que s'il avait su se borner.

Et ces réflexions conviennent, dans une certaine mesure, à toutes sortes de contributions, aux octrois, aux contributions indirectes, mais surtout à celles que les gens de métier doivent nécessairement subir, comme les patentes, lesquelles sont quelquefois énormes et hors de proportion avec les recettes des industriels et des marchands, et sont une source de mécontentements parmi les citoyens. Sans doute, un État ne peut se passer de ressources, et de ressources proportionnées à la grandeur de ses obligations et de ses besoins réels ; sans doute encore tous les membres de cet État doivent y concourir, parce que s'ils reçoivent les bienfaits du gouvernement, c'est à condition de contribuer à ses charges, et que, soutenus par lui, ils doivent le soutenir à leur tour ; tout cela est vrai, tout cela est de première évidence pour tout homme sensé. Mais il n'est pas moins vrai, pas moins évident, qu'il est de la sagesse du Souverain, non pas d'accroître indéfiniment le budget sous prétexte d'accroître les recettes, mais de le contenir dans des limites où la nation puisse se mouvoir sans en être accablée ; que son intérêt, son honneur, sa conscience, la justice, le bien des peuples, lui en font une obligation rigoureuse ; qu'il doit résister sur ce point aux tendances outrées de ses ministres et aux besoins imaginaires, qui sont, dit Montesquieu, « ce que demandent les passions et les faiblesses de ceux qui gouvernent, le charme d'un projet extraordinaire, l'envie malade d'une vaine gloire, et une certaine impuissance d'esprit contre les fantaisies ; » enfin, que ce n'est pas d'ordinaire dans l'augmentation des impôts qu'il doit chercher l'équilibre de ses finances.

Mais il le cherchera, de concert avec les législateurs, avec les représentants du peuple, avec ceux qui, comme en France et dans la plupart des Etats de l'Europe, ont mission de poser les limites des recettes et des dépenses publiques, il le cherchera, dis-je, où il se trouve réellement, dans l'économie ; et l'économie, dans les empires comme chez les individus, consiste à faire utilement toutes les dépenses utiles ou nécessaires, et à retrancher toutes celles qui ne le sont pas. Que le Souverain oblige ses ministres à réduire les dépenses de l'Etat au nécessaire ou à l'utile ; à ne les faire que successivement, progressivement, en les proportionnant aux vraies ressources du pays, et sans lui imposer des charges qui l'écrasent ; à commencer par les travaux vraiment indispensables, qui doivent toujours avoir le pas sur les autres ; et à ne jamais dépasser, sans y être contraint par l'imprévu, les dépenses consenties par les représentants de ceux qui doivent les payer. Qu'il donne lui-même aux citoyens dans toute sa conduite l'exemple de la modération et d'une sérieuse économie, bien loin de les lancer, par l'entraînement et la contagion de ses manières, dans des entreprises folles, exagérées et notablement supérieures à leurs ressources. Et alors on n'aura pas à prétexter la nécessité pour accabler le peuple d'impôts, pour leur imprimer une progression toujours croissante qui effraie et devient menaçante pour le trône même, exposé à crouler sous le coup des méfiances publiques ; et tous aimeront à reconnaître en lui le Père de la patrie et le ministre de Dieu, puisque, comme lui, il traite avec respect tous ses enfants, en ménageant avec tant de soin non-seulement leur vie, mais leur fortune ([1]).

Le premier objet de l'économie, ce sont les bâtiments. Un Prince naturellement grand, un Président de république, un Souverain quelconque, dont les pensées sont élevées et l'âme magnanime, porte partout autour de lui ses idées de grandeur ; et s'il ne se défie pas de cette noble tendance, il ne mettra point de bornes au luxe de ses bâtiments et à la magnificence de ses palais ; et des sommes énormes iront s'engloutir dans des amas de pierres au grand préjudice de l'Etat. Sa famille, les officiers de sa maison, ses sénateurs seront très-richement rétribués pour pouvoir soutenir un luxe qui soit en harmonie avec un si vif éclat ; les édifices publics, surtout ceux des ministres et des grands

(1) Sagess., 12-13.

corps du royaume seront rebâtis sur de nouveaux plans, ou entretenus avec des dépenses incroyables, qui creuseront un gouffre dont on ne sait quand et comment l'on pourra sortir; et à la longue il se formera une inquiétude profonde encore augmentée par la malveillance, et trop souvent avant-coureur des révolutions. Louis XIV, qui avait à l'excès cette passion de bâtir, reconnut trop tard que c'était là une des brillantes misères de son règne; mais il ne se doutait pas que l'on allait bientôt se servir de ce grief pour ôter la couronne à ses descendants.

L'économie du Souverain lui fait surveiller de près la grande question des travaux publics. Assurément, c'est un immense avantage pour une nation que ces travaux gigantesques qui assurent la facilité et la rapidité des communications, qui donnent de larges débouchés au commerce, qui font la richesse de l'industrie, qui procurent du travail à tant de bras et répandent ainsi de toutes parts le bien-être et l'abondance. Mais il faut bien prendre garde qu'en voulant s'enrichir on ne s'appauvrisse; et c'est ce qui peut très-facilement arriver, quand tous les capitaux d'un pays sont engagés, et, par conséquent, plus ou moins compromis dans des entreprises qui, malgré leur caractère grandiose, ne sont pas à l'abri des insuccès, et, par suite, d'une ruine presque générale; ou bien lorsque l'État, pour encourager la formation des compagnies industrielles, leur fournit des centaines de millions qui l'obligent à contracter des dettes sans aucun bénéfice immédiat. Quand de grands déboursés sont nécessaires, il vaut mieux les faire dès le début, mais une fois pour toutes, autant que possible. Enfin, c'est une maxime absolue que, même dans les meilleures choses, il faut savoir se borner et se laisser guider par la prudence. L'administrateur ne peut pas avoir les mêmes droits que le propriétaire.

Le besoin de l'économie se fait sentir encore plus fortement quand il s'agit soit de la guerre en cours d'exécution, soit du maintien des grandes armées en temps de paix.

La première et la plus indispensable règle de la prudence par rapport à la guerre est de n'en faire que quand il y a nécessité pour défendre l'honneur ou le droit de la nation, et non par passion ou dans des vues de conquêtes. On ne saurait donc être assez réservé à entreprendre des guerres : 1° parce qu'elles ne sont légitimes que pour soutenir un droit ou venger une injure; 2° parce qu'elles contribuent plus que tout le reste à compromettre et quelquefois à ruiner les finances de l'Etat, qui ne se peuvent soutenir que par d'énormes emprunts dont l'avenir est grevé; 3° enfin, parce qu'elles causent des maux infinis non-seulement à l'ennemi, mais au peuple même qui les entreprend, et elles fomentent ainsi dans son sein de sourdes rancunes parfois terribles. On ne peut rien voir de plus saisissant que les judicieuses réflexions du grand Fénelon sur les guerres de conquête : « Pourquoi ces guerres? N'y a-t-il pas assez de terres dans l'univers pour en donner à tous les hommes plus qu'ils n'en peuvent cultiver? Combien y a-t-il de terres désertes! Le genre humain ne saurait les remplir. Quoi donc, une fausse gloire, un vain titre de conquérant qu'un prince veut acquérir allume la guerre dans des pays immenses; il faut que tout périsse, que tout nage dans le sang, que tout soit dévoré par les flammes, que ce qui échappe au fer et au feu ne puisse échapper à la faim encore plus cruelle, afin qu'un seul homme, qui se joue de la nature entière, trouve dans cette destruction générale son plaisir et sa gloire! Quelle gloire monstrueuse!... Oh! que les rois doivent bien prendre garde aux guerres qu'ils entreprennent! Elles doivent être justes : ce n'est pas assez, il faut qu'elles soient nécessaires pour le bien public. Le sang d'un peuple ne doit être versé que pour sauver ce même peuple dans les besoins extrêmes. Mais les conseils flatteurs, les fausses idées de gloire, les vaines jalousies, l'injuste avidité qui se couvre de beaux prétextes, enfin les engagements insensibles entraînent presque toujours les rois dans les guerres où ils se rendent malheureux, où ils hasardent tout sans nécessité, et où ils font autant de mal à leurs sujets qu'à leurs ennemis. » Il est donc bien entendu que, pour qu'il y ait économie sur le chapitre des guerres, il faut qu'elles soient justes, nécessaires et entreprises non pour des étrangers, mais pour les seuls intérêts de la nation, ou pour la défense d'un principe d'utilité universelle. A cette triple condition, on est assuré qu'elles seront rares; et qu'il y aura, par conséquent, des économies notables à réaliser au profit des finances de l'Etat.

Mais pourquoi ces armées immenses entretenues à si grands frais, depuis tant d'années, dans tous les royaumes de l'Europe, au sein de la paix profonde qui y règne? Ne dirait-on pas que tout est en feu dans cette partie de la terre? Non, la guerre n'existe pas (1), mais on la redoute de toutes parts; les défiances et les alarmes sont invincibles, et personne ne veut désarmer. Quoi qu'il en soit des causes de cette crise funeste, n'est-il pas cent fois évident que ce gouffre de la dette publique qui se creuse de plus en plus, et cette impossibilité où l'on se trouve partout d'équilibrer sérieusement les budgets, ne sont produits que par cette énorme exagération des dépenses, surtout en ce qui concerne l'armée, presque aussi nombreuse que dans le fort des combats? Il est donc de la sagesse des Souverains de montrer, par la modération de leurs armements, qu'ils sont très-éloignés de toutes vues ambitieuses et de tout désir d'entreprendre sur leurs voisins. Il faut désarmer; tout le monde le dit, tout le monde le répète, tout le monde en sent le besoin, mais personne ne veut commencer, de

(1) Ceci a été écrit avant la guerre d'Allemagne.

crainte d'être victime. L'on comprend que c'est à la puissance la plus prépondérante et la plus capable de causer des frayeurs de les calmer, en donnant le signal de cette heureuse réforme, sans laquelle on ne saurait espérer le rétablissement de l'ordre dans les finances, ni la prospérité des nations. Que le plus brave et le plus puissant désarme, et tous les autres marcheront à sa suite. Il n'est pas de pensée plus digne de la grandeur d'âme et de la générosité d'un Souverain.

Enfin, un dernier moyen de remettre l'équilibre entre les dépenses et les recettes, c'est le paiement de la dette, c'est l'amortissement. Ici la chose parle d'elle-même. Mais si le Souverain n'avait pas l'œil constamment ouvert sur la conduite et les déportements de ses ministres et des autres officiers de l'administration, ou bien l'on ne ferait jamais de réserves pour racheter la rente, ou ces réserves seraient détournées de leur destination, et employées à couvrir de nouvelles dépenses. Si, au contraire, il se montre énergique, avare des deniers de l'Etat, et plus jaloux de faire des choses justes et morales que d'en faire de brillantes, il travaillera de toutes ses forces à faire des économies; et s'il y réussit, il obligera son ministère à s'en servir comme il le doit pour éteindre la dette publique, qui reste toujours suspendue comme une menace très-inquiétante, ou au moins comme une gêne sur la tête des gouvernements. La gloire de la Restauration a été d'avoir payé la plus grande partie de la dette française au milieu de charges écrasantes et de difficultés incalculables; et cette gloire tiendra toujours fortement au cœur de tout chef d'Etat vraiment digne de ce nom.

Tel est donc le contrôle que le Souverain sait exercer en tout temps et en tout lieu sur toutes les fonctions publiques, et sur toutes les branches de l'administration. Et c'est par cette troisième attribution de son emploi, plus encore peut-être que par les deux premières, qu'il se montre le vrai ministre de Celui dont l'œil veille du haut des Cieux sur toutes les opérations de ses créatures, en leur communiquant une fécondité perpétuelle, et sans rien retrancher de son action propre. C'est dans cette élévation véritable et essentielle qu'il faut envisager le Souverain, et non dans les mépris et dans les passions des partis, si l'on veut avoir une idée exacte de ce qu'il est, et comprendre tout ce qu'on lui doit, pour être en état de remplir envers lui les devoirs commandés par la reconnaissance et par l'intérêt, comme des enfants à l'égard d'un père, en se tenant toujours à égale distance d'une basse servitude et d'une insolente et coupable indépendance.

ARTICLE TROISIÈME.

LE SOUVERAIN EST L'ORACLE DE DIEU.

En parlant des rois, l'Ecriture sainte se sert d'une expression bien étonnante, et dont on n'a peut-être pas assez fait ressortir jusqu'ici toute l'énergie : « *Divinatio in labiis* » *regis*, dit le texte sacré, *in judicio non errabit os ejus.* » Les lèvres du Prince sont un oracle, sa bouche n'errera » point dans ses jugements (1). » Voilà donc le Souverain déclaré infaillible; à prendre ce passage au pied de la lettre, le voilà revêtu d'une prérogative inouïe, prodigieuse, supérieure aux forces de l'humanité. Et c'est pourquoi nous disons qu'il y a là un troisième titre admirable donné par Dieu même à tous les Souverains de la terre; ce sont ses oracles : *Divinatio in labiis regis.* L'intelligence extraordinaire donnée pour le bien commun à celui qui est chargé de diriger les nations brille jusque sur ses lèvres; de sorte qu'il faut faire une étude respectueuse de ses discours, et quand il parle, on doit le considérer

(1) Prov., XVI, 10.

humblement et avec joie comme si Dieu même avait parlé, parce que l'erreur n'approche point de lui, lorsqu'il juge et décide, *in judicio non errabit os ejus*. Quelle parole! mais quelle profondeur et quelle vérité ne doit-on pas y reconnaître quand on songe que c'est l'Esprit saint qui l'a dite, le même qui depuis a dit aux Apôtres : *Docebit vos omnem veritatem* (1). Ah! si ce langage eût été tenu par un homme, même des plus autorisés, par un habile philosophe, par un législateur, par un grand homme d'Etat, comme on eût crié de toutes parts à l'exagération et à la flatterie! mais devant un pareil mot si clair, si formel, prononcé, affirmé par la Sagesse éternelle, par Dieu même, que dire? Qui ne s'inclinera devant cette profonde prudence accordée aux Chefs des Etats, et qui n'admirera la grandeur, la suprême élévation, la sagacité extrême des Souverains dans les vues de Dieu, en se soumettant d'esprit et de cœur à leurs décisions, soit qu'ils fassent les lois, soit qu'ils les interprètent, soit qu'ils prononcent dans les cas particuliers.

Est-ce donc à dire que le Souverain ne se trompe jamais, et que l'erreur dans tout état de choses ne puisse approcher de lui? Non; ce serait faire d'un homme un Dieu, et une pareille prétention prise en toute rigueur serait une sorte de blasphème. « Tout homme, dit la même Ecriture, est sujet à l'erreur (2). » Et où trouver sur la terre un seul homme qui, pris individuellement, ne puisse faillir? Le triste pouvoir de se tromper est inséparable de la nature humaine; il n'appartient qu'à l'intelligence infinie de ne pouvoir jamais errer. Il ne s'agit donc pas pour les Souverains d'une infaillibilité rigoureuse et absolue, mais d'une infaillibilité morale, la plus grande qui se trouve sur la terre; et dont la preuve est dans le texte cité plus haut, qui signifie, d'après les commentateurs, que Dieu, en vertu de l'assistance spéciale qu'il accorde à ceux à qui il confie sous lui le gouvernement du

(1) Jean, XVI. — (2) Ps. 115.

monde, les préserve d'erreurs dans leurs conseils, et surtout d'erreurs nuisibles, lorsqu'ils prennent garde, comme ils le doivent, aux causes trop fréquentes de déception qui les entourent. Nous avons donc à voir plus au long cette facilité divine donnée aux Princes d'arriver à la vérité avec les moyens qui les y conservent; puis nous verrons les obstacles qui pourraient les en détourner, s'ils n'étaient pas attentifs. Enfin l'on tirera de ces diverses considérations les conséquences qui en découlent naturellement.

§ Ier. — FACILITÉS QUE RENCONTRE LE SOUVERAIN POUR ÊTRE DANS LE VRAI.

La connaissance de la vérité n'est refusée à personne. Tous les hommes peuvent y arriver avec certitude en s'éclairant au flambeau de leur propre raison, qui ne trompe jamais quand on la consulte avec attention, sans passion et sans préjugés, dans les limites de sa sphère, et en y joignant le secours de la mémoire, de l'expérience, de la religion, du témoignage des esprits sensés et de bonne foi, en un mot, de tous les autres moyens de connaître que la Providence nous a donnés. Et cependant il est pour les Souverains une facilité plus grande encore d'atteindre le vrai et de le posséder dans sa plénitude, selon que le comporte la faiblesse humaine. Et cette facilité, c'est Dieu qui la leur donne, parce qu'ils en ont besoin pour remplir les devoirs qu'il leur impose; et ils la trouvent aussi dans les circonstances de cette même charge, qui les mettent en état de voir de plus haut, plus loin et avec plus de clarté que le commun des hommes, dépourvus de ces puissantes ressources; mais en même temps ils sont plus exposés en raison de leur élévation à une foule d'erreurs qui peuvent les entraîner dans les démarches les plus funestes. Et toutefois, il n'est pas moins vrai qu'à cause de ces grandes lumières qui leur sont départies avec plus d'abondance, il leur est plus facile d'éviter l'erreur et d'atteindre au vrai, pourvu qu'ils le veuillent, qu'ils se tiennent en garde et qu'ils soient attentifs, de sorte qu'il leur est presque toujours aisé avec un peu de soin de ne point se tromper, ce qui souvent est impossible aux autres. Et voilà dans quel sens il faut entendre qu'ils ont reçu le don de l'infaillibilité dans leurs jugements. Ainsi, la source de cette sorte d'inerrance, si l'on peut ainsi dire, consiste dans l'assistance divine qui les protège, et dans les secours humains qui font pour les Souverains, relativement à cet objet, comme un privilége de leurs augustes fonctions.

SECTION Ire. *Secours de Dieu pour préserver d'erreur les Souverains*. — Il y a pour les Souverains, nous l'avons dit, une assistance spéciale de Dieu pour leur communiquer la connaissance de la vérité, et les empêcher de s'en écarter dans l'accomplissement de leur charge ; et cette assistance se tire de deux ordres : de l'ordre naturel et de l'ordre positif ; on la connaît par la raison et par la Révélation.

I. Si c'est le propre de toute créature raisonnable et sensée non-seulement de se proposer toujours un but, mais de vouloir et de prendre autant qu'elle le peut les moyens nécessaires à l'acquisition de cette fin, il est très-évident que la Sagesse éternelle, à plus forte raison, ne peut ni avoir une fin ni en indiquer une à ses créatures sans prendre en même temps pour elle-même et sans donner aux autres les moyens d'y arriver, surtout quand ce moyen est absolument nécessaire pour l'atteindre. Or, le Souverain Maître donne aux Chefs des peuples une charge qui les met dans l'obligation de connaître clairement et avec certitude une multitude de choses, de porter un grand nombre de jugements qui intéressent au plus haut point le bien public, d'embrasser des soins innombrables qui demandent une grande rectitude d'esprit, et de diriger dans les routes de la vérité une foule d'hommes dont toutes les démarches seraient exposées à des fluctuations et à des erreurs sans fin, s'ils ne puisaient à cette source leurs inspirations et la lumière de la conduite à suivre par eux et par leurs subordonnés. Or, à qui persuadera-t-on que Dieu puisse abandonner au hasard la direction de cette grande puissance qu'il a créée? Quoi! Celui qui a des attentions si délicates pour les moindres de ses créatures raisonnables (1), Celui qui éclaire du don de l'intelligence tout homme venant en ce monde, ne donnerait pas d'ordinaire une raison plus élevée, une intelligence plus vaste et plus complète, un jugement plus droit, une lumière plus pénétrante et plus vive à ceux qu'il a placés si haut pour instruire les hommes de ses volontés et leur faire remplir leurs devoirs (2)! Et la conduite d'un grand empire sera confiée à des mains inhabiles! Et le Maître universel n'assisterait pas d'une manière spéciale dans un ministère si grave et si difficile, ceux aux soins de qui il a remis ses peuples! Il a donné à son Eglise une autorité infaillible dans le gouvernement spirituel des âmes vers la vie de l'éternité, et il n'aurait pas gratifié de quelque prérogative analogue les Princes chargés de guider les hommes au milieu des écueils de la vie temporelle, dont les actes doivent avoir une influence si marquée sur la vie de la foi et de la conscience! Il voudrait donc la fin sans les moyens! il se contredirait donc lui-même! Mais de toutes les choses imaginables c'est la seule qui soit impossible à Dieu : *Deus seipsum negare non potest* (3). Sans doute il ne procède pas habituellement par voie de miracle, car l'habitude du miracle en serait la négation; sans doute tous les Souverains ne sont pas doués de facultés immenses et d'une capacité hors ligne, on en a même vu d'insensés sur le trône; mais d'abord, ils ne l'étaient pas quand ils y sont montés; qui souffrirait un fou dans une pareille place? et quand la démence survenait, si on ne les déposait pas, l'on nommait une régence pour remplir les fonctions supérieures dont on ne laissait

(1) Matth., VI, 26, etc. — (2) Jean, I. — (3) II. Tim., II, 13.

que le vain titre au Prince affligé ; ainsi l'insensé était écarté, et la Souveraineté restait toujours digne. Quant aux Princes médiocres, lorsqu'ils sont dociles, ils trouvent toujours dans l'assistance de leurs conseils une facilité suffisante pour le gouvernement, et ce sont quelquefois les plus utiles. Si, au contraire, ils perdent tout jugement, s'ils semblent marcher de faute en faute par une suite malheureuse de leur entendement obscurci, s'ils sont livrés à cet esprit d'erreur,

De la chûte des rois, funeste avant-coureur (1),

c'est qu'ils se sont aveuglés eux-mêmes, qu'ils refusent de faire les réflexions nécessaires, qu'ils sacrifient leurs devoirs à leurs plaisirs, qu'ils abusent volontairement de leur position ; ce n'est pas la lumière divine qui leur manque, mais ce sont plutôt eux-mêmes qui manquent à cette lumière, qui la repoussent, qui n'en veulent pas profiter ; mais elle leur est offerte, il ne tient qu'à eux de s'en servir. Et ainsi, lorsqu'ils se trompent en matière importante, cela vient de ce qu'ils se négligent, et cette faute doit être imputée, non pas à la lumière de la Souveraineté, qui ne leur fait jamais défaut, mais à la passion du Prince, qui ne sait pas y recourir. Toutefois, et ceci est le point capital à remarquer, dans ce cas même il est facile à tout le monde de s'en apercevoir, et de ne s'y pas tromper ; de sorte que toutes ces défaillances ne sont que des exceptions, qui ne préjudicient pas à la règle générale. Nous avouons encore que le Prince a à lutter contre plusieurs sources d'erreurs ; mais, en usant bien de ses ressources, il lui est aisé d'en triompher, nous le montrerons bientôt. Cependant, il n'en est pas moins vrai que, puisque Dieu impose à des hommes des devoirs sublimes, qu'ils ne sauraient remplir sans le secours d'une lumière supérieure, l'ordre naturel de la Providence et sa souveraine sagesse l'obligent, en général, de déposer

(1) Racine.

en eux, ou dans ceux qui les entourent, quelque rayon de cette intelligence et de ces autres qualités éminentes qui les préserveront d'erreur grave, et maintiendront sur leurs lèvres la parole de vérité pour la direction de leurs sujets, s'ils veulent user de ce don céleste. Et c'est dans ce sens que Dieu donne aux gouvernements cette force d'esprit qui en fait comme des oracles, en leur communiquant une sorte d'infaillibilité naturelle qui permette à tout le monde de voir habituellement dans leurs décisions l'expression de la vérité et de la volonté de Dieu, et de se conformer à leurs jugements avec une entière confiance. *In judicio non errabit os ejus.*

II. Et cette assistance spéciale, dont la raison nous montre la nécessité, elle est également établie par la Révélation et par l'histoire. Dieu en a fait une déclaration positive contenue dans les enseignements scripturaires. Nous venons de voir cette parole significative, si étonnante et si précise du livre des Proverbes, qui assure au Prince la possession du vrai et garantit la rectitude de ses jugements, pourvu qu'il veuille prendre les précautions commandées par la prudence : « Les lèvres du roi sont les dépositaires » des oracles, et il ne se trompera pas dans ses décisions. » Puis, dans un autre endroit du même livre, la Sagesse et la Vérité éternelle déclare formellement « que c'est par Elle » que les rois règnent, que les législateurs font les lois, et » que les juges rendent la justice. » Or, le gouvernement, la confection des lois et la justice ne sont, dans leur fond et dans leur principe, que les diverses fonctions de la Souveraineté; ou, du moins, les deux dernières ont avec elles des rapports essentiels, puisque le Souverain est chargé de les surveiller, de les contrôler, et de provoquer parfois la réforme de leurs écarts. Mais que serait pour les Princes cette Sagesse par laquelle ils règnent, si elle n'influait sur leurs actes, si elle ne les dirigeait dans leurs pensées, si elle ne les remplissait de cette lumière, de ce jugement sûr, de cette saine appréciation des droits, des devoirs et des faits, qui constitue la possession certaine de la vérité, et les préserve d'erreur! Si les Princes se trompent, ce n'est donc pas qu'ils manquent du secours de la raison et du secours divin, cette double force qui les rendrait réellement infaillibles s'ils la voulaient consulter docilement et toujours; c'est plutôt que quelques-uns d'entre eux ferment les yeux à cette lumière, qu'ils sont légers, inappliqués, inattentifs, et ne se mettent pas assez en garde contre les tromperies et autres causes d'erreur qui les assaillent de toutes parts; mais du moins, s'ils le veulent sérieusement et pratiquement, s'ils s'appliquent de grand cœur aux graves devoirs de leur prééminence, ils sont assurés, par cette promesse formelle de Dieu, de ne jamais sortir d'une manière dangereuse des bornes de la vérité. Et c'est tout ce que nous prétendons dire, puisque c'est là, ce nous semble, toute la signification de cette parole de l'Ecriture.

L'histoire inspirée nous en fournit en effet de mémorables exemples, qui ne sont pas des exceptions, mais montrent ce qui arrive à tous ceux qui commandent; puisqu'il s'agit, dans quelques-uns de ces exemples, non-seulement des saints, mais des gouvernants dans le milieu de l'infidélité. Le patriarche Joseph doit devenir le chef secondaire d'un grand peuple, et le tirer des calamités d'un fléau terrible : aussitôt il reçoit le don de prévoyance, qui fait une partie si considérable de la science du gouvernement, et le roi d'Egypte en est dans l'admiration. « Où pourrons-nous » jamais trouver un homme plus habile et plus sage que » vous (1)? » lui dit-il; et il en tire cette conclusion si naturelle et si juste, que puisqu'il a reçu dans l'intelligence pratique une des dispositions les plus nécessaires pour le commandement, il doit gouverner l'Etat sous sa surveil-

(1) Gen., XL, 38.

lance. Ainsi les officiers du Prince et les juges participent à cette sagesse en proportion de l'importance de leurs emplois et de leurs travaux, et des rapports plus ou moins prochains qu'ils ont avec le maître de tout l'Etat, comme nous le voyons par les soixante-dix magistrats que Dieu donne pour lieutenants à Moïse en leur communiquant une partie de son esprit (1). Mais qui ne connaît la sublime sagesse, la haute intelligence et la largeur de cœur dont fut gratifié Salomon, qui fit l'étonnement de l'ancien monde, jusqu'au point que la finesse et le jugement de ce prince sont passés en proverbe. Et qu'on ne croie pas que cette intelligence supérieure lui ait été départie sans aucun rapport à sa qualité de Souverain, car Salomon l'avait demandée, pour pouvoir faire un juste discernement du bien et du mal dans la conduite d'un si grand peuple (2); et Dieu lui répond qu'il l'a exaucé dans le sens de sa demande, en lui accordant une telle rectitude et élévation d'esprit, qu'il ne devait pas y avoir son semblable, ni avant ni après lui. Puis l'Ecriture nous dit que les chefs des Romains avaient tout soumis à leur domination, par l'habileté de leurs conseils et par leur patience (3); et puisqu'il ne s'agissait pas d'un seul homme en particulier, mais de leur Sénat et d'une longue suite de gouverneurs qui dirigeaient leur empire, il est évident que cette grande capacité des affaires donnée à tant de divers personnages ne pouvait venir que de Celui qui voulait faire passer dans leurs mains le sceptre de notre ancien monde.

Quand Dieu veut rétablir les affaires dans un royaume où tout est en décadence, il donne au Prince qui le dirige une prudence extraordinaire et exceptionnelle, qui répare plus de ruines que les puissances les plus invincibles. Nous l'avons vu en France, dans la personne de Charles-le-Sage qui, rendu par le mauvais état de sa santé incapable de faire la

(1) Nomb., XI, 17. — (2) III. Rois, III. — (3) II. Machab., VIII, 3.

guerre, et ne pouvant agir que du fond de son cabinet, et par ses conseils, non-seulement releva le pays abattu par les plus terribles calamités, mais répara en peu de temps, par cette politique si prudente et si habile, une longue suite de désastres causés par les armes des ennemis et par l'ardeur téméraire de ses prédécesseurs. Ces Princes, trop hardis à se précipiter mal à propos dans les combats, portaient ainsi et faisaient porter à tout le pays la peine effroyable de leur négligence à profiter de cet esprit de lumière et de sagesse que Dieu dispense toujours aux Chefs des nations quand ils le veulent consulter. C'est par une suite de ce même esprit que le célèbre Ferdinand-le-Catholique, roi d'Espagne, parvint à faire de si grandes choses, à conclure tant d'alliances, à se concilier les esprits les plus opposés, cédant aux circonstances et au temps; et par cette profonde politique il réussit, parmi des difficultés immenses et de toute nature, à délivrer son royaume de la domination des Maures. Il serait trop long de parcourir ainsi les siècles, pour montrer cette action divine soutenant perpétuellement les Princes dans leur administration, et redoublant son secours à proportion de l'imminence des dangers et de la grandeur des besoins. Il est donc visible qu'il y a une assistance spéciale de Dieu sur ceux qui sont chargés de gouverner les hommes, pour leur indiquer la route et les préserver d'erreur, autant que la faiblesse humaine le permet. Et il faut bien qu'il en soit ainsi, généralement, autrement Dieu abdiquerait; car, comme il est incontestable pour tout homme religieux et de bon sens, que Dieu dirige tout par sa providence, et qu'il n'agit dans les choses de ce monde que par la voie des hommes, il s'ensuit que si ces Princes se trompaient habituellement, ce serait le gouvernement même de Dieu qui serait en faute. Les Souverains ont donc une lumière propre qui les guide pour le bien commun, leur fait connaître le vrai, assure la sagesse de leurs décisions, de manière à inspirer ordinairement toute confiance et à rassurer les plus timides, quand ceux-ci ne se laissent pas dominer par l'esprit de parti. C'est dans ce sens qu'il faut entendre que les Souverains sont infaillibles, et qu'ils doivent être regardés par les peuples comme les oracles de Dieu même; et ce dernier devoir va apparaître encore plus clairement par la considération des moyens humains qui leur viennent en aide.

SECTION II. *Moyens humains donnés aux Souverains pour les empêcher d'errer dans leurs décisions.* — Même à ne considérer les Chefs des Etats que sous le point de vue purement humain, on voit qu'il leur est plus facile qu'à tous les autres hommes d'éviter l'erreur, du moins dans les fonctions publiques; parce qu'ils ont pour cela des moyens qui n'appartiennent qu'à eux, des moyens tirés de ces fonctions elles-mêmes et de la position élevée qu'ils occupent; par où les peuples comprendront combien ils doivent être circonspects et réservés à juger les grandes puissances auxquelles ils sont soumis; car ils ne trouveront jamais dans leur situation plus humble et plus circonscrite ces vastes ressources et ces lumières supérieures qui se rencontrent sur le trône, en raison même de sa hauteur et de son entourage. Nous disons donc que le Prince est, par lui-même, plus capable que personne de juger sainement des choses, et de rester dans le vrai. 1° Parce qu'étant placé plus haut et à la tête de toutes les affaires, il peut les voir plus aisément dans l'ensemble et dans les rapports des unes avec les autres; 2° parce qu'il est instruit de tout, éclairé, redressé par les lumières de son conseil; 3° enfin, parce que, dans certaines formes de gouvernement, il est averti par les grands corps délibérants et par les discussions des assemblées législatives.

I. *Avantages du Souverain dans l'ordre du vrai, par sa position suprême.* — Il est facile de critiquer les décisions et les actes d'un gouvernement, mais il est plus facile encore de voir moins juste et de faire moins bien que lui. Ce n'est pas dans le fond d'une vallée ou dans l'intérieur d'une maison que l'on peut se faire une idée exacte d'une vaste campagne, de ses sites, de ses accidents, de ses arbres, de sa culture et de la fertilité de son sol; tandis que du haut d'une colline l'on saisit d'un coup-d'œil rapide tous ces traits dans les détails et dans l'ensemble; ainsi en est-il par rapport aux affaires publiques. Le Prince est placé très-haut, il domine toute la perspective, et en raison de cette hauteur qui lui permet d'embrasser du regard tous les objets confiés à sa sollicitude, il a, même dans une intelligence médiocre, une facilité de perception et de discernement qui n'est accordée à aucun autre au même degré, même parmi les plus fortes têtes. Etant le centre de toutes les affaires qui viennent aboutir en sa main, sa position lui permet plus qu'à personne de les considérer et de les suivre jusque dans leurs dernières ramifications, d'en apercevoir l'importance, la possibilité, l'à-propos, les moyens, l'urgence, la prépondérance des unes sur les autres, de sentir l'extrême difficulté de celles que le public juge nécessaires, et la nécessité, au contraire, de celles qui n'ont pas son approbation; du haut du trône il peut apercevoir ce que les autres hommes, moins bien placés, ne voient pas, des obstacles insurmontables à des mesures qu'ils appèlent de tous leurs vœux, ou la nécessité d'en établir d'autres qui leur répugnent, parce que dans un poste plus humble ils n'ont ni devant eux un horizon aussi étendu, ni le regard aussi perçant. Le Pouvoir est dans l'empire comme le soleil est dans le monde, comme ce soleil, à la lumière et à la chaleur duquel nul, dit l'Ecriture, ne saurait se soustraire (1). Comment donc certains hommes sont-ils assez épris d'eux-mêmes, assez infatués, assez aveuglés par la présomption,

(1) Ps., XVIII, 7.

pour s'imaginer pouvoir, du fond de leur cabinet et de l'ombre de leurs petites pensées systématiques, voir les besoins de l'Etat avec plus de justesse et de clarté que celui qui, seul, peut d'ordinaire trouver dans son élévation suprême le moyen d'apprécier toute chose à sa juste valeur? Non pas que toute la vérité soit concentrée dans une seule tête, mais cette tête seule, néanmoins, est plus en état que personne, précisément à cause de sa haute position, de saisir cette vérité, en considérant les intérêts de l'Etat dans l'ensemble et dans les détails, dans leurs rapports, dans leurs circonstances et dans toutes leurs suites. Est-ce que les inférieurs ont sur leur état les mêmes éléments de connaissances que leurs supérieurs? Et qui donc osera comparer, sous ce rapport, le soldat à son général, ou l'ouvrier à son patron, ou le prêtre au pontife? Donc il est évident que le Souverain, précisément à cause de sa position, a des moyens de connaître, de discerner, de juger, et par conséquent de rester dans le vrai, qui ne se rencontrent dans nul autre; et, de cette sorte, il n'est pas étonnant qu'il soit plus exempt d'erreur que tout autre, non pas dans sa conduite particulière, mais dans les jugements et décisions de la Souveraineté.

II. *Avantages des conseils pour maintenir le Prince dans la vérité.* — Sans doute il y a une lumière plus vive pour les Chefs des peuples, qui leur est donnée d'en haut avec l'empire, puisque sans cette lumière supérieure il leur serait impossible de gouverner, et Dieu n'atteindrait pas son but : ainsi la simple raison elle-même nous fait sentir la nécessité de cette particulière assistance. Mais cette faveur accordée, en général, à tous les supérieurs pour l'avantage de leurs subordonnés, et en proportion de la dignité et de l'importance de leurs charges, n'est pas donnée par voie de miracle, et indépendamment de leur correspondance et de leurs efforts; elle leur est conférée selon l'ordre naturel et par voie de providence ordinaire, ce qui suppose toujours qu'ils emploient les moyens nécessaires pour y parvenir. Ainsi, évidemment, selon la doctrine catholique, l'infaillibilité dans les matières de la Foi a été promise à l'Eglise dans ses premiers pasteurs; et pourtant qui oserait regarder leurs décisions comme certaines et dignes de foi, s'il était constant, ce qui ne sera jamais, qu'ils eussent manqué de discussion ou de liberté, en un mot, qu'ils eussent négligé les moyens sans lesquels il n'y a pas d'acte humain et raisonnable, et, par conséquent, pas d'application possible des promesses? Il est vrai que dans la Religion le secours est surnaturel et rend l'erreur impossible. Mais dans les choses temporelles, c'est un secours commun et ordinaire que Dieu a promis; secours néanmoins efficace en admettant, ce qui doit toujours être admis, qu'il n'est point permis de tenter Dieu, lequel assiste toujours, mais à condition de ne pas rendre inutile son assistance. Or, un moyen des plus puissants, et en même temps indispensable dans la conduite des affaires, c'est *le conseil*, par où le Prince est instruit de tout, et qui est, par conséquent, même au point de vue purement humain, une des plus grandes sources de vérité qui se puissent trouver.

Quand l'homme est seul, que peut-il? Comment démêlera-t-il le vrai, surtout dans le gouvernement d'un empire? Au milieu de ces immenses et innombrables intérêts qui s'agitent autour de lui et auxquels il doit satisfaction, que fera-t-il avec des lumières faibles et une intelligence bornée, peut-être avec des préjugés et des préventions de mille sortes qui l'aveuglent, en proie à des passions violentes qui lui ôtent la rectitude du jugement, insatiable de pouvoir et d'une domination arbitraire tendant à accaparer toutes les libertés publiques? Que fera-t-il avec une nature molle, indolente, qui le rend inappliqué aux affaires pour concentrer tous ses soins dans les vains plaisirs; ou avec un esprit vif, impétueux, entreprenant, téméraire, qui le lance dans les hasards, dans les plus folles aventures, sans lui permettre de douter de rien, ni de calculer suffisamment les suites de ses hardiesses? Et à quels dangers terribles l'Etat tout entier peut être exposé, en quels abîmes il peut être précipité par les inconsidérations d'un seul homme, si rien ne vient le guider, l'instruire, le retenir ou l'exciter, suivant les circonstances ou les besoins! Le péril est si grand, si effroyable que tous les Souverains l'ont senti, même Louis XI, malgré l'orgueilleuse et ridicule parole qu'on lui prête. Ils choisissent donc dans toute l'étendue de leur empire, quelquefois même jusque chez les étrangers, les hommes les plus capables, les plus éclairés, les plus probes, les plus rompus aux affaires; et, s'entourant de ces grandes lumières, ils examinent en leur compagnie les diverses questions gouvernementales : tous les intérêts généraux et particuliers du pays sont passés en revue dans ce conseil auguste; chacun y apporte le tribut de son habileté, de ses vues, de ses connaissances des hommes et des choses; les incertitudes des uns sont dissipées par la science des autres, de nouveaux moyens inaperçus surgissent, les difficultés et les solutions apparaissent et l'éclat de la vérité triomphe de l'erreur. L'on voit alors la preuve de cette parole sacrée que « les pensées se dissipent où il n'y a pas » de conseil; mais où il y a plusieurs conseillers, elles s'af- » fermissent (1); « et de ce choc d'idées, de ces examens, de ces discussions sans cesse renouvelées, jaillissent des flots de lumière dont le Prince est tout inondé; et son insuffisance personnelle, s'il est au-dessous de sa tâche, est couverte par la capacité de ses conseillers. Tout ce qui se passe dans l'Etat lui revient, tout lui est rapporté; de la sorte, il est instruit de tout ce qu'il a besoin de savoir; il peut alors porter des décisions, des décrets, des jugements

(1) Prov., xv, 22.

en parfaite connaissance de cause, et sans aucun danger d'erreur. Et voilà comment, par le secours puissant de ses conseils, il devient moralement infaillible selon la promesse : *In judicio*, etc.

Et cette nécessité des conseils est tellement frappante, tellement évidente, qu'il n'y a pas une divergence pratique sur ce point parmi les hommes, divisés néanmoins sur presque tous les autres : toutes les administrations, toutes les institutions, toutes les grandes charges ont leurs délibérations communes ; papes, évêques, préfets, maires, négociants, hommes de loi, magistrats, militaires, commerçants, associations industrielles, et jusqu'aux maisons mêmes des particuliers, tous les hommes, en un mot, ont leurs conseils, sans lesquels on n'entreprend et on ne décide rien de sérieux. Tant on a compris de toutes parts que sans de mutuelles consultations on est sur toutes les pentes de l'erreur, et qu'avec ce puissant moyen, au contraire, on a toutes les chances de ne s'écarter pas de la vérité.

Mais avec quel soin minutieux le Souverain sage et capable traite cette grande question des conseils ; et comme sa conduite prudente en cette matière doit inspirer de confiance en ses décisions et en la maturité de ses jugements !

Sa première préoccupation est de se choisir de bons et intègres conseillers ; car tout dépend du choix. Il sait ce que vaut un homme désintéressé, plus ami de sa personne que de sa faveur, au-dessus de l'ambition et des vues personnelles, conduit par le seul désir du bien, vivement touché des malheurs publics, des misères et des besoins du peuple dont il se rend le plus fidèle interprète ; un homme instruit, réfléchi, pesant tout avec attention ; un homme aussi ferme à soutenir son sentiment qu'il a été timide à le prendre ; un homme franc et sincère qui, sans fronder la puissance, ne sait pas lui laisser ignorer la vérité, et ne se laisse influencer que par sa conscience ; un homme enfin aussi dévoué au bien de l'Etat que capable de le procurer.

Le Souverain comprend encore qu'il ne doit pas se borner à un seul homme; quelle que soit l'étendue de son mérite, ce serait s'asservir aux *préventions*, si funestes à tous ceux qui commandent; car on n'en revient presque jamais. Chacun porte avec soi ses préjugés, ses affections exclusives, ses antipathies qui passeraient dans l'âme du Prince; les meilleurs sujets seraient écartés, tandis que toutes les faveurs seraient réservées aux hommes médiocres et peut-être indignes qui auraient su plaire; le Souverain serait entièrement gouverné par les passions du favori, et il n'y aurait aucun remède aux maux de l'Etat.

Il faut donc un certain nombre de conseillers qui puissent apporter leurs sentiments contraires; car la contradiction et le débat sont de l'essence de tout gouvernement.

En même temps, le Chef de l'Etat laisse aux membres de son conseil une entière liberté d'opiner. A quoi servirait un conseil sans la liberté, sinon à précipiter sans ressources dans tous les maux que le conseil est destiné à éloigner? Ce ne serait qu'une indigne flatterie avec toutes les bassesses dont nous aurons à parler plus loin. Il ne tolère pas, il est vrai, la présomption et la hardiesse poussée jusqu'au cynisme. « Un Prince sage et pénétrant, dit Fénelon [1], n'estime ni les esprits évaporés, ni les grands parleurs, ni ceux qui décident d'un ton de confiance, ni les critiques dédaigneux, ni les moqueurs qui tournent tout en plaisanterie.... Mais aussi, ajoute ce grand homme, il méprise ceux qui trouvent tout facile, qui applaudissent à tout ce qu'il veut, qui ne consultent que ses yeux ou le ton de sa voix pour deviner sa pensée et pour l'approuver. Il recule loin des emplois de confiance ces hommes qui n'ont que des dehors sans fonds. » Il faut donc dans tout conseil savoir parler avec respect, mais librement; l'on ne doit pas craindre

(1) *Examen sur les devoirs d'un roi.*

d'approcher le miroir des yeux du Prince, et de lui dire convenablement et par amour des vérités fortes et utiles. Un grand roi, un sage président, un Prince digne de ce nom laissera toujours à ses conseillers la facilité la plus entière et la plus complète liberté. C'est le seul moyen d'arriver à la pleine possession du vrai. Et pour cela, il s'applique de toutes ses forces à distinguer les flatteurs des hommes de vrai conseil, et il emploie avec soin pour cela les moyens dont nous parlerons bientôt.

Comme toutes les libertés politiques et civiles consistent à n'être gouvernés que suivant les lois et les règlements, il importe extrêmement de s'en instruire pour bien juger, ce qui n'est autre chose que juger selon les lois. Le Souverain tient la main à ce que lui et ses ministres suivent les lois, et ne s'en écartent jamais. L'arbitraire est l'abus le plus intolérable de la puissance; c'est une arme excessivement dangereuse, qui cause des maux terribles dans l'Etat, et tôt ou tard se retourne contre son possesseur. Et voilà l'immense bienfait de la Souveraineté, de tenir les passions particulières de ses conseillers moins à l'aise, et de ne leur pas permettre de s'émanciper; car comme elle est le pouvoir suprême, elle a son jeu facile, mais elle trouve dans sa force et dans sa responsabilité un frein contre ses propres désirs, et elle est avertie par cette double sauvegarde de marcher toujours dans les limites du droit. L'on voit par l'histoire de tous les empires que là où il n'y a pas une autorité première et reconnue qui domine et se fasse obéir, l'Etat est tiraillé capricieusement par plusieurs tyrans subalternes, qui produisent par l'anarchie une immense confusion et des malheurs, qui ne finissent qu'au moment où une main ferme et habile ressaisit les rênes flottant sans direction et sans unité; de sorte que si le despotisme est à craindre, il l'est moins venant d'un seul, attentif à respecter ses propres lois, que d'une réunion d'hommes qui les tireront en sens contradictoire, et à l'arbitraire ajouteront ce qu'il y a de plus effréné dans l'absence d'un vrai pouvoir.

Et voilà pourquoi le Souverain doit toujours rester seul juge dans ses conseils. Il provoque tous les avis, il les entend avec patience et une sérieuse attention, principalement ceux qui sont opposés à ses vues; mais alors il ne compte pas les voix, il les pèse; et il ne souffre jamais que la majorité lui fasse la loi par l'unique raison qu'elle est la majorité. Car enfin seul il a la charge de tout l'empire, et par conséquent il a seul la responsabilité. Ses conseillers l'éclairent, mais la décision n'appartient qu'à lui; autrement il se laisse gouverner, et il abdique; toute l'autorité réelle est au conseil, il n'a plus qu'un vain titre de roi. Assurément il ne faut pas de parti-pris avant le conseil, autrement celui-ci serait inutile. Il ne doit pas non plus craindre de se déjuger quand il a tort; puisque la raison seule a tout droit, et qu'elle seule peut décider en dernier ressort; il aura donc assez de grandeur d'âme pour préférer la vérité à l'amour-propre, et savoir revenir sur une fausse démarche. Mais quand tous les avis sont exprimés, quand les questions ont été murement examinées de part et d'autre, quand après ces graves débats le Souverain a pris son parti sans voir aucune raison d'en changer, alors il est inébranlable; il commande, il passe par-dessus toutes les résistances; et quoi qu'il en soit des opinions légères et des criailleries de la multitude, l'honneur, le devoir, la sûreté de l'Etat, l'obligent à ne pas se laisser imposer une opinion étrangère que sa conscience ne partage pas; mais il peut aller sans crainte à l'exécution de ses desseins; ce qu'il décide alors est l'expression de la volonté de Dieu qui le dirige et l'assiste : *in judicio non errabit os ejus*. Ce n'est pas l'opiniâtreté aveugle qui le fait agir ainsi, mais la raison. Voilà la différence essentielle du Prince faible et du fort, du roi fainéant et de l'homme de génie. Dans l'idée républicaine, comme dans l'idée monarchique, on ne peut se passer d'un Pouvoir dominant, et il vaut toujours mieux un seul maître que plusieurs.

Mais c'est aussi précisément à cause de la concentration et de la force de ce pouvoir, qui pourrait devenir excessive et despotique, qu'il importe extrêmement au Souverain de connaître ses bornes légitimes, afin de s'y contenir sans les outrepasser. Le droit seul fait la force solide et durable. Le Souverain magnanime peut se relâcher de ses prérogatives pour un plus grand bien; mais de même qu'il ne permet pas aux autres de passer leurs limites, il sait aussi se renfermer dans les siennes, sans s'écarter des doctrines traditionnelles dans les monarchies absolues, et sans porter la moindre atteinte à la constitution et aux droits des grands corps de l'Etat dans les gouvernements tempérés. Retranché dans cette forteresse, il demeure invulnérable; les haines de ses ennemis sont sans prétexte et, par conséquent, impuissantes, et alors tous les citoyens s'inclinent devant les sages décisions de son conseil.

D'autant plus que tous les besoins, tous les intérêts généraux et locaux du pays entier sont successivement étudiés et satisfaits dans ces réunions presque journalières, soit du conseil d'Etat où les lois s'élaborent, soit du conseil des ministres où l'on en recherche l'application la plus sûre, la plus facile et la plus avantageuse; car on ne comprend pas de conseil qui ne soit animé d'intentions bienveillantes pour la société qu'il administre, puisqu'ici son intérêt, j'entends l'intérêt de son honneur et de sa réputation, est inséparable de son devoir. L'on recherche donc en commun l'état, le nombre, les ressources, les dispositions des tribunaux, du clergé, de la magistrature, de l'armée, des habitants des campagnes, des classes ouvrières, des conditions riches et des pauvres, tout ce qui concerne l'avantage de la Religion, les rapports de l'Eglise et de l'Etat et toutes les grandes questions qui s'y rattachent; l'on étudie les moyens de ne perdre aucun droit, mais aussi de ne pas froisser ceux des autres. Mêmes détails sur les autres parties du gouvernement : finances, guerre, marine, agriculture, commerce, affaires étrangères, alliances, économie, conservation des biens de la couronne et des édifices publics, tout est approfondi. Là les préventions sont combattues, les préjugés se dissipent; là la justice est procurée, on y apprend à respecter les droits du moindre des citoyens, et à ne rien enlever à personne, hors les cas de nécessité, sans un juste et préalable dédommagement. Là l'on s'entend pour distinguer le mérite partout où il se cache, et pour récompenser tous les services. Là, enfin, la vérité brille de toutes parts, et on a sous la main tous les éléments des décisions sages et des jugements fondés sur le vrai. Sans toutes ces lumières que deviendrait l'esprit infirme d'un seul homme? Mais avec elles il s'éclaire, il s'élève, il grandit, il acquiert sans cesse de nouvelles connaissances, il devient pratique, expérimenté, judicieux dans ses appréciations; il reste vrai, et quand il parle, quand il décide, quand il porte des décrets, l'on est frappé d'un certain éclat de sagesse et de fermeté qu'on révère; et parmi les hommes calmes et modérés, il n'est personne qui ne sente que le Souverain a mérité la confiance publique, que la vérité parle par sa bouche, et qu'il est vraiment digne de ce beau titre d'Oracle de Dieu.

Donc le mobile de la puissance souveraine assistée par les conseils, ce n'est pas l'arbitraire et le caprice, puisqu'on n'y décide rien que d'après les lois; ce n'est pas l'ignorance, puisqu'on y voit un faisceau toujours vivant de tant d'intelligences d'élite et d'hommes supérieurs; ce n'est pas non plus la passion, puisque l'intérêt et l'honneur des conseillers les portent à juger froidement et non pour eux-mêmes de ce qui est le plus utile. Mais ce qui anime cette première puissance, ce qui préside à ses délibérations, ce qui y règne, ce qui la remue, ce qui la fait agir, c'est évidemment la raison et la vérité ; et si parfois elles se voilent après des précautions si minutieuses où toutes les ressources de la sagesse humaine ont été épuisées, il est clair que ce ne sont que de rares exceptions.

III. Il nous resterait maintenant à montrer un troisième principe de direction, une troisième source de vérité pour le Souverain constitutionnel dans le contrôle des grands corps de l'Etat, dans les avertissements des chambres législatives qui, par leurs discussions animées et par les critiques parfois implacables des oppositions qu'elles renferment, font briller une vive lumière aux yeux de l'Autorité, lui font apercevoir les écueils, l'empêchent de faire de fausses démarches, ou la tirent de celles qu'elle a faites. Mais comme nous nous proposons d'en parler dans la seconde partie, nous n'en dirons rien dans ce moment, sinon qu'il y a là encore pour le Prince une source intarissable de vérité ; car, il ne faut jamais perdre de vue ce grand principe, que souvent il est plus facile de la rencontrer dans les critiques et les contradictions de nos adversaires que dans les obséquiosités de nos amis.

De tout ce qui précède il faut conclure que, puisque le Souverain trouve dans sa place plus de facilité que personne à découvrir la vérité et à s'y maintenir, l'on ne doit pas se permettre de juger témérairement et d'une manière hostile des actes de l'Autorité, et n'être pas si hardi contre celui qui a reçu mission de diriger les peuples, de leur indiquer les voies dans lesquelles ils doivent marcher, et de faire des décrets et des règlements sur tout ce qui concerne l'administration publique, et par suite de découvrir le vrai sur lequel ces règlements doivent être fondés. Et combien cette observation n'est-elle pas encore plus nécessaire dans notre France, dans ce pays où la critique et le dénigrement de l'Autorité sont le trait caractéristique de l'époque, où on l'accuse si facilement d'erreur, où l'on se croit toujours plus sage et plus habile que le gouvernement, où les ignorants eux-mêmes, et encore plus que les autres, ont la ridicule prétention de conduire, d'avoir leur petit système et de voir plus clair que le Souverain; où, par suite de l'esprit national si léger, si satyrique et si railleur, développé encore par les nouvelles habitudes du suffrage universel, chaque homme se croit une capacité et une puissance ; de sorte que le défaut de confiance dans les idées de ceux qui gouvernent, quels qu'ils soient, est devenu comme une maladie chronique et universelle.

Une seconde conséquence des principes établis, c'est que l'on doit recevoir avec respect les décrets émanés de la puissance souveraine, et y obéir comme aux lois elles-mêmes, car ils ne sont d'ordinaire que le développement et l'application de ces mêmes lois. Par suite de cette illumination intérieure que Dieu accorde à tous les gouvernements appliqués à leurs fonctions, ces règlements et ces décrets ont leur raison d'être qui, pour n'être pas toujours aperçue par les subalternes, n'en subsiste pas moins. Il y aurait donc un orgueil intolérable à refuser l'obéissance à ces décrets, sauf les droits de la conscience, sous prétexte qu'ils n'ont pas toute la solennité des lois; comme s'ils n'en étaient pas le légitime commentaire, et comme s'il pouvait être permis aux sujets de se croire plus éclairés que ceux qui sont chargés de guider tous les autres.

§ II. — OBSTACLES A LA PLEINE POSSESSION DE LA VÉRITÉ DANS LE SOUVERAIN.

Toutefois, malgré ces facilités immenses d'éviter l'erreur, qui sont données au Souverain, soit du côté de Dieu, soit du côté des hommes et de sa propre position, il lui serait facile de se détourner du droit chemin, sinon pour les décisions générales, du moins pour les cas particuliers, s'il n'était pas toujours en défiance; car si le Prince a de plus grands moyens que tout autre pour rester dans le vrai, il court aussi plus de danger qu'un autre d'en sortir; il semble même que toutes les séductions, tous les principes d'erreur et d'illusion se réunissent pour le tromper. Il est surtout quatre grandes sortes de périls où la rectitude de son jugement peut broncher, mais qu'il évite aisément par l'attention, par la prière, par l'expérience, non pas seulement la sienne propre, mais celle qu'il puise dans la lecture de l'histoire, qui est spécialement le livre des rois, puisqu'il y trouve dans le spectacle des bonnes et des mauvaises actions de ses devanciers, de leurs succès ou de leur ruine, des avertissements salutaires que nul n'oserait lui donner. Or, ces quatre terribles écueils où il peut venir se briser, où ses lumières naturelles peuvent vaciller et s'éteindre, sont la flatterie, l'insouciance, une excessive application au détail des affaires, enfin l'orgueil et les autres passions. Il est donc à propos de s'appesantir un peu sur ces diverses sources d'erreur, pour montrer que le Souverain qui a le bon esprit de s'en garantir est assuré de la claire vue de la vérité, de la sagesse de ses décrets, de la droiture de son intelligence, cette qualité première de tout bon gouvernement, et qu'il a droit dès-lors au respect et à la confiance de tous ceux qu'il dirige.

SECTION Ire. *Premier écueil pour le jugement du Souverain: la flatterie.* — Dans tous les temps, chez toutes les nations, sous toutes les formes de gouvernement, la flatterie a été redoutable aux Chefs des peuples, d'autant plus redoutable qu'elle a ses intelligences dans le fond du cœur, et qu'il n'est pas d'ennemi plus à craindre que celui qui nous apparaît sous le masque de l'amitié; c'est donc à juste titre que la flatterie est nommée de toutes parts le plus grand ennemi des Souverains, la peste des cours, la ruine des mœurs, la meurtrière de la vérité, le fléau des sociétés et des empires.

Or, la flatterie consiste dans une bassesse et une fausseté de cœur qui porte à complaire à quelqu'un par des louanges et des agréments exagérés, dans le dessein de le tromper ou de lui nuire, ou de se procurer à soi-même des avantages que l'on ne saurait obtenir par de meilleures voies. Et comme il y a partout de honteuses convoitises qui savent que les grands aiment à être flattés, ces lâches adulateurs cherchent à s'insinuer dans toutes les cours et auprès de tous les puissants; car c'est là que se rencontre la fortune, et l'assouvissement des désirs aveugles, ces deux principaux mobiles de la flatterie; aussi est-ce là surtout que le flatteur exerce son funeste ascendant.

S'il ne nuisait qu'à lui-même, par le mépris public et l'avilissement où le fait descendre la dégradation de son caractère, il n'y aurait qu'à s'en louer, car il serait justement puni; mais les ravages qu'il fait dans l'esprit et dans les affections des Princes trop portés à lui prêter l'oreille sont effroyables : il leur présente un miroir trompeur, où se voyant tout autres qu'ils ne sont en eux-mêmes, ils conçoivent une idée fausse de leurs talents, de leur puissance et de leurs droits, qui les laisse dans une ignorance profonde et de leur capacité réelle, et des choses qui les entourent, et des dispositions et des besoins des hommes qui leur sont soumis. Esprits souples, insinuants, jaloux, perfides, fourbes et dissimulés, on les voit sourire à tous les regards des Princes, applaudir à toutes leurs paroles et à toutes leurs vues, même les plus maladroites, condescendre à leurs penchants, admirer leurs faiblesses, encenser leurs défauts, se faire les instruments de leurs passions, et les pousser, à force de louanges, jusqu'au fond du précipice; flatter pour plaire, pour avancer leur fortune, même en trahissant, s'il le faut, leur victime, tel est leur beau rôle de chaque jour.

Et comment le Souverain, s'il n'est perpétuellement sur

ses gardes, se défierait-il d'un poison si doux? Comment se débarrasserait-il d'une tromperie qui l'enlace de toutes parts avec tant d'habileté et de persévérance? Comment dissiper ces nuages, et percer cette obscurité? Comment déchirer ce bandeau si épais dont on lui couvre les yeux? Comment démêler la vérité parmi tant d'astuce et de mensonges? Comment faire le bien et éviter le mal lorsqu'ils prennent les apparences l'un de l'autre? Comment se soustraire aux murmures publics, au mécontentement, aux conspirations qui minent le trône, comment échapper à sa ruine? Aussi, dans toute la suite de l'histoire, voyons-nous les Princes tomber par les viles flatteries de ces indignes courtisans, qui ne cherchent leur élévation que dans les malheurs des peuples et des rois. Qui porta Xerxès à cette incroyable folie d'écrire une lettre à une montagne pour lui donner des ordres, et de faire frapper la mer à grands coups de fouets pour la punir d'avoir rompu un pont de bateaux, sinon l'arrogante et ambitieuse flatterie d'un Mardonius et de ses autres courtisans? Qui ne sait que ce fut ce même poison de l'adulation qui, tournant la tête au malheureux Darius Codoman, naturellement bon et humain, mais perverti par les fausses louanges, lui fit mettre à mort le sage Caridème, dont le salutaire mais trop sincère conseil l'aurait sauvé s'il l'eût voulu suivre; que c'est à cet enivrement d'une fortune et d'une flatterie également excessives qu'Alexandre de Macédoine dut ce changement effroyable de ses mœurs, qui coûta la vie à ses plus fidèles conseillers et à ses généraux les plus habiles et les plus braves, et qui amena peut-être, par le trop grand développement de sa puissance, la prompte destruction de son empire? Qui ne sait que Roboam, de son côté, plus attentif aux éloges et aux excitations insensées des jeunes gens de son âge qu'aux avis prudents des vieillards, fut redevable de la perte de la majeure partie de ses Etats à ce poison, auquel on doit attribuer également les extravagances, les cruautés, les ruines d'un Cambyse de Perse, d'un Crésus de Lydie, d'un Néron de Rome, d'un Venceslas de Bohême, d'un Edouard II d'Angleterre, d'un Henri III de France, et de tant d'autres potentats dont la fin a été si malheureuse, et dont si souvent le pouvoir a sombré sous leurs propres excès? « On flatte le Roi, dit Fénelon, on fait semblant de l'adorer, on tremble au moindre de ses regards, mais attendez la moindre révolution! Cette puissance monstrueuse, poussée jusqu'à un excès trop violent, ne saurait durer; elle n'a aucune racine dans le cœur des peuples; elle a lassé et irrité tous les corps de l'Etat; elle contraint tous les membres de ce corps de soupirer après un changement. Au premier coup qu'on lui porte, l'idole se renverse, se brise et est foulée aux pieds..... Celui qui dans la prospérité ne trouvait pas un seul homme assez hardi pour lui dire la vérité, ne trouvera dans son malheur aucun homme qui daigne ni l'excuser, ni le défendre contre ses ennemis (1). »

Et toutes ces calamités sont venues de ce que les flatteurs l'ont trompé, et qu'en le trompant ils l'ont perdu sans ressource; car il n'a rien su de ce qu'il devait connaître, ni les abus de son administration, ni les réformes nécessaires, ni les murmures universels, ni la force de ses ennemis, ni sa propre faiblesse. Combien donc le Prince doit-il repousser et punir les adulateurs qui lui sont si redoutables, puisqu'en leur prêtant l'oreille il perd, comme nécessairement, son privilége d'inerrance, et en le perdant il se perd lui-même par la multitude des fautes énormes qu'il commet et par lesquelles tôt ou tard il succombe.

Mais il se garde bien de confondre le vil flatteur avec le véritable ami. Autant il est inflexible à écarter celui-là, autant il est empressé à rechercher et accueillir celui-ci, dût-il entendre des vérités dures. Assurément, l'on doit toujours

(1) *Télém.*

parler avec respect au Souverain, et sans lui refuser les justes éloges qui lui sont dus et l'encouragent. Mais entre la louange de l'ami fidèle et la courtisannerie du flatteur, il y a des différences énormes. Le Prince sait donc les distinguer par les dissemblances même de leurs manières et de leur langage. Le véritable ami loue en eux-mêmes la dignité et le pouvoir qui ne sont propres qu'à inspirer du respect et non de l'orgueil à celui qui en est revêtu; le flatteur réserve ses éloges pour la personne; et c'est là la première différence. Quand nous disons que le Pouvoir est grand, qu'il vient de la bonté de Dieu, que sa dignité est immense; quand nous disons que le Souverain comme Souverain doit être considéré comme légitime toutes les fois qu'on ne peut prouver évidemment qu'il ne l'est pas, parce que le bon ordre et l'avantage commun de la société sont intéressés à cette reconnaissance; que le Souverain est l'image de Dieu, son représentant, son ministre, son oracle; qu'il a droit aux égards, aux respects, à l'obéissance, à l'amour; qu'il est la première personne de l'Etat, et que tout doit plier devant lui dans les limites de son droit; quand nous disons toutes ces choses, nous ne flattons pas, nous ne faisons qu'établir la vraie doctrine et le devoir; et ces considérations, bien loin d'enfler les Princes, doivent les faire trembler par la pensée de la disproportion de leurs mérites avec une telle charge. Mais quand on relève devant eux à grands renforts de phrases l'étendue souvent fausse et imaginaire de leur puissance, pour leur faire croire qu'il sont en quelque sorte d'une autre nature que les autres hommes, qu'ils peuvent se mettre au-dessus des lois et passer hardiment sur tous les droits les plus légitimes et les plus sacrés, ne tenir compte d'aucune obligation comme s'il n'y avait aucune puissance supérieure qui les pût lier, et qu'il leur est permis de se jouer du genre humain et d'opprimer à leur gré les peuples; qu'une guerre est juste dès lors que leur ambition et leur politique les y convie; quand on cherche à leur persuader que leur grandeur les autorise à ne mettre aucun frein à leurs caprices et à leurs plaisirs; qu'ils sont les maîtres absolus de leurs sujets, qu'ils ont entre les mains leur liberté, leur honneur, leurs propriétés et leur vie; que ce serait déroger à la noblesse de leur position que de s'occuper sérieusement des affaires publiques, dont ils peuvent laisser tout le poids à des ministres inférieurs sans les environner d'une surveillance efficace; que tous leurs désirs sans distinction sont des ordres, que tous leurs ordres sont des lois, où l'on n'a pas à s'inquiéter du juste et de l'injuste; hélas! à ces traits odieux nous reconnaissons la flatterie. La voilà cette grande homicide des consciences royales, ce fléau terrible des Etats et de ceux qui les gouvernent, cette vaine fumée, cette ivresse, ce vertige, qui a fait tourner tant de têtes, corrompu et perdu tant de Souverains. Ainsi la vraie louange, qui n'est jamais déplacée, embrasse la position avec toutes ses prérogatives et tous ses devoirs; l'adulation ne considère que la personne avec ses qualités propres, vraies ou fausses, pour l'enivrer d'un vin funeste, lui faire perdre la rectitude de son jugement, la tromper, l'égarer, établir sa fortune aux dépens du Prince ou de la nation; c'est là son premier caractère.

Secondement, la voix amie et sérieusement dévouée loue les qualités réelles, et le flatteur n'encense que les qualités fausses et imaginaires. Il est utile quelquefois de louer le Prince en ce qu'il a de bon; c'est un agréable aiguillon qui l'excite et l'anime à bien faire, le rend sensible à la vertu et à l'honneur, et peut, par une généreuse émulation produire dans tout l'Etat des biens immenses; il importe de relever le courage aux hommes, principalement à ceux qui sont haut placés, pour les piquer et les lancer à atteindre à cette véritable grandeur, à cette suprême élévation qu'on leur fait voir comme le beau idéal qui leur manque, où il leur faut arriver pour leur gloire et dont leur esprit doit être plein. D'autant plus qu'il est souvent fort difficile de parler un autre langage aux Princes ; ils sont entourés de tant de séductions, de tant d'abaissements, on les regarde de si bas, on leur prodigue partout des respects si profonds, que tout le fonds de leur âme en est remué; ils deviennent d'une délicatesse et d'une susceptibilité infinie, un rien les blesse ; un langage simple et uni leur paraîtrait aisément une insulte, et l'on ne peut presque plus les aborder qu'avec des louanges ; telle est la faiblesse en quelque sorte inévitable de la domination qui, si l'on n'y prend pas garde, dénature et renverse les meilleurs naturels ; *vi dominationis convulsus*, dit Tacite. Mais s'il leur faut absolument des louanges, du moins qu'elles soient vraies, qu'elles soient méritées, que l'on se garde de ces éloges faux et mensongers qui sont une insulte pour celui qui les donne et pour celui qui les reçoit; car c'est une insulte pour tout homme d'esprit et de cœur ; de sorte que la seule fausseté des éloges porte sa condamnation en elle-même; seconde marque honteuse de la flatterie.

En outre, le véritable ami loue avec modération, le lâche adulateur passe toutes les bornes. Le respect de la puissance oblige le sage à la relever un peu, mais sous ces formes révérentielles il sait mêler à propos les conseils utiles, et les éloges ne sont qu'un passeport pour les faire admettre ; aussi le Prince prudent ne s'y trompe pas ; il sait que ces fleurs de rhétorique ne sont qu'un moyen d'avertir, et un manteau de bienséance qui recouvre des vérités importantes. Le flatteur, au contraire, ne peut se contenir : il sourit et applaudit sans cesse ; il applaudit encore, il admire, il s'extasie, il se transporte ; les plus révoltantes exagérations ne l'effraient pas, et chez lui quand il parle au Prince, toutes les épithètes louangeuses sont au superlatif. Et ainsi le troisième caractère de la flatterie perfide, c'est précisément son excès.

Enfin, l'homme fidèle et dévoué loue par respect, par affection, pour encourager à bien faire ; l'homme courtisan et flatteur ne loue jamais que pour lui-même et en vue de ses propres intérêts. Quand le Souverain reçoit des louanges d'un homme probe, vertueux, désintéressé, dans une position indépendante, il peut s'y fier, surtout lorsque ces louanges sont accompagnées de quelque opposition et de conseils salutaires ; dans le cas contraire, qu'il se défie. Les éloges du premier ne l'aveugleront pas, ils l'éclaireront au contraire ; ceux du second obscurcissent son intelligence ; car la flatterie, enfant du mensonge et de l'intérêt propre, ne produit à son tour que des ténèbres. La véritable affection a toujours quelque chose d'un peu sévère, parce que l'on trouve toujours à corriger dans ce qn'on aime ; tels étaient les compliments de Sully à Henri IV. Mais le flatteur loue sans restriction. C'est donc à distinguer ses véritables amis que le Souverain doit mettre toute son application ; car s'il a le bonheur de les connaître, il ne sera point exposé à être flatté, ni par conséquent à être induit en erreur.

Mais combien le péril ne serait-il pas plus grand encore s'il y avait contre lui coalition de flatteurs. On ne peut qu'être frappé et effrayé de ces judicieuses remarques de Dioclétien dans Vopiscus, de ce Prince qui, descendu du trône et n'étant plus ébloui par ses splendeurs, pouvait voir les choses avec plus de netteté, sans compter sa longue expérience des hommes : « Il ne faut que quatre ou cinq personnes bien unies entre elles, disait-il, et bien déterminées à tromper le Prince, pour y réussir. Ils ne lui montrent jamais les choses que par le seul côté qui les lui peut faire approuver. Ils lui cachent tout ce qui contribuerait à l'éclairer, et comme ils l'obsèdent seuls, il ne peut être instruit que par leur canal, et il ne sait que ce qu'il leur plaît de lui dire : de la sorte, il accorde les magistratures à qui il les faudrait refuser ; il destitue, au contraire, de leurs emplois ceux qui en sont les plus dignes. En un mot, le meilleur Prince souvent est vendu par eux, malgré sa vigilance, et malgré même ses défiances et ses soupçons. » Ainsi l'on vit la cour de Darius Nothus gouvernée par trois eunuques, qui mirent tout en désordre et furent, par leur union, sur le point de renverser l'empire. Quand les affranchis dominent, c'est, aux yeux de Pline [1] et du bon sens, la marque certaine d'un Prince sans mérite et sans force.

Malgré ces observations essentielles, la flatterie ne laisse pas de renfermer, pour l'intelligence du Souverain, d'immenses dangers, nous l'avons fait voir. Mais grâces immortelles en soient rendues à Dieu; aujourd'hui, à cause de l'esprit d'émancipation et d'indépendance excessive qui règne de toutes parts, les Chefs des peuples ont généralement moins à craindre de ce côté; ils ont bien plutôt à lutter contre la critique et le dénigrement auxquels ils sont en proie, sinon dans leur cour, du moins dans les autres rangs de la société, qui ne leur pardonnent rien, qui ne leur ménagent aucune mortification, et les attaquent perpétuellement, et souvent avec autant d'injustice que de violence, dans leur personne, dans leurs actes privés, dans leur politique extérieure et dans toutes les branches de leur administration. Mais qu'il faut que l'adulation soit un mal pernicieux et terrible, pour qu'on soit presque réduit à se féliciter d'un pareil état de choses qui, malgré ses énormes inconvénients, rendant les Princes plus sérieux et plus attentifs à toute leur conduite, a par là même l'inappréciable avantage de les rendre plus sûrs dans leurs décisions.

SECTION II. *Second obstacle à la connaissance de la vérité dans le Souverain : l'indolence et l'inapplication.* — L'assistance divine, pour être efficace, suppose toujours la correspondance de l'homme, même dans le cas d'une promesse formelle. Une des plus grandes flétrissures de l'histoire est

(1) A Trajan.

bien certainement celle dont sont frappés plusieurs de nos rois de la première race par l'injurieuse épithète de *fainéants*. Il y a encore plus de honte dans cette appellation que dans celle de conquérants; car ces ravageurs des peuples, ces *brigands des nations*, comme les nomme l'Ecriture (1), tout en ruinant injustement les étrangers, travaillent du moins en partie pour leurs sujets, tandis que les paresseux les abandonnent lâchement à tous les maux du dedans et du dehors. Et surtout, comment pourraient-ils rendre des décisions justes, et démêler la vérité parmi tant de fausses lueurs, quand ils ne prennent aucun moyen pour la connaître? Et comment la connaîtraient-ils, si au lieu de la chercher sans cesse par eux-mêmes et par autrui, dans leurs propres réflexions et dans leurs conseils, ils perdaient ce temps si précieux en de vains amusements ou à des occupations frivoles et indignes de la grandeur du trône; si presque toutes leurs journées s'écoulaient dans les violents exercices de la chasse, qui détournent si fortement l'esprit de toute application sérieuse; s'ils ne s'apercevaient qu'ils sont rois que par la magnificence de leurs spectacles, par leurs plaisirs et leurs jeux, par le nombre, la variété, la continuité de leurs délices; et si dans le cours d'une vie si peu raisonnable et si peu humaine, ils laissaient à des ministres et à des favoris toute la conduite des affaires? Il est clair qu'ils ne les entendront pas, puisqu'ils ne les étudient jamais; qu'ils ne sauront que ce qu'on voudra bien leur dire; qu'ils seront complétement à la merci de ces officiers, souvent intéressés à leur cacher les réalités les plus importantes de l'Etat, à ne leur en donner qu'une idée fausse et inexacte; qu'ils seront fréquemment trompés, et par conséquent se tromperont fréquemment eux-mêmes; qu'ils ne pénétreront ni les besoins des peuples, ni les injustices sans nombre et les autres souffrances dont ils sont accablés, ni

(1) Jérém., IV, 7.

leurs murmures, ni leurs conspirations, et qu'ils s'exposent à n'ouvrir les yeux qu'au moment fatal où ils seront précipités dans l'abîme. Mais, grâces à Dieu, nous ne sommes plus au temps des rois fainéants; les Souverains sont les premiers travailleurs de leurs empires.

SECTION III. *Troisième obstacle à la vérité dans le Souverain : la trop grande application au détail des affaires.* — Au premier abord cette proposition paraît paradoxale. Comment concevoir, en effet, qu'un Prince profondément appliqué à l'étude des affaires, qui y consacre la plus grande partie de son temps, qui les considère sous toutes leurs faces, soit plus exposé qu'un autre à l'erreur ? Mais l'étonnement cessera si l'on réfléchit que nous parlons d'une application extrême, non pas aux affaires, mais au détail, au menu des affaires. Il est évident que de s'appliquer à voir les choses de l'Etat en général dans leur ensemble et dans leurs rapports, c'est là précisément le rôle du Souverain ; puisque sa fonction propre, comme nous l'avons déjà fait remarquer, est de surveiller celles de tous les autres, sans se borner à aucune en particulier. S'il se jette dans le détail, s'il s'y enfonce, s'il s'y concentre, non-seulement il abdique la charge souveraine, qui consiste à voir de haut, à considérer, à diriger la marche générale du gouvernement, pour se réduire au rôle obscur de simple employé, renfermé dans un labeur minutieux et secondaire; mais son esprit absorbé dans ces considérations vulgaires y perd ses forces. Il ne lui en reste plus assez pour se faire une idée exacte et complète de l'état des choses publiques ; il devient nécessairement ignorant de ce qu'il lui importe le plus de savoir, et il ne peut éviter l'erreur et les fausses décisions ; parce que ne voyant qu'un coin du tableau au lieu de le voir tel qu'il est, c'est-à-dire dans son tout, il doit inévitablement errer et juger à faux sur le reste qu'il ne connaît pas. Et voilà comment la trop grande application aux détails a les mêmes inconvénients que l'indolence et l'inapplication; nouvelle preuve de la nécessité d'éviter les extrêmes, toujours funestes. Ecoutons encore sur ce point le précepteur des rois, l'immortel Fénelon (1) : « Ceux qui gouvernent par le détail sont toujours déterminés par le présent, sans étendre leurs vues sur un avenir trop éloigné; ils sont toujours entraînés par l'affaire du jour où ils sont; et cette affaire étant seule à les occuper, elle les frappe trop, elle rétrécit leur esprit; car on ne juge sainement les affaires que quand on les juge toutes ensemble, et qu'on les place toutes dans le même ordre, afin qu'elles aient de la suite et de la proportion..... Ceux qui travaillent, qui expédient, qui font le plus d'affaires, sont ceux qui gouvernent le moins; ils ne sont que des ouvriers subalternes. Le vrai génie qui conduit l'Etat est celui qui, ne faisant rien, fait tout faire, qui pense, qui invente, qui pénètre dans l'avenir, qui retourne dans le passé, qui arrange, qui proportionne, qui prépare de loin, qui se raidit sans cesse contre la fortune comme un nageur contre le torrent de l'eau, qui est attentif nuit et jour pour ne rien laisser au hasard.... Ce qui empêche qu'on ne soit trompé, continue-t-il, c'est la connaissance générale du gouvernement. Les gens qui n'ont point de principes dans les affaires, et qui n'ont point de vrai discernement des esprits, vont toujours comme à tâtons: c'est un hasard quand ils ne se trompent pas; ils ne savent pas même précisément ce qu'ils cherchent, ni à quoi ils doivent tendre.... Au contraire, ceux qui ont des principes pour le gouvernement et qui se connaissent en hommes savent ce qu'ils doivent chercher en eux et les moyens d'y parvenir.... D'ailleurs, comme ils ne se jettent pas dans des détails accablants, ils ont l'esprit plus libre pour envisager d'une seule vue le gros de l'ouvrage, et pour observer s'il

(1) *Télém.*, Liv. 22.

avance vers sa fin principale ; s'ils sont trompés, du moins ils ne le sont guères dans l'essentiel. »

Du reste, il ne faudrait pas s'imaginer que le Souverain renonce au travail en renonçant aux détails ; bien loin de là, ses travaux embrassant l'ensemble de la politique et de l'administration sont plus étendus, plus continuels, plus pénibles ; il faut beaucoup plus de méditation et beaucoup plus d'étude pour imprimer la direction et le mouvement à toute une machine que pour en préparer les rouages isolés. Le Souverain ne fait donc que changer d'occupation, mais c'est l'occupation qui lui convient, qui le regarde lui seul, et où il ne peut être remplacé par aucun autre ; c'est aussi dans cette occupation digne, large, grande, universelle, qu'il trouvera non l'accablement et, par suite, l'égarement de son intelligence perdue dans des minuties, mais la vraie lumière qui doit le guider dans le gouvernement de son empire et le garantir de l'erreur.

SECTION IV. *Dernier obstacle à la connaissance de la vérité dans le Souverain : l'ambition et les autres passions violentes.* — C'est une vérité philosophique incontestable et un axiôme universellement reconnu, que le propre des passions violentes est de troubler l'intelligence et de corrompre le cœur. Quant à la corruption du cœur, la chose ne parle que trop d'elle-même, puisque cet appétit véhément qui domine, substitue l'instinct désordonné à la loi et au devoir. Mais l'affaiblissement des lumières de l'esprit n'est pas moins évident ; car l'âme emportée et absorbée par l'objet de son penchant ne voit que lui ; elle est peu frappée de son opposition à l'ordre qu'elle n'aperçoit presque pas, parce qu'il ne lui reste presque plus de calme, de réflexion, et, par conséquent, de liberté ; et si ses lumières ne sont pas totalement éteintes jusqu'au point de la justifier, elles sont du moins considérablement affaiblies, à proportion de la violence du mouvement qui l'entraîne. Ainsi la passion fait également baisser le niveau moral et l'intellectuel; et ces grands et terribles ébranlements se font sentir non-seulement aux mœurs de celui qui y cède, mais à sa perspicacité et à son jugement, qui perd de sa droiture à mesure qu'il s'y abandonne davantage. Le Souverain esclave des passions renonce donc à la lucidité de son entendement, à la possession complète de la vérité, à sa glorieuse prérogative d'oracle de Dieu; et il s'expose comme inévitablement à marcher d'erreur en erreur et de faute en faute jusqu'à l'abîme. Au gré de ses impressions fortes et impétueuses, il croira devoir s'élever au-dessus de la loi, ou il la faussera par des interprétations capricieuses; il proposera des lois injustes, il portera des décrets maladroits qui détermineront des mécontentements profonds, il provoquera le mépris des règlements et la violation de toutes les mesures d'ordre; tout sera en trouble, et un tel Prince ne sera plus qu'un fléau. Est-ce dans les transports d'une ambition aveugle et d'un fatal amour des conquêtes qu'il pourra juger de la justice ou de l'injustice de la guerre qu'il a en vue? Comprendra-t-il l'iniquité de ses prétentions quand l'ardeur de ses désirs lui persuadera de plus en plus qu'elles sont fondées? Quel est le conquérant qui ait jamais cru avoir tort? Saura-t-il s'arrêter à temps, même pour ses propres intérêts? Pour rétrograder après de brillantes victoires, il faut un esprit calme et fort, ce qui suppose qu'on est déjà maître de soi, puisque la passion est vaincue. Mais l'ambition dominante, l'ambition victorieuse, l'ambition qui ne suit que ses entraînements et ses instincts est comme un nuage orageux qui, en électrisant la volonté, obscurcit l'intelligence.

Et il en est ainsi de toutes les autres passions. N'est-ce pas la colère unie à la jalousie qui ne permit pas au comte Boniface d'apercevoir les malheurs effroyables qu'il allait attirer sur l'Afrique en y attirant les Vandales, que son tardif repentir ne put expulser? Ne sont-ce pas ces mêmes passions qui portèrent les rois Venceslas de Bohême et Henri II d'Angleterre au meurtre des illustres martyrs Jean Népomucène et Thomas de Cantorbéry? Ah! ces deux princes, le dernier surtout, auraient voulu racheter au prix de leur sang le moment fatal d'un emportement si cruel; mais, regrets inutiles, ils n'avaient pas vu toute l'horreur du crime qu'ils allaient commettre, parce que la passion leur avait mis un bandeau sur les yeux. Et de la sorte, les effets des penchants violents chez les Souverains étant encore plus funestes et plus terribles que chez les autres hommes, ils sont, par conséquent, plus strictement obligés que les autres à les tenir fortement en bride, s'ils veulent posséder la sérénité de l'intelligence, voir clair dans les obscurités des choses humaines et garder toujours le fil de la vérité.

Ce sont donc là les quatre écueils où la droiture du jugement de ceux qui commandent pourrait faire naufrage, s'ils n'étaient toujours attentifs et fermes à ne se point laisser séduire. Mais que les peuples ne s'imaginent pas aisément voir quelqu'un de ces défauts dans leurs Princes, et surtout qu'ils n'en tirent aucune conclusion injuste et précipitée contre la sagesse, l'utilité, la légitimité de leurs décisions et de leurs lois. D'abord, les Souverains peuvent avoir à lutter contre ces périls, sans s'en laisser entamer; et quand ils auraient eu quelqu'une de ces faiblesses, ils peuvent en avoir triomphé. Les hommes, il est vrai, ne font pas toujours cette observation; et c'est un des plus grands travers de l'esprit humain, de vouloir toujours juger d'un homme par ce qu'il fut autrefois, sans tenir compte des changements souvent insensibles, mais réels, qu'apportent le temps, les réflexions, l'expérience, les circonstances diverses de la vie. Et si le Prince, dominé par une passion, a une tendance à s'en laisser vaincre, est-ce que les avertissements de ses vrais amis, et tous les Souverains en ont, ne le ramènent pas à son devoir? Ou du moins, est-ce qu'on ne les voit pas comprimer en partie son élan trop fougueux, ou stimuler son indolence, ou étendre ses vues, ou s'opposer au poison de la flatterie? Est-ce que les lumières de son conseil ne font pas un contre-poids naturel et toujours sûr au mouvement qui l'entraîne en sens inverse, ou un supplément à son ignorance? Quoi, ce Prince placé si haut, à ce point culminant d'où son œil peut atteindre aux extrémités de l'empire et en saisir d'un seul coup toute la situation et les nécessités infinies, ce Souverain, soutenu par tant de secours, environné de tant d'hommes sages, de tant d'âmes dévouées, de tant de serviteurs instruits et capables, et quelquefois de tant d'esprits supérieurs, on s'imagine qu'il est au-dessous de sa tâche; on le croit dans l'erreur quand il décide de la guerre et de la paix, quand il fait des lois, quand il porte des ordonnances, quand il gouverne, quand il administre, après tant de réflexions et de délibérations sérieuses, après tant de moyens de voir le vrai! Et un simple citoyen, loin de ces grandes positions, dépourvu de toutes ces lumières, de tous ces secours, de toutes ces facilités, n'ayant pour lui que son gros bon sens, sans expérience des choses, ou plutôt n'ayant que ses préjugés, son esprit de parti et de système, s'imaginera ne se tromper pas? Il se décernera à lui-même, qui n'est point placé pour juger sainement, un brevet d'infaillibilité, qu'il refuse à celui qui a reçu la mission et tous les moyens nécessaires de prononcer, de décider, de gouverner l'empire! Du fond de son cabinet, ou plutôt du fond de son ignorance, cet avocat, ce médecin, que dis-je, cet ouvrier, ce laboureur, cette femme, ce jeune homme, fera le procès au Monarque, le procès au Sénat, le procès au Conseil d'Etat, qui marchent d'accord avec le Souverain; et lui seul il verra juste, et il dira hardiment à tous ceux qui voudront l'entendre que la politique est fausse, que la marche du gouvernement est mauvaise, que cette guerre est injuste, que cette loi est pernicieuse, que ce décret est dangereux, que l'Etat est obéré, quoiqu'il n'en connaisse nullement les ressources; que la banqueroute est inévitable, et que la nation marche à sa ruine! On blâmera la politique extérieure, on dénaturera les actes, on expliquera les secrets des cours, on inculpera leurs intentions; ce sera une suite infinie de jugements ridicules, de bévues pitoyables, de calomnies atroces. Et après toutes ces belles choses, on s'applaudit de ces immenses sottises comme si l'on avait fait une œuvre de génie; et des esprits si éclairés ne remarquent pas qu'ils font une action mauvaise, et qu'ils travaillent à rendre tout gouvernement impossible! Car, enfin, avec de pareilles dispositions, il est évident que le gouvernement, même le plus juste, est mal apprécié, et qu'étant ainsi perpétuellement battu par une critique à outrance, si elle devient générale, il faut qu'il tombe, ou qu'il se soutienne par la force et par la compression. Aussi arrive-t-il que, dans les pays où la confiance est ainsi ébranlée, si le ressort de l'Etat est fortement tendu, si le despotisme se montre, s'il met la main sur les libertés, c'est à eux seuls qu'ils doivent s'en prendre; car parmi les agitations extrêmes, l'administration et une entière liberté sont incompatibles.

Est-il rien de plus ridicule et à la fois de plus monstrueux qu'une conduite menant à de pareils résultats! Si l'on veut éviter ces malheurs, il est donc nécessaire que le peuple, sans renoncer à ses vues propres, ait néanmoins confiance en son Souverain, qu'il sache pour le bien commun faire le sacrifice de certaines idées, de certains goûts particuliers; qu'il le seconde, qu'il combatte avec fermeté et persévérance l'étroit esprit de parti, les oppositions hostiles, les systèmes, les utopies, l'orgueil qui les inspire. Après les rudes leçons qu'a reçues l'Europe depuis un siècle, il verra qu'il ne saurait échapper à l'anarchie, et aux affreuses calamités qui forment son cortége, qu'en renonçant de bonne foi et pour toujours au principe malheureux qui les produit : l'insubordination des partis, toujours étrangers à la considération du bien général, et l'attachement déréglé à leurs idées particulières.

COROLLAIRES.

1° De tout ce qui précède, il suit que le Souverain, ou le Pouvoir exécutif, doit être *absolu* et indépendant. Pour bien entendre cette expression, distinguons deux sortes d'autorités absolues : l'une qui tient à la forme du gouvernement, l'autre qui tient au fond, à la force de son action et à son énergie. L'autorité *absolue dans la forme* consiste en la réunion dans une même main des deux puissances législative et exécutive; tandis que l'autorité non absolue, ou tempérée, ou constitutionnelle, ne comprend que le pouvoir exécutif, séparé du pouvoir législatif confié à la nation dans la personne de ses représentants. Or, l'autorité absolue dans ce sens n'est qu'une forme de gouvernement; nous n'avons point à nous en occuper ici; ou plutôt nous disons que quelle que soit la forme du gouvernement, monarchie absolue ou tempérée, aristocratie ou démocratie, le pouvoir exécutif personnifié dans le Souverain doit être *absolu quant au fond;* c'est-à-dire qu'il n'y a aucune autre autorité ni au dedans ni au dehors de l'Etat qui ait le droit de s'élever au-dessus de la sienne ou de contrebalancer la sienne.

Et en effet, le but du Pouvoir ou de la Souveraineté est de diriger l'Etat, de le maintenir dans la paix, dans la justice, dans la jouissance de ses biens, de le défendre contre tout désordre, de quelque part qu'il vienne, en un mot, de procurer aux empires le bonheur temporel. Or, pour arriver à ce grand but, il faut nécessairement que sa force soit prédominante, qu'elle l'emporte sur toutes les autres, que nulle autre ne la puisse tenir en échec, et qu'elle soit en état de dominer et de réprimer toutes les résistances. Autrement les conflits sont continuels ; il n'y a plus d'ordre, plus de paix, plus de sécurité ; le pouvoir reste inférieur et désarmé ; incapable d'atteindre la fin pour laquelle il est établi, il ne dirige plus, il est lui-même dirigé, ou plutôt ballotté, entraîné, anéanti par les factions et les usurpations ; il n'y a plus de gouvernement. « Un pouvoir politique n'émanant pas du pouvoir souverain, dit l'abbé Godard, en serait par là même indépendant ; ce qui serait absurde et constituerait un dualisme destructif de la société (1). » Il est donc essentiel que tout Souverain soit absolu dans ce sens que tout lui soit soumis à divers degrés, selon le droit et les constitutions ; et dans les Républiques mêmes, il faut que le pouvoir exécutif soit le seul premier maître, et que sa force, son énergie, sa puissance de direction l'emporte sur toutes les autres ; de sorte que sous toutes les formes et dans tous les systèmes, le pouvoir absolu, ou indépendant, et le pouvoir fort se confondent.

2° Mais comme cette puissance dominatrice et souveraine est entièrement indépendante des formes gouvernementales, et qu'elle doit toujours rester soumise à l'ordre de la nature et au devoir, il est visible qu'elle ne doit pas être confondue avec le despotisme, dont l'essence consiste à gouverner arbitrairement et sans tenir compte des lois. Le vrai Pouvoir, le Pouvoir honnête et légitime dans son action, est absolu sans doute, mais juste ; il respecte tous les droits, dont le principal est bien sans contredit la *liberté passive*, ou le droit de n'être gouverné que par la loi, expression stable et constante de la volonté divine ou de la volonté générale, comme on voudra l'entendre, c'est-à-dire que l'on n'est soumis qu'à Dieu ou à la grande raison du bien public. Ainsi, tant que le Souverain se renferme dans la sphère des lois, tant qu'il respecte la règle, tant qu'il

(1) *Principes de 89.*

ne franchit pas de lui-même et sans autorisation ces limites sacrées, il peut tout pour le bien général; il a non-seulement le droit, mais le devoir de faire fléchir toutes les volontés particulières, et de briser toutes les résistances, même au prix des plus grands sacrifices. L'intérêt public l'exige; et tous les autres intérêts, tous les autres droits disparaissent devant celui-là. *Salus populi suprema lex.*

3° Le Souverain a donc le droit inné de s'occuper de tout ce qui concerne l'Etat, et de décider de tout, dans les limites de son ressort, et des lois naturelle et positive. Il a droit d'*inspection* et de police sur tout ce qui est de l'ordre public, même sur les libertés de la nation et sur la manière dont on en use; parce qu'il n'est rien qui puisse légitimement échapper à sa surveillance, à cause de la charge redoutable dont il est revêtu, et qui embrasse tout. Non pas qu'il puisse, à son gré, détruire, diminuer ou modifier les coutumes et libertés du peuple qui n'ont pas été abolies ou restreintes par les lois; il ne saurait y porter atteinte tant que l'ordre général n'est pas compromis, et que la législation n'est pas intervenue pour lui donner à cet égard un droit, qu'il n'a pas de lui-même en vertu de sa Souveraineté. Car, il ne faut jamais perdre de vue ce principe admis de tout le monde, consacré par l'autorité des philosophes et par l'autorité plus auguste encore de la Religion, que le peuple n'est pas établi pour le Prince, ni le Prince pour lui-même, mais le Prince pour le peuple; non pour l'opprimer, mais pour le soutenir; non pour le réduire en servitude, mais pour l'en préserver; non pour en faire son jouet, mais pour le respecter; non pour violer ses droits, mais pour en être le défenseur. Entre le bon gouvernement et le despotisme, il y a la distance du ciel à la terre. Tout cela est vrai, et les libertés communes et particulières d'une nation doivent toujours rester en dehors de tout envahissement; mais c'est à condition que, dans leur usage, elles ne compromettront pas les prérogatives du trône ou la tranquillité publique, et qu'elles ne seront pour l'ordre général ni une ruine ni un danger. C'est donc au Souverain d'y veiller, puisque lui seul a reçu la charge du gouvernement. Il doit s'assurer que ces diverses libertés ne dégénèrent pas en licence et ne constituent pas un péril : ce qu'il ne peut faire sans examen et sans contrôle. Rien donc ne doit échapper à sa surveillance. Et tout est soumis à l'œil de la police; autrement il encourt une responsabilité terrible devant Dieu qui le juge, et devant les hommes qui se reposent sur lui du soin de leur conservation et de la réforme des abus. La police s'étend à tout, et elle comprend tout ce qu'il y a *d'extérieur* dans l'Etat; les cultes, dans leurs relations purement temporelles avec l'ordre public, la garde des mœurs, les institutions, les associations, la salubrité, les vivres et les métiers qui les procurent, les loteries, les réunions, la sûreté et la tranquillité publiques, les élections, la voirie et tout ce qui s'y rapporte, les arts, les sciences, le commerce, les manufactures, la navigation, l'instruction publique et privée, les ouvriers, la mendicité et les pauvres. Quel affreux chaos dans toutes ces choses, si elles n'étaient maintenues dans l'ordre par l'attention d'une police exacte et vigilante! Mais quel immense bienfait que celui de la Souveraineté qui, en assurant à toute une nation de si grands avantages, fait tout concourir au bien général; et quelle profonde reconnaissance ne devrait-on pas ressentir pour une institution si nécessaire et si divine!

4° Enfin, s'il n'y a pas d'institution si utile et si vénérable qui ne soit subordonnée à la surveillance et à l'inspection de l'Autorité souveraine, une dernière conséquence non moins importante de ces principes, est que personne n'est fondé à se plaindre de l'immixtion de cette même Autorité dans ce qui offre un caractère public; et non dans ce qui est de la vie privée des citoyens, elle n'a rien à y voir. Mais le Prince a droit de se faire présenter les statuts et règlements de toutes les associations qui se rencontrent dans le royaume, quels que soient leur but, politique, bienfaisance, science ou industrie; la loi étant la même pour tous, la règle aussi ne doit pas varier. Non pas encore un coup qu'il ait le droit d'y rien retrancher ou ajouter, ou d'y faire aucune modification (à moins qu'on ne lui demande la reconnaissance solennelle par l'Etat desdites associations, et qu'il ne croie devoir l'accorder qu'à condition de certains changements); mais il a besoin, pour l'acquit de sa charge, de savoir tout ce qui se passe parmi ses sujets, d'empêcher qu'il ne se glisse à leur insu dans ces institutions des abus préjudiciables à l'ordre général, qu'elles ne se détournent de leur fin première, qu'elles ne deviennent un foyer de cabales et de conspirations. Si les réunions sont nombreuses, il peut y envoyer un auditeur qui, sans s'immiscer dans les délibérations, veillera silencieusement à ce que tout s'y passe sans danger. Car jamais, sous quelque prétexte que ce soit, on ne doit souffrir un Etat dans l'Etat; et quiconque se refuserait à ces sages mesures, outre les fâcheux soupçons auxquels il donnerait lieu, montrerait un injurieux esprit de défiance envers le Prince, en même temps qu'une ignorance profonde des droits et obligations du Souverain, et de l'usage légitime de sa propre liberté.

Que pourrait-on craindre? L'arbitraire de l'Autorité? Nous l'excluons positivement. Un gouvernement habile n'a pas d'intérêt à mettre le caprice à la place du droit : il n'est fort que par le règne des lois. Et du reste, un Prince qui ne sait ce qui se passe dans une réunion, et qui par là même doit nécessairement être défiant, sera toujours plus porté à la traiter avec sévérité qu'une association soumise, confiante et qu'il connaît à fond. Dans ce dernier cas, il se considère comme obligé à la protéger et à la défendre contre tous ses adversaires; tandis que, dans le cas de résistance et d'insubordination, il doit nécessairement la regarder comme une société dangereuse, intéressée à cacher ses desseins, ou comme une ennemie de sa personne et de son autorité. Les honnêtes gens ne craignent point le grand jour.

Où sont donc les Souverains qui cherchent à opprimer ceux qui marchent devant eux avec confiance et respect? Dira-t-on que c'est du servilisme et la destruction de la liberté? Mais est-ce qu'il y a du servilisme à vénérer les supérieurs, à reconnaître leurs droits incontestables et à les regarder comme des pères? Et qu'est-ce donc que cette liberté, ce mot si vague et si élastique dont se servent tous les mécontents pour colorer leurs résistances? Qu'est-elle dans son sens vrai et légitime, sinon le pouvoir moral de faire tout ce qui n'est pas défendu par le droit naturel et par les lois? Mais est-ce donc que le droit naturel ne défend pas d'être défiant et soupçonneux à l'égard de son Prince? Est-ce que le droit naturel ne lui prescrit pas à lui-même de s'informer de tout ce qui se passe dans l'Etat, pour s'assurer qu'il ne s'y trouve rien de contraire au bon ordre? Est-ce que le Chef de toute la nation sera tenu de faire acception des personnes, et de permettre aux uns ce qu'il ne tolère pas dans les autres, comme si l'égalité n'était pas une chose aussi nécessaire et aussi belle que la liberté? Est-ce que les lois, de leur côté, ne prohibent pas les associations non autorisées? Est-il donc permis, sous prétexte d'une liberté fantastique, de se mettre au-dessus des règlements? Encore une fois, que le Souverain n'entreprenne pas sur les statuts intimes, et, à plus forte raison, sur l'existence des institutions particulières, à moins que les lois ne l'y forcent, voilà la liberté; mais qu'il prenne connaissance de ces mêmes statuts et de la tenue des assemblées, pour s'assurer que, dans les uns comme dans les autres, il ne se rencontre rien de contraire au bon ordre et aux lois, voilà son droit et son devoir. Point de vexations, mais point d'insubordination ni de priviléges.

Ah! que deviendrait le monde sans cette haute et admirable institution de la Souveraineté, sans un chef « qui ne porte pas en vain le glaive (1) », qui soit la sécurité des bons, la terreur des méchants, qui contraigne toutes les mauvaises passions à abdiquer ou à se taire ; sans un centre auquel tous se rattachent, qui maintienne tout dans l'ordre, dans la paix, dans la confiance, et qui, étendant jusqu'aux extrémités de son empire sa puissante et vigilante protection, impose silence à toutes les coteries, donne satisfaction à tous les intérêts, soit l'espoir de tous les bons citoyens, et la joie de la patrie. Sans le Souverain, le monde en proie aux partis et aux passions se déchirerait dans d'interminables fureurs, et la terre serait bientôt le tombeau de tous ses habitants. Si l'on veut que la société, si ébranlée, se relève et se raffermisse, il faut la ramener au point de départ, au respect de l'autorité, non pas d'une autorité possible, mais de l'autorité réelle, la seule qui puisse faire le bien et empêcher le mal. Il faut quitter l'idée révolutionnaire qui porte à se tenir en défiance contre les Souverains, à suspecter les titres de leur origine, leurs desseins, leur conduite. Il faut se bien pénétrer de cette pensée qu'il vaut mieux avoir un maître imparfait que de s'exposer à l'anarchie et de tout mettre en hasard; que le Souverain qui se fait obéir en obéissant le premier aux lois, est cette puissance supérieure à laquelle l'Ecriture nous ordonne d'être soumis, en nous montrant en lui toujours subsistants, indépendamment de ses qualités personnelles, ces titres sacrés et ces grandes et glorieuses prérogatives qui doivent nous le rendre toujours vénérable, de *représentant de Dieu, de ministre de Dieu et d'oracle de Dieu.*

(1) Rom., 13.

LIVRE II.

Causes de la déconsidération de l'Autorité souveraine.

Il fut un temps où l'autorité des rois était sacrée et respectée de toute la terre. On y voyait un reflet de la Divinité, et comme une haute représentation et un rayon éblouissant de la Majesté suprême, que l'on vénérait dans les Princes ses mandataires. Car cette grande idée que l'on se faisait de la puissance souveraine, on la reportait à ceux qui en étaient revêtus, et la gloire de l'Autorité semblait inséparable de leurs personnes. Tous les fronts s'inclinaient devant le Prince, toutes les bouches lui rendaient hommage, tous les cœurs lui étaient dévoués jusqu'à l'effusion du sang, jusqu'à la mort; et quiconque n'eût pas poussé jusqu'à cet héroïsme la fidélité à César aurait été regardé comme infidèle à Dieu même.

Et ce n'était pas la splendeur extérieure de la royauté qui inspirait pour le Souverain de si profonds respects; car lors même que par suite du malheur des temps et des vicissitudes humaines ils venaient à tomber du trône, l'attachement des peuples les suivait dans l'exil, et leur amour semblait redoubler en proportion de ces royales infortunes. Il y avait un fonds intarissable de confiance en la puissance et en la bonté des Souverains ; et quand le faible et le pauvre, foulés par la puissance barbare et la tyrannie des grands, se sentaient trop violemment opprimés et sur le point de perdre courage, ils se relevaient encore parfois dans une pensée d'espérance qui fait l'éternel honneur des Princes et de leurs sujets : Ah! si le roi le savait! s'écriaient-ils, pour faire entendre qu'à leurs yeux le Prince lieutenant de Dieu, et participant à sa tendresse pour tous ses enfants, n'aurait certainement pas supporté cette indigne conduite de subalternes insolents qui abusaient de leurs forces, et n'aurait pas manqué de rendre justice à son peuple s'il en eût eu connaissance. Les impôts mêmes, qui sont ce qu'il y a de plus dur pour le plus grand nombre des citoyens, et ce qui les indispose le plus facilement et le plus fortement contre l'Autorité qui les décerne, les impôts, celui du sang comme celui de l'argent, ils s'y soumettaient avec joie, et les payaient d'ordinaire avec exactitude malgré la grandeur de leurs sacrifices, marquant par ce signe non équivoque l'ardeur de leur patriotisme et de leur dévouement pour leurs rois.

Mais aujourd'hui tout est changé : depuis un siècle, ces grandes idées et ces nobles sentiments ont fait place à des idées et à des sentiments tout contraires. La Souveraineté n'est plus considérée que comme une commission humaine, que comme une simple charge au service du peuple, d'où vient, dit-on, tout son pouvoir, que celui-ci peut reprendre quand bon lui semble, en jugeant le Prince comme un simple citoyen, et avec plus de sévérité encore ; puisqu'on attribue à la nation le droit de déposer le Souverain qui lui déplaît, sans autre raison que sa volonté. Non-seulement on ne considère plus le Souverain comme un maître et comme un père, mais on le traite avec moins de révérence que le dernier des hommes, plus respecté dans son honneur que le Prince même; on le regarde dans les factions, aujourd'hui si répandues, comme l'ennemi naturel des libertés publiques, et l'on se tient perpétuellement en garde contre tout ce qui émane du trône, comme si ces libertés si précieuses étaient perpétuellement menacées. Plus de protection dans sa dignité et dans la majesté de cette grande charge, autrefois si vénérée : sa personne et son honneur sont hautement livrés à tous les mépris et à toutes les insultes de ses adversaires. On voit certains hommes fouiller dans sa vie privée, scruter ses actes les plus intimes, dévoiler ses faiblesses les plus cachées, ne rougir ni des médisances les plus atroces, ni des plus noires calomnies. On les voit déverser à pleines mains l'outrage et l'ignominie sur tout ce qui l'entoure, sans épargner ni l'éclat du rang, ni les plus illustres naissances, ni les plus sublimes vertus, ni le génie et les talents, ni la grandeur des services rendus au pays; il semble que l'approche de la personne royale doive les faire participer au mépris dont on l'abreuve, et l'ingratitude paraît suffisamment justifiée par la passion politique. Et plus on déchire impitoyablement toutes ces royautés, toutes ces administrations, plus on s'applaudit comme d'une œuvre méritoire.

On va plus loin : quand ces honteuses manœuvres ne réussissent pas à faire tomber les Princes, il en est qui ne frémissent pas d'attenter à leur vie; le poignard sera la dernière ressource d'une certaine secte, et l'horrible théorie du régicide deviendra le premier principe, et presque l'unique doctrine pratique d'une école qui ne sait rien de plus beau que de faire de tous ses adeptes un ramas d'assassins. Qu'on se donne la peine de parcourir la carte de l'Europe, et l'on verra que, depuis trente ans, il n'est pas deux des Souverains de cette partie du monde qui n'aient vu briller la lame homicide dont quelque obscur scélérat les voulait percer.

Voilà le respect que l'on témoigne aujourd'hui à la personne des rois; tant les idées sont profondément perverties, tant l'esprit de révolte a dépassé toutes les bornes du crime.

Et si l'horreur du régicide fait encore reculer le plus grand nombre, combien en voit-on reculer devant les censures les plus amères, les plus implacables, et souvent les plus injustes, des actes publics des Princes. Déploient-ils la force et l'énergie si nécessaires pour conserver la paix dans des temps si troublés, et opposer des digues au torrent révolutionnaire; on les accuse d'arbitraire, de despotisme, de dessein formé de fouler aux pieds les libertés de la nation. Les besoins du temps et l'honneur du pays les forcent-ils d'entreprendre quelque guerre juste et glorieuse, ou ces grands travaux qui font l'honneur de la civilisation moderne; l'on crie à l'oppression et à la dilapidation des finances. Travaillent-ils à retenir dans une certaine mesure et à préserver de ses propres excès une presse turbulente, qui ne s'est tant servie de sa liberté presque sans limites que pour renverser les trônes, promener l'anarchie dans chaque pays avec l'épouvante, le chaos et des malheurs sans fin? A l'instant, l'on répète sur tous les tons que la presse est une arche sacrée sur laquelle il n'est pas permis de mettre les mains, que sa liberté doit être entière, que la presse est muselée, baillonnée; et on laisse entendre en termes couverts que le gouvernement devient tyrannique et étouffe toutes les aspirations nationales. Ces mêmes Princes ont-ils dans leur administration, dans leur politique et surtout dans leurs relations avec les puissances étrangères ce tact, cette finesse, cette perspicacité, cette profondeur de secret qui fait tout le succès des affaires; ils sont impitoyablement taxés de dissimulation, de perfidie et d'un caractère de duplicité qui doit leur faire perdre toute confiance. Enfin, cette majesté souveraine autrefois si vénérée, cette dignité si haute et si grande aux yeux de nos pères, on se plaît depuis près d'un siècle à l'avilir, à la déshonorer, elle est tombée dans la défiance, dans la haine, et l'esprit révolutionnaire a plus ou moins envahi toutes les classes. Et si dans la vue du présent, et plus encore de l'avenir, on se détermine à défendre l'Autorité spirituelle ou temporelle, il faut s'armer de courage; car quel que soit le langage de sagesse et de raison que l'on fasse entendre, quelque force que l'on donne à ses preuves, quelque religieuses que soient les sources auxquelles on va s'inspirer, l'on doit s'attendre aux clameurs, aux attaques, peut-être même aux déchaînements des hommes prévenus et passionnés, toujours prompts à se persuader que c'est la flatterie et l'ambition qui font parler, et non la conviction de l'importance du sujet et de la sainteté de la cause. Quoi qu'il en soit, nous ne pouvons nous empêcher de constater avec tristesse et terreur cette immense révolution dans les esprits encore plus que dans les faits, révolution qui détruit la Religion par sa base, trouble la société jusque dans ses profondeurs, la rend inquiète, souffrante, maladive, et dans l'ordre de l'avenir nous tient continuellement suspendus sur les abîmes.

Quelles sont donc ces causes étonnantes qui ont ainsi bouleversé le monde? Nous ne prétendons pas les énumérer toutes; il en est sans doute qui restent cachées dans le secret divin; mais celles que nous connaissons ne laissent pas d'être nombreuses et puissantes; et il importe de les étudier et de les faire connaître encore davantage, pour indiquer l'écueil, en inspirer l'horreur, et, s'il se peut, retrancher le mal par la racine. Nous apercevons donc six sources principales de ce mépris injuste et à jamais lamentable où est tombée l'Autorité souveraine : 1° L'immoralité et les autres vices des Princes eux-mêmes; car nous ne voulons flatter personne, mais Dieu aidant, engager ceux qui commandent à se réhabiliter et à conquérir par leur vertu l'estime universelle; 2° La fréquence des révolutions, et les partis qu'elles ont enfantés; 3° Les luttes éclatantes des deux Autorités; 4° Les sociétés secrètes et leurs prodigieuses influences; 5° *L'esprit* révolutionnaire, et enfin 6° l'affaiblissement de l'esprit religieux dans les masses. Telles sont, ce nous semble, les vraies causes, les principes féconds du mal terrible qui nous dévore.

CHAPITRE PREMIER.

1re Cause : Les défauts des Souverains.

— *Nunc, reges, intelligite; erudimini, qui judicatis terram.* Ps. Ier.

— *Amicus Plato, amicus Aristoteles, sed magis amica veritas.*

Il paraît dur, en écrivant pour la défense de la Souveraineté, de révéler les fautes des Souverains; et l'on va, ce semble, contre son but, qui est d'en donner une haute idée, tandis que la considération de leurs défauts les abaisse profondément aux yeux de tous les hommes sensés. Et, cependant, nous ne croyons pas devoir reculer devant cette entreprise, pour plusieurs grandes raisons que le lecteur appréciera.

La première est que la vérité, et la vérité seule, a tout droit, quand il s'agit de l'instruction et de l'histoire, ces deux choses dont nous nous occupons uniquement. Ceci est d'autant plus vrai, que ces faits sont désormais du domaine de l'histoire; et l'histoire ne doit aux plus grands personnages qu'une seule chose, l'exactitude des récits; les défunts sont l'instruction des vivants, non par les calomnies dont ils ont été victimes, et dont il les faut venger, non par les fausses louanges qu'on leur a décernées, et dont il faut montrer le néant; mais par leurs actions réelles, bonnes ou mauvaises, traduites au tribunal de la postérité, appelée à louer les premières et à flétrir les autres avec la plus entière impartialité, pour la solide instruction des survivants. Du reste, à quoi servirait la dissimulation, sinon à faire suspecter notre droiture? A quoi bon chercher à voiler des actes malheureusement si retentissants et plus éclatants que le soleil? Est-ce que ce ne sont pas précisément ces défauts qui sont le plus avidement recherchés par la malignité humaine, dont elle fait la matière ordinaire des conversations, et dont elle conserve le plus longtemps le souvenir? En troisième lieu, il est grandement à propos de montrer à un siècle si prévenu et si défiant que notre dessein n'est pas de faire un de ces panégyriques où l'on ne montre jamais que les beaux côtés du héros, en cachant avec un extrême soin les moindres taches; que nous sommes bien éloigné de vouloir nous abaisser au vil rôle des adulateurs de la puissance, mais que nous voulons uniquement, autant qu'il dépend de nous, avec le secours d'en haut, avertir, instruire et préserver.

Enfin, et c'est là notre grande raison : nous faisons ces remarques avec d'autant plus de confiance qu'on ne peut en tirer aucune conséquence désavantageuse au respect de la Souveraineté. Ah! sans doute si ces observations, mal comprises, pouvaient avoir un résultat aussi funeste, nous nous envelopperions dans un profond silence; mais, grâce à Dieu, la conclusion qu'il en faut tirer est toute contraire. Car il est évident qu'une dignité quelconque n'est jamais responsable des défauts de ceux qui en sont revêtus, et ne savent ni la respecter, ni s'y respecter eux-mêmes; les vices sont propres à la personne, ils y restent, et ils ne s'étendent pas jusqu'à la chose; l'homme s'est déshonoré, le Souverain est toujours auguste; les individus sont vicieux, l'institution demeure sainte. Mais n'est-ce pas une grande démonstration de sa sainteté, quand on voit que l'inconduite des Princes, tout en diminuant leur prestige, n'a pu entièrement détruire l'éclat de leur place; et qu'une position qui, si elle n'eût été soutenue par le doigt de Dieu, aurait dû mille fois succomber sous l'indignation produite par de telles faiblesses, demeure néanmoins, dans son fond, intacte par toute la terre? Elle a été, et elle est fortement ébranlée, elle a malheureusement et injustement souffert du dédain qui n'appartient qu'à la personne, et cependant elle subsiste toujours dans le cœur et par les bras du plus grand nombre des hommes. Donc la relation de ces fautes, bien loin de nuire à la cause de la Souveraineté est, au contraire, ce qui la relève, puisqu'elle achève d'en montrer la divine grandeur et la force invincible.

I. Tout Pouvoir s'affaiblit par son propre excès, bien loin de croître en force réelle; et quand le ressort est trop tendu, il ne tarde pas à se rompre. Le despotisme paraît fortifier l'autorité, mais il l'use en la faisant haïr. Et les gouvernants ne se sont pas toujours tenus en garde contre cette faiblesse naturelle aux plus grands hommes.

Tel Souverain d'un vaste génie, mais d'une ambition plus vaste encore, survenant à la suite des orages et des affreux désordres des guerres civiles, croyant qu'il faut une main de fer et une autorité fort concentrée pour tenir en bride tant de passions encore frémissantes et rétablir l'ordre, exagère cette idée et absorbe en lui seul, sans contre-poids, toute la puissance de l'Etat, sans s'apercevoir qu'une administration qui met ainsi la volonté princière à la place d'une légalité certaine s'affaiblit elle-même, en excitant de profonds mécontentements contre la Puissance souveraine rendue odieuse, moins par l'exagération de sa forme légale, que par la manière dont on l'exerce. Dans d'autres temps et dans diverses contrées, l'on voit les priviléges de la nation confisqués par l'abolition arbitraire des usages antiques qui avaient leurs racines dans les entrailles du pays; le bon plaisir au lieu des formes établies par les siècles; les lois émanant tout-à-coup de la seule volonté du Prince; des atteintes violentes et sans jugements préalables à la liberté personnelle des particuliers qui avaient déplu, le mutisme des premiers corps de l'Etat, autrefois si hardis, et alors n'osant plus élever une voix qui aurait naturellement diminué le nombre de ces grands coups d'autorité; de sorte que, pendant de longues années, il n'y a plus de frein au pouvoir illimité d'un seul homme; et la révolution était faite en haut longtemps avant de l'être en bas. On voit l'Eglise elle-même de ces Etats privée de ses droits, pliée à ce joug de fer du joséphisme également imposé dans l'enseignement public à la légitime indépendance de la pensée. On voit l'imagination, l'humeur et l'amour de la domination, remplaçant la raison et le droit, lancer ces princes dans de longues guerres d'une justice douteuse, dans des entreprises hasardées, dans de ruineuses conquêtes qui mettent leurs Etats sur le penchant de l'abîme, pendant qu'à l'intérieur cet amour-propre effréné pousse à des dépenses excessives, non pas seulement pour les travaux utiles au pays, mais pour une somptuosité stérile et pour la magnificence des maisons royales; et tout ce luxe d'édifices creuse un gouffre que les générations suivantes ne peuvent combler. Croit-on que de pareils errements d'un pouvoir arbitraire et sans limites soient bien propres à disposer les cœurs à l'amour du Prince? Non; les nations humiliées, fatiguées, plus sensibles au fardeau qu'à l'utilité réelle de quelques-uns de ces travaux, conservent un fonds d'aigreur et de ressentiment qui aboutit plus tard à la ruine entière de l'Etat; les terribles ébranlements de la France et de l'Allemagne ne l'ont que trop bien prouvé.

Mais il en est de l'excès de la domination comme de tous les autres : il amène un autre excès en sens opposé par l'affaiblissement du caractère des princes. Quoi de plus faible, en effet, qu'un roi qui, au lieu de se servir énergiquement de sa prérogative royale pour tout soumettre aux lois, se contente de flotter entre les partis, qu'il caresse et menace tour à tour, selon que la fortune les favorise ou les abandonne; se rendant également méprisable à la nation, et par sa vie molle au milieu d'indignes favoris, et par des manifestations extérieures qu'il confondait avec la Religion, et par ses indécisions, ses irrésolutions perpétuelles, n'osant ni être fidèle à ses amis, ni se faire craindre de ses ennemis, et mettant tout le royaume en feu par son immense incapacité? Quoi de plus faible qu'un roi qui, subjugué, humilié, exaspéré par les manières altières d'un ministre impérieux, qui ne lui laisse que l'ombre de la puissance, ne sait ni l'abattre d'un seul mot, comme il le pourrait, ni se défendre lui et les siens contre sa violente oppression, se contentant de gémir et de murmurer, et néanmoins tremblant devant son maître avec une pusillanimité sans exemple dans l'histoire depuis les rois fainéants? Quoi de plus faible qu'un Souverain qui, oubliant qu'un grand empire demande du nerf, de la fermeté, et l'usage de toute l'autorité permise par la législation, ne sait ni prendre ni encore moins soutenir un parti sérieux, marchant sans cesse de crainte en crainte et de projets en projets, sans se fixer à aucun; qui répète à satiété qu'il ne veut pas qu'une goutte de sang coule pour sa querelle, comme si la querelle du Souverain n'était pas celle du royaume entier, et laisse ainsi le lien social se briser, et une monarchie, déjà abaissée et affaiblie par l'excès de la domination, tomber dans un avilissement complet? Quoi de plus faible enfin qu'un Prince que tant de malheurs et de si terribles leçons n'instruisent pas; que son défaut de caractère conduit à éloigner ses amis les uns après les autres, se donnant ainsi en proie à ses adversaires restés sans contre-poids; et qui finalement poussé à bout par tant de contrariétés, et, comme toutes les âmes débiles, passant subitement d'une extrémité à une autre, après avoir fait sans précaution un coup d'Etat qui aurait demandé toutes ses forces réunies, crut trop aisément le traître qui le trompait en lui annonçant la prétendue défection de son peuple? Ainsi la fausse maxime de l'un et la fausse confiance de l'autre eurent un effet analogue : la mort funeste du premier avec toutes les horreurs qui la suivirent, et l'exil du second avec toute la maison royale.

Telles sont les incroyables faiblesses dont le triste spectacle fut donné à un seul pays quatre fois en l'espace de trois cents ans. Mais comment la vue de pareilles défaillances n'aurait-elle pas porté une atteinte profonde au respect dû à la Souveraineté, et dans cet empire lui-même accoutumé à donner le branle à tous les autres, et dans le reste de l'Europe toujours disposée à l'imiter.

A ces deux premiers excès contradictoires de force et de faiblesse, nous aurions à ajouter ici un phénomène nouveau, propre à notre temps, et inouï depuis de longs siècles dans nos annales françaises : la tache de l'usurpation. Nous n'en parlerons point, à cause de la proximité de ces événements, et pour ne pas enflammer des passions encore trop ardentes pour entendre utilement la voix de l'impartiale vérité. Nous nous contenterons de dire qu'il n'y a pas d'empire si solidement affermi qui puisse résister longtemps aux coups des commotions excitées dans l'intérieur des familles régnantes; que c'est originairement à ces révolutions de palais que la Turquie doit sa profonde décadence; que la trahison et les divisions, surtout lorsqu'elles viennent des proches naturellement appelés à se soutenir les uns les autres, sont un principe de dissolution et de mort pour les empires, même les plus florissants, comme on le vit par la prompte chute de la Maison de Charlemagne. Il est évident, en effet, que les familles souveraines qui nourrissent des guerres intestines s'affaiblissent sans remède et finissent par rendre leur cause impossible, et par leur propres divisions et par les exemples de révolte qu'elles donnent à leurs sujets; et que cette conduite a pour effet direct d'enfanter lès opinions contraires, les partis, le mépris d'une autorité si disputée, et dans l'avenir d'éterniser les causes des révolutions les plus implacables, selon cette célèbre parole de l'Evangile, « que » tout royaume divisé en lui-même sera détruit (1) », ou du moins réduit par ses continuelles secousses à une incurable faiblesse.

Une dernière cause est venue porter le dernier coup au respect et par conséquent à la force de l'Autorité souveraine : la légèreté des mœurs de ceux qui en étaient les plus hauts représentants. Un coup-d'œil rapide, jeté sur la conduite des rois de l'Europe dans ces derniers siècles, suffirait pour nous faire comprendre un des principes les plus puissants de l'affaiblissement de l'Autorité. Que l'on compte les Souverains qui se sont conservés chastes. Lamentable histoire, mais révélation éclatante de la source de tant de misères ! Quand ceux qui doivent aux sujets l'exemple de la vertu leur donnent celui du vice; quand de ce trône, qui doit être l'éternel séjour de la bonne conduite, on ne voit sortir que le scandale, quoi d'étonnant que les désordres les plus honteux, que les vices qui font monter la rougeur au front des peuples soient descendus d'abord dans les classes supérieures, puis dans le reste de la société, semblables à un torrent débordé qui entraîne tout sur son passage. Mais le vice est l'école du mépris; et l'on y apprend à dédaigner le vicieux au moment même où on l'imite. Comment vénérer une Autorité qui méconnaît de la sorte sa vraie grandeur? Comment estimer des hommes qui, au lieu de soutenir l'éclat de leur rang par le noble spectacle de leurs vertus, semblent prendre à tâche de l'avilir de plus en

(1) Matth., XXII, 25.

plus par le déréglement de leurs mœurs? Que voyait-on dans les cours de Henri VIII, de Charles-Quint, et dans celles de Francois Ier et de ses enfants, au rapport de Brantôme et de tous les historiens? Que vit-on plus tard? Chez certains Princes, pourtant si grands par tant d'autres endroits, l'immoralité ne songeait plus à se cacher, elle levait la tête comme une reine; le vice, affiché à la face de leurs Etats, ne connaissait plus de pudeur : devenu un titre, il étalait effrontément ses opprobres; des légitimations imprudentes semblaient lui donner la même consécration qu'à la vertu, et perpétuaient dans la suite des âges l'ignominie des races royales. Le mal en vint au point que jamais peut-être on ne vit sur aucun trône, à moins de remonter aux temps affreux des Sardanapale, des Messaline et des Néron, une dégradation semblable. Voilà où en était venue l'une des plus glorieuses souverainetés de toute la terre.

Si les Princes voulaient étudier l'histoire sous ce point de vue, si triste mais si utile, cette seule considération suffirait pour les retenir dans leurs penchants, pour les aider à éviter toutes les faiblesses, pour les faire remonter et les affermir dans leur grandeur naturelle, et retrancher ainsi une des causes les plus fécondes de désastres pour eux et pour leurs peuples. En évitant de pareils écueils, ils reconquerront nécessairement la considération, le respect, et par suite l'obéissance et l'amour : la force morale étant plus grande et plus invincible que toutes les forces physiques, leurs peuples seront subjugués par une douce confiance, et leurs trônes inébranlablement assurés.

Cependant nous rappèlerons encore, en finissant ce chapitre, que ces désordres des Maîtres de la terre ne doivent jamais faire perdre le respect pour l'Autorité; car le vice est l'ouvrage de l'homme, et la Souveraineté étant l'ouvrage de Dieu, elle ne reçoit aucun détriment des souillures humaines. Il est même à observer que cette haute institution semble grandir à proportion que l'homme s'abaisse davantage, puisque c'est précisément l'éminente dignité de la charge qui les rend plus coupables. Ainsi que l'homme nous paraisse vil, le Souverain doit nous paraître toujours auguste, toujours respectable, quand nous suivons les inspirations de la raison et de la foi. Et cette observation suffit à faire comprendre que si les vices des princes ont fait déchoir l'Autorité dans l'esprit des peuples, c'est un pur effet de l'impression et d'un faux raisonnement, et non pas d'une raison saine et dégagée de préjugés; car la raison nous obligerait à tirer de ces tristes événements une conclusion toute différente.

CHAPITRE II.

Les révolutions et les partis.

— *Dominationem spernunt, majestatem autem blasphemant.* Jud. 8.

Rien n'ébranle plus fortement le respect de l'Autorité que les secousses qui l'ébranlent elle-même, la déplacent et la renversent, surtout lorsque ces agitations se répètent fréquemment, lorsqu'elles sont systématiques, violentes, et partent des entrailles du pays; parce qu'alors, montrant à la fois et la force des oppositions qui y règnent et la faiblesse du Pouvoir qui succombe, elles portent à craindre les premières et à mépriser le second. Or, tel est précisément l'état de l'Europe, et en particulier de la France dans ces derniers temps.

Les révolutions y ont été fort nombreuses. Depuis moins d'un siècle, on en compte sept plus considérables, et trois ou quatre moindres dans les intervalles. La première de toutes, celle de 1789, commença cette longue série d'ébranlements, changea complétement la face de la France, et y introduisit un nouvel ordre de choses entièrement contraire à l'ancien droit. La révolution du 18 brumaire rétablit le gouvernement monarchique, en donnant au Chef de l'Etat le titre, en apparence républicain, de premier Consul. Puis survinrent les grands mouvements de 1814 et de 1815, où fut relevée, abattue, puis restaurée une seconde fois l'antique maison royale sous une forme nouvelle; cette monarchie disparut une troisième fois à la révolution de 1830; et celle qui la remplaça fut emportée à son tour au coup de vent de 1848, qui remit sur pied une ombre de république, expulsée par la voix de la nation en 1852. Or, autant de révolutions, autant de Constitutions différentes. Au commencement de ces grands troubles, elles se succédaient tous les deux ans; puis vinrent la constitution consulaire, l'impériale, la charte de 1814, l'acte additionnel, la charte de 1830, la constitution de 1848, et celle de 1852. Ce qui montre bien la fièvre de changement dont le pays était dévoré, la fluctuation des sentiments, le mouvement, l'agitation profonde des esprits, qui ne savaient à quoi s'arrêter, ayant perdu leur boussole en perdant le grand principe du respect de l'Autorité. Comment seraient-ils revenus à ces salutaires doctrines, et quelle idée pouvaient-ils avoir du Pouvoir qui les gouvernait, en le voyant ainsi ballotté sans cesse, et devenu le jouet de toutes les ambitions? Mais comment auraient-ils pu conserver pour l'Autorité l'obéissance et le respect que la raison et la foi prescrivent également, quand on voyait ces formes diverses de gouvernement naître et mourir dans quelques jours; quand on voyait ces monarchies depuis si longtemps si stables, qui semblaient défier le temps, renversées, rétablies, et renversées encore; ces régimes qui paraissaient ne s'élever un moment que pour faire constater au monde entier leur radicale impuissance; ces constitutions capricieuses ou violentes changées du soir au lendemain? Alors un sentiment de pitié et de mépris pour de semblables dominations devait nécessairement s'emparer des multitudes; il ne leur était pas possible de s'attacher à des puissances aussi éphémères, aussi incertaines, aussi faibles. Ce sont donc ces révolutions continuelles qui ont complétement bouleversé la face de la France, qui ont changé son ancien amour en indifférence, et ne lui ont pas permis de donner son estime et sa confiance à des gouvernements si souvent emportés par le flot révolutionnaire, comme la poussière balayée par les tourbillons.

D'autant plus que ces révolutions si fréquentes n'étaient pas des mouvements accidentels et passagers, comme il s'en rencontre de temps à autre chez tous les peuples de la terre; des mouvements provenant du mécontentement produit par une attaque victorieuse du dehors, ou de la faiblesse des Princes qui ne savent pas tenir ferme leur sceptre, ou de la violation des lois, ou de l'exagération des impôts, ou de toute autre cause temporaire et fugitive; non, il y avait chez certains hommes un système d'attaquer, un parti pris de renverser et de détruire, par les moyens les plus violents, et sans respecter ni droits ni règles. Il y a encore une haine sourde, concentrée, mais persévérante, profonde, immortelle. L'opposition est permanente : elle l'est dans les journaux hostiles, qui jamais ne se lassent, soit par la demande incessante d'une liberté outrée et impossible, soit par le fiel, le mensonge et la calomnie, de miner les fondements de l'Etat; elle l'est dans les Chambres, où une opposition systématique et tracassière, en dénaturant tous les actes du Pouvoir sans exception, s'efforce trop souvent d'entretenir dans le pays, non pas un sage et bienveillant esprit d'examen et de contrôle, mais la défiance, l'inquiétude et une agitation sans base; elle l'est dans les secrets ressorts que font jouer les ambitieux, dans les manœuvres ténébreuses et déloyales auxquelles ils ont recours pour égarer et tromper les esprits, pour leur persuader qu'ils ont tous les droits et le gouvernement tous les torts; pour les lancer avec acharnement contre le Pouvoir dans les élections, leur faisant regarder comme une grande victoire de la liberté la nomination d'un ennemi de quiconque tient les rênes. Car il faut bien remarquer que quel que soit le gouvernement, monarchique ou républicain, puissant ou faible, despotique ou modéré, ces superbes libéraux sont toujours contre lui; de sorte que si leur système était vrai, ou si on le poussait jusqu'à ses dernières conséquences, il s'ensuivrait que tout gouvernement quelconque deviendrait impossible, et que nous serions fatalement condamnés à l'anarchie. Croit-on donc bonnement qu'il s'agisse pour quelques-uns d'entre eux d'éclairer le Gouvernement, comme ils le prétendent? Non, non, leur seul but, c'est évidemment de le renverser; car il y aura toujours cette différence immense entre une opposition amicale, raisonnable, dévouée, désireuse d'aider et d'avertir, et une opposition malveillante, haineuse, insatiable de détruire, que la première, en contredisant modérément et honnêtement certains actes défectueux de l'Autorité, saura relever et louer sincèrement tout ce qui est à l'avantage de cette même Autorité et dans les intérêts du pays; tandis que la seconde ne trouve jamais qu'à blâmer et à censurer impitoyablement, même dans les choses dont elle a elle-même donné l'exemple, et dont elle se glorifiait quand elle avait le pouvoir; et ces blâmes, elle les présente avec tant d'amertume et d'une manière si désobligeante, qu'au vu de tous les esprits sérieux la haine déborde de toutes parts de ses phrases prétentieuses. Et cependant combien d'hommes n'ont pas l'esprit d'en faire la remarque; mais cette parole amère, unie à un faux éclat d'éloquence, est éminemment propre à faire tourner la tête à ceux qui ne raisonnent pas et aiment à se payer de mots; et le nombre en est infini, les anarchistes le savent bien, et c'est ce qui les encourage. Ainsi les rancunes sont froides, impassibles, mais implacables; et le spectacle d'une résistance aussi opiniâtre, toujours pleine de beaux et grands mots à son service, impressionne une certaine classe de gens que rien n'instruit, et entretient en France, et dans les autres pays où cet esprit domine, une tendance continuelle à s'opposer au Pouvoir.

Et pour nous rendre un compte exact de la situation, notons bien que ce n'est qu'en France que les révolutions ont ce caractère systématique. Nous ne parlons pas de l'Italie, qui est dans le pénible enfantement d'un avenir inconnu dont il n'y a pas d'exemple dans son histoire depuis deux mille ans. Mais le Portugal, après avoir eu ses orages, est maintenant parfaitement tranquille. L'Angleterre a eu ses révolutions; mais c'était un grief qu'elle avait à redresser, ou l'emportement d'une émotion populaire; une fois son grief vengé ou son premier moment de colère évanoui, elle revenait en son bon sens avec une fidélité exemplaire à son Prince, et aujourd'hui elle est le modèle de l'obéissance au Pouvoir; elle a trop de patriotisme et trop d'esprit pratique pour en agir autrement, et pour ne pas comprendre que cette sagesse est éminemment propre à ses intérêts; aussi profite-t-elle des révolutions de tous les autres peuples, restant elle-même inébranlable; et voilà pourquoi le fenianisme qui l'agite ne peut progresser malgré ses fureurs. Les Allemands, à leur tour, ont eu leurs commotions politiques, principalement dans les perpétuelles discordes du Moyen-Age; mais les causes de ces bouleversements leur étaient étrangères; depuis qu'elles ont disparu, ils sont restés fidèles à leurs Souverains. Et malgré les profonds dissolvants des sociétés secrètes nées et vivant encore dans leur sein, malgré l'activité prodigieuse et l'anarchie intellectuelle de leurs philosophes et de leurs penseurs, dont les idées vont à s'affranchir de tout frein, le flegme et la raison calme des masses étant moins offusqués par les passions violentes, leur permettent mieux de remarquer où est leur devoir et leur avantage. Voilà pourquoi il n'y a presque point parmi eux de ces oppositions systématiques qui ne réussissent jamais par les armes de la raison, mais par celles de la surprise et de la violence.

Ce double caractère d'astuce et de cruauté se rencontre tour-à-tour dans les diverses révolutions françaises. La première fut terrible; elle fut longue, et durant plusieurs années, elle ne connut d'autre moyen d'administration que le sabre, la proscription et l'échafaud; tout nagea dans le sang, sans aucune distinction de classe ou de fortune; la violence et la barbarie furent son caractère distinctif. Les autres mieux servies par les circonstances et ayant à lutter contre de moindres obstacles, qu'elles enlevaient en se jouant, ont passé comme un coup de foudre, elles n'ont pas eu le temps, par conséquent, de faire autant de mal; mais toutes néanmoins elles ont été sanglantes. Et tout le monde sait que la violence victorieuse dans les faits produit comme inévitablement une violence intérieure dans les esprits, et y allume une secrète espérance de triompher par les mêmes moyens; ce qui est un encouragement à l'émeute, et une semence de nouvelles révolutions, surtout de la part de ceux qui se sont compromis; car il est notoire qu'on pardonne plus facilement les injures reçues que celles dont on s'est soi-même rendu coupable.

Enfin, le dernier trait de nos révolutions actuelles, et ce qui nous les fait continuellement appréhender comme une épée suspendue par un cheveu sur nos têtes, c'est qu'elles ont une racine dans les entrailles du pays. Non pas certes que ce soit le pays tout entier qui ait fait ces révolutions :

tout au contraire, la grande majorité de la nation les a toujours détestées, et, par principe de conscience, comme étant une révolte contre l'autorité sacrée du Souverain, et par amour de la paix, et pour ses intérêts compromis par ces effroyables désordres. Les révolutions ont beau se donner comme l'expression des volontés de la nation, par le fait elles viennent toutes des minorités; il ne faut même quelquefois qu'une poignée d'hommes pour bouleverser tout un grand empire. Mais il n'est pas moins vrai qu'à la longue il se fait un notable changement dans les âmes, et l'habitude des révolutions corrompt tout. On ne s'affectionne point à des Pouvoirs qui passent à la manière des fantômes, on les regarde comme des usurpations heureuses, comme des expédients d'un moment, on ne songe qu'à censurer le nouveau gouvernement sous mille prétextes, à le contredire, à le harceler de toutes manières; et voilà comment il se fait qu'avec le temps un royaume entier se trouve avoir une teinte révolutionnaire, au moins par la liberté de son langage, malgré son horreur de principes pour les révolutions. Aussi tous ceux qui veulent le trouble se donnent-ils comme les mandataires du peuple, et ce n'est pas toujours sans quelque ombre de raison.

Et c'est là aussi ce qui explique la formation des partis, suite ordinaire des commotions politiques. Plusieurs gouvernements se succèdent : comme il n'en est aucun sans défaut, il n'en est aucun aussi sans quelque bonne qualité, vraie ou apparente; aucun surtout qui, par sa politique, ses principes et ses manières d'être, tout en heurtant les intérêts des uns ne favorise en même temps ceux des autres; ceux-ci enchantés d'avoir rencontré un gouvernement qui les satisfait le regardent comme l'idéal de la perfection, et s'y attachent exclusivement de toutes leurs forces; voici un parti formé, et tous les autres se formeront par les mêmes causes. Alors ce n'est plus un peuple, ce n'est plus une société d'hommes unis de vues, d'intérêts et de tendances, c'est une agglomération de partis. Il y a comme plusieurs nations dans une seule; et tous ces partis sont d'autant plus ennemis les uns des autres que leurs opinions et leurs désirs opposés sont toujours en contact; et le froissement devenant ainsi continuel et insupportable, la haine aigrit tous les cœurs. Tous cherchent à se supplanter, et, par conséquent, à renverser le gouvernement qui domine; parce qu'il n'est pas le leur, mais celui de leurs adversaires. Voilà à quelle petitesse de vues l'on descend. Qu'on voie si, avec de pareilles dispositions, il est possible de respecter et d'aimer le Souverain. Eût-il les plus brillantes qualités du corps, de l'esprit et du cœur, fût-il exclusivement dévoué au bonheur de son peuple, en un mot, fût-il un saint et un héros, il sera toujours méprisé et haï de la multitude de ceux dont les opinions sont contraires. Les hommes de parti ne considèrent pas la manière dont le Souverain gouverne son peuple, car pour eux il n'y a pas de peuple en dehors de leur faction, mais comment il se comporte envers eux. Or, le Prince ne gouvernant pas d'après leurs idées, et ne leur réservant pas exclusivement ses faveurs, nécessairement il n'est plus à leurs yeux qu'un homme indigne du trône et un ennemi public. Telle est la justice des partis, et en même temps l'impossibilité, dans une pareille situation des esprits, de compter sur aucun gouvernement et de se tenir assuré de l'avenir, tant que l'on n'aura pas franchement abjuré toutes discordes pour obéir au même Pouvoir.

Et voilà malheureusement où nous en sommes aujourd'hui. La France est déchirée intérieurement en quatre ou cinq grands partis, tous hostiles, selon les temps, à l'Autorité régnante, tous ennemis les uns des autres; de sorte que l'on serait tenté de croire qu'en France il n'y a plus de peuple français, mais seulement des tribus ennemies. Grâce à Dieu, il n'en est pas de la sorte. Car, à côté et en dehors de ces esprits hasardeux, il se trouve une masse imposante d'hommes qui, tout en conservant en eux-mêmes, et spéculativement, les opinions et les affections qui leur paraissent les plus justes, se contentent d'être, sinon toujours dans leurs paroles, du moins dans la pratique, purement et simplement français; c'est-à-dire soumis de bon cœur, pour la conservation de l'ordre, qui est le premier bien des nations, au Gouvernement établi. Cependant, qu'on y prenne garde, les ennemis de la paix n'ont pas désarmé : il est dans leur nature de tendre sans cesse à provoquer à la haine du Pouvoir et à son renversement, qui est leur seule raison d'être. En Angleterre, les querelles des wighs et des tories ne se tournent jamais contre le principe même du Gouvernement, auquel ils sont également dévoués, non par sentiment de sa perfection, mais par esprit de patriotisme; il n'en est pas de même dans d'autres pays. Aussi les factions ne peuvent être maintenues que par la fermeté dans les limites du droit. Il faut des concessions à la nation et au mieux général; il serait dangereux d'en faire aux dissidents, qui deviennent toujours plus exigeants à mesure qu'ils reçoivent davantage, et qui, tout en croyant peut-être de bonne foi servir les intérêts publics, ne servent en réalité que les leurs. Il est vrai, la nation s'instruit peu à peu par ses cruels revers, elle revient d'un moment d'étourdissement, et ses illusions commencent à tomber; mais il n'est pas moins vrai que si le respect dû à l'Autorité souveraine est encore considérablement affaibli parmi nous, on le doit à l'influence désastreuse des révolutions, aux idées étroites et à l'entêtement incorrigible de certaines natures.

CHAPITRE III.

Les luttes des deux Autorités, spirituelle et temporelle.

— *Melius est duos esse simùl quàm unum.* Eccl., IV, 9

Dieu, qui seul est grand, et qui seul le doit être, prend tous les moyens de nous convaincre de sa grandeur et de la faiblesse des choses humaines. Voilà pourquoi il a voulu que ce qu'il y a de plus élevé sur la terre, c'est-à-dire l'Autorité souveraine, fut environné au-dedans et au-dehors de dangers et d'ennemis puissants et immortels, qui tantôt le minant insensiblement par des attaques sourdes mais acharnées, tantôt combattant violemment et à ciel ouvert, l'épuisent par l'une et l'autre voie et le mènent fatalement à sa ruine. Si la puissance suprême n'avait à craindre que ces ennemis extérieurs, avec de la vigilance et de la fermeté, elle en triompherait peut-être aisément; mais le mal est au comble quand elle a à combattre contre elle-même, et le péril est mille fois plus grand. Car les Souverains, quand ils s'abandonnent aux passions et à l'immoralité, sont les premiers auteurs de leur déconsidération, quelquefois même de leur chute, nous l'avons fait voir; mais il est pour le Pouvoir d'autres luttes intestines, non moins redoutables. C'est quand il est en proie aux combats qui se livrent dans son propre sein, à l'antagonisme qui se forme entre ses deux grandes branches, entre ses deux parties principales et constitutives, qui sont l'autorité spirituelle et l'autorité temporelle; lorsqu'au lieu de se soutenir mutuellement, comme il serait si désirable pour leur propre force et pour le bien du monde, elles se laissent emporter l'une contre l'autre aux procédés blessants, à la colère, à la violence, à la guerre déclarée; soit que dans le trouble de l'animosité elles perdent de vue leurs vraies limites respectives et ne songent pas assez à s'y renfermer, soit qu'un devoir supérieur les contraigne à défendre vivement leurs droits en résistant à des prétentions envahissantes et injustes.

Et pour bien entendre ceci, il faut se rappeler ce grand principe, admis de tout le monde, que le Pouvoir souverain sur la terre est de deux ordres, le spirituel et le temporel. « Il y a deux puissances qui gouvernent le monde, écrit le pape saint Gélase Ier à l'empereur Anastase ; l'autorité des pontifes, et la puissance royale. Quoique vous commandiez dans les choses temporelles, vous devez cependant être soumis aux ministres de Dieu dans tout ce qui concerne la Religion. Puisque les évêques se soumettent aux lois que vous faites touchant le temporel, parce qu'ils reconnaissent que vous avez reçu de Dieu le gouvernement de l'Empire, avec quelle affection ne devez-vous pas obéir à ceux qui sont préposés à l'administration des saints mystères ! » — « Le roi est chargé des choses de ce monde, et le prêtre des choses du ciel, dit à son tour saint Jean Chrysostôme ; le premier a soin des corps, le second des âmes ; l'un peut remettre les tributs, l'autre les péchés ; l'un peut contraindre, l'autre exhorte et conseille ; l'un a des armes sensibles, l'autre des armes spirituelles. » Voilà les vrais principes et la tradition de l'Eglise. Nous voyons par-là que ces deux Pouvoirs sont souverains, c'est-à-dire indépendants, chacun dans sa sphère ; puisqu'il est de l'essence de la Souveraineté d'être indépendante, et de pouvoir donner des ordres, sans en être empêchée par aucune autre puissance humaine. Ainsi, le ministre spirituel soumis au Pouvoir temporel dans les choses temporelles en est indépendant dans ce qui concerne la Religion, et le ministre temporel soumis à la puissance spirituelle dans les choses religieuses en est indépendant dans ce qui est de l'ordre temporel. Or, non-seulement ces deux Pouvoirs suprêmes ont une indépendance égale, mais ils ont de plus une origine également sainte, puisque l'un et l'autre viennent de la même source, de la volonté formelle de Dieu. Que leur institution soit naturelle ou positive, expresse ou implicite, médiate ou immédiate, peu importe, dès lors que tout le monde s'accorde à reconnaître que dans le fond c'est Dieu qui les a établis. Ils ont encore le même but final, le bonheur de l'humanité, l'un dans l'ordre de la vie présente, autant qu'elle en est capable, l'autre dans l'ordre de la vie future; et de la sorte tous deux sont indispensables à la société. Tous deux enfin soutiennent les mêmes travaux dans ce même but; puisque le propre caractère de tout bon gouvernement spirituel ou temporel est de rechercher, non son propre avantage, mais celui des autres hommes, en s'appliquant constamment à le leur procurer par des moyens divers. Ainsi les deux grands principes d'autorité qui gouvernent le monde ont la même origine, la même indépendance ou Souveraineté, le même dessein, les mêmes soucis, le même terme; c'est le double pivot sur lequel roule tout l'ordre, toute l'harmonie des choses humaines. Ne devraient-ils donc pas être dans une parfaite et perpétuelle concorde? Ne devraient-ils pas s'aimer et se soutenir toujours comme des amis, comme des frères? Et s'il s'élève parfois quelques difficultés et quelques nuages, combien ne serait-t-il pas à désirer qu'un grand esprit de modération, de conciliation et de condescendance réciproque leur permît de les écarter autant qu'il se peut par des concessions mutuelles, et d'éviter de donner à la terre le spectacle pénible et dangereux de dissensions funestes! Oui, ces deux grandes puissances doivent être unies, même au prix de quelques sacrifices; elles doivent s'affectionner comme deux sœurs. Tel est évidemment le dessein de Dieu, puisqu'il n'y a aucune confusion dans ses œuvres, et qu'il a établi la double Souveraineté pour la conservation de la paix. C'est en même temps le besoin de la société, nécessairement troublée par le trouble de ceux qui la commandent. Enfin, c'est leur propre intérêt à elles-mêmes ; car si d'un côté l'union fait la force, de l'autre cet antagonisme affaiblit ; ces luttes sont diversement interprétées selon les caractères, elles enfantent les partis, elles divisent les cœurs ; en faisant à l'une des partisans elles créent à l'autre des ennemis ; et elles ne manquent jamais de produire pour toutes les deux une diminution plus ou moins grande dans le respect, la confiance et l'amour qui leur sont dus par leurs inférieurs.

Et cependant, par un effet de la fragilité humaine, malheureusement il n'en est pas toujours ainsi. Il arrive de temps en temps des discordes entre les deux Pouvoirs, soit par l'effet des prétentions contraires, soit par suite de malentendus, soit à l'occasion de défiances ou de quelque autre impression fâcheuse provenant de mécontentements antérieurs, et surtout quand ils ne se tiennent pas assez en garde contre les passions de certains hommes imprudents qui les excitent et ne savent qu'envenimer le débat, pousser tout à outrance, et rendre la rupture incurable ; tandisque des conseillers plus modérés et plus sages auraient donné jour à des explications satisfaisantes et ramené le calme. Quoi qu'il en soit, il faut avouer que pour le malheur de la société les dissensions sont inévitables, et qu'une longue paix entre deux Autorités si puissantes et si souvent en contact est difficile, selon cette grande parole : « Il faut qu'il arrive des scan- » dales ; il faut qu'il y ait des séparations, des hérésies, des » luttes ; *oportet et hæreses esse* (1). »

Sans doute il y a des cas où il est impossible aux deux Puissances de s'entendre ; c'est lorsqu'elles ont des institutions et des tendances essentiellement contraires et hostiles. Ainsi l'on comprend parfaitement que le Pouvoir spirituel

(1) I. Cor., I, 19.

chrétien ne pouvait avoir d'union avec les Souverains du paganisme, dont la religion et la législation nationales, restant ce qu'elles étaient, ne pouvaient absolument compatir avec l'établissement d'une religion et d'une législation opposées. Pendant que leur despotisme écrasant ne souffrait aucune résistance à l'obligation qu'ils faisaient d'adorer les dieux de l'Etat, le Christianisme, de son côté, faisait à ses enfants une obligation non moins sacrée, non moins indispensable, d'endurer toutes sortes de tourments plutôt que de commettre un si grand crime, et il les avertissait de mourir pour la défense de la foi. Ils ne pouvaient donc obéir en cela aux lois romaines, contraires au droit naturel et divin, ni par là même aux empereurs. Il est clair que, dans de telles circonstances, la conciliation était impossible, et qu'il n'était pas permis d'y songer. Les empereurs romains semblaient regarder ces cruelles rigueurs comme nécessaires à la conservation de la constitution de l'empire, dont la religion idolâtre était une des parties principales, et comme le pivot; et, d'un autre côté, les principes inflexibles de la loi chrétienne ne pouvaient supporter l'ombre d'une adhésion quelconque à un culte si monstrueux, même pour sauver sa vie. Il fallait donc, de par l'ordre de Dieu, résister jusqu'à la mort, et le concert entre les deux autorités était, sur ce point, complétement inadmissible, comme il le serait toujours dans des circonstances semblables. Quand Dieu commande, tout pouvoir humain, qui n'en est qu'une émanation, doit se taire. Et cependant, dans tout le reste, notons-le bien, le Christianisme faisait un devoir rigoureux à tous ses enfants d'obéir aux Césars. Mais entre deux puissances qui ont non-seulement la même origine, les mêmes travaux et le même but, mais les mêmes aspirations religieuses et les mêmes croyances, entre deux puissances qui ne peuvent subsister florissantes et heureuses que par leur accord, qui sont intéressées de toutes manières, et sous tous les points de vue, à s'expliquer, à s'entendre, à s'harmoniser, à se soutenir, à fermer les yeux sur leurs communes imperfections, inséparables de l'humanité, à se faire mutuellement, pour le bien général, toutes les concessions autorisées par la conscience; entre ces deux puissances, disons-nous, on ne comprend plus le désaccord; ou, si on le comprend encore, ce n'est qu'en considérant la profondeur de la misère humaine, ou cette voie providentielle de Dieu qui tient à montrer aux hommes, et surtout aux plus élevés d'entr'eux, leur néant et sa grandeur.

Quoi qu'il en soit, le choc entre l'Eglise et l'Etat sur le même objet est ancien. Dans les siècles qui suivirent la conversion de Constantin, la bonne harmonie entre ces deux grands et vénérables Pouvoirs ne fut presque point troublée, hors les temps d'hérésie; les Pontifes restant soumis à l'autorité temporelle des Princes, et ceux-ci respectant l'indépendance du ministère des pasteurs. Plus tard il n'en fut plus ainsi, et d'épouvantables discordes entre le temporel et le spirituel surgirent, qui causèrent durant plusieurs siècles d'immenses ébranlements dans les empires, et les plus affreux malheurs dans la société toute entière.

Ainsi, vers le milieu du Moyen-Age, non-seulement l'accord cesse entre le sacerdoce et l'empire, mais on voit des luttes incessantes et terribles entre les Souverains Pontifes et les empereurs d'Allemagne. Nous n'avons point à juger ici ces grands débats; mais il est certain dans l'histoire qu'il y eut des froissements, des chocs, de violentes ruptures. Il se forma deux partis puissants : celui des Guelfes, dévoués aux Papes, et celui des Gibelins, partisans des Empereurs; toute l'Europe se trouva divisée en deux camps, et désolée par d'effroyables guerres civiles. Les princes furent tour-à-tour vainqueurs et vaincus dans de sanglantes batailles, les Papes chassés de Rome durant de longues années. Tels sont les spectacles affligeants que nous offrent les onzième, douzième et treizième siècles dans l'Italie et l'Allemagne en feu; et les haines profondes excitées dans les esprits, avec le mépris des deux Autorités, ont abouti deux cents ans plus tard à l'immense défection du Protestantisme, et au développement presque sans bornes de l'idée révolutionnaire et républicaine, qui inquiète aujourd'hui l'Europe, et la réduit à trembler pour l'avenir. Nous voyons en Angleterre les mêmes luttes entre le clergé et les Souverains, au temps de Jean-sans-Terre et des rois ses successeurs, laisser de toutes parts chez les Anglais des défiances dont ils ne reviennent pas, et des rancunes incurables qui, se perpétuant à travers les âges se terminent sous Henri VIII à la séparation complète de son royaume d'avec l'Eglise catholique. Plus tard une querelle très-vive qui éclate entre Louis XIV et Innocent XI sur les matières mixtes, prépare à la France une longue suite de troubles dans le siècle suivant, et entretient entre les deux Pouvoirs une méfiance et des susceptibilités qui durent encore. Qu'a-t-on vu en France depuis ces fortes commotions? D'une part, les réclamations continuelles du clergé contre les entreprises et les envahissements audacieux des parlements, pendant que ceux-ci poussaient l'arrogance, non-seulement jusqu'à refuser de recevoir le Concile de Trente et la Constitution *Unigenitus* qui n'étaient aucunement de leur ressort, mais jusqu'à violer effrontément toutes les libertés ecclésiastiques, jusqu'à fouler aux pieds avec la dernière brutalité les droits les plus sacrés de la conscience. Pourrait-on croire, si tant de témoignages n'en faisaient foi, que des magistrats soi-disant catholiques, fussent assez intolérants pour forcer les prêtres, les gendarmes aux côtés, à donner les sacrements à des hommes repoussés par l'Eglise, pour bannir des évêques, pour contraindre des chapitres à élever des mausolées dans l'enceinte des cathédrales à des hommes morts en se moquant de toutes les censures? Quoi d'étonnant de voir arriver à la suite cette révolution effroyable et sans nom, qui engloutit dans un même abîme église, parlements, royauté, religion, peuple, en un mot, pour ainsi dire la France entière! Que voyons-nous aujourd'hui dans notre malheureux pays si décimé, si ravagé? où est le respect pour la Religion? où est le respect pour l'Autorité temporelle? Dans quel discrédit ces deux grandes choses sont tombées! Elles en sont venues l'une et l'autre à subir cet excès incroyable de la haine et du mépris qu'il s'est rencontré un certain nombre d'hommes capables de répéter jusqu'au délire et d'essayer de réaliser dans leurs sanguinaires fureurs ces effroyables paroles de Diderot, qu'ils soupiraient après le moment d'étrangler le dernier des rois avec les boyaux du dernier des prêtres! Mais sans parler des autres raisons de cet affaiblissement du respect pour les Pouvoirs souverains, ne suffisait-il pas aux peuples, pour cesser de les estimer, de voir le peu d'estime que dans leurs si longues discordes ils se témoignaient l'un à l'autre?

Parmi les causes de ces tristes démêlés il faudrait peut-être mettre le peu d'attention que l'on a paru faire quelquefois à la nature des choses qui en faisaient l'objet, et en particulier des matières mixtes. L'on entend par matières spirituelles celles qui regardent directement et immédiatement la religion et la vie future, comme la foi et les sacrements; et par matières temporelles celles qui ont directement et principalement pour objet l'ordre de ce monde et les intérêts de la vie présente, comme la succession au trône, les impôts, les héritages, la guerre; et elles sont mixtes quand le spirituel et le temporel y sont mêlés, comme les bénéfices, les contrats, les processions, etc. Or, quand on veut agir en rigueur, celui-là doit l'emporter qui a, si je puis ainsi dire, le plus du sien dans ces affaires. Ce sont là, ce nous semble, les bornes légitimes indiquées par la raison, par la foi, par la nature.

Mais, d'ailleurs, est-il donc nécessaire de traiter toujours les choses avec tant d'exactitude et de raideur? Lors même que l'on a de son côté l'évidence du droit, ne vaut-il pas mieux souvent dissimuler un peu, et attendre le moment du calme et de la réflexion, que de produire, même dans un bon but, un plus grand mal que celui qu'on veut empêcher? Que, sans écouter la passion, l'on se traite mutuellement avec égards et selon les règles chrétiennes, et l'on trouvera presque toujours un moyen honorable de s'entendre; car la raison et les bonnes formes ont de grands secrets pour réussir. Si l'un des contendants se montre intraitable, il vaut encore mieux céder quelque chose sur un point non absolument essentiel, suivant le conseil de la Sainte Ecriture (1), que de tout perdre par une trop grande rigidité dans la défense de son droit. Maxime évangélique, mais trop souvent perdue de vue dans les siècles de luttes et de violence. L'on ne s'apercevait pas que la condescendance est aussi une puissance, une puissance d'autant plus précieuse, que d'ordinaire elle triomphe plus aisément sans coup férir, que les autres par la force des armes, et que ses triomphes sont plus durables, parce que les cœurs sont gagnés. « L'homme patient, dit l'Ecriture, vaut mieux que » l'homme armé, et l'âme maîtresse d'elle-même que le » preneur de villes (2). » Nous parlons toujours des matières mixtes sur lesquelles l'accord peut se faire par de mutuelles complaisances, et non de ce qui dépend du droit naturel ou divin, ou de la discipline générale de l'Eglise, indépendante des volontés de l'homme; nous n'avons point non plus en vue la grande question du pouvoir temporel de la Papauté, si important pour son indépendance spirituelle.

Quoi qu'il en soit de ces considérations, il est certain que les luttes malheureuses des deux pouvoirs, étalées si longtemps aux yeux des peuples, ont contribué immensé-

(1) Matth., v, 30, 40. — (2) Prov., xvi, 32.

ment à leur inspirer peu d'estime et de confiance pour cette double souveraineté si auguste et si vénérable des Pontifes et des Rois.

CHAPITRE IV.

Les Sociétés secrètes; et les idées communistes, égalitaires.

— *Ascendit fumus putei, et obscuratus est sol et aer.*
Apoc., IX, 2.

Dans tous les temps, dans tous les pays de la terre la Souveraineté a été exposée aux attaques de l'ambition et de l'orgueil, et l'histoire presque toute entière n'est qu'un long récit de ces agressions. La dignité suprême est en proie aux assauts des ambitieux, qui la convoitent pour eux-mêmes et cherchent à s'en emparer par le renversement de son légitime possesseur ; elle est également le point de mire de tous ceux à qui l'obéissance pèse, parce qu'elle est à charge à la superbe humanité ; de tous ceux qui se regardent en quelque sorte comme des dieux, ne voulant reconnaître aucun maître, ni obéir à personne. Ce sont tous ces hommes hautains et enflés d'eux-mêmes dont l'Ecriture dit « qu'ils méprisent toute domination et blasphèment toute » majesté (1), » portant déjà sur leurs fronts le caractère de Satan. « Qui donc est notre maître (2)? s'écrient-ils. » « Brisons les liens de Dieu et de son Christ, et secouons » violemment leur joug (3). » « Non, nous ne voulons point » que celui-là règne sur nous. *Nolumus hunc regnare super* » *nos* (4). » Celui-là ! quel est-il donc ? C'est d'abord le Roi des rois, principe de toute autorité, ensuite tous les autres

(1) Jud. 8. — (2) Ps. 11. — (3) Ps. 2. — (4) Luc. XIX, 14.

rois qui sont ses lieutenants. Comme l'esprit humain est porté au mal, et que souvent, à mesure qu'il s'instruit, il devient plus méchant par l'abus de ses lumières, nous voyons aussi la malice des hommes aller toujours croissant avec les progrès des sciences et des arts qui devraient les corriger, et aujourd'hui que ces connaissances n'ont presque plus de bornes, elle est au comble. De là, ces imaginations de liberté vagues, exagérées, mal définies, mais répandues de toutes parts ; de là, ces tendances plus générales vers les idées et les formes républicaines, où le Souverain est moins apparent, et qui depuis quelques siècles se retrouvent partout : 1° Dans les choses religieuses, déjà protestantisées dans une grande partie des Etats de l'Europe, et tournant dans presque tous les autres à la forme protestante, qui n'est que le républicanisme en religion ; 2° Dans les choses politiques. On n'entend plus parler que de Chartes, de Constitutions, d'Assemblées législatives, de libertés nouvelles de tout genre et de toutes formes ; et presque partout ce sont des essais ou de république, ou d'une décentralisation *excessive*, qui revient à dépouiller le Souverain de tout pouvoir réel.

Mais le temps marche ; et ces premiers essais d'une liberté fougueuse, ne faisant qu'exciter la soif de l'indépendance, tous ces violents efforts contre la prérogative du Prince ont été impuissants à contenter les hommes de notre époque. Allant toujours d'audace en audace, et exagérant de plus en plus l'idée de cette liberté folle sans laquelle il leur semble impossible de vivre, quelques-uns n'ont pas rougi des excès les plus prodigieux : ils sont allés effrontément jusqu'à repousser la voix de la nature et l'ordre établi de Dieu dans le monde pour la conservation de la vie, de la paix et des mœurs du genre humain ; et dépassant toutes les bornes connues et respectées jusqu'ici par les honnêtes gens de toutes les nations, ils cherchent d'abord à s'affranchir de la subordination envers leur Créateur en rejetant la Révélation ; il ne s'agit plus d'une simple hérésie et de la négation d'une partie des dogmes révélés ; ces hommes vont jusqu'au déisme, n'admettant qu'une religion purement naturelle, qui n'engage à rien. Et le plus grand nombre passant encore plus avant se contentent d'une divinité sourde et insensible à tous les hommages, et rejettent carrément et absolument tous les devoirs religieux, tous les cultes extérieurs, tous les signes de foi et d'espérance en la vie future, à laquelle ils ne croient plus. Puis, repoussant toute contrainte et toute règle dans l'acquisition des biens terrestres, se croyant permis de prendre de toutes parts, au gré de leurs convoitises et selon la mesure de leurs forces, ils ont voté l'abolition du droit de propriété, et érigé en dogme le vol et le brigandage. Enfin, ne pouvant souffrir l'ombre même d'un joug moral capable de mettre un frein au débordement de leurs passions les plus dévorantes et les plus libertines, ils ont décrété l'abolition du mariage ; religion, civilisation, famille, tout cela n'est rien pour eux ; et ils s'en flattent !

Et cependant toutes ces extrémités effroyables de la méchanceté et de la folie n'ont pas encore paru suffisantes à certains cerveaux profondément détraqués ; il leur était trop pénible de penser que le genre humain pût régimber contre un état de choses si monstrueux, où ils aperçoivent l'idéal de la perfection ; et pour l'en empêcher, ils ont rêvé de courber toutes les têtes sous un même niveau. Ils ont rêvé, sous le nom de *communisme*, la résurrection de l'antique esclavage, mais d'un esclavage appesanti, incroyable, d'un esclavage généralisé, universalisé, étendu à tous les hommes, à l'exception d'un seul (1), dont ils seront les serfs, les adorateurs, les automates, la propriété, la chose, puisqu'il disposera à son gré, et sans aucune réclamation pos-

(1) Voilà le secret de ces grandes unités nationales qu'ils veulent établir dans tous les Etats de la terre.

sible, de leurs femmes, de leurs possessions, de leur corps, de leur temps, de leurs travaux, de leur conscience, de tout leur être, de sorte qu'il ne leur reste plus ni parents, ni biens, ni calme, ni liberté, ni religion, ni lois, ni honneur, ni existence propre. Ainsi, dans tous ces beaux systèmes, le dernier terme de la liberté illimitée, c'est l'ilotisme et la servitude sans limites; le dernier terme de l'égalité absolue, c'est l'inconcevable joug du plus brutal et du plus écrasant despotisme; le dernier terme de la raison, c'est la répudiation de toute trace d'intelligence et d'honneur, l'abjection de l'idiotisme volontaire.

Mais à ces doctrines infâmes et dégoûtantes toute la nature frémit, un sourire amer passe sur nos lèvres, et nous nous sentons instinctivement soulevés d'indignation jusque dans nos dernières fibres, et l'homme même le plus timide se révolte; il se demande s'il ne serait pas le jouet d'une hallucination ou de quelque rêve affreux, et si vraiment des hommes ont pu concevoir de telles pensées. Car, quel que soit le degré d'aberration de l'espèce humaine sous la pression de ses penchants mauvais, l'on ne peut entendre de sang-froid de pareils systèmes, et l'on éprouve, malgré soi, une répulsion invincible contre de si épouvantables erreurs. Pour ne pas s'exposer à l'horreur universelle, il a donc fallu dissimuler, il a fallu envelopper ces doctrines, il a fallu chercher un biais et se couvrir de quelques belles apparences, de quelques manteaux moins éclatants et moins grossiers pour faire adopter ces délires. Alors se sont formées les sociétés secrètes qui, poursuivant toujours ces divers buts, mais les cachant mystérieusement et avec soin sous des formes moins repoussantes, se flattent d'arriver insensiblement à la réalisation de leurs sanglantes rêveries, en commençant par la destruction des deux souverainetés spirituelle et temporelle; car tant que ces deux maîtresses du monde subsistent, elles s'opposent à leurs efforts comme une insurmontable barrière, et l'actualisation de ces terribles théories devient impossible. Il est donc d'une immense importance, pour conjurer leurs funestes projets, de pouvoir les connaître dans leur origine, dans leur constitution intime, dans leurs ramifications, dans leur plan, malgré leur profond secret; nous en dirons peu de chose, mais ce peu sera néanmoins utile; car, dès qu'elles sont connues, elles cessent d'être grandement dangereuses.

Toutes les réunions d'hommes où s'élaborent furtivement ces projets infernaux, sont comprises sous le nom général de *sociétés secrètes*, dont la principale est la franc-maçonnerie qui, selon l'apparence, les comprend toutes, à l'exception peut-être de l'Illuminisme. Comme elle a contribué plus que tout le reste aux attaques livrées à la Souveraineté, nous allons en peu de mots, pour la démasquer, essayer d'en sonder les profondeurs, et la considérer, autant que possible, sous toutes ses faces, d'après les données que nous en trouvons dans Barruel, Saint-Albin, Bresciani, et d'après les livres et les aveux des francs-maçons eux-mêmes.

La société secrète la plus ancienne et la plus répandue est donc la grande secte de la *franc-maçonnerie*, qui se prétend issue des Templiers, cet ordre d'abord si chrétien et plus tard si profondément déchu qui, par l'impiété et l'énormité des crimes de plusieurs de ses membres, attira sur lui le châtiment de l'Eglise et de l'Etat au commencement du XIVe siècle; et, effectivement, une foule de mystères de la maçonnerie a trait à ce grand drame. Mais son origine véritable est encore plus haut; elle paraît remonter jusqu'aux Manichéens, ces hommes si décriés par leurs mœurs infâmes, ces incorrigibles ennemis de tout ordre et de tout bien. Dans l'une et dans l'autre secte on voit les mêmes grades, de Croyants, d'Elus et de Parfaits; les mêmes signes *oris*, *manuum* et *sinûs*; le même secret imposé à tous les adeptes parmi les plus horribles serments, et dont la divulgation est punie par une mort violente et inévitable; enfin, les mêmes doctrines : une égalité et une liberté sans limites, une guerre à outrance à déclarer à toute magistrature, à toute constitution souveraine, à toute charge de police, comme produites par le mauvais Principe, et la négation du droit de propriété qu'il faut abolir par toute la terre. Autrefois, l'on ne proposait que la loi agraire et le partage égal des biens entre les citoyens; on voit que l'on a fait du chemin depuis ce temps-là; c'est le progrès. Toutefois, cette dernière doctrine appartiendrait spécialement à l'Illuminisme, s'il ne s'était depuis fondu dans la franc-maçonnerie.

Cette société prend divers noms, selon les pays, et même dans un même pays, selon les nuances des idées régnant dans les loges mères. On distingue en France le *Grand-Orient*, le *Rit Ecossais* en Angleterre, la *Haute-Vente* jointe à l'Illuminisme en Allemagne, et au-delà des Alpes la *Jeune-Italie*, qui paraît être une branche de la *Charbonnerie*, ou haute-vente. Ces deux dernières sont les plus incendiaires et les plus redoutables. Toutes ces sociétés ayant le même fonds de mystères et de cérémonies, les mêmes moyens et le même but, ne sont que des ramifications de la grande société générale des francs-maçons répandus dans toute la terre, et dont le nombre, évalué à un million au commencement de ce siècle, peut être maintenant sans témérité porté au moins au double, par suite de l'émancipation générale, et de ce que l'on appelle aujourd'hui le progrès des idées.

Dans les diverses branches de la franc-maçonnerie, et dans toutes les loges, il y a deux sortes de grades, dont la distinction est importante : les grades *symboliques*, où parmi une foule de rites singuliers, de simagrées et de discours vagues et pleins d'emphase, on laisse entrevoir une partie du but, mais environné de tant de réticences et de mystères, qu'il est aisé de comprendre qu'une foule de personnes puissent y être trompées ; puis viennent les grades des arrière-loges, ou grades *chapitraux*, où l'on découvre, non à tous les adeptes, mais à ceux-là seulement qui paraissent capables du secret et propres à l'œuvre, le but véritable de l'institution avec les moyens d'y atteindre. D'où il suit qu'il y a deux classes bien différentes de maçons, quel que soit leur grade : la classe des dupes, des honnêtes gens, à qui on ne révèle que des secrets insignifiants, et qui, croyant tout savoir ne savent rien en effet ; ces hommes sont inoffensifs, et en dehors de tous les complots. Puis, au milieu d'eux, et à leur insu, se trouve la classe des initiés, des conspirateurs, dépositaires du vrai secret, et ennemis de toute Puissance. Quand nous parlons des dangers de la franc-maçonnerie, nous n'avons donc en vue que ces derniers, qui seuls forment, à proprement parler, le corps de la maçonnerie factieuse et menaçante ; eux seuls assument la lourde responsabilité de l'accusation de trames ourdies contre le Souverain et contre l'Etat. Et cependant, que les hommes droits et sensés se demandent dans leur conscience s'il leur est bien à propos, s'il leur est permis de s'affilier, même à l'avant-maçonnerie, qui conduit si aisément et par une pente insensible aux terribles engagements des arrière-grades.

Quant au but réel de la franc-maçonnerie proprement dite, c'est le renversement des autels et des trônes dans toute la chrétienté ; nous allons bientôt en donner la démonstration. Mais à côté de la maçonnerie, et souvent dans son propre sein, marche la secte hideuse des *Illuminés*, mille fois plus farouche encore, dont le but, comme nous l'avons dit, est de faire table rase de l'état actuel de la société toute entière ; de détruire non-seulement tel autel ou tel trône, mais tous les autels, tous les trônes, tous les gouvernements, d'abolir toutes les lois divines et humaines, de ne souffrir aucune dépendance, excepté celle de l'unité communiste la plus effroyable de toutes; et en supprimant la famille et la propriété, de réduire l'homme à l'état sauvage, et de le changer en brigand. C'est la conséquence nécessaire de leurs actes, quoique tous ne l'aperçoivent pas. Or, le moyen qu'ils emploient pour attirer à eux, c'est l'attrait même du mystère, et la magie de ces grands mots si retentissants d'*égalité* et de *liberté*, qui font toujours des enthousiastes et des dupes. Pour retenir dans leurs liens, ils ont recours à des secrets profonds, impénétrables, accompagnés de serments et d'imprécations terribles, qui obligent le récipiendaire sous peine de mort, et d'une mort inexorable; car il est bien averti que s'il trahit, il ne peut échapper au poignard, fût-il aux extrémités de la terre; et ils l'ont bien fait voir. Enfin, pour le succès définitif, ils comptent sur l'armée immense de leurs agrégés qui sont répandus sur toute la surface du globe, et qui, dupes ou initiés, leur seront très-utiles; car le signal une fois donné, si ceux-là ne marchent pas sous leurs drapeaux, du moins la crainte du stylet les tiendra à l'écart, et ce sera une défense de moins pour la patrie.

Que l'esprit des arrière-loges maçonniques, et à plus forte raison de l'Illuminisme de Weishaupt, soit profondément révolutionnaire et hostile à toutes les Souverainetés et à toutes les Puissances, c'est ce dont il n'est pas possible de douter; car nous en avons les plus fortes preuves: 1° Que signifient ces paroles enthousiates d'égalité et de liberté qui retentissent continuellement dans toutes les loges des francs-maçons? Puisqu'ils les cherchent avec tant d'ardeur, puisqu'ils en font l'objet de tous leurs vœux, de toutes leurs aspirations, de tous leurs travaux, ils ne les trouvent donc pas dans leurs gouvernements respectifs! Donc cette liberté et cette égalité tant vantées ne sont pas cette liberté honnête et cette égalité convenable et sage que donne la société. Il y a donc une lutte mystérieuse, une guerre sourde dans leurs réunions contre les Puissances qui ne leur accordent pas ces priviléges au gré de leurs désirs ; autrement, leurs opérations souterraines n'auraient pas de raison d'être ; tandis qu'au contraire tout s'explique s'ils forment des complots, et s'ils ne sont que des assemblées de conspirateurs ; car, personne ne s'amuse à travailler pour des fantômes. 2° Il est tellement vrai qu'ils entendent ces grandes choses dans le sens d'un radicalisme effréné et subversif de tout ordre, dans un sentiment de haine contre les Autorités spirituelle et temporelle, qu'au 10 août 1792, au moment même de la déchéance de Louis XVI et du renversement de la Monarchie, ils ne se cachaient plus pour répondre à tous ceux qui leur demandaient la cause de leur ivresse et de leurs transports de joie, qu'enfin ils avaient atteint le grand but de la franc-maçonnerie. Et, aujourd'hui encore, quels sont les prôneurs les plus décidés de cette prétendue liberté, sinon les journaux révolutionnaires et désorganisateurs, célèbres partout pour leur opposition systématique et acharnée à la Religion et au Pouvoir ? Qui sont ceux dont l'hostilité déloyale a détrôné les rois de la Restauration ? On connaît leurs noms, et l'on sait que les principaux d'entr'eux étaient francs-maçons. 3° Et quel est donc ce fameux secret dont ils s'environnent ? Pourquoi cet inviolable silence ? Pourquoi se cacher avec tant d'obstination et de mystère, si le secret ne contient rien de contraire à l'ordre public, à la Religion et à la Puissance suprême ? On ne s'enveloppe pas pour faire le bien quand il n'y a pas d'obstacles ; et s'il y en a, ou ils ne viennent pas de l'Autorité, et alors pourquoi ne pas marcher tête levée à sa suite comme les autres, en proclamant ses principes ? ou s'ils viennent d'elle, c'est donc contre l'Autorité elle-même qu'ils s'arment secrètement ! Leur grand but, disent-ils, c'est d'arriver à l'égalité et à la fraternité; mais voici dix-huit siècles que l'Evangile les promulgue et les applique; encore une fois, s'ils ne veulent pas dire autre chose, pourquoi se cachent-ils ? Et s'ils se cachent, c'est donc qu'ils combattent dangereusement sur ce point les interprétations de la Religion et des lois, dont ils se déclarent les ennemis.

Enfin, pourquoi à la réception au grade d'Elu, toutes ces paroles, toutes ces cérémonies lugubres, toutes ces scènes effrayantes, tous ces gestes de meurtre qui ne parlent que de destruction? Que signifie ce mort qu'il faut venger, cet assassin qu'on poursuit le poignard à la main, ce coup furieux dont on le perce? Prendrons-nous au pied de la lettre leur affirmation, qu'ils veulent apprendre aux adeptes à voir leurs grands ennemis dans Philippe-le-Bel et Clément V, destructeurs des Templiers, dont ils se prétendent les continuateurs ? Mais depuis quand s'irrite-t-on ainsi contre les morts? Ces fureurs seraient trop puériles; si la vengeance doit se perpétuer à travers les âges, elle s'adresse donc *à leurs successeurs*, aux Souverains de l'ordre spirituel et de l'ordre temporel, ils s'attaquent donc aux deux Puissances ; voilà le secret, il n'est plus besoin de le chercher. Aussi l'article 1er des Constitutions de la Jeune-Italie, l'une des plus terribles sociétés secrètes de la Charbonnerie, issue de la fusion des francs-maçons et des Illuminés, porte expressément que « *la société est établie pour la destruction indispensable de tous les gouvernements de la Péninsule, et pour former un seul Etat de toute l'Italie sous le régime républicain.* » Et le serment de cette même secte contient ces mots : « *Je jure haine éternelle à tous les rois.* » Dans un grade encore plus élevé de la franc-maçonnerie, on découvre au récipiendaire que la fameuse *parole* à retrouver est le nom de Jéhova sans addition, c'est-à-dire la religion *naturelle* à laquelle, si l'on en veut une, il faut s'attacher à l'exclusion de toute doctrine révélée; et que

Jésus-Christ, ayant apporté sur la terre la Révélation complète, est par la même *ce grand coupable qu'il faut punir.* D'où il suit que tous les prêtres de sa religion qui continuent son ouvrage doivent participer à son anathème et à son châtiment ; et autres abominations de ce genre. Or, la Charbonnerie qui n'est autre chose que le parti d'action de l'Illuminisme, et une foule d'autres sociétés secrètes de la même espèce, travaillent à cette œuvre de l'anéantissement des deux Souverainetés avec un zèle ardent, incessant, infatigable ; et il est certain que la France, l'Italie, et la plupart des autres Etats sont remplis d'une multitude d'hommes continuellement occupés à manœuvrer dans l'ombre et à recruter de nouveaux suppôts, mais sans se détourner jamais de leur but, qui est la destruction radicale de la puissance des Princes et des Pontifes. Quoi de surprenant que l'Eglise les ait frappés de tous ses anathèmes ! Mais qu'on s'étonne encore du mépris où est tombée peu à peu cette double Souveraineté !

Et, maintenant, si nous voulons résumer les tendances de l'Illuminisme, qui est le centre et la sentine de toutes les sociétés secrètes, nous dirons avec Barruel : « Toutes les confidences de son fondateur même (Weishaupt), les secrets dévoilés d'avance à ses époptes, les déclarations de ses adeptes, tout nous dit que l'objet infernal de ces deux derniers grades du Mage, et de l'homme-roi, se réduit à ces vœux démoniaques : plus d'autels, plus de trônes et plus de magistrats, plus d'autorités, et plus de sociétés religieuses et civiles ; plus de propriétés, ni pour le riche, ni pour le pauvre. Pour tout droit et pour tout bien, égalité et liberté, et la plus absolue indépendance ; pour mœurs et habitudes, la vie sauvage, errante, vagabonde, décorée tantôt du nom de vie nomade, et tantôt de celui de vie patriarcale ; pour moyens toutes les ruses, tous les piéges, toutes les illusions, et la scélératesse des sophistes, en attendant que le nombre des adeptes leur ait donné la force; et quand enfin la secte aura pour elle la force avec le nombre, déployer cette force, lier les mains et subjuguer tous ceux qui lui résistent. »

Concluons donc. 1° Un homme d'honneur n'est point l'enfant de la nuit et des ténèbres, il opère au grand jour, et, par conséquent, il ne cherchera jamais à entrer dans ces antres ténébreux de sociétés qui ne s'enveloppent d'un si profond silence que parce qu'elles ont trop d'intérêt à se cacher; 2° un vrai chrétien aime sa religion, et, par conséquent, il ne fera jamais partie de ce qui s'acharne, avec tant de haine, à la détruire; 3° enfin, un bon citoyen reste fidèle à son Prince et à la Constitution de sa patrie; or les sociétés secrètes travaillent à renverser l'un et l'autre; donc, s'il ne veut pas être dupe ou complice, il ne sera jamais franc-maçon.

CHAPITRE V.

L'esprit d'émancipation, ou l'orgueil individuel et collectif, produit par les institutions modernes.

Labia nostra à nobis sunt; quis noster Dominus est.
Ps. 11.

La source du peu d'estime et d'affection des peuples pour leurs Souverains n'est pas seulement dans les défauts des Princes et dans les secousses qui les ont ébranlés, ou dans les querelles de deux Pouvoirs, ou enfin dans les conjurations des sociétés secrètes, elle est aussi dans les peuples eux-mêmes; elle est dans l'esprit d'insubordination et d'indépendance aujourd'hui répandu de toutes parts. Ces diverses causes ont bien pu contribuer à développer cet esprit, sans pouvoir le faire naître; car cette disposition fatale est au fond de la nature humaine, de soi peu soumise; elle vient du cœur orgueilleux des hommes épris d'eux-mêmes, impatients du joug le plus doux, excités par les déclamations des publicistes, flattés à l'excès par certains écrivains, par certaines doctrines exagérées, et par la haute position que le nouvel ordre de choses et l'instruction universelle leur ont faite. Il faudrait être aveugle pour ne pas apercevoir dans tous les âges et dans toutes les conditions de la société, mais surtout dans les nôtres, cet esprit d'insoumission, de murmure, de critique, qui fait le trait le plus saillant du caractère public, et dont néanmoins tout le monde s'effraie.

Et comment pourrait-on encore révérer le Souverain spirituel ou temporel, qu'on n'entrevoit que dans le lointain, lorsque tout auprès de soi, et au sein même du foyer domestique, on dédaigne et on ne craint plus l'autorité paternelle? Le magistrat, le prêtre, le père, ces grandes personnalités humaines où se résume la puissance divine, ne trouvent plus de respect dans les cœurs et dans les procédés, nous l'avons montré; quoi donc d'étonnant que la magistrature suprême, la paternité, et, si je puis ainsi dire, le sacerdoce du Souverain se ressentent de cette ingratitude! L'on a prétendu que les peuples sont *majeurs;* nous ne savons jusqu'à quel point cette assertion est vraie, si par *majorité* l'on entend le bon sens, la sagesse avec laquelle plusieurs disposent d'eux-mêmes, surtout dans les choses politiques; mais du moins il est incontestable que, par le fait, ils sont terriblement émancipés; et il ne faut pas d'autre raison que cette émancipation trop hâtive, quel qu'en soit le principe, pour expliquer le discrédit jeté sur la personne et sur la charge des supérieurs.

Or, quatre causes contribuent puissamment, selon nous,

à cette fâcheuse disposition des esprits, à ces habitudes d'indépendance et d'insurrection contre l'Autorité souveraine : la presse, la doctrine de la souveraineté du peuple, l'introduction des masses dans la politique, et l'instruction universelle, qui donne aux hommes une haute idée de leur capacité, et leur fait accroire qu'ils ont plus de talents pour le gouvernement des empires que ceux-mêmes qui en sont chargés.

I. *La presse.* — On peut dire en général de la presse, suivant la direction qu'elle se donne, que c'est une arme salutaire et terrible, qui pouvant immensément pour le bien, peut aussi immensément pour le mal. Présent de la bonté de Dieu, ou fléau de sa colère, elle répand la lumière ou les ténèbres, elle édifie ou renverse, elle console ou remplit de terreurs, elle excite les passions ou les retient, elle corrompt ou purifie ; en un mot, elle n'a presque point de milieu, toute puissante qu'elle est pour l'ordre et pour le désordre. Semblable à la langue, elle réunit tous les contraires, tous les extrêmes ; elle est en même temps ce qu'il y a de mieux et ce qu'il y a de pire, selon ses principes et ses instincts. Il est certain que la bonne presse fait un bien prodigieux à la société, par la multitude des bons livres, des journaux religieux et conservateurs, et des excellentes publications de tout genre qu'elle a répandues dans le monde ; elle a éclairé les Souverains et les peuples sur leurs droits et leurs devoirs mutuels, elle a reculé l'horizon de la vraie science, et combattu avantageusement l'erreur et le vice ; et, sous ces divers aspects, elle mérite la reconnaissance de toutes les âmes honnêtes.

Mais toutefois la justice oblige d'avouer qu'en raison des passions des hommes, et de la mauvaise direction qui leur a été trop souvent imprimée, elle a fait en somme encore plus de mal que de bien. Les journaux révolutionnaires en particulier sont beaucoup plus répandus, beaucoup plus lus, surtout par les classes inférieures, parce que les traits durs et acérés, les accusations, vraies ou fausses, mais violentes, dont ils sont pleins, ont quelque chose qui pique davantage la malignité humaine. Et ils ne cessent d'entretenir et d'enflammer de plus en plus dans les masses ces bouillantes ardeurs d'indépendance et d'insubordination.

Ils les entretiennent : 1° Par leur mépris continuel pour la Religion et pour ses ministres. Ces hommes, qui croient se grandir par ces impiétés, n'ont pas compris cette parole de Massillon : « que la Religion, qui fait les grandes âmes, ne paraît faite que pour elles ; et qu'il faut être grand, ou le devenir, pour être chrétien (1). » On donne au dogme des explications absurdes pour l'exposer au ridicule ; on livre à la curiosité publique des traités de morale sur certains points délicats, dont l'étude est nécessaire à la théologie et à la direction des consciences, mais en représentant avec une noire malice, comme un recueil d'immoralités ce qui doit au contraire servir à épurer les mœurs ; on s'étend avec complaisance sur tous les traits flétrissants pour la réputation du clergé : calomnies atroces, insinuations perfides, exagérations du vrai, rien n'est épargné pour perdre le prêtre dans l'esprit des populations. Que dis-je ! on sape les fondements du Christianisme, et l'on ne rougit pas d'aller jusqu'à diffamer la personne adorable de J.-C., et par de misérables libelles de la jeter en proie au dédain des ignorants. Certes, il est bien facile de concevoir que quand la Religion, cette première puissance, est méprisée, toutes les autres doivent tomber avec elle.

2° La littérature immonde et les feuilletons licencieux de certains journaux, en élevant de toutes parts école d'immoralité, portent un coup non moins terrible au respect dû à l'Autorité souveraine. Quel hideux et épouvantable dévergondage dans les romans de nos jours ! Jamais on ne vit

(1) *Petit Carême.*

rien de si honteux même sous l'empire romain ; il semble que l'on ait juré la ruine de la société; car un peuple pourri de vices, s'il lui reste encore quelque force, ne peut jamais être qu'un peuple séditieux. Là où il n'y a point de morale, il n'y a plus de vertu d'aucune sorte quand on est conséquent, plus de respect pour aucune supériorité. Les sophistes, ennemis de la paix du monde, le savent bien ; et voilà pourquoi ils travaillent à inoculer à notre malheureuse génération le poison fatal de la corruption des mœurs ; c'est pour lui rendre tout joug insupportable et toute obéissance impossible ; mais ils se trompent dans leurs calculs ; car la corruption poussée à l'extrême abat, et rend aussi lourd à entreprendre qu'incapable d'exécuter.

3° Et ce n'est pas encore assez pour eux de ces voies détournées et pourtant si sûres, ils vont ordinairement à leur but par des phrases sonores et à effet, par ces paroles séduisantes de *liberté* et d'*égalité*, dont ils parsemaient naguère tous leurs discours, et qu'ils répétaient jusqu'à extinction de voix. Mais qu'est-ce que la liberté? En quoi son application est-elle possible, légitime? jusqu'où faut-il la pousser d'après l'humeur, le tempérament, la capacité de chaque peuple? Tout autant de questions capitales laissées pourtant sans réponse, ou ne recevant que des solutions toutes plus impertinentes les unes que les autres. Et cependant ces questions jettent dans l'imagination de la foule des pensées mobiles, des désirs indécis, des aspirations indéfinies, qui ont d'autant plus de danger que, leur objet n'étant pas bien déterminé, ils peuvent la lancer dans les extrémités les plus hasardeuses et les plus funestes, sans limites et sans frein. Mais qui ne voit qu'il y a dans le fond de toutes ces idées, toutes vagues qu'elles sont, un je ne sais quoi de hautain, qui ne s'accorde pas avec l'esprit de la soumission, et pousse constamment à la destruction de tout ce qui commande? Que sera-ce quand il deviendra de mode, durant de longues années, d'étourdir tout un pays de ces grands mots!

4° L'action de la presse, et spécialement des journaux, devient encore plus fatale par ses attaques répétées contre les gouvernements établis. Qu'a-t-on vu sous la Restauration, qu'a-t-on vu sous le règne de Louis-Philippe? Le *National*, l'ancien *Constitutionnel*, les *Débats*, et d'autres encore, d'opinions diverses, par le moyen de quelques écrivains de talent, mais frondeurs, ne cessaient de battre en brèche ces deux monarchies, qui craignaient de se défendre efficacement et de porter un coup décisif; quand elles le voulurent sérieusement, il était trop tard, et elles durent succomber; les mêmes causes produiraient encore les mêmes effets, et elles feraient tomber le second empire comme ses devanciers, s'il se montrait moins vigilant et moins ferme. Or, pour se faire une idée plus complète de l'immense influence des journaux, il est bon de remarquer que la plupart de leurs lecteurs ne réfléchissent pas et ne raisonnent pas par eux-mêmes : d'après leur propre aveu, ils ne jugent d'ordinaire du vrai et du faux que par leur journal; et au lieu de conserver précieusement toute la liberté de leurs appréciations, et de juger ses jugements d'après les règles d'une raison indépendante, comme ils le devraient, ils prennent toutes ses impressions telles quelles, et se font volontairement esclaves. Ses idées, ses systèmes, ses sentiments deviennent leurs idées, leurs sentiments, leurs systèmes; ils ne jurent que par lui, ils s'irritent, ils se passionnent pour lui et avec lui contre ses adversaires, sans savoir pourquoi, car ils se paient plus de mots que de raisons; et pourtant, si l'on voulait se donner la peine de soumettre à l'analyse de la logique plusieurs de ces beaux morceaux d'éloquence qui leur paraissent si bien raisonnés et si vigoureux, l'on serait tout étonné de leur pauvreté, tout étonné de n'y trouver que de vains discours sans principes, qui ne supportent pas le regard de la critique et du sens commun. Et voilà pourtant comme se forment habituellement les partis, dont le caractère le plus saillant est de ne jamais démordre de leurs préjugés, sous prétexte de fidélité et de force d'âme, d'entrer dans toutes les passions de leur journal, de se courber sous son despotisme, et de poursuivre de leur haine aveugle tout ce qu'il hait et veut leur faire haïr.

Il est, nous le savons, des hommes plus éclairés, plus sensés, plus justes, qui, loin d'abdiquer les droits de leur intelligence, savent qu'il est de leur devoir, non pas de se laisser conduire et entraîner comme des enfants par toutes les idées d'un folliculaire, mais de le juger lui-même à la lumière de la raison et des vrais principes; malheureusement c'est le petit nombre, en ceci comme en tout le reste; et voilà comment la presse, et surtout la presse périodique, a contribué énormément à inspirer à une certaine partie du peuple cet effrayant esprit d'indépendance et de révolte, qui va de soi-même au mépris de tous les Souverains et de toutes les Autorités. D'où il suit que les gouvernements, tout en laissant à la presse une honnête et large liberté, ne sauraient cependant user de trop de vigilance et de précautions pour la préserver de ses propres excès; et toutes celles que le Pouvoir prend dans son intérêt, il les prend également dans l'intérêt de la presse, qu'il vaut mieux prévenir que réprimer, et dans celui des peuples qui, sans cela, seraient nécessairement et continuellement remués et bouleversés par de nouvelles révolutions.

II. Une seconde cause de l'indifférence et même de la hauteur des hommes envers leurs gouvernements, c'est la doctrine aujourd'hui si répandue (en principe) de la Souveraineté du peuple. Il est à remarquer que cette théorie, qui n'est pas nouvelle (car qu'y a-t-il de nouveau en fait d'erreurs), n'a jamais paru que dans les temps précurseurs des révolutions ou durant les révolutions elles-mêmes. Mais elle a été spécialement et plus fortement prêchée dans ces derniers temps par Jean-Jacques Rousseau dans son Contrat social ; et c'est surtout depuis cette époque qu'elle est devenue comme un premier principe politique à l'usage de toutes les écoles de révolutions, dont elle est la base fondamentale ; de sorte qu'on peut définir, en général et très-justement, l'esprit révolutionnaire, celui qui admet la doctrine de la Souveraineté du peuple. Il est pourtant bien facile de comprendre que si les rois sont établis par le moyen du peuple et pour le peuple, celui-ci ne devient pas pour cela le maître de celui qui doit le commander, et qu'ayant dans son intérêt toute puissance pour transmettre originairement un droit, cette même raison de son intérêt propre et de son plus grand bien lui ôte toute puissance pour l'enlever et pour l'abolir ; mais on n'a pas voulu faire cette distinction cependant si claire, et tout est tombé en confusion. Nous ne reviendrons pas davantage sur l'absurdité de cette idée, dont nous avons suffisamment démontré le faux au chapitre de l'origine du Pouvoir.

Mais il importe de remarquer deux conséquences inévitables de cette théorie : la première, combien elle a dû échauffer les têtes d'un peuple comme le peuple français, naturellement ardent, impressionnable, vif, facile à entraîner et à lancer, dont on flattait la vanité et le penchant à l'indépendance, malgré son bon naturel. Et pour lui interdire le remords, on le poussait à toutes les révoltes, à toutes les fureurs, qu'on légitimait par avance ; jusqu'à ce point qu'après les hideux et lamentables massacres de septembre 1792, il se trouva un homme capable de dire aux assassins : *peuple, tu as fait ton devoir !!!* Et l'on assura à l'Assemblée Nationale que le peuple était *bon*..... Et l'on alla jusqu'à enseigner que le peuple *n'avait pas besoin de raisons* pour valider ses actes ! Effectivement, il eût été difficile à lui d'en trouver après de pareilles horreurs ; il était trop clair que ce n'était pas la raison qui le conduisait, mais une haine farouche, une impétuosité aveugle et sanguinaire, faisant d'une petite portion de ce peuple, jusque-là, en effet, si humain, une bande d'égorgeurs. Or, comme tous ces malheurs et tous ces crimes ne sont que la conséquence fatale de la doctrine de la Souveraineté populaire, nous sommes dès-lors fondé à dire que cette doctrine est un principe de désordres, fausse en elle-même, et extrêmement funeste dans ses résultats.

Une seconde conséquence de cet enseignement délétère, c'est qu'un peuple ainsi exalté, se regardant comme l'unique Souverain, doit concevoir un profond mépris pour ses Souverains véritables, se mettre en état permanent de révolte, quand il rencontre devant lui un pouvoir faible, et porter perpétuellement dans ses instincts le bouillonnement de l'insurrection. Quel portrait faisait-on des Princes en France et dans les autres pays révolutionnés ? On ne montrait les rois que comme des oppresseurs, des tyrans, des ennemis de l'humanité, des usurpateurs des droits de la nation. Après un siècle, les déclamations emportées et les conseils fougueux des Raynal, des Condorcet et autres, retentissent encore. Quelles étaient les paroles de Grégoire à la Convention ? et d'un trop grand nombre d'autres ?.... N'est-ce pas toujours au nom de cette prétendue Souveraineté qu'on a de nouveau détrôné Charles X, puis, plus tard, Louis-Philippe ; qu'on s'est lancé dans ces terribles journées de Juin qui devaient faire tomber la société dans un cataclysme affreux, et que l'on avait juré, pour l'an 1852, le massacre d'une grande partie de la France ? Deux cent mille hommes attendaient le signal pour se ruer sur leurs concitoyens. C'est au nom de cette effroyable doctrine que se sont faites toutes nos révolutions, et le même principe nous les rend toujours menaçantes. Et, conséquemment, quand la théorie de la suprématie du peuple serait aussi vraie qu'elle est erronée, elle serait toujours excessivement dangereuse à enseigner. Et c'est là précisément, et indépendamment de toute autre raison, ce qui en démontre la fausseté radicale, du moins dans l'application ; car c'est un axiôme incontestable que toute doctrine sociale n'étant vraie et bonne qu'en raison du vrai bien général qu'il est dans sa nature de procurer, ne peut jamais être nuisible à la société ; et, par conséquent, toutes celles qui tendent à sa ruine et n'ont point d'autre effet final que de la détruire ou de la bouleverser, portent par cela seul sur leur front l'éclatante démonstration de leur fausseté. Si donc l'on veut rendre à la vraie Souveraineté l'estime, le respect, la confiance, la force morale qui lui sont dus pour le bien commun, l'on ne doit point se lasser de répéter au peuple qu'on le trompe par ces vaines flatteries, qu'il ne saurait être le Souverain de ses Souverains, et qu'encore que les Princes soient établis pour son propre avantage, il est absurde d'imaginer que les dirigés soient au-dessus de leurs directeurs. Tant qu'on n'aura pas effacé le souvenir et la trace de doctrines aussi désorganisatrices, on ne rétablira jamais les Souverains dans leurs droits, ni les nations dans la paix et la sécurité.

III. Une chose a contribué énormément à initier le peuple à la pratique dangereuse de cette prétendue Souveraineté : l'introduction des masses dans la chose publique. Aujourd'hui, les journaux sont dans les mains de presque tout le monde ; et il n'est aussi presque personne qui ne se mêle de faire de la politique, d'avoir son plan d'administration, et ses idées sur le gouvernement. Non-seulement les gens instruits et ceux qui occupent des fonctions publiques, mais les ouvriers, les paysans, les petits marchands ont leurs opinions sur l'Autorité ; non-seulement les hommes mûrs, mais les jeunes gens et les femmes croient de bon ton d'exercer leurs critiques sur des objets dont ils n'ont pas la moindre notion ; c'est une maladie universelle. Puis vient le mouvement politique des citoyens majeurs. Elections municipales, élections du Conseil Général de chaque département, élections des Députés au Corps-Législatif, tout est de leur ressort. Comment le peuple ne se regarderait-il pas comme Souverain?

Certes, nous ne prétendons pas blâmer la chose au fond, ni nous élever contre la grande institution du Suffrage universel, pratiqué dans presque toute l'Europe; surtout quand on sait le renfermer dans ses justes bornes, et prendre les précautions nécessaires pour qu'une si large liberté ne dégénère pas en abus. Car nous n'ignorons pas que, même dans le Suffrage universel, le peuple n'exerce pas les droits des Souverains, puisque les Souverains sont héréditaires; que le peuple se contente de nommer ses représentants auprès de l'Autorité première à laquelle ils vont porter ses vœux; et que, sans administrer ni gouverner par lui-même, il se borne à élire ses administrateurs et gouverneurs secondaires, ou plutôt ses avocats chargés d'exposer ses besoins et d'éclairer le Prince, qui reste toujours le juge suprême des questions générales et conserve la puissance en dernier ressort ; de sorte que rien d'important et de décisif ne peut être fait par ces divers élus sans le consentement du Souverain. Aussi bien loin de censurer l'usage des élections, et les autres glorieux priviléges des nations contemporaines, nous applaudissons, au contraire, de tout notre cœur à cette cordiale entente des Souverains et de leurs peuples, qui ne leur permet plus de se porter envie et de se regarder comme étrangers les uns aux autres, mais les oblige plutôt à entretenir une certaine dépendance et des égards mutuels, et à marcher d'un commun accord. Mais, quoi qu'il en soit, nous disons qu'il y a là un danger ; et il est évident que la part prise par la nation dans les affaires publiques lui donne à ses propres yeux une grande importance, et en l'habituant à s'occuper de tout ce qui tient au gouvernement, lui fournit des occasions continuelles d'approuver ou de blâmer, la constitue en quelque façon juge des actes du Souverain ; et si la marche générale de la politique lui déplaît, il lui est facile de passer de la haine de l'administration à la haine de la personne. Et voilà comment il se fait que l'introduction des peuples dans les affaires gouvernementales est une tentation toujours subsistante de désaffection et de morgue envers les Souverains.

IV. Enfin, il n'est pas jusqu'à l'immense bienfait de l'instruction donnée avec tant de largesse à toutes les classes de la nation qui ne tourne également, dans une certaine mesure, au mépris de l'Autorité. Assurément la science est une belle et grande chose, et l'on ne peut que féliciter la société de ses progrès et du développement général des lumières intellectuelles. L'ignorance est une sorte d'esclavage, et la grossièreté ne fut jamais pour le genre humain une source de bonheur et de gloire ; l'être ignorant est toujours relativement inférieur ; tandis que la vraie civilisation, fruit de la science, élève et agrandit les peuples. En leur procurant les arts nécessaires à la conservation, à l'embellissement et au bien-être de la vie, elle adoucit les mœurs publiques, met entre tous les hommes des pensées de paix et d'union, les guérit des préjugés barbares et sanguinaires et du fanatisme, effet de l'ignorance ; leur montre les joies de la vie future et l'immortalité de l'âme, avec l'obligation des vertus, la nécessité de se supporter et de s'aimer comme des frères, et répand ainsi des charmes inexprimables sur la vie présente, en préparant aux douceurs de l'existence éternelle.

L'instruction qui donne une pareille science est certainement pour le genre humain un grand bonheur et une grande gloire ; mais, pour cela, il faut qu'elle soit vraie et complète ; elle sera vraie quand on ne prendra pas l'erreur pour la vérité, et qu'on la puisera à de bonnes sources; elle sera complète quand on possédera sur chacun de ces objets toutes les notions nécessaires. Faute de cette double condition, la science devient pernicieuse au lieu d'être utile. Une science fausse remplit inévitablement l'esprit d'erreurs, et jette en une infinité de mauvaises voies et de déréglements dans la conduite civile comme dans la conduite morale; une science incomplète ajoute à des inconvénients presque aussi extrêmes un pédantisme, un orgueil trop souvent incurable, une présomption qui porte à croire qu'on est capable de tout, quand, précisément à cause de cela, on n'est capable de rien. Vaudrait mieux une ignorance absolue, qui ne permet pas de s'en faire accroire, d'entreprendre au-dessus de ses forces, et de mettre tout en désordre. Mais l'homme de la demi-science, ne voyant pas comme le vrai savant les limites étroites de son esprit, conçoit une haute idée de lui-même, ne doute de rien, et, emporté par son aveugle présomption, il bouleverserait ciel et terre pour faire prévaloir son influence et ses systèmes. Oh! qu'un tel homme est dangereux dans un Etat, quand il prend quelque part à l'administration, quand on lui confie le maniement des affaires publiques! Toutes ses fautes les plus énormes, toutes ses imprudences, tous ses insuccès, il s'en applaudira comme d'un triomphe, car il n'a ni assez de lumière et de jugement pour apercevoir ses torts, ni assez de grandeur d'âme, quand on les lui montre, pour les reconnaître et s'efforcer de les réparer. Voilà ce qui explique pourquoi tant d'hommes graves, bien intentionnés et d'un jugement sûr, malgré la haute estime dont ils font profession pour la science, se sont de nos jours montrés hostiles à la diffusion de l'instruction dans les masses. Certes, ils ne redoutaient pas la science en elle-même, mais ils en redoutaient les abus et la mauvaise direction; ils craignaient de voir donner au peuple une science fausse, une science incomplète, une science mal digérée, capable d'engendrer non la lumière, mais les ténèbres, non le dévouement d'un citoyen habile et sage, mais les fougues de gens infatués d'eux-mêmes et travaillant, sans s'en douter, à la ruine de la patrie. Que voit-on souvent? Ces hommes, à peine sortis de la plus grossière ignorance, sont stupéfaits et ravis de leurs lumières; croyant savoir lire et écrire, ils croient aussi pouvoir juger de tout, prononcer sur tout; à la mairie, au cabaret, dans leurs villages, ils causent avec emphase des actes les plus graves et les plus difficiles du Gouvernement, jetant à tort et à travers la louange et le blâme, traçant la ligne qu'il devrait suivre, gémissant des lésions faites, disent-ils, à leur liberté, reprochant au Souverain telle guerre, tel impôt, et même le défaut de commerce, la cherté des denrées, la disette et les mauvaises saisons : cela s'est vu.

Et combien un tel état de choses n'est-il pas encore plus périlleux, quand les sources où ils vont chercher l'instruction sont elles-mêmes empoisonnées! Assurément, la classe des instituteurs, prise dans son ensemble, est bien respectable par son dévouement, et par les grands services que rend à la société son application consciencieuse à ses rudes et ingrates fonctions; et, cependant, qui ne sait que dans une de nos dernières commotions politiques il a fallu faire des lois expresses pour leur imposer silence, les faire rentrer dans leur ligne et les empêcher de mettre le pays en feu. Et pourquoi, au lieu de ne demander aux maîtres que de la science, ne pas s'assurer sérieusement de leurs principes et de leurs mœurs? C'est un point capital, et qui exige absolument un règlement particulier. Mais quelle est donc la cause de cette aberration étrange de ces instituteurs et de leurs nombreux élèves? L'infatuation de la demi-science, la trop haute opinion qu'ils se sont faite de leurs lumières et de leur capacité. S'ils avaient été plus solidement instruits, ils auraient mieux aperçu les bornes étroites de leur intelligence, ils auraient mieux vu leur ignorance foncière, et ils seraient restés plus retenus. Le vrai savant est plus modeste; car, précisément à cause de sa science, il sait qu'il ne sait presque rien; ce que ne comprendra jamais un esprit médiocre; encore un coup, il vaut mieux ne rien savoir que de tout savoir à moitié. Il faut donc de deux choses l'une : ou laisser le peuple dans l'ignorance, ce qui n'est plus possible aujourd'hui ni désirable en soi, ou lui donner une instruction puisée à des sources pures, aussi complète que possible, et surtout judicieuse et bien raisonnée; car, en général, l'homme a encore moins besoin d'enrichir sa mémoire que de former son jugement et sa raison. Autrement l'enseignement, bien loin d'être un avantage, contribuera de plus en plus à enorgueillir les citoyens, et peut-être, dans un temps plus ou moins rapproché, à les rendre, par le superbe esprit d'opposition dont il les remplit, redoutables à l'Autorité et funestes à la patrie.

Telles sont les causes fécondes et les plus ordinaires de ce frémissement des esprits, et de cette soif ardente d'une indépendance extrême qui, en France encore plus qu'ailleurs, à cause de la mobilité du caractère et de la vivacité des impressions, tend à avilir l'Autorité souveraine, et à rendre impossibles l'ordre public et la société elle-même. Tout le monde le voit, l'émancipation des jugements et des volontés est montée au comble; et avec une pareille hauteur des âmes comment rétablir le respect et l'obéissance, et finir les révolutions? Ceci est d'autant plus difficile que les causes que nous venons d'assigner à ce désordre ont un caractère particulier de grandeur et d'utilité, qui éblouit et opère une sorte de séduction. La presse est la preuve de l'étendue de l'intelligence humaine; il est beau à un peuple d'être assez maître de ses passions pour pouvoir se gouverner lui-même; et l'instruction et la science seront toujours la gloire et la force des nations. Oui, sans doute, tout cela est vrai, mais seulement en théorie, et en considérant les choses philosophiquement, ou dans des cas exceptionnels. Dans la pratique ordinaire, il faut toujours distinguer l'institution de l'abus qui en est presque inséparable, et c'est cet abus qui corrompt tout. Les plus fortes têtes s'étudient à y trouver des remèdes, et cependant ces redoutables questions restent toujours à l'état de problèmes pour la génération présente.

Mais en attendant que la Sagesse divine y remédie elle-même par les vives lumières qu'elle communiquera aux penseurs sur ces graves sujets, et par les nouvelles forces dont elle emplira les hommes d'Etat, pour leur faire trancher ce nœud gordien à la satisfaction de tous les intérêts; en attendant, disons-nous, les hommes ne pourraient-ils pas, s'ils le voulaient, retrancher par de sages et judicieuses réflexions la plus grande partie de ces inconvénients? Pourquoi la presse et les publicistes ne voudraient-ils pas comprendre, et se redire souvent à eux-mêmes, l'impossibilité de conserver parmi les excès de la licence et cette liberté si chérie, et la supériorité de la modération, si glorieuse au caractère humain, sur les injustices de la haine et de l'acharnement? Pourquoi ne comprendraient-ils pas la beauté, la magnificence de leur rôle, quand ils préfèrent le respect à l'insulte, l'obéissance à la révolte, l'ordre public à l'anarchie, et la conservation du bien général au triomphe d'un parti ou de leurs utopies personnelles? Pourquoi les peuples n'entendraient-ils pas que cette doctrine de leur prétendue souveraineté n'est qu'un leurre, une chimère et une basse flatterie; que quelles que soient les formes du gouvernement, ils sont par le fait dans la nécessité d'obéir pour leur propre bien; que le sceptre du Prince est leur protection, leur force, leur sécurité; qu'il vaut mieux souffrir un pouvoir imparfait que de le changer, au hasard de tout mettre en combustion ; que dans les républiques mêmes il faut toujours quelqu'un qui commande ; mais que son commandement sera parfaitement inutile s'ils ne s'attachent à lui, s'ils ne le secondent, s'ils ne l'entourent de leur confiance et de leur fidélité, et que plus ils sont instruits, plus ils doivent se pénétrer de l'obligation de ces vertus. Voilà les idées que l'on doit travailler à répandre par toute la terre ; et voilà en même temps l'unique moyen de rétablir l'Autorité souveraine dans cette vénération et cette confiance publiques, sans lesquelles elle sera toujours paralysée, et la société toujours en souffrance.

CHAPITRE VI.

La perte de l'esprit religieux, qui montrait Dieu dans ses mandataires.

Declinaverunt oculos suos, ut non viderent cœlum.
Dan., XIII, 9.

Les diverses causes de hauteur et d'insubordination envers la Puissance souveraine, que nous venons d'énumérer, n'auraient certainement pas produit tous les effets funestes qui ont fait le malheur du monde, et qui, subsistant toujours, le menacent encore, si la Religion eût maintenu son empire. La vraie Religion, conservatrice de tous les droits et de tous les devoirs dans le monde entier, ne permet pas de pareils égarements, tant que sa voix est écoutée ; car elle en retranche la source partout où elle se montre. Sans doute à cause de la faiblesse morale inhérente à l'humanité, les supérieurs et les inférieurs ont des torts réciproques ; mais la Religion les leur fait sentir, et avec une Autorité divine elle les rappelle les uns et les autres à l'indulgence mutuelle et à leurs obligations. Elle apprend aux rois à protéger les peuples en se servant de leur épée pour la défense des bons et pour la punition des méchants, et en même temps elle apprend aux peuples à se confier en leurs Princes ; à ceux-ci elle recommande de respecter les droits et les légitimes libertés de leurs sujets, et aux sujets de respecter la puissance et les prérogatives royales ; elle fait souvenir les rois qu'ils sont pères, et les peuples qu'ils sont leurs enfants ; elle flétrit le despotisme des uns et la rébellion des autres ; enfin elle leur enseigne à tous indistinctement la nécessité de se supporter, de s'estimer, de s'aimer réciproquement comme membres de la grande famille de Dieu. Et de la sorte, si cette voix auguste et vénérable était toujours entendue, toujours suivie, le monde jouirait d'une paix éternelle ; car il est évident que par son influence et par ses enseignements, elle est le plus ferme appui des trônes, de la liberté des peuples, et du repos des sociétés.

Mais, indépendamment même de la vraie Religion et quelle que soit la forme du culte, l'esprit religieux, le sentiment de la piété en montrant aux hommes dans le Souverain l'image, le représentant, le ministre de Dieu, les porte à le vénérer comme l'homme de Dieu, et à honorer Dieu dans sa personne. Animés de cet esprit ils comprennent que le traitement fait au Prince remonte plus haut que lui ; que l'insulter c'est insulter Dieu même, source de toute autorité ; que refuser de lui obéir, c'est désobéir au premier Maître qui commande par sa voix. L'esprit religieux a foncièrement quelque chose de modeste, de doux, de soumis, de respectueux, sans avoir rien de bas ; il fait sentir à l'âme droite et honnête qu'il faut une autorité en ce monde, non-seulement l'autorité morte et impuissante par elle-même de la loi écrite, mais l'autorité vivante et active de la personne du Souverain, toujours redoutable aux passions turbulentes et hautaines, et toujours consolante aux citoyens vertueux et paisibles; et que le bien de la société l'exige impérieusement. Ce même bon esprit nous avertit aussi que si chacun prétendait faire triompher ses plans et imposer ses vues à l'Autorité, résolu en cas de refus à la contredire, à la harceler, à la fatiguer, à ne lui laisser ni repos ni trève, ce serait éterniser la guerre, ce serait l'anarchie et la négation de tout gouvernement; puisque dans cet état de choses tous commanderaient et nul n'obéirait, et que, cependant, le gouvernement consiste essentiellement dans l'unité de principes et de direction, qui soumet tout le monde à la loi et s'en fait obéir. Il avertit qu'il n'appartient point à un homme d'honneur et d'un esprit juste de s'établir *systématiquement* dans les rangs des oppositions; mais que la fidélité, la vertu, le devoir, lui ordonnent de marcher constamment, autant que possible, avec celui qui doit faire marcher tout l'Etat, et sans s'arrêter aux distinctions capricieuses des partis; ou, du moins, s'il lui faut absolument censurer, qu'il ne le fasse qu'avec fondement et modération. D'où il suit que si les empires ont perpétuellement à se tenir en garde contre les ruses ou les violences de l'impie, l'homme religieux, au contraire, est par les convictions de sa foi, le sujet le plus fidèle, le citoyen le plus sûr, le plus dévoué au bien public et aux vrais intérêts de la patrie. La Religion sera toujours la grande garantie du patriotisme.

D'où vient que dans tous les temps de notre histoire jusqu'à l'époque de la Révolution française, à l'exception d'un seul moment, les Français ont toujours été si renommés pour leur amour envers leurs rois, et pour leur exemplaire fidélité? D'où vient que, même dans les émeutes et dans leurs transports les plus violents, ils ne songeaient qu'à déposer des ministres réputés superbes et oppresseurs, sans jamais faire remonter leurs griefs jusqu'à la personne du

Monarque, qu'ils ménageaient avec tant de soin, malgré leur emportement ; sans penser le moins du monde à l'en rendre responsable, lors-même que le triomphe passager de la sédition le leur remettait entre les mains ? Ils étaient devenus les maîtres du roi, et ils se prosternaient devant lui en implorant leur pardon. Qui ne sait que durant les plus grandes fureurs de la faction des Anglais et d'Isabeau de Bavière, cette cruelle marâtre, durant les luttes féroces des Armagnacs et des Bourguignons, l'un de ces partis s'étant rendu maître de l'hôtel Saint-Pol où résidait Charles VI, prince doublement infortuné et par sa démence et par les actes désastreux pour l'Etat qu'on lui faisait faire, sa personne fut entourée de profonds respects, malgré les massacres affreux auxquels on se livrait dans la ville ? Qui ne sait que l'on eut les mêmes ménagements pour le jeune roi François II, dans les guerres furieuses des Huguenots, et pour Louis XIV, encore enfant, dans les troubles de la Fronde ? La ligue du bien public contre Louis XI ne fut qu'une conspiration de quelques princes ; si Louis-le-Débonnaire fut déposé, on n'ignore pas que ce fut le fait d'un petit nombre d'individus bientôt honteux de leur révolte, et que la nation entière le releva. Il en fut de même sous Charles VII, de la conjuration des princes du sang, promptement dissipée et mise à néant par la présence du roi. Nous n'avons donc dans toute l'étendue de nos annales depuis l'établissement de la Monarchie jusqu'à sa chute à la fin du dernier siècle, que l'exemple de Henri III, contre lequel la révolte fut presque générale ; le bon sens des populations se laissa égarer par le fanatisme des passions prétendues religieuses ; mais ce ne fut qu'un éclair ; et l'administration paternelle du bon et grand Henri rendit aux Français tous leurs sentiments de respect et d'amour envers leurs Souverains. Mais, encore un coup, d'où leur venait un si beau dévouement et une fidélité si constante ? De ce qu'ils étaient sincèrement religieux, et cet esprit de religion bien entendu faisait autour du trône une barrière infranchissable à tous les mauvais desseins des séditieux. Et il en était ainsi de presque toute l'Europe.

Mais depuis environ trois siècles, il faut bien le reconnaître, cet esprit religieux a sensiblement décliné. La première cause de cet affaiblissement fut le principe même de la prétendue réforme de Luther, qui, substituant dans les choses de la foi, l'examen individuel aux décisions de l'Eglise catholique, habitua les hommes à n'admettre parmi les dogmes que ceux qui revenaient à leurs idées, et à rejeter tout le reste; et, par suite, à affecter une superbe indépendance envers Dieu, et à plus forte raison envers leurs semblables. C'était assurément un coup terrible porté à la foi, qui ne dépend pas de nos opinions particulières, mais de la Révélation divine transmise au monde par la Tradition de l'Eglise; mais c'en était un non moins mortel pour l'obéissance due à la Puissance humaine; car cette orgueilleuse doctrine, par la force de son principe frappait à la fois les deux Autorités. Cependant, qu'on regarde autour de soi, et l'on verra que par toute la terre les diverses religions consistent dans certaines *traditions* relatives au culte divin, et précieusement conservées par la foi des générations successives; elles supposent toutes, en effet, une révélation primitive et une croyance commune. Le fond de la religion chez tous les hommes n'est donc pas dans je ne sais quelle philosophie contemplative de la Divinité, dans une religion purement naturelle, que chacun entend à sa guise; c'est toujours et partout un ensemble, *un dépôt* de doctrines naturelles ou révélées, vraies ou fausses, auxquelles on adhère. Toute autre manière d'entendre les choses divines n'est qu'un système, une idée philosophique, non une religion; dans tout l'univers une religion est et sera toujours une doctrine commune à un certain nombre d'hommes unis par un culte public ; et l'esprit religieux, l'adhésion ferme à cette doctrine et à ce culte. Or, le Protestantisme n'admet dans la religion que les réunions extérieures, et seulement quelques dogmes de l'ancienne révélation chrétienne, en laissant tout le reste de cette croyance à la liberté de ses sectateurs, qui, en vertu du libre examen, seront encore en droit, *quand il leur plaira*, de rejeter jusqu'à ces premiers dogmes ; il détruit donc par la base l'idée de la religion et l'esprit religieux. Cela est si vrai qu'on s'aperçut bientôt qu'on ne pouvait réussir à faire un corps homogène ; mais on vit presqu'à l'origine les variations innombrables de la doctrine d'une même secte produire une foule d'autres sectes différentes qui se ramifiaient à l'infini, détruire toute unité de croyance et réduire la foi à l'*individualisme*, c'est-à-dire, à la négation de la religion. Alors, le doute, le dégoût s'emparant des esprits, même réfléchis et sérieux, mais peu énergiques, les conduisent à l'indifférence et au mépris, qui ne sont rien autre chose que l'irréligion, et l'impiété formelle ; les peuples, enflés par ce superbe enseignement de l'examen privé et indépendant de toute règle, ne veulent plus reconnaître aucune Puissance, et tout est en feu ; emportés par l'esprit de révolte, ils prennent les armes contre les princes dans de sanglantes guerres qui causent en France, en Angleterre et en Allemagne ces malheurs inouïs et ces longues et cruelles calamités qui ont rempli les seizième et dix-septième siècles. Puis, fatigués de leurs propres fureurs, mais non de leur orgueilleuse indépendance, ils consacrent leurs loisirs forcés à l'inspirer à tout le monde par la licence de la presse, et par la séduction des conversations privées. Les mœurs n'étant plus contenues par la crainte des peines éternelles auxquelles on ne croyait plus, on les voit se perdre dans un débordement affreux, et engendrer sous le nom spécieux de *philosophie* le libertinage le plus effréné de la raison, au milieu des combats à outrance livrés à la Religion chrétienne. Et, de son côté, l'Illuminisme et les autres sociétés secrètes, comme nous l'avons vu plus haut, par des assauts secrets, mais continuels et terribles, sapaient les fondements de toute idée religieuse quelle qu'elle fût, de toute autorité, de toute société, de toute civilisation. Le monde alors était mûr pour la Révolution : en France, la société croula dans l'abîme, et le contre-coup de cette chute violente ébranla tout le reste de la terre.

Maintenant la Révolution, par où il faut entendre la négation de l'Autorité divine et humaine, ou l'opposition en toutes choses, continue son œuvre dévastatrice. Certains journaux, par leurs sourdes attaques de chaque jour contre l'Eglise et contre la Royauté, excitent perpétuellement l'esprit d'impiété et de révolte. La littérature effrénée, tantôt par les feuilletons impurs de ces mêmes journaux, tantôt par les mille brochures irréligieuses et immorales qu'elle vomit dans la société, prépare le bouleversement de l'avenir ; les associations souterraines le commencent dans l'ombre, en élaborant le plan et les moyens de la désorganisation universelle, et en enrégimentant leurs troupes. Le Protestantisme use les derniers ressorts de la foi, et l'incrédulité en ébranle jusqu'aux bases ; l'évocation des âmes, et les sombres mystères du magnétisme, répandent l'inquiétude et le doute ; enfin, il est certaines sectes effroyables qui, comme celle des Solidaires, font le serment infernal de mourir sans se réconcilier avec leur Créateur et leur Juge ! Est-ce là ce qu'on appelle la *morale indépendante?* Toutes ces sectes, toutes ces institutions, tous ces instruments du mal battent en brèches sans relâche l'esprit religieux dont ils ont juré la ruine ; c'est cette noire fumée du puits de l'abîme qui répand ses poisons mortels sur tout l'univers, et qui, en minant sans cesse les fondements de l'état social, nous réduit à en redouter la dernière chute sous les coups redoublés de ces ennemis puissants. Pourquoi cet acharnement à demander sous toutes les formes la ruine du pouvoir temporel de la Papauté, sinon pour avoir plus tôt et plus facilement raison du spirituel? Il faudrait être aveugle pour ne pas voir que c'est là leur dessein secret, malgré les belles protestations de respect et les paroles fausses et hypocrites sous lesquels ils s'enveloppent, loups couverts de la peau de l'agneau. La preuve, c'est que ce sont les plus notoirement impies qui crient le plus haut. Il est à l'ordre du jour dans une certaine classe d'hommes turbulents de réclamer une foule de choses tendant à la ruine directe ou indirecte de la Religion, afin d'aplanir la voie à leurs projets d'anéantissement de la puissance publique, si solidement appuyée par les idées chrétiennes. C'est ainsi qu'on les entend solliciter sans cesse la destruction des ordres religieux, pour pouvoir porter des coups plus assurés au corps d'armée, après avoir écrasé l'avant-garde; la suppression de la dotation du clergé, afin de le prendre par la famine, et de rendre son recrutement impossible; la sécularisation des réguliers enseignants, dont les vœux les irritent, en leur montrant des antagonistes toujours prêts à s'opposer au dessein pervers qu'ils ont conçu d'inoculer à la jeunesse leur incrédulité. Ils demandent encore la fixation par la loi à un nombre très-restreint des élèves des écoles ecclésiastiques, l'interdiction des cérémonies saintes en dehors des temples; bientôt probablement, s'ils réussissent, ils en viendront à exiger, comme autrefois, l'enlèvement des croix, la fermeture des séminaires, jusqu'au moment où ils auront la puissance en main pour fermer les églises. Alors, le communisme, c'est-à-dire la spoliation et l'esclavage universels, ne trouvant plus aucun obstacle, triomphera sur toute la ligne; et il ne restera plus qu'à sonner le glas funèbre de la société moderne.

Si donc cette société veut être sauvée, elle doit le savoir, elle ne peut l'être que par elle-même, avec le secours de Dieu; qu'elle pense donc sérieusement, puis qu'elle agisse, qu'elle remonte au principe, qu'elle retourne à l'idée religieuse, qu'elle rentre dans l'esprit de foi, sa grande défense, et en même temps son unique espoir contre les criminelles tentatives des hommes de désordre. C'est la vraie force des nations. L'on se souvient encore qu'au moment des terribles journées de juin mil huit cent quarante-huit, où se livrait la bataille décisive entre la civilisation et la barbarie, la société, soutenue par les inspirations de sa conscience, retrouva son énergie; au lieu de se laisser abattre par de vaines terreurs, comme à l'origine de la Révolution, elle parut l'arme au bras, et courut à Paris de tous les points de la France; elle fut sauvée; mais ceci n'est qu'un incident. Le principe qui la menace, l'irréligion, subsiste toujours. Peut-on voir sans effroi la violation audacieuse et presqu'universelle de la loi du dimanche, non-seulement dans l'abandon des offices religieux, mais dans ces grands travaux de construction et de transport, qui s'exécutent effrontément sous les yeux des populations entières! Le Sénat, naguère, a renouvelé la loi de 1814 qui les prohibe; le Gouvernement donne bien l'exemple; mais comment, par ailleurs, cette ordonnance est-elle exécutée? C'est là la honte de la France, car elle est la seule parmi tous les peuples du monde à donner le scandale de cette impiété. Et qu'est-ce que ces blasphèmes innombrables, et ces autres insolents discours contre la Religion, qui montrent si tristement la profondeur du mal de cette génération gâtée! Est-ce que l'on ne pourrait pas, l'on ne devrait pas faire une loi pour défendre l'honneur de Dieu, comme on sait si bien en faire pour celui du Prince, et même du dernier des citoyens? Comment l'ordre de la société subsistera-t-il, s'il est permis d'insulter le principe de tout ordre et de toute règle? La répression de pareils désordres n'est pas seulement un devoir religieux, c'est un devoir politique et social, et c'est se manquer à soi-même que de n'y penser pas.

Quoi qu'il en soit, il est évident que l'Etat est ébranlé du coup qui frappe la Religion; et l'on n'assurera le respect dû à la puissance temporelle que par la soumission à l'autorité de Dieu. La société le comprendra : point de roi s'il n'y a point de Dieu, ou il sera inutile; on ne peut servir l'un qu'en servant l'autre. Ainsi elle joindra le devoir à la vraie liberté; et en apprenant à rendre à Dieu ce qui appartient à Dieu, elle apprendra par suite à rendre à César ce qui est à César; son respect pour l'Autorité souveraine la fera rentrer dans l'ordre, dans la paix, dans la sécurité; et c'est seulement de cette manière qu'elle peut éloigner d'elle les périls qui la pressent, et continueront toujours de rester suspendus sur sa tête jusqu'au moment où elle aura assez de courage pour se remettre dans la soumission et dans le devoir. Elle n'a devant elle que le choix de l'alternative : ou la Révolution avec toutes ses calamités et toutes ses ruines, ou la Religion avec l'immensité de ses bienfaits.

FIN DE LA PREMIÈRE PARTIE.

TABLE.

DEUXIÈME PARTIE.

LE PEUPLE DEVANT LE SOUVERAIN.

Ni révolutions, ni partis, mais seulement la patrie et son Chef.

DEUXIÈME PARTIE.

Le Peuple devant le Souverain.

Le principal dessein que nous nous sommes proposé dans cet ouvrage contre le *Contrat Social* de Jean-Jacques Rousseau, a été de travailler, selon la médiocrité de nos forces, à opérer un rapprochement, une réconciliation entre les Princes et les peuples, entre les gouvernants et les gouvernés, pour procurer par ce moyen la paix et le plus grand bien des sociétés, qui ne peuvent absolument se passer d'ordre, de paix, d'union, produit de l'amour mutuel des hommes entr'eux, et sans lesquels ils sont nécessairement misérables. Mais comme la plupart de nos antipathies et de nos haines, quand nous ne sommes pas directement attaqués, viennent de l'ignorance où nous sommes des qualités réelles des personnes que nous haïssons, et que nous aimerions, au contraire, si nous les connaissions mieux (ignorance produite par un défaut de réflexion, par des préjugés antérieurs, ou par les déclamations calomnieuses des partis), nous nous sommes efforcé de dissiper ces erreurs funestes par la simple exposition de la vérité. Nous avons mis le Souverain devant la nation ; nous le lui avons montré, non pas sous le faux jour trompeur, à travers lequel les passions se plaisent à l'envisager, mais tel qu'il est réellement ; et il nous est apparu dans toute la grandeur et la majesté de son état véritable, dans la nécessité indispensable de ses fonctions, dans la source auguste et l'institution divine de son pouvoir. Nous n'avons rien caché ; et nous l'avons fait voir avec ses droits et prérogatives, avec ses travaux, sa clémence et ses bienfaits ; mais aussi avec ses obligations et ses devoirs énoncés sans atténuation ; et nous sommes bien résolu à garder la même impartialité dans la suite ; le lecteur appréciera. Et, cependant, mis dans cette balance du bien et du mal inhérents à tout ce qui est humain, le Souverain se trouve élevé à une telle hauteur, son emploi est si nécessaire, son caractère si grand et si bon, que jusque dans ses fautes il nous a paru respectable, ou du moins digne d'excuse ; de sorte que, par ses défauts, il a droit à notre indulgence, et, par ses vertus, à notre reconnaissance éternelle. Et c'est par cette considération sérieuse que s'opèrera le premier rapprochement entre le Souverain et son peuple, en faisant tomber la barrière que lui opposent l'ignorance, les préjugés et la haine.

Maintenant, il nous faut achever notre œuvre en mettant ce même peuple en présence de son Souverain, c'est-à-dire, en lui faisant voir ce qu'il a droit d'attendre de la première puissance, et en même temps ses devoirs envers elle. Sans doute, les nations ont des droits : tout le monde en a sur la terre. Et, certes, elles les devraient bien connaître ; depuis un siècle on a pris assez de soin de les leur enseigner, surtout dans cette fameuse *Déclaration des droits de l'Homme*, dont toute la France a retenti au commencement de notre première Révolution, qui n'a été que l'application de ces théories extrêmes. Ah ! l'on n'y a que trop exagéré leurs droits, puisque dans cette déclaration le principe même de l'Autorité est soumis aux passions de la multitude, et à ses caprices tumultueux et incendiaires. Mais ce qu'il y a de plus révoltant en toutes ces viles flatteries à l'adresse des masses, dont on veut faire comme des dieux dont le pouvoir et la volonté sont irrésistibles et sans bornes, c'est qu'en accordant tout au peuple on refuse tout au Souverain ; et en relevant avec tant de partialité les prérogatives réelles ou prétendues des citoyens, on se tait complétement sur leurs devoirs. Et, cependant, les devoirs et les droits sont communs à tous les hommes ; ils se rencontrent dans toutes les positions différentes où ils se peuvent trouver les uns envers les autres. Si le peuple a des droits par rapport à son Souverain, c'est que ce Souverain a des obligations à remplir envers lui ; et réciproquement si la puissance souveraine, comme nul n'en doute, a ses prérogatives essentielles, elle impose par là-même au peuple des devoirs naturels corrélatifs à ces priviléges, des devoirs sacrés auxquels il reste toujours soumis, et dont aucun pouvoir humain ne le saurait affranchir. Est-il possible à un homme de bon sens d'imaginer un être moral sans devoirs? Est-ce que ce mot même de *moralité* n'implique pas une règle à suivre, par conséquent, un devoir à remplir ? S'il n'y a que des droits sans devoirs, alors il n'y a donc plus de crimes ; tout est donc permis ; et les désordres les plus infâmes et les plus effroyables surgiront de toutes parts sans que personne ait lieu de se plaindre, puisque nul droit ne sera lésé ; et de la sorte la suppression de tous les devoirs entraîne nécessairement l'entière suppression de tous les droits ; il ne reste plus que la violence et un brigandage affreux ; doctrine insensée et profondément subversive ! Voilà comment les révolutions sont venues, comment on les rend permanentes, comment on prépare la ruine du genre humain et la dissolution du monde.

Il est donc de la plus haute importance de dire la vérité toute entière, de convenir du droit des nations, mais en même temps de ne pas dissimuler leurs devoirs. Aujourd'hui l'on a assez flatté, l'on a assez fait entendre la voix des passions; il serait temps de parler sérieusement et de rechercher impartialement la vérité, seule digne d'être écoutée par les peuples comme par les rois. Tel est aussi le plan que nous désirons suivre dans cette seconde partie de notre ouvrage. Nous nous attacherons à démêler les véritables droits des peuples, et à les établir solidement, avec les distinctions et explications nécessaires ; dans cette étude si intéressante et d'un ordre si élevé nous ne prêterons pas l'oreille aux vaines déclamations des révolutionnaires, c'est-à-dire, des partis extrêmes; mais en nous contentant de prendre dans leurs théories ce qui nous y semblera bon et conciliable avec les vrais principes, nous veillerons surtout à ne point laisser échapper de nos mains le double flambeau de la raison et de la foi, sans lequel l'esprit humain ne peut que s'égarer de plus en plus. Puis, toujours guidé par cette céleste lumière de la saine raison, et surtout des divines Ecritures, nous rappèlerons les graves obligations que l'ordre de Dieu, la nature, les nécessités sociales, et leurs propres besoins imposent aux gouvernés par rapport aux gouvernants; obligations imprescriptibles et toujours subsistantes, quelles que soient les idées dominantes, la constitution des Etats et les formes de l'autorité supérieure; car elles tiennent à l'essence même du lien qui unit le Souverain à ses inférieurs, et elles résultent des lois éternelles de la conscience. Enfin, en terminant nous passerons en revue les principaux reproches faits aux divers gouvernements contemporains. Nous examinerons jusqu'à quel point ils sont fondés, et nous ne négligerons rien pour jeter, autant qu'il dépendra de nous, quelque lumière sur des questions si importantes, mais si obscures.

LIVRE III.

Les Droits du Peuple.

Les droits véritables et légitimes des peuples, soumis à une forme quelconque de gouvernement régulier, nous semblent devoir être réduits à six, qui sont les suivants : 1° le droit d'être protégé contre tous ses ennemis extérieurs, et celui-ci comprend tous les autres; 2° le droit de vie; 3° le droit de famille; 4° le droit de propriété; 5° le droit de pétition et de remontrance; 6° le droit à la liberté. Il nous paraît incontestable que tous les intérêts généraux et particuliers des peuples sont entièrement satisfaits par la jouissance de ces divers droits, défenses et prérogatives. Mais comme ces droits, compris diversement selon les opinions et la véhémence des appétits, peuvent être étendus à l'infini, et passer ainsi la limite du juste et de l'honnête; comme, d'un autre côté, on a effectivement donné à quelques-uns d'eux, surtout dans ces derniers temps, ou des limites trop étroites, ou, ce qui est le plus ordinaire, une extension excessive et pleine de dangers pour la puissance souveraine et pour l'ordre public, nous nous attacherons à définir le plus exactement possible le sens et les bornes légitimes de chacun de ces droits, pour ne rien ôter ni aux Souverains ni aux peuples de ce qui leur appartient réellement, mais en même temps pour ne donner ni aux uns ni aux autres, par des explications arbitraires ou passionnées, des droits qu'ils ne pourraient consciencieusement revendiquer. Et, toutefois, comme il s'agit en ce moment du droit des citoyens, qui sont tous membres de l'Etat, nous nous efforcerons de lui faire la plus large mesure qu'il nous sera possible, et nous ne nous arrêterons qu'à la première limite certaine des droits des Souverains ou du bien public. Il ne s'agit pas de faire triompher les idées d'un parti; l'unique but de cet ouvrage c'est la vérité, de quelque côté qu'elle se trouve; et l'unique moyen d'y arriver, c'est l'impartialité la plus entière et sans idées préconçues.

CHAPITRE PREMIER.

Premier droit du peuple : La protection du Souverain.

La protection des sujets par le Souverain, pour garantir leur personne et la possession de tous leurs biens, est le premier, le plus nécessaire, le plus universel des droits d'un peuple; puisque, d'une part, cette protection bien entendue comprend formellement tous les autres soins de la Souveraineté, et que, d'un autre côté, les nations ne se sont réunies en société et soumises à l'autorité d'un Prince que pour en être protégées efficacement contre tous leurs ennemis, contre tout ce qui peut porter atteinte à leur bien-être et à leur tranquillité. Et ainsi la défense de tous les membres du corps social, et la conservation de tous leurs intérêts sont le grand, et même l'unique motif de l'institution de la puissance souveraine, et la raison fondamentale de l'établissement des empires. Il ne faut point se lasser de rappeler, et l'on ne saurait trop répéter pour le bien général cette maxime si célèbre et si évidente de la raison et de la foi, que les rois ne sont point pour eux, mais pour leurs peuples; que s'ils ont été mis à la tête des autres hommes, ce n'est pas pour leur donner la coupable satisfaction d'exercer sur eux une domination impérieuse, ni pour la vaine gloire de commander en maîtres à leurs semblables, ou de faire tout plier au moindre signe de leur volonté, ni pour se procurer plus aisément l'abondance de tous les plaisirs et y faire servir tous les autres, sans se mettre en peine de leurs besoins, de leurs souffrances et de leurs justes désirs; et encore moins pour disposer d'eux comme d'un bien dont on est le propriétaire, comme d'un vil bétail que le maître mène à son gré pour le tondre, pour le vendre, pour le sacrifier et s'engraisser de sa substance. Non, ce n'est point pour toutes ces fins odieuses et criminelles que Dieu, la nature et les nations ont fondé le magnifique établissement de la Souveraineté; mais c'est pour le bien des peuples eux-mêmes, pour leur défense énergique, pour leur protection constante, pour leur salut temporel comme préparation à la grande vie de l'éternité. « *In unamquamque gentem præposuit Rectorem*, Dieu a préposé un Prince sur chaque peuple pour le gouverner (1), » dit l'Ecriture.

Remarquons la force du mot *Rectorem;* c'est un chef, un commandant, un directeur; un homme qui ouvre la marche, qui gouverne, qui conduit ses subordonnés, qui ne les perd pas de vue, et les met tous à couvert sous la vigueur de son bras. Et ici l'on ne distingue point entre le temporel et le spirituel; tous les Souverains, dans l'un et dans l'autre

(1) Eccli., XVII, 4.

ordre, ont part au même bonheur et à la même gloire, d'être les guides, les protecteurs, les sauveurs de leurs subordonnés. *Rectorem,* c'est le pilote au gouvernail, et en même temps le capitaine qui prend soin de toute la conduite du vaisseau, avec son personnel et toute sa charge. C'est le berger fidèle et attentif à la garde du troupeau prompt à se ranger sous sa houlette, dont il se sert pour écarter avec une infatigable intrépidité les loups ravissants. C'est le père de famille qui se consume dans ses perpétuelles sollicitudes à procurer le bien de ses enfants. C'est l'économe de la fortune de toute la famille, qu'il ménage sans avarice sordide, mais avec encore plus d'attention que la sienne propre. C'est le grand ressort de toute la machine, la maîtresse-pièce qui se mouvant sans cesse entraîne tout le reste dans son propre mouvement, pour opérer les merveilles de l'art et de l'industrie. Le Souverain doit donc être partout par ses lieutenants, et présider à tout par lui-même, non dans les détails, mais dans l'ensemble. Général à la tête de ses armées levées pour la défense et l'honneur du pays, il est l'âme de toute l'action dans les combats, et sa présence, en enflammant les courages, assure le plus souvent la victoire; prudent, perspicace, appliqué aux affaires, il est la première tête de ses conseils; il y ouvre, ou du moins suit presque toujours le plus sage et le meilleur avis, parce qu'il est le plus instruit et le plus vivement préoccupé des intérêts publics, et rien ne s'y décide sans lui. Chef de tous les magistrats et de tous les corps de judicature, c'est en son nom que se rendent tous les jugements; il veille à y faire régner l'équité et à y faire prévaloir tous les droits. Aussi Homère donne-t-il aux rois le beau nom de *Pasteurs des Peuples,* pour montrer qu'il n'y a rien de si doux, de si paternel, de si tutélaire, de si dévoué que l'Autorité souveraine, et que la protection d'un vrai roi s'étend sur toute la nation pour la défendre, comme celle du berger sur tout son troupeau; et c'est là un devoir de justice, un devoir strict, rigoureux et constant, parce que le droit du peuple à cette protection est naturel, essentiel, inaliénable. Mais aussi l'on voit dans le vrai Prince cet admirable sacrifice de tous les instants qui, comme toutes les autres vertus, mène à la vraie et solide gloire, vainement ambitionnée par les Princes infidèles à leur mandat.

Toute la suite de l'histoire nous l'apprend : le Souverain est d'autant plus estimé et exalté par ses sujets qu'il a mieux joué ce grand rôle de protecteur public; il paraît glorieux, non-seulement à sa propre nation, mais à toute la postérité; et les héros n'ont mérité ce nom que par leurs exploits entrepris pour le salut commun. D'où vient cette admiration prodigieuse presque exclusivement réservée aux fameux conquérants qui par leurs dévastations paraissent pourtant en être si peu dignes, sinon de ce que, malgré les malheurs inséparables de leurs expéditions lointaines, ils semblaient travailler pour la patrie; car toutes ces brillantes, mais funestes vanités n'ont pu soustraire à l'horreur du genre humain ceux qui, dans ces guerres fastueuses, ont paru ne chercher que leur gloire personnelle. Est-ce qu'Attila, Genséric et Tamerlan sont loués? Ne sont-ils pas regardés comme des fléaux? Ils le comprenaient eux-mêmes; et confus, ils ne songeaient à se justifier que par le prétexte d'une prétendue fatalité, invincible à toutes leurs résistances. Une nation guerrière frémit et s'exalte au seul nom de la gloire, mais elle s'en lasse bientôt quand elle se prolonge; car elle fait répandre trop de larmes, et elle est trop contraire à ses intérêts; il n'est pas de plus grand fléau qu'une guerre sans relâche, qui détruit un peuple au lieu de le protéger. Tous les autres devoirs de la Souveraineté dérivent donc de celui-ci, et se résument dans le bon gouvernement, ou gouvernement protecteur; puisque toutes les autres fonctions de cette charge suprême ne sont que des extensions, des applications diverses de cette protection tutélaire.

Ainsi, le premier droit de tous les peuples est d'être efficacement défendus par leur Souverain, et celui-ci doit montrer que, selon la parole de l'Ecriture, ce n'est pas en vain qu'il porte le glaive pour la défense des bons et pour la terreur des méchants. Si au lieu de ressembler à l'aigle qui pose ses aiglons dans des hauteurs inaccessibles pour les dérober à la rapacité du chasseur; si au lieu d'étendre son épée sur son peuple pour tenir ses ennemis à distance, il ne daigne prendre aucun soin des intérêts publics et des affaires de l'Etat; si on le voit consumer la plus grande partie de son temps dans les violents exercices de la chasse, ou dans de vains plaisirs, ou dans une indolence, dans une paresse plus honteuse et plus criminelle encore, alors il est considéré de toutes parts comme un être inutile et méprisable, comme un fardeau. Il perd la confiance, et tous les cœurs se retirent de lui; et il est arrivé souvent que les peuples, même les plus affectionnés et les plus fidèles, indignés d'une telle insignifiance ont cru devoir enlever la couronne à celui qui ne la voulait plus porter, occupant en vain une place dont tout autre se serait montré plus digne. C'est ainsi que le premier empire des Assyriens dans l'antiquité tomba sous le déshonneur et les lâchetés d'un Sardanapale; c'est ainsi que l'empereur de Rome, Gallien, vit son empire, révolté de sa honteuse mollesse, se jeter entre les bras de tous les tyrans qui s'en disputaient les lambeaux ; et que le malheureux Henri VI, roi d'Angleterre, ce prince sans caractère et sans courage, traîna si longtemps de prison en prison sa couronne humiliée, pendant que tout le royaume abandonné à lui-même était en feu, par les sanglantes discordes des maisons d'York et de Lancastre.

Et sans sortir de notre propre histoire, quelle flétrissure éternelle pour la plupart de ces rois fainéants, pour ces faibles descendants du grand Clovis, si tristement satisfaits d'un vain titre, qu'ils durent enfin laisser au vaillant Pépin, seul vrai roi, à qui les Français permirent de prendre la place de ces princes inutilement couronnés, que depuis un siècle ils ne voyaient plus. Dans le siècle suivant, vint Charles-le-Gros, rejeton également dégénéré d'une race héroïque; au lieu de défendre l'Etat, il s'amusa lâchement à compter de l'argent aux Normands qu'il eût dû écraser, ou chasser au-delà des frontières. « Il appela la trahison à son secours, dit un historien, l'estimant bien à tort un moyen qui suppléerait à son impuissance. Il ne fit qu'abandonner les Français à la fureur des Normands, et les Français indignés (il faut entendre les grands), réagissant contre lui le précipitèrent tout-à-coup du trône, regrettant, mais trop tard, d'avoir appelé à leur tête l'imbécile monarque. » A peu près dans le même temps, on voit encore Charles-le-Simple rejeté au profit du comte Eudes à cause de son enfance et de son incapacité, obligé de céder la place une seconde et une troisième fois à Raoul et à Hugues-le-Grand, parce qu'au lieu de protéger la nation, il ne pouvait lui-même se passer de protecteurs; et ceux-ci prenant en pitié l'extrême faiblesse de son caractère le mirent dans l'impuissance d'achever de perdre l'Etat, comme il l'avait si bien commencé en cédant aux ennemis de la France *la Normandie et la Bretagne*, qui étaient alors les plus beaux fleurons de la monarchie. Assurément, la révolte contre l'Autorité suprême n'est jamais permise, nous en donnerons bientôt la preuve; mais dans les actes qui précèdent, y avait-il vraiment révolte? On pourrait en douter; aussi ne voyons-nous aucune tentative de ces Princes pour remonter sur le trône, ce qui selon toute apparence, n'aurait pas eu lieu, s'ils eussent cru y avoir des droits, ou s'ils n'eussent pas consenti librement à leur déchéance, qui n'était pour eux que la décharge d'un fardeau trop pesant pour leurs faibles épaules.

Ne semble-t-il pas juste, en effet, ne semble-t-il pas dans l'ordre de la nature et des besoins sociaux, supérieurs à tous les autres, qu'un Prince qui abandonne ainsi entièrement le soin de son peuple en soit délaissé à son tour ? ou plutôt il s'abandonne lui-même, refusant le travail qui est le seul but, la seule condition de son emploi ; dès lors, il abdique, il renonce à sa charge, il n'a plus qu'un titre, et ce titre, sans fonction et complétement inutile, est transféré à un autre qui s'en servira ; l'on ne fait qu'accéder à son désir suffisamment exprimé par son opiniâtre indolence ; et l'on accepte sa décision. S'il ne veut pas exercer les devoirs de la Souveraineté, dont le principal est de défendre les intérêts de la nation, pourquoi resterait-il Souverain ? C'est là le sens de cette fameuse décision du pape Zacharie jugeant, non pas comme suzerain, mais comme casuiste et théologiquement, la question de conscience soumise à son tribunal. Un Prince qui s'éloignerait de ses Etats sans dessein d'y revenir, au jugement de tout le monde, abdiquerait réellement la couronne, et elle passerait de plein droit à son successeur ; mais celui qui n'est présent que de corps et ne s'occupe de rien n'est-il pas vraiment absent ; n'est-il pas mort quant à la Souveraineté ? Evidemment le trône est vacant, ou du moins ceux qui le jugent tel ont une immense excuse. La protection du Chef de l'Etat, c'est la condition et l'unique motif de la Souveraineté.

Ainsi le droit général d'un peuple, son droit le plus clair et le plus certain, c'est d'être bien gouverné. Tous ses autres droits rentrent dans celui-ci, et sont des conséquences de ce premier principe. Tant que le peuple est bien gouverné, c'est-à-dire tant qu'il est efficacement et suffisamment protégé dans sa vie, dans ses propriétés, dans sa famille, dans sa paix au-dehors, dans sa religion, dans son honneur, dans ses libertés essentielles, tous ses intérêts sont satisfaits. Il n'a pas d'autre vif désir à former, d'autre vœu urgent à émettre, d'autre droit strict à faire valoir; et le gouvernement est dans sa perfection, du moins autant que le comportent les limites de la faiblesse humaine.

Or, pour défendre ces divers intérêts, il ne faut qu'une chose : *la paix;* la paix au-dehors et la paix à l'intérieur; la défense militaire contre l'étranger, et la protection de la police, sous l'empire des lois, contre toutes les injustices qui tendent à faire perdre aux citoyens les droits accordés par la nature et par ces mêmes lois, et à les troubler dans la paisible possession de leurs légitimes prérogatives.

Nous réservons au chapitre suivant ce que nous avons à dire sur la guerre étrangère. Mais ce n'est pas seulement contre le dehors que les peuples ont besoin de protection; c'est encore et surtout au-dedans de l'Etat que ce besoin se fait le plus vivement sentir; car il est continuel, à cause des passions violentes et fougueuses des hommes injustes, qui bouleverseraient tout et causeraient d'affreux malheurs, sans la salutaire terreur des lois et de la Puissance publique. De là la nécessité absolue d'une police toujours vigilante, incorruptible et exacte, qui effraie les mauvais instincts, réprime ou prévient les tumultes, les rixes, les séditions, les vols, les brigandages et les meurtres. Une police bien faite est si nécessaire à tous les Etats, elle fait tellement la distinction des bons et des mauvais gouvernements que, par toute la terre, pour rendre hommage à l'honnêteté et à la justice d'une nation où tous les droits sont respectés, on l'appelle une nation *policée,* civilisée; mais qui ne sait que la *politesse* (de police), la civilisation consistent dans les relations d'équité, d'égards, d'honneurs mutuels des citoyens les uns envers les autres. Or, ce qui entretient parmi les hommes ces nobles et agréables rapports, ce sont d'abord sans contredit les hautes influences de la Religion qui, bien comprise, apprend à aimer tout le monde et à ne haïr ni maltraiter personne; c'est ensuite, pour les âmes inaccessibles à ces grands sentiments, la force de la police générale qui, obligeant les citoyens à se respecter réciproquement, pourvoit à la sureté de tous les habitants du même empire, avec les commodités et les douceurs de la vie. Sans la police, un peuple n'est que sauvage et barbare; avec la police, il se conserve heureusement, et jouit des avantages de la société.

Or, la police, pour être bien faite et procurer l'exécution des règlements, doit avoir trois éléments constitutifs : le commissaire avec ses gendarmes et autres agents de la force publique pour saisir les coupables; la magistrature pour les juger; et l'exécuteur pour les punir, en leur appliquant la sentence quelle qu'elle soit, soit la peine capitale, soit tout autre châtiment. Sans ces trois ordres d'auxiliaires se prêtant un mutuel appui, la police ne se fera pas; ou, si elle se fait, ce ne sera qu'au profit de l'arbitraire, et aux dépens de l'ordre et de la légalité. Il est clair qu'elle ne doit pas être tracassière, en inquiétant sans cause, ou en agissant en dehors des règlements; mais il l'est également qu'il ne lui est pas permis de dormir ou de fermer les yeux, que les particuliers ont le droit de la trouver partout où ils en ont besoin, et qu'elle est tenue de faire sentir son action dans tout ce qui est du ressort administratif. La police tient aux entrailles de la société, dont l'existence, et surtout le bien-être, dépend de la manière dont elle fonctionne. Quand la police est bonne, les crimes deviennent de plus en plus rares; ceux que n'arrête pas la conscience sont retenus par la crainte du châtiment, et tout est en paix. De sorte qu'on peut juger de la vigueur, et par conséquent de la bonté d'un gouvernement, par le peu d'occupations des juges, principalement en matière criminelle. C'est une preuve que les lois sont obéies, et tous les droits respectés; ce qui est le chef-d'œuvre et le triomphe de l'administration.

Aux agents de la police se rattache la classe des espions

secrets. Certes, ce n'est pas là une fonction bien noble; mais elle est excusée par la nécessité. Autrement, il serait comme impossible à la police de déjouer les complots contre les particuliers ou contre l'Etat, ou de les frapper d'une répression suffisante. La crainte que l'on peut avoir des fausses dénonciations et des vengeances privées de ces sortes de gens, disparaît devant la garantie des tribunaux, dont l'emploi est d'approfondir la vérité, et de ne point punir sans preuves. Les lois ont sagement pourvu à tous les périls.

Comment comprendre après cela l'opiniâtreté de certains hommes à réclamer la suppression de la police, si l'on ne se rappelait que ces cris séditieux et insensés ne se font jamais entendre que dans des temps de troubles; les auteurs de ces criminelles réclamations étant intéressés à combattre et à écarter de toutes leurs forces les défenseurs de l'ordre.

Mais ce cri ne sera jamais celui des honnêtes gens et des vrais amis de leurs pays. Demander la suppression de la police, c'est demander le triomphe de l'émeute ou de la scélératesse : quiconque fait le bien n'en a rien à craindre; les brigands et les mauvais citoyens seuls ont sujet de la redouter. Il est vrai que les agents de police n'ont pas le droit d'opérer des arrestations de leur propre autorité, sauf le cas de flagrant délit; mais dès que la magistrature intervient pour les ordonner et pour juger ensuite, la liberté reste sauve.

Tel est donc le premier droit des peuples : une protection sérieuse et constante pour tous leurs intérêts, une défense efficace de la part du Souverain et de tous les fonctionnaires de l'Etat contre tous les ennemis tant du dedans que du dehors.

Quand un gouvernement protége ses subordonnés, nonseulement dans ce point, mais dans les autres droits dont il nous reste à parler, il n'y a aucun sujet plausible de se plaindre de lui.

CHAPITRE II.

Deuxième droit du peuple : La conservation de la vie.

Si la protection égale et constante de tous les citoyens d'un empire est le grand droit du peuple, et le résumé de tous les devoirs de la Souveraineté, le premier objet de cette protection est aussi le premier des biens de l'homme, la vie. La loi, le Souverain, le gouvernement ont une obligation stricte et imprescriptible de veiller constamment à la conservation de l'existence de tous les sujets jusqu'au moindre, et cette obligation s'étend à toutes les circonstances où ils se peuvent trouver. Il n'y a qu'un seul cas où non-seulement le gouvernement est dispensé de protéger la vie du citoyen, mais où il l'en doit priver : c'est celui où elle serait incompatible avec la sûreté générale, et nuisible à la société; mais la suppression d'une telle vie est le salut de toutes les autres. Ainsi, ce grand devoir de la conservation commune lui reste toujours à remplir, dans la guerre, dans la paix, dans la punition des meurtriers, dans la répression des duels, dans la modération de son action propre, dans les extrêmes besoins de la nation. Reprenons.

Pour ce qui est de la guerre, nous remarquerons qu'elle est légitime en certains cas, qu'elle doit être faite quand elle est nécessaire, évitée quand elle ne l'est pas, conduite avec modération, et terminée dès qu'elle peut l'être honorablement.

Le Souverain pourvoit donc à la conservation des jours de l'homme, en commençant la guerre dès qu'elle devient nécessaire à la sûreté du peuple. Faire la guerre! Mais comment parler de la conservation de la vie humaine en parlant de la guerre, qui a pour but de la détruire, ou du moins dans laquelle la mort est inévitable! Chose étonnante, et au premier aspect incompréhensible! Mais il faut se souvenir qu'on ne donne la mort que pour éviter la mort; on ne tue l'ennemi que pour sauver sa propre nation, et on n'expose quelques-uns de ses concitoyens que pour assurer la vie du grand nombre; c'est ce qui fait la légitimité de la guerre considérée en soi. Et pour justifier cette proposition, ainsi que le terrible usage des armes, deux principes se présentent. Le premier, c'est cet axiôme d'évidence et de bon sens universellement admis, que le particulier doit toujours se sacrifier pour le bien public, et que les intérêts du petit nombre cèdent de droit à ceux du plus grand. La nature et la justice enseignent également, et sans contestation possible, que quand deux intérêts sont en présence, celui de la majorité l'emporte, comme supérieur. Or, c'est précisément ce qui se voit dans les guerres : une minime portion du peuple affronte les coups de l'ennemi pour en préserver tous les autres; et tout l'Etat est en paix sous la protection de ce petit nombre de vaillants défenseurs. La guerre a donc pour but de sauver la vie du grand nombre; ce qui ne se peut faire sans exposer quelques existences individuelles, que chacun, du reste, défend de son mieux. De deux maux inévitables on choisit le moindre; et la vie de la nation dans son ensemble est sauvegardée. Un second principe non moins évident est que, le fort seul étant capable de se défendre et de défendre les autres, c'est lui qui doit se sacrifier pour le salut commun. Que deviendraient contre l'homme robuste et armé des bataillons d'enfants, ou de vieillards débiles! Il a donc fallu prendre la jeunesse dans sa vigueur, sa souplesse, son activité, son sang bouillant, pour l'opposer aux bataillons ennemis; là est la force, l'unique moyen de la résistance et de la victoire; c'est donc un devoir indispensable pour les jeunes gens valides de défendre la patrie. En vertu de la loi naturelle de la solidarité, établie par le

Souverain Maître dans toute l'étendue de la création, la surabondance des forces n'a été donnée à quelques-uns que pour le soulagement des faibles ; de même que la fortune aux riches, pour subvenir aux besoins des pauvres, et la grande science aux habiles, pour l'instruction des ignorants. Tout s'accorde sous l'empire d'un Dieu bon : il n'y a point d'inégalité réelle quand le monde fait son devoir, un admirable commerce d'amour s'établit parmi les hommes, la vertu remet l'équilibre ; et tel est évidemment le dessein du Créateur.

Une nation a donc droit d'attendre de son Souverain qu'il envoie ses armées pour réprimer les attaques et les incursions des étrangers, dont le dessein est de lui enlever, ou son nom en lui imposant celui du vainqueur, ou sa liberté politique en la faisant passer sous un sceptre étranger, ou son autonomie en la soumettant à de nouvelles lois qui répugnent à ses mœurs, ou les autres biens physiques ou moraux dont elle est en possession. Alors c'est une obligation grave au Souverain de la défendre, et de la défendre, s'il est nécessaire, au péril de sa vie ; il faut qu'il appelle sous les armes et lance contre l'agresseur la partie valide et robuste de la population, pour protéger la partie faible et sans défense, les vieillards, les femmes, les enfants, les infirmes. S'il succombe, qu'il se relève avec intrépidité et qu'il marche à de nouveaux combats ; puis, si la fortune le trahit encore, si tout semble perdu, il saura dire avec une constance invincible cette grande et belle parole de Louis XIV au maréchal de Villars : « Allez avec ma dernière armée ; et si vous êtes battu, j'irai à mon tour m'ensevelir sous les débris de la monarchie. »

Mais à quoi bon faire toutes ces recommandations aux Souverains, surtout pour ce qui regarde la France ? Quelle race plus guerrière que la française, et quelle humeur plus vaillante que celle de ses chefs ! Est-ce que la bravoure n'est pas héréditaire dans tous nos rois ? Est-ce qu'elle n'est pas dans leur sang, ou plutôt est-ce qu'elle ne fait pas comme une partie intégrante de leur âme ? Est-ce que de l'aveu de toutes les nations, même rivales, l'armée française n'est pas la première du monde pour le courage et l'intrépidité ? Depuis le commencement du siècle, si l'on excepte deux ou trois échecs, qui donc résiste à l'effort de nos armes ? Ici le Souverain et le peuple se comprennent admirablement ; la même ardeur les anime ; le Prince ne recule devant aucun danger, car il sait qu'il sera suivi par des troupes héroïques ; et le peuple, quelles que soient d'ailleurs ses affections et ses discordes, il oublie, à l'approche du péril, toutes ses divergences d'opinions, et il se range comme un seul homme sous les drapeaux du Prince et de la patrie. Jamais cette nation, qui paraît si contredisante, n'a marchandé le tribut du sang ; et du fond de nos rudes campagnes s'élève annuellement un essaim de héros. Sur le champ de bataille, le Prince et ses sujets sont toujours d'accord ; car c'est le propre de la gloire, tant qu'elle dure, de faire taire toutes les oppositions.

Toutefois, le dévouement du fort est un grand sacrifice : outre des souffrances de tout genre, la mort en est souvent le prix ; qui donc pourrait le lui imposer, sinon l'intérêt commun, sinon le salut de tout un peuple ? Evidemment il n'est obligé de se dévouer aux dangers de la guerre, que quand le salut du grand nombre est réellement exposé ; et l'y contraindre en-dehors de cette nécessité terrible, ce serait se rendre coupable. Mais, aujourd'hui, généralement on ne fait plus la guerre pour une vaine gloire, mais seulement pour affermir la paix, fin nécessaire de tous les travaux de l'humanité. Une guerre inutile, et, par conséquent, injuste, est un mal sans aucun bien ; car, outre les crimes, les pillages, les incendies, les meurtres, et toutes les autres calamités effroyables qui en sont l'inévitable suite et en font une scène d'horreur, quand a-t-on vu que les peuples vainqueurs en aient retiré plus de profit, soit par l'accroissement durable de leur fortune, soit par la diminution des impôts, soit par l'assurance d'une plus longue paix ? Et, puisque d'autre part nous supposons la guerre inutile à la liberté, aux intérêts et au repos de la nation, c'est donc un fléau sans mélange de bien, qu'il faut conjurer et éloigner à toute force. Ainsi toute guerre non nécessaire pour le salut, l'honneur ou l'indépendance d'un peuple, est un crime, une longue suite d'attentats sans droit contre la vie de l'homme ; et le Prince qui l'ordonne est un meurtrier, indigne par son humeur sanguinaire de gouverner ses semblables.

Ces mêmes raisons obligent à faire la guerre avec modération, en se conformant au droit des gens. L'unique but de toute expédition légitime est de défendre ses droits, de forcer l'ennemi à cesser ou à réparer ses injustices, et d'arriver à une paix solide et honorable ; tout ce qui s'écarte de cette fin est désordonné. Il ne faut donc point perdre de vue que tout ce qui ne sert de rien au but de la guerre est une cruauté inutile et criminelle. Sans doute, parfois les armes ont des exigences terribles et des rigueurs inévitables : tantôt il est impossible d'emporter d'assaut une place importante sans ravager le pays d'alentour ; tantôt, pour priver de ses ressources un ennemi autrement indomptable, on est réduit à la dure nécessité d'incendier les récoltes, les maisons, les forêts ; d'autrefois, pour avoir raison d'une férocité qui foule aux pieds toutes les règles, et ne veut entendre à aucun échange de prisonniers, qu'on ne peut pourtant garder comme surchargeant l'armée d'un poids au-dessus de ses forces, on est dans l'impossibilité de faire quartier. Mais ce sont des extrémités dont la nature gémit, et auxquelles on ne se porte que par la plus impérieuse des nécessités ; en dehors de ces lois rigoureuses des circonstances, toute dévastation, tout incendie, tout meurtre est le produit de la haine, et conséquemment coupable. La mémoire du fameux Louvois est à jamais flétrie par les ravages horribles qu'il fit exercer dans le Palatinat. Le droit des gens suivi dans tous les pays civilisés proscrit ces fureurs ; et la loi de Dieu n'est pas moins formelle. Gen. IX. D'après toutes ces règles, sacrées pour quiconque reconnaît encore un devoir, les peuples ont droit, même au plus fort des combats, d'être épargnés dans leurs femmes, leurs jeunes enfants, leurs vieillards, leurs infirmes, leurs ambassadeurs. En thèse générale, et sauf de rares exceptions commandées par une nécessité absolue, il n'est permis d'attaquer que les traitres et ceux qui ont les armes à la main; et cela, même après des ordres formels, qui sont nuls de soi comme évidemment contraires à la nature. Il est honteux pour un homme de cœur d'abuser de sa force contre les faibles ; c'est une atrocité de cannibales, digne de l'horreur et de l'exécration du genre humain.

Enfin, dès le moment où l'on peut terminer la guerre avec honneur, c'est-à-dire, dès que le grief est redressé par la victoire, le droit rétabli, ou des conditions convenables imposées ou acceptées, il le faut faire ; ce n'est pas seulement une noble action, c'est une œuvre de justice rigoureuse, le sang humain ne devant jamais être versé sans motif ou dans des vues d'ambition. Et voilà pourquoi, aux yeux de tous les hommes sensés, de tous les esprits solides et sérieux qui ne se paient pas de folles imaginations et d'un enthousiasme puéril mais de raison, les conquêtes de fantaisie et les guerres continuées sans cause, n'étant que d'immenses brigandages, constituent une violation capitale du premier droit des peuples de n'être pas immolés à la brutale ambition d'un seul homme. D'ailleurs, est-ce que les guerres poussées à outrance et sur une vaste échelle n'entraînent pas à la longue quelque revers ; ou quelque affaiblissement déterminant, par une coalition des peuples attaqués, la formation d'une ou de plusieurs grandes et formidables puissances sur les flancs du peuple agresseur, à la place des petites Souverainetés intermédiaires dont il n'avait rien à craindre, et qui formaient comme une barrière entre les ambitions? Que venons-nous de voir en Allemagne? Cette couronne de vastes Etats est un étau, qui toujours le serre ou le menace. C'est une des idées les plus élémentaires en politique. Aussi quand la guerre, qui ne doit jamais être faite que dans l'intérêt de la nation ou de ses alliés, a atteint son but, elle a droit d'en demander la cessation, et le Souverain est en conscience obligé de s'arrêter, fût-ce au milieu des plus brillantes victoires; car le bien public est la grande règle toujours obligatoire, et contre laquelle on ne prescrit pas. L'olivier est préférable à tous les lauriers du monde, et une paix solide et glorieuse vaut toujours mieux que les plus éclatants triomphes. Un des plus grands fléaux pour un Etat, c'est une guerre qui n'est pas indispensable, et il faut toujours éviter l'inutile effusion du sang. En un mot, ne jamais reculer devant une guerre légitime et nécessaire, ne jamais l'entreprendre quand elle ne l'est pas, la conduire avec modération, la terminer dès qu'elle n'a plus de raison d'être, ce sont là les droits et les conditions de la guerre.

2° *Pendant la paix*. Puisque la défense du peuple, qui est le premier motif de l'établissement des sociétés, et par suite des divers gouvernements, est en même temps la principale cause de tous les sacrifices que font les citoyens, elle doit être aussi l'objet le plus sérieux de l'attention de tous ceux qui gouvernent. Le peuple a donc droit que l'on fasse des lois détaillées et précises qui, sans être draconiennes, soient cependant efficaces pour la répression des passions mauvaises, et que ces lois soient appliquées par la poursuite à outrance des malfaiteurs et des scélérats. Et cependant ces malfaiteurs eux-mêmes ont droit à leur vie tant qu'ils n'ont pas été juridiquement condamnés, ou leur tête mise à prix par la puissance publique. S'il était permis à chacun d'en faire justice par soi-même et sans autorisation, ce serait renouveler le brigandage que l'on veut extirper; car il est facile de concevoir combien de bons et paisibles citoyens, taxés de crimes imaginaires, tomberaient sous le coup de vengeances privées, sous prétexte de l'intérêt public. Ces misérables sont, comme tous les autres, sous l'autorité et la protection des lois; ils ne peuvent être punis que lorsqu'ils ont été jugés par les magistrats compétents, et dans les formes déterminées par la législation; et il n'est permis ni au Souverain ni aux juges de rien ajouter de leur chef aux rigueurs légales. Dans le sein de la société, la protection s'étend sur toutes les existences; et si cette société est autorisée à sacrifier quelques-uns de ses membres, ce n'est que dans le cas de légitime défense, ou lorsque leur vie est incompatible avec celle de tous les autres. Ce respect inviolable pour la vie humaine dans toutes les circonstances est un des plus grands droits du peuple, et un des plus grands devoirs du Souverain.

3° *Dans la punition des meurtriers.* — Sans doute, comme nous venons de le dire, ils ne doivent pas être punis arbitrairement, illégalement et sans preuves. Mais aussi la répression des forfaits, et de tous les crimes qui attentent à la sûreté publique serait impossible, s'ils n'étaient sévèrement punis. Ces gens-là ne redoutent que les galères à perpétuité ou l'échafaud. Pour arrêter leurs fureurs il ne faut rien moins que la peine du talion; autrement la société périclite. Il la leur faut donc appliquer en rigueur, quand le jugement intervenu montre l'évidence de leur crime; il n'y a que des cas exceptionnels qui leur puissent mériter la faveur de la clémence royale. Il est juste que la vie soit ôtée à ceux qui s'en sont servis pour l'ôter aux autres. Et, en général, on est réduit à choisir entre la mort des assassins et celle de la société. Nous avons déjà parlé de l'abolition de la peine de mort, tant de fois réclamée par les hommes les plus dangereux de notre époque fiévreuse, et nous avons fait voir que la suppression de cette peine est une des plus épouvantables chimères des imaginations déréglées, et souvent un rêve audacieux de conspirateurs en délire, qui tend à enlever à la société toutes ses défenses les plus sérieuses, et à la livrer en proie à l'anarchie, au brigandage et au crime. Nous n'avons point ici en vue les délits politiques; en dehors de toute émeute sanglante ou du crime de lèse-majesté, on comprend l'indulgence; il est même à désirer alors que l'on ne fasse pas usage du dernier supplice, pour ne pas prolonger les discordes civiles, les rendre implacables, et porter à de cruelles représailles. Rien n'est douloureux comme de voir un peuple se déchirer lui-même pour des utopies. Mais quand il s'agit des assassins, des empoisonneurs et des incendiaires, quand il s'agit de défendre la vie de l'homme contre le fer des scélérats, la loi doit déployer toutes ses rigueurs, et le juge n'a pas à reculer devant la dure mais indispensable nécessité d'immoler le coupable pour sauver l'innocent. En pareil cas, la miséricorde devient une cruauté, et acquitter, c'est se rendre complice.

Combien ne serait-il pas à souhaiter qu'il y eût dans notre législation une réforme sur les jurys, qui restreignît la fausse tendresse de plusieurs d'entre eux, et ne leur permît pas d'être si indulgents pour le crime, aux dépens des citoyens honnêtes et paisibles, par l'admission si fréquente et si facile des circonstances atténuantes, qui indigne quelquefois les spectateurs, et leur fait maudire les hommes de bonne foi, mais peu éclairés, capables de rendre de pareils verdicts. Avec quelle facilité effrayante n'acquitte-t-on pas certains criminels, et en particulier les filles coupables d'infanticide! Les jurés ne savent donc pas les propos honteux qui se débitent en ces occasions, et combien leur réputation est peu ménagée? Est-ce que ces petits innocents n'ont pas droit à la vie comme tous les autres? Ils y ont d'autant plus de droits qu'ils n'ont point failli par eux-mêmes, et qu'on n'a rien à leur reprocher. La loi ne leur doit-elle pas ses plus tendres protections, et n'y aura-t-il de privilége que pour le crime? Que l'on ait égard à un premier mouvement qui obscurcit la raison, surtout dans le cas d'une offense grave, ou à une vie jusque-là toute d'honneur et de vertu, ou à un défaut d'évidence complète dans les preuves, cela se comprend; alors on peut, et on doit peut-être se contenter d'infliger une peine moins terrible que la mort. Mais que de misérables parricides, souvent l'opprobre de la société, écrasées sous le poids des charges les plus accablantes auxquelles elles n'opposent rien de satisfaisant, malgré l'habileté de leurs avocats, soient mises en liberté sans une punition quelconque, même sans la flétrissure anodine des circonstances atténuantes, une telle manière d'agir est-elle admissible? C'est une plainte presque universelle (1). Que la société soit donc plus efficacement protégée, et qu'une juste terreur fasse reculer le crime; c'est ce que l'on demande de toutes parts, et avec raison, car c'est bien là incontestablement un des droits les plus clairs et un des besoins les plus urgents de la société; mais il serait bon d'insister encore; car il faut toujours justice aux bons, indulgence aux faibles, et punition inexorable aux scélérats endurcis.

4° *Dans la répression des duels.* — Le duel! immense danger pour la vie de l'homme! Car un misérable préjugé et un faux point d'honneur ne laissent aux âmes communes presque aucun moyen de s'y soustraire. Ce reproche vague

(1) S'il y avait plus de vigueur, on ne verrait pas un nombre effroyable d'enfants sacrifiés chaque année dans la seule ville de Londres. On parle de plus de dix mille.

et mal placé de lâcheté est trop sensible à la fibre française. Il n'y a que les caractères vraiment forts et supérieurs, les hommes inébranlables dans les vrais principes qui sachent se mettre au-dessus de ces petitesses; mais tout le monde sait que les grandes âmes ne sont pas le grand nombre. Il semble, il est vrai, que le duel ne soit pas de la compétence du Souverain, et que le Gouvernement n'ait pas à intervenir dans cette question ; 1° parce qu'il n'est pas ordinairement instruit de ces meurtres, que l'on dérobe avec tant de soin aux regards de la police; 2° parce que ces combats sont acceptés, et ne doivent pas être confondus avec un assassinat ordinaire, puisque, d'après l'axiôme de droit, il n'y a point de traitement injuste envers celui qui le sait et le veut bien. Mais ces raisons sont plus apparentes que solides : il est facile d'en reconnaître la fausseté, et de répondre à la première qu'aujourd'hui, vu ses immenses ressources et l'extrême perfection où on a su l'élever, la police a l'œil à tout et n'ignore rien; que les duels, à cause des grands intérêts qui s'y rattachent, sont aussitôt divulgués par les journaux et par les cent voix de la renommée; que, par conséquent, ces événements ne peuvent demeurer inconnus, et que la police en a généralement connaissance assez à temps pour pouvoir arrêter les coupables. Il n'est pas moins évident que le duel a quelque chose de si dur, de si répugnant à l'amour de la vie et à la conscience, que, sans les principes erronés d'un certain monde qui, prenant le faux pour le vrai, attache une idée de honte à la force morale, à la grandeur d'âme et au pardon, tous les provocateurs et les provoqués, à l'exception de quelques furieux, auraient bientôt fait leur paix plutôt que d'en venir à de si funestes extrémités. Il est évident que ces faux points d'honneur et les mépris auxquels on est exposé imposent un joug tyrannique, que la plupart n'ont pas la force de secouer; d'où il suit que le duel n'est nullement volontaire; qu'on le subit malgré soi; que celui qui l'emporte est un véritable meurtrier; que ces férocités rentrent par conséquent dans le domaine du Souverain, et sont soumises à la juste sévérité des lois, protectrices-nées de la vie de tous les citoyens. C'est donc le devoir de l'Etat de réprimer ce genre de crime, également réprouvé par la nature, par la religion, par l'humanité, par la civilisation.

Le duel est contraire à *la nature* qui a horreur du sang et en inspire l'horreur, surtout quand cette fureur sanguinaire n'est excitée que par des préjugés faux et barbares; faux, puisque le succès ne prouve ni la valeur ni le bon droit; il ne prouve pas la valeur, car il est démontré par l'expérience que les spadassins de profession, incapables d'un courage réfléchi, ne sont pas d'ordinaire les plus braves dans un jour de bataille; ce qui rend cette fausse bravoure méprisable aux plus grands généraux et aux meilleurs politiques; il ne prouve pas non plus le bon droit, puisque les armes peuvent favoriser le coupable plus habile à les manier; il ne rétablit donc pas l'honneur, puisqu'il ne montre pas l'innocence. Est-ce qu'on ne fait pas voir plus de grandeur d'âme à mépriser l'injure qu'à se venger bassement? Car, la vengeance, quelle qu'elle soit, est toujours une bassesse, et la lâcheté d'un cœur qui ne sent pas combien il y a de gloire à dédaigner les outrages et à se vaincre soi-même. Mais ce préjugé n'est pas seulement mal fondé; il est cruel et barbare; puisque, si l'on tient à une réparation, au lieu de l'exiger équitable et modérée et de mettre un frein à sa colère, on tend toujours ou à donner la mort ou du moins à répandre du sang. La nature y est donc contraire.

La Religion, on le sait, ne le condamne pas avec moins de sévérité. Il y a une loi de Dieu qui défend tout meurtre prémédité; *non occides* [1]. Or, n'est-ce pas le cas des deux

(1) Exode. 20.

duellistes? Il n'appartient qu'à la puissance publique de faire justice ; se la faire par soi-même, c'est être assassin. Aux yeux de la Religion la vengeance est toujours un mal. Aussi, l'Eglise frappe-t-elle d'excommunication et de privation de la sépulture chrétienne quiconque meurt dans les combats singuliers ; car elle surprend ses enfants dans le flagrant délit de révolte contre la loi de Dieu.

Mais, pourquoi remonter jusqu'à la Religion ? La simple *humanité* s'y oppose. Elle nous porte à des sentiments de bienveillance envers tous les hommes ; et quoi de plus opposé à cette bonté d'âme que l'orgueil cruel qui porte à donner la mort? Mais, combien cette cruauté n'est-elle pas plus monstrueuse encore lorsqu'on s'attaque à des amis, à des frères, comme il arrive si souvent? L'on dit qu'on se bat pour *l'honneur*. Mais, n'est-ce pas, au contraire, se déshonorer que de se montrer sans cœur, insatiable d'une honteuse vengeance, et altéré de sang comme une hiène. Il nous semble qu'un des plus beaux caractères de l'honneur, c'est d'être humain, et de savoir pardonner. Mais, ou trouver ces qualités dans un duelliste?

Enfin, ces basses vengeances ne sont pas moins condamnables au point de vue de *la civilisation*. La barbarie d'un pareil usage suffit pour montrer qu'il n'a pu être établi que par des Barbares. Inconnu, en effet, aux temps héroïques et militaires de la Grèce et de Rome, et même à toute l'antiquité, qui ne l'admettait qu'au nom et à la place des armées entières, il nous est venu du fond des forêts de la Germanie et de ses mœurs sauvages. Peuples grossiers et à peine ébauchés, ne connaissant d'autre droit que la force, ils faisaient consister tout le mérite des hommes dans le maniement des armes et dans la vigueur du corps ; dominés par une superstition aveugle et farouche, ils regardaient l'issue du combat comme un témoignage de la divinité, et nommaient ces épreuves : *Le jugement de Dieu ;* comme si

Dieu devait toujours intervenir dans les caprices et les bizarreries humaines ; comme s'il n'y avait pas de lois, ou qu'il fût permis à chacun de se soustraire à leur empire pour se faire justice à soi-même, au mépris des ordres de Dieu, et de l'Autorité publique. L'on voit que les duels n'ont pas une origine bien glorieuse. Mais, comment un siècle qui se pique de tant de politesse et de douceur peut-il accorder ces vertus si aimables avec la sanguinaire coutume des duels, surtout quand on réfléchit que ce sont souvent les meilleurs sujets d'un Etat qui sont les victimes d'un faquin, d'un homme dont le principal et souvent l'unique mérite est de savoir tenir des armes, et d'exposer brutalement sa vie. Encore, est-ce presque toujours le hasard qui décide de ces mauvais coups.

Donc c'est le droit du peuple d'attendre du Prince la protection de l'existence humaine contre les fureurs de l'orgueil, et de demander le renouvellement des anciennes lois, qui punissaient les bretteurs de la peine des meurtriers. Des lois anciennes ! Mais est-ce que nous n'avons pas actuellement dans nos codes des lois qui frappent l'assassinat ou le meurtre prémédité ? Et qu'est-ce donc que le duel sinon un assassinat véritable ! Alors pourquoi serait-il exempt des peines ordinaires, et par-dessus tout des peines *infamantes*, qui conviendraient parfaitement à la répression de ce faux point d'honneur? Si la justice craignait d'agir avec vigueur, ne serait-ce pas s'accuser d'impuissance, dédaigner la vie de l'homme dont la garde lui est confiée, et apprendre à mépriser toutes les lois, divines et humaines. Il serait temps qu'un monde si fier de sa civilisation répudiât ce préjugé féroce, cette tyrannie sauvage et barbare qui déshonore l'humanité.

5° *La vie de l'homme n'est pas à la merci du Pouvoir.* Dans tous les gouvernements réguliers le Souverain n'a aucun droit par lui-même sur l'existence humaine, il n'est même établi que pour la conserver, et elle ne dépend que des lois et des tribunaux légitimes. Il n'appartient qu'aux tyrans du Dahomey et aux despotes de l'Asie, de s'arroger le droit affreux de disposer en maîtres de la vie de leurs semblables, et de s'en jouer dans leurs sombres caprices. Mais un gouvernement honnête, juste, modéré, ne se reconnaît pas un pareil pouvoir, qui ne serait qu'une effroyable tyrannie. Notre vie est entre les mains de Dieu seul par droit absolu, et de la société par le droit de légitime défense. Il n'est permis au Prince de tuer que dans les combats livrés pour une juste cause; ou comme à tout autre pour se protéger lui-même s'il est attaqué. En dehors des lois il peut bien pardonner ou faire grâce, il ne peut punir.

6° Non seulement la vie des peuples n'est point soumise à la volonté du Souverain, mais ils ont droit d'attendre de lui l'éloignement de tout ce qui peut l'entraver, et le soin des choses nécessaires à sa conservation. Evidemment le Prince n'est pas responsable des famines, et du dérangement des saisons qui les cause; mais néanmoins, dans les temps de disette c'est à lui de veiller à la facilité des transactions, et d'entretenir par tous les moyens possibles la liberté du commerce, laquelle diminue la crise des subsistances, et quelquefois la fait disparaître. C'est à lui à faire venir, même aux frais de l'Etat, des grains de l'étranger pour être vendus aux citoyens, sans autre avantage pour le fisc que le remboursement de ses dépenses. Et, dans tous les systèmes, il doit empêcher sévèrement l'accaparement et le monopole, qui font monter les denrées à des prix exorbitants, et inaccessibles aux classes pauvres; il ne peut pas assigner lui-même un *maximum* et fixer le taux des transactions; car cette mesure imprudente aurait, dit-on, pour effet inévitable de réduire les fonds à se cacher, et de faire fermer les greniers; le remède serait pire que le mal; mais il prend l'excellente mesure d'établir dans les villes des boulangeries à prix réduit, et il encourage de toutes ses forces en dehors de sa propre action le développement du commerce par tout l'empire, en ne laissant subsister aucune barrière. Dans les inondations, dans les incendies, dans tous les autres fléaux publics et particuliers, il se rappèle son beau nom de Père de la patrie; et selon la mesure de ses ressources il vient en aide à la charité privée, toujours insuffisante dans les grandes calamités, principalement en notre pays, où il faut prendre en quelque considération l'opinion, habituée à compter beaucoup trop sur l'action du Gouvernement. Il serait sans doute grandement à désirer que, comme en Angleterre et en d'autres pays où la Cour et le Parlement ont rarement à intervenir dans ces infortunes, la générosité des particuliers suffit au soulagement des malheureux. Ce serait, outre la gloire qui en reviendrait au pays tout entier, une source de mérites pour les bienfaiteurs, un puissant moyen de rapprocher les classes, de faire bénir les riches, de dissiper les partis, et d'anéantir toutes les causes de discordes. Mais en France, soit par une suite de l'affaiblissement de la foi et de la charité, soit en raison de ce luxe égoïste et dévorant, qui persuade si aisément aux opulents du siècle qu'il n'ont jamais assez de ressources, soit pour tout autre motif inconnu, il est certain que les secours offerts par les particuliers dans les calamités publiques sont très-insuffisants, et c'est par conséquent au Gouvernement chargé de tous les besoins de l'Etat à pourvoir à ces nécessités extrêmes. Tel est le droit du peuple, mais tel est aussi le devoir du Souverain.

Nous ne pouvons assez redire que toutes les conclusions de ce chapitre sur le droit des peuples à l'existence, prouvent surabondamment que c'est un devoir rigoureux, un devoir de justice pour le Pouvoir de le maintenir dans toute sa force : puisque la conservation de la vie des citoyens est la cause principale de son institution, que le droit à la vie est pour tous les hommes le premier de tous les droits, sans lequel il n'y en a point d'autre, et par conséquent le plus strictement obligatoire pour l'Etat dans tout ce qui le concerne, et dans les limites de sa puissance. Ainsi le Souverain ménagera avec un extrême soin ses sujets dans la guerre et dans la paix, en faisant infliger une punition exemplaire, selon les lois, aux homicides, quel que soit le genre de leur crime; en réprimant la fureur des duels; en respectant lui-même l'existence de ses subordonnés, sur laquelle il n'a nul pouvoir; et en leur procurant, au contraire, autant qu'il est en lui, toutes les assistances dont ils ont besoin dans les cruelles épreuves de la vie. Personne sans doute ne songera à contester ces doctrines; nous ne pensons pas que, sur des matières si claires, il y ait jamais divergence d'opinions.

CHAPITRE III.

Le droit de la famille.

Si le premier droit de l'homme est d'attendre du Souverain et des lois de son pays le respect et la conservation de son existence, le droit le plus évident après celui-ci, le droit le plus indispensable de tout peuple réuni en société, est de se perpétuer lui-même, de prolonger son être dans sa postérité en contractant mariage, et de se constituer ainsi une famille, puisque c'est par la famille que les empires se forment et se conservent. L'association de la famille est donc un droit, non-seulement naturel, mais nécessaire, car l'expérience nous apprend qu'en général il est impossible à l'homme de vivre seul, qu'il est difficilement vertueux sans un lien qui le retienne, et que sans la famille tout serait en trouble et en désordre dans cette société, supposé qu'elle pût s'établir. Aussi les diverses sectes des Manichéens, dans l'antiquité comme dans les temps modernes, lesquels, en condamnant le mariage, se sont affichés comme les ennemis du genre humain, ont-elles excité une horreur et une réprobation universelles; car tout le monde a senti que ces infâmes doctrines allaient au renversement entier de la nature et de la société humaine.

Mais le droit de la famille suppose le droit des époux l'un sur l'autre, et celui des parents sur leurs enfants; le mariage et l'autorité paternelle. C'est l'essence, la base, la double condition de la famille, qui repose sur le mariage comme sur son principe, et sur la puissance du père, qui en est la sauvegarde, et le développement par où le genre humain se continue. Il est donc à propos d'examiner attentivement ces deux droits.

Dans les pays en possession de la vérité religieuse et morale, dans les pays chrétiens dont nous nous occupons ici principalement, sans nous inquiéter outre mesure des législations bâtardes des autres contrées, qui peuvent être opposées à ces principes, et par conséquent absolument fausses; dans les pays chrétiens, disons-nous, le mariage a deux propriétés essentielles, fondamentales, de droit naturel secondaire et divin : l'unité et l'indissolubilité. L'unité du mariage consiste en l'union matrimoniale d'un seul homme et d'une seule femme, durant tout le temps de la vie de l'un des deux époux; de sorte qu'un homme ne peut épouser une autre femme du vivant de la première, et celle-ci un autre homme du vivant de son mari; à cette *unité* est opposée la *polygamie simultanée*, ou la multiplicité, la communauté des femmes, qui permettrait à un seul homme d'avoir plusieurs épouses en même temps. Quant à l'indissolubilité du mariage, elle consiste en la fermeté du lien du contrat, qui ne peut être rompu que par la mort de l'un des conjoints, et rejette par conséquent tout divorce absolu déchirant le premier engagement, et permettant d'en contracter un nouveau durant la vie du premier des deux époux. Or, si l'unité et l'indissolubilité du lien conjugal sont des propriétés de droit quasi naturel et de précepte divin, il suit clairement que l'homme n'en peut dispenser, toute volonté humaine s'effaçant et devenant nulle devant celle de Dieu; une pareille dispense est au-dessus de tous les pouvoirs législatif et exécutif, au-dessus de la puissance des Souverains, même les plus absolus, et à plus forte raison de tous les autres hommes. Le divorce, qui détruit l'indissolubilité du mariage, et la communauté des femmes ou polygamie simultanée, contraire à son unité, sont donc deux choses illicites et criminelles, deux choses qui répugnent à la loi de l'Evangile, et seront toujours défendues comme immorales dans les pays chrétiens. Les peuples chrétiens ont donc un droit rigoureux, un droit de conscience à n'être point contraints par la Puissance souveraine de subir le divorce proprement dit, ou d'admettre la pluralité des femmes; et toutes les lois qui se feraient en un sens contraire à l'Evangile sur ce double objet seraient injustes, tyranniques, et nulles de soi.

La polygamie est la destruction la plus complète de l'institution primitive du mariage par le Créateur, et par conséquent du droit naturel secondaire. Ouvrons la Bible, et voyons-y dans sa majestueuse simplicité le récit de l'établissement sacré de l'union conjugale. Dieu forme la femme des propres membres d'Adam, puis l'amenant à ce premier père des hommes, qui s'exclame sur la grandeur du bienfait, il prononce en même temps cette célèbre sentence : « L'homme quittera son père et sa mère pour s'attacher à son épouse, et ils seront *deux* dans une même chair (1). » Voilà la parole du Maître, contre laquelle rien ne prévaut;

(1) Gen., II, 24; Matth., XIX, 5.

ils seront deux, *duo*, non pas trois, ni quatre, ni un plus grand nombre, mais seulement deux. Les Puissances chrétiennes savent maintenant leur devoir, et ce que la loi divine leur permet. Si dans les temps anciens, dans les temps qui suivent le déluge, vu l'exigence des circonstances, le petit nombre des créatures humaines, et le besoin d'agrandir la famille d'Abraham, seule dépositaire de la tradition primitive et la souche du Messie, Dieu permit aux patriarches d'avoir plusieurs épouses, depuis cette époque unique dans l'histoire, il s'est pour ainsi dire lié les mains pour les temps postérieurs, en promulguant par son Fils la prohibition de cette pluralité; et en rappelant désormais tous les siècles futurs à l'institution primordiale de la loi sacrée du mariage, qui prescrit l'unité de l'union dans la dualité des personnes. « Ils seront deux, répète le Sauveur, » inculquant à ses disciples l'impossibilité d'augmenter ce nombre sans une évidente prévarication. Encore un coup, voici la loi; nulle puissance ne la saurait abroger, les lois des hommes ne pouvant rien contre celle de Dieu. Dans les ténèbres du paganisme, Platon, malgré son beau génie, a bien pu rêver cette odieuse et fausse doctrine, qui fait tache parmi tant de grandes idées dont ses livres sont remplis, mais quoiqu'il puisse être excusé jusqu'à un certain degré par sa bonne foi et par son ignorance en ce point des vrais principes de la morale, des pensées si insoutenables ne sont pas ce qui rend sa philosophie recommandable, mais elles montrent combien l'esprit humain est naturellement faible, combien profondément la raison des plus grands hommes peut errer quand elle est dépourvue des lumières de la foi. C'est en vain que, de nos jours, les élucubrations extravagantes et infâmes d'un Fourier et de ses consorts ont essayé de mettre en honneur cette triste théorie platonicienne. L'on sait que ces hommes avaient juré la ruine de la société; mais en dépit de tous leurs efforts anti-humanitaires, cette effroyable corruption viendra toujours se heurter contre la conscience et le sens moral des populations *chrétiennes*; une pareille doctrine ne pourrait s'établir que sur les débris du christianisme, dont les lois fondamentales ne souffrent aucune dérogation en cette matière, même par la puissance de l'Eglise. Est-ce qu'on ne se rappelle plus l'immense confusion dont fut couvert le protestantisme naissant, lorsque Luther, son fondateur, permit au landgrave de Hesse, Philippe, d'avoir deux femmes à la fois? Ses partisans, malgré leur audace, sentirent la rougeur leur monter au front, et ils cherchèrent vainement à ensevelir dans les ténèbres du silence une prévarication si honteuse. Tant que les chrétiens conserveront une étincelle de foi et un reste de pudeur, l'on verra que cette liberté n'est qu'un libertinage déguisé, un manteau pour couvrir la débauche, et un sacrifice à la licence effrénée des passions.

La polygamie a donc quelque chose de monstrueux et de profondément antipathique aux idées chrétiennes, et conséquemment à la vérité religieuse, à la vraie morale, à l'honnêteté publique. Songer à l'établir serait choquer la nation dans ses convictions les plus intimes, l'insulter, l'opprimer. Le peuple a donc droit non-seulement que l'on ne fasse pas de lois qui, en la permettant, mettraient un trouble affreux dans toutes les familles, mais que l'on conserve précieusement et que l'on fasse exécuter à la rigueur les lois qui la défendent. Et ici, il faut le dire à l'honneur de nos lois françaises et de leurs interprètes, la jurisprudence est claire en faveur de l'unité absolue du mariage, et la magistrature d'une sévérité inflexible à punir, même par les travaux forcés, selon le texte du code, les rares infractions à cette loi préservatrice et sociale; on n'y voit point de dispenses, de circonstances atténuantes, ou d'adoucissements, tant on a senti l'immense intérêt qui en résulte pour la société. Et cela se comprend; car si la communauté des femmes ne peut coexister avec les principes religieux, si elle est un désordre affreux, si la fidélité jurée aux pieds des autels n'est pas une cérémonie dérisoire, si la morale n'est pas un vain mot, et s'il y a des engagements sacrés sur la terre, certes les peuples ont droit de demander un châtiment terrible pour l'adultère, crime énorme, qui ruine tout à la fois la Religion, l'honneur, la justice, le droit de propriété, la conscience, la paix des ménages, et qui, s'il se propageait dans une certaine mesure, irait à détruire de fond en comble les familles, les nations, et la société toute entière.

Mais si l'unité du mariage est un droit inviolable, que ni les lois ni le Souverain ne peuvent enlever à l'homme, l'indissolubilité de l'union conjugale est un droit non moins certain, non moins sacré, non moins supérieur à toute la puissance humaine. Chez les nations qui ont reçu l'Evangile, le lien du mariage consommé est entièrement, absolument indissoluble; de sorte que quelqu'autorisé que puisse être par les règlements humains le divorce proprement dit, c'est-à-dire, le divorce détruisant ce lien dans son essence et permettant de contracter un nouvel engagement, il ne peut jamais être permis en conscience; car le divorce ainsi entendu est un attentat contre la loi divine, qui infirme toutes les lois des hommes, et rend criminel quiconque, malgré cette défense, voudrait les observer. La preuve de cette volonté de Dieu dans la nouvelle alliance est bien claire. Après avoir rapporté la première institution du mariage par le Créateur du genre humain, et ces paroles si formelles : Ils seront deux dans une même chair, le Sauveur ajoute : « Que l'homme ne s'arroge donc pas le droit de séparer ce que Dieu a uni; *quod ergò Deus conjunxit, homo non separet* (1); et les juifs se récriant alors sur la permission du divorce accordée par Moïse à leurs pères : « C'est à cause de vos mœurs dures et indomptables, leur répond-il, que

(1) Matth., 19.

Moïse a dû tolérer cette infraction à l'ordre divin ; mais au commencement il n'en était point ainsi, *Ab initio autem non fuit sic ;* celui qui après avoir répudié sa femme légitime en épouse une autre, se rend coupable d'adultère. » Après de telles paroles, qui donc parmi les chrétiens pourrait songer à établir le divorce ! Aussi est-il inouï que la plus grande puissance du monde en ces matières, l'Eglise catholique, ait jamais accordé à personne la permission de rompre un mariage vrai, légitime et consommé, pour en contracter un second du vivant de la première épouse ; car elle sait bien qu'elle ne pourrait le faire sans une énorme prévarication. Et si l'Eglise elle-même ne le peut, comment les Souverains séculiers le pourraient-ils ? Il est donc fâcheux que le divorce, quoiqu'aboli quant à son sens rigoureux par la loi du 8 mai 1816, soit néanmoins resté dans notre code civil, qu'il déshonore. Et si sur ce point on peut encore excuser la loi, c'est en disant qu'il ne s'agit plus dans ce texte modifié par la susdite loi que de la simple séparation de corps et de biens. Mais il n'est pas moins vrai que cette malheureuse loi du divorce, n'étant pas formellement abrogée, pourrait devenir une arme dangereuse entre les mains d'un gouvernement audacieux et moins respectueux envers la religion ; aujourd'hui surtout que la licence de certains hommes puissants n'a plus de bornes, et cherche à entraîner les Souverains contre l'Eglise dans les aventures les plus périlleuses. Si donc c'est un crime de porter atteinte à l'indissolubilité du mariage en épousant une personne actuellement liée par un premier engagement, c'est par contre-coup un droit à chacun des conjoints de ne pas se voir enlever par un adultère légal l'époux que le ciel lui a donné ; c'est à plus forte raison le droit de tout un peuple de n'être pas offensé dans sa conscience, dans ses affections, dans ses intérêts, par des lois immorales et antipathiques à sa foi ; l'autorité d'un gouvernement qui tenterait de rétablir le divorce absolu serait sur ce point absolument nulle, et il ne serait permis à personne de s'en prévaloir.

L'homme dans sa famille jouit encore de prérogatives d'un autre genre. Ainsi, le Souverain, considéré personnellement et en dehors des lois, n'a aucun ordre à donner à personne pour lui faire contracter mariage contre son gré, ni pour l'empêcher de s'unir à l'objet de ses affections, lorsque nul empêchement légal n'y met obstacle. De l'aveu de tous les théologiens et de tous les jurisconsultes, un mariage contracté par force est nul de soi; et même la preuve en serait admise devant l'Eglise et devant l'Etat si elle pouvait être donnée; et d'un autre côté tout empêchement arbitraire apporté à la liberté des engagements dans ceux qui ne sont ni princes, ni princesses du sang royal, serait un abus criant de la puissance souveraine, rien ne devant rester si libre que les affections légitimes du cœur; il dépend de la loi et du devoir, et non du caprice. Ils ne sont plus, grâce à Dieu, ces temps de violence et de tyrannie, ces temps barbares où le bon plaisir d'un prince suffisait pour mettre obstacle aux aspirations les plus douces et les plus raisonnables, et pour rompre les projets d'union les mieux affermis ; ces temps où un Souverain quelconque pouvait contraindre deux êtres qui se détestaient à contracter en apparence une alliance repoussée par toutes les forces de leur âme, les réduisant ainsi à la dure nécessité d'être souvent infidèles, et toujours malheureux. Aujourd'hui les progrès de la raison, des mœurs générales et de l'opinion publique ont mis fin à ces abus ; le christianisme est mieux compris, la dignité humaine est plus respectée, et la liberté reste sauve, du moins pour ce qui concerne les influences du Pouvoir suprême.

Les peuples ont encore droit à être protégés par la législation pour que les époux ne soient pas forcés à habiter sous le même toit, lorsque cette cohabitation devient dangereuse, et la source des plus amères et des plus incessantes douleurs, et qu'au lieu des douceurs attendues dans le mariage, on ne rencontre que des peines accablantes auxquelles on n'aperçoit point de fin. Il faut l'intervention de la puissance publique quand la conduite brutale, les mœurs indignes, la vie prodigue, dissipatrice, débauchée de l'un des époux rendent l'existence intolérable et les devoirs du ménage impossibles à son conjoint; et d'autre part, pour que la paix et l'union ne soient pas troublées par la scélérate impudeur de l'adultère; toutes ces choses sont au-dessus des forces ordinaires de l'humanité. Dans l'un et dans l'autre cas, la société a droit de rencontrer dans les règlements publics et dans l'intervention du Souverain un appui, une défense, un secours, sans quoi toute l'existence serait empoisonnée, et la vie d'intérieur, un long martyre. Que les lois soient donc fermement appliquées, et l'on n'aura pas à tout moment sous les yeux ces désolants et scandaleux spectacles soit des discordes perpétuelles des ménages, soit des effronteries du vice étalées de toutes parts.

Mais l'homme n'est pas seulement époux; il est père; et comme tel, son autorité sur ses enfants est peut-être encore plus sacrée et plus inaliénable que celle dont il est investi à l'égard de son épouse; car il a de plus grands et de plus nombreux devoirs à remplir envers eux, surtout dans les temps qui précèdent leur majorité. Dieu et la société les lui confient, et ils lui donnent sur eux une grande puissance. Le Souverain n'a donc aucun pouvoir de les lui ôter, sinon pour le bien de l'Etat. C'est un principe immuable dans tous les gouvernements non despotiques, que l'on ne peut disposer des enfants d'un citoyen quel qu'il soit que conformément aux lois, qui exigent de tous les jeunes gens valides et hors des cas d'exemption le service militaire pour la défense de la patrie. Si l'on veut objecter l'endroit de la

Bible, où Samuel se présentant devant les Israëlites qui demandaient un roi, leur dit : « Voici quel sera le droit de » votre roi : il prendra vos fils pour conduire ses char- » riots... Il les fera courir devant son char... Il prendra » aussi vos filles pour les assujettir aux plus bas offices de » sa maison, etc. (1) », le célèbre Bossuet répond ainsi : « Il ne faut pas entendre que Dieu donne aux rois ce qui est porté en ce chapitre, si ce n'est dans le cas de certaines nécessités extrêmes où le bien particulier doit être sacrifié au bien de l'Etat et à la conservation de ceux qui le servent. Dieu veut donc que le peuple entende que c'est au roi à juger ces cas, et que, s'il excède son pouvoir, il n'en doit compte qu'à lui ; de sorte que le droit qu'il a n'est pas le droit de faire licitement ce qui est mauvais, mais le droit de le faire impunément à l'égard de la justice humaine, à condition d'en répondre à la justice de Dieu, à laquelle il demeure d'autant plus sujet qu'il est plus indépendant de celle des hommes ; voilà ce qui s'appelle avec raison le droit royal, également reconnu par les protestants et par les catholiques, et c'est ainsi du moins qu'on régnait parmi les hébreux (2). » Il doit donc rester démontré que le Souverain n'a autorité sur les familles, sur les rapports des pères avec les enfants, que conformément à la loi de Dieu et à celles de la société. C'est par les lois en effet et non par des ordonnances arbitraires qu'il commande aux pères de leur donner le logement, le vêtement, le pain, l'éducation et toutes les autres choses nécessaires, et qu'il tient la main rigoureusement à l'accomplissement de ces devoirs ; mais c'est aussi en vertu de ces mêmes lois qu'il prescrit aux enfants de respecter leurs pères, et s'ils y manquent, la sage sévérité de la législation les fait rentrer dans le devoir sur ce point comme sur tout le reste. Ainsi la puissance publique ne peut légitimement séparer les enfants de leurs parents que dans

(1) I. Rois, 8. — (2) *Polit. sacrée.*

deux cas : pour le service militaire; et pour la correction de leur mauvaise conduite. En toute autre circonstance l'unité et la paix des familles ne sont jamais troublées.

Veillons à ne pas prendre le change, et à voir nos véritables intérêts où ils sont. Si aujourd'hui les familles ont à craindre, ce n'est pas de la puissance des Souverains, trop bien limitée par les nouvelles constitutions, mais des idées communistes ou socialistes tous les jours grandissantes, et si profondément perturbatrices et subversives qui, n'ayant en vue que le désordre et un bouleversement universel, tendent à supprimer cette institution foncière de l'Autorité, qui est la base et la condition essentielle de toute société civile, puisque cette société n'est que l'assemblage d'un certain nombre de familles sous le même gouvernement et les mêmes lois. Qu'on juge ce que deviendrait le monde, si l'unité et l'indissolubilité du mariage étaient détruites, si la promiscuité des créatures humaines se faisait à la manière des brutes, s'il n'y avait plus de paternité et de filiation clairement reconnues; car c'est ce qui arriverait nécessairement si la polygamie et le divorce venaient à triompher. O Dieu, comme tout se perdrait en confusion, en tristesse, en d'inénarrables douleurs! Plus de ces joies intimes de la famille, qui aident si puissamment à porter le poids si lourd de la vie; plus de ces consolations si douces parmi les chagrins amers qui nous remplissent; plus de ces conseils éclairés et affectueux dont on sent si vivement le besoin dans les embarras et les incertitudes de l'existence; plus aucune des suavités du foyer domestique; ah! plutôt, quelles discordes, quelles guerres, quel affreux désordre! Où l'homme irait-il épancher son cœur? Où entendrait-il une voix amie, au milieu de tant de traîtres et de perfides dont il est environné? Où reprendrait-il courage? Ce serait un enfer. Comment élèverait-on les enfants, des enfants entièrement inconnus, des enfants ignorants des saintes leçons et habitudes du respect, de l'obéissance et de l'amour, gouvernés comme des régiments par des étrangers qui ne connaissent que la consigne, le mot d'ordre et le signal du tambour, et nullement le langage du cœur; soumis à une règle sèche, dure et inflexible, qui bien loin de leur faire aimer la patrie, comme ou s'en vante, leur apprendrait plutôt par l'ennui et le dégoût à la haïr, et dans l'occasion à la déchirer de leurs propres mains. Et quant au fond, quelle éducation recevraient-ils de ces hommes qui auraient réussi à détruire les bases du christianisme et de la société, quelle religion, quelle morale, quels principes au gré de ces nouveaux instituteurs! Ce serait de ces artisans de révolutions, de ces perturbateurs universels, de ces hommes par système et par métier ennemis de tout ordre, qu'on recevrait les maximes destinées à affermir les empires et à consolider la paix! Grand Dieu! quel sort réservé au monde, si de pareils projets pouvaient jamais prévaloir; et quelles suites de ces effroyables utopies! Tout honnête homme s'inquiète et frémit en pensant à un tel avenir préparé par ces déclamations insensées.

Voilà, voilà le vrai péril de la société, si elle avait le malheur d'y prêter l'oreille. C'est donc contre ces doctrines anarchiques et infâmes que le peuple doit demander protection et le maintien de son droit, du droit de la famille, du droit sacré du mariage et de la paternité; et non pas contre les Souverains qui, par leur esprit d'ordre, de subordination et de respect, sont la terreur de ces utopistes effrénés. A l'approche du danger, on voit les troupes accourir au général et se masser sous les drapeaux; que tous les citoyens, que tous les membres de l'Etat, sans distinction de classes ou de partis, apprennent qui peut les perdre et qui peut les sauver, et qu'il n'y ait plus qu'un drapeau contre le désordre et les aspirations anti-sociales. Au lieu de se livrer à un faux esprit d'opposition, le grand devoir, au contraire, est de se serrer autour du Souverain qui, seul, avec le concours de tous, peut empêcher le cataclysme; parce qu'une nation unie à son chef ne peut plus être entamée; ou si on l'attaque, alors, selon le grand axiôme si connu : *L'union fait la force*, elle devient une armée rangée en bataille sous un capitaine habile et énergique, et par conséquent invincible. Tandis que la désunion entre les nations et leur chef amène l'ébranlement de tout l'Etat, et des fissures par où les ennemis de la société finissent par pénétrer pour assurer le triomphe de leurs affreux systèmes, et la ruine entière du peuple maladroit qui n'a pas su marcher avec son défenseur.

CHAPITRE IV.

Quatrième droit : Le droit de propriété.

Voici une nouvelle preuve de l'absolue nécessité de la Puissance souveraine. Cette grave et importante matière de la propriété, qui a donné à penser à tant de fortes têtes, et fait remuer tant de questions dans notre siècle, montre évidemment aux nations et aux particuliers quel immense besoin ils ont du Pouvoir pour défendre leur droit de propriété contre les ennemis nombreux qui l'attaquent çà et là avec tant d'acharnement et des efforts si soutenus, que l'union des citoyens et la force des lois les peuvent seules conjurer. Comme cette question est aussi délicate que complexe, surtout quand on la considère dans la spéculation et dans les diverses objections auxquelles elle a été soumise, elle présente sans doute de grandes difficultés; nous espérons néanmoins en triompher par le secours des principes sur lesquels elle repose.

En thèse générale, le Souverain n'a point de droit direct

sur les biens de ses sujets, et il ne peut en disposer en maître, comme s'ils étaient à lui. C'est un principe universellement admis en dehors des gouvernements dictatoriaux. « Ce qu'on appelle le *haut domaine*, le *droit éminent* du Prince, selon un auteur contemporain (1), n'est point un droit de propriété, un domaine proprement dit. Il ne renferme qu'un droit d'administration; que le droit d'ordonner, de prescrire ce qu'il faut pour le bien général; d'établir sur le bien des particuliers les impôts nécessaires pour soutenir les charges de l'Etat. Ce n'est point comme propriétaire supérieur et universel du public que le Souverain fait des lois civiles pour régler l'usage des propriétés privées. L'empire appartient au roi, dit Sénèque (2), et les propriétés aux citoyens. Sous un bon gouvernement, le Prince possède tout à titre de souveraineté, et les citoyens à titre de propriété. » Ainsi le Souverain n'est pas le maître des personnes et des propriétés de ses sujets, mais il est le maître de les diriger dans l'ordre du bien public, de l'avantage commun, et, pour cela, de leur faire respecter les lois et de les y soumettre. En se mettant en société, non-seulement ils n'ont pas prétendu donner leurs biens au Souverain, mais ils ne l'ont choisi et mis à leur tête que pour les défendre contre tous les envahisseurs, contre tous ceux qui les en voudraient dépouiller. De cette sorte, chaque citoyen est maître de son bien comme le Prince l'est du sien propre, il en jouit avec la même indépendance; et celui-ci n'a sur les propriétés particulières que le haut domaine, c'est-à-dire la surveillance, la protection; et il ne peut en faire aucun usage, si ce n'est dans certains cas où la nécessité ou l'utilité commune de la société le requiert, parce qu'alors tous les citoyens sont censés y consentir, comme c'est leur devoir. Mais, hors de là, il n'a aucun droit sur elles, et toute entreprise qu'il ferait dans ce sens serait un abus de la

(1) Gousset, *Cod. civ.*, a. 545. (2) *De benef.*, liv. VII, ch. III.

force, une usurpation, un acte de tyrannie et un vol. L'on sait la punition terrible que Dieu fit tomber sur Achab et sur toute sa maison, exterminée jusqu'au dernier pour la violence sanguinaire qu'il exerça sur Naboth, afin de lui enlever sa vigne; et pourtant il n'était pas question de don gratuit, mais d'une vente et d'un échange; il est vrai que, par un effet des sombres fureurs de Jésabel, le tout se termina par un meurtre; mais la première action lui fut reprochée comme la seconde.

Néanmoins les droits des peuples sur leurs propriétés ne sont pas sans bornes; où sont les droits illimités sur la terre? Le bien public et les lois donnent quelquefois au Prince une action légitime sur les propriétés des citoyens, jusqu'au point de les leur enlever en tout ou en partie. C'est le cas de l'impôt, de l'expropriation forcée, de la confiscation pour crime, de la deshérence; mais ces diverses atteintes à la propriété, pour être légitimes, doivent toujours réunir les conditions ordinaires : la nécessité, car une plus grande utilité ou un embellissement ne serait pas une raison suffisante; la justice, qui exige que chacun soit imposé à proportion de ses ressources et suivant des règles fixes, et qu'il ne soit pas puni au-delà de sa faute; enfin l'urgence, car si la privation demandée peut souffrir un délai, on ne voit pas pourquoi les citoyens seraient privés de leurs biens avant le temps où le sacrifice en deviendra nécessaire. Remarquons, du reste, comme tous les sacrifices sont avantageusement compensés, et combien la petite perte d'un seul sert à son plus grand bénéfice ou à celui de tous. Dans l'impôt, il donne une partie de son bien pour être sûr de garder et de pouvoir augmenter tout le reste; dans l'expropriation, la valeur de la portion sacrifiée lui est rendue par l'indemnité préalable, qui en double quelquefois le prix; dans la confiscation, la masse des bons citoyens bénéficie de la punition du coupable; enfin, la deshérence ne dépouille personne, puisqu'il n'y a plus personne à pouvoir succéder. Notons, en second lieu, que le Prince n'a droit qu'à une dotation suffisante accordée par la nation sur les deniers publics, pour l'aider à soutenir convenablement et noblement le poids de sa dignité; mais que, dans tous les cas, la contribution des propriétés particulières ne passe pas à la personne du Souverain, mais à l'Etat, au fisc, au trésor commun, en un mot, à la société; elle en sort, et elle y rentre; c'est la circulation, ou la vie nationale; et ainsi les familles conservent tellement leurs droits de propriété vis-à-vis du Souverain, que jamais celui-ci ne peut les en dépouiller pour lui-même et dans son propre intérêt.

Si l'Etat, pour de grandes raisons, croit devoir autoriser légalement un certain taux à percevoir pour le prêt de l'argent, ce taux doit être extrêmement modéré, et ne pas dépasser autant que possible le vingtième du capital; cette modération, unie à la somme des biens qui en résultent pour la masse des citoyens, pouvant seule excuser l'atteinte portée à la propriété individuelle, et justifier la législation du reproche d'usure, qu'elle mériterait certainement si elle sortait de ces limites. C'est aussi ce respect du bien d'autrui qui oblige le Pouvoir à aider de toutes ses forces le commerce en détruisant toutes les entraves que les particuliers y pourraient apporter par les coalitions, ou par le monopole, qu'on ne doit aucunement tolérer pour les objets dont l'Etat ne s'est pas réservé la vente; et pour ce qui le concerne, en le favorisant, tantôt par une protection tutélaire, et tantôt par la liberté des échanges, selon les circonstances; mais de manière toutefois que le commerce national ne reçoive aucun détriment de la concurrence des autres peuples; ce qu'un gouvernement habile et dévoué aux intérêts du pays ne souffrira jamais, dût-il pour cela changer toutes les lois en vigueur.

Ainsi, non-seulement les peuples ont le droit de n'avoir rien à craindre du Souverain pour leurs propriétés, mais ils ont celui d'en être défendus contre tous ceux qui cherchent à s'en emparer, et contre tous ceux qui enseignent à le faire : par les premiers, nous entendons les brigands, pillards, accapareurs, ou autres gens de cette sorte, occupés à s'enrichir par le vol; et par les seconds, il faut entendre les voleurs spéculatifs, tous les professeurs de ces nouvelles doctrines par lesquelles on essaie de justifier la spoliation, et d'en faire un principe de gouvernement.

Le devoir essentiel de tout Pouvoir honnête est donc de protéger les citoyens et leurs familles dans leur existence et dans leurs propriétés. Ces deux choses se tiennent nécessairement, et dépendent l'une de l'autre, comme l'effet de sa cause, puisque l'on ne peut vivre sans la nourriture, le logement et le vêtement, qui constituent le fond et la base de toute propriété; tout le confortable qu'on y ajoute n'est qu'un accessoire et une affaire de luxe, mais une affaire participant néanmoins, quant à la possession, au droit sacré de la propriété principale dont elle est elle-même une partie. Mais puisque l'existence et la propriété sont inséparables, dès lors qu'il faut une protection et une sauvegarde à la vie de l'homme, comme nous l'avons montré, il en faut une à son bien; et le Souverain étant le seul en état de la donner par son gouvernement, il s'ensuit qu'elle devient un de ses principaux devoirs. Il assume donc l'obligation de maintenir de toutes parts le bon ordre et la discipline pour prévenir toute tentative violente et injuste, une police exacte pour arrêter les délinquants, une justice sévère pour les punir. A plus forte raison, si le mal s'organisait sur une grande échelle, de manière à dégénérer en brigandage, à rendre les routes impraticables, le commerce et les voyages impossibles, la vie et les possessions des citoyens perpétuellement exposées. C'est là le fléau et la honte de la Basse-Italie. L'existence du brigandage, surtout quand il se développe et se maintient, prouve l'incurie ou l'impuissance d'un gouvernement. Par devoir et par honneur, il est donc obligé de tout mettre en œuvre pour l'extirper jusqu'à la racine. Autrement, il met les citoyens dans la déplorable nécessité de s'armer et de pourvoir eux-mêmes à leur conservation en repoussant la force par la force; ce qui, outre l'inefficacité ordinaire d'un pareil moyen, mène insensiblement à la guerre civile et à l'anarchie. Et il n'est pas jusqu'aux agents mêmes de la justice sur lesquels il ne faille veiller; si l'on veut être sûr de les maintenir dans leur devoir, dont ils doivent être les premiers à donner l'exemple, il est nécessaire d'imposer des taxes précises, modérées et connues, aux huissiers, notaires, avocats, juges, et à tous les hommes de loi, pour empêcher l'arbitraire, l'abus de pouvoir et l'injustice, qui pourraient facilement se glisser dans les actes d'hommes mal surveillés. Et de plus, c'est un devoir de se montrer facile à accorder à toute personne vraiment indigente le bénéfice de l'assistance judiciaire; qui ne sait que le pauvre a encore plus besoin de protection que le riche; sans cela, il ne pourra défendre ses droits, il sera accablé par son puissant agresseur. Dans un Etat bien réglé, dans un Etat où les magistrats sont dignes de leurs places, et où la justice se fait exactement, on ne la refuse jamais. En général, comme dans tous les rangs de la société, et jusque dans les plus hautes fonctions, il se rencontre des hommes dont la cupidité est insatiable et l'avarice un gouffre où tout va s'engloutir, il faut avoir soin, dans les charges publiques auxquelles une rétribution est attachée, de ne rien laisser à l'arbitraire, mais de déterminer et fixer chaque chose par des règlements clairs et connus de tous.

Mais ici encore, ce n'est pas précisément contre le Pouvoir souverain, protecteur de tous les droits, que les peuples ont à se tenir en garde; c'est contre les systèmes radicalement révolutionnaires des rêveurs communistes et socialistes, tous ennemis, chacun à leur mode, du principe même de la propriété. Ces idées, presque aussi anciennes que le monde, ont agité la société à divers intervalles; depuis quelques siècles, sous l'influence de la civilisation et de l'esprit religieux de l'époque de Louis XIII et de son successeur, elles avaient paru dormir; mais aujourd'hui, grâce à l'action contraire du voltairianisme, d'une émancipation intellectuelle sans bornes, elles se réveillent; on les insinue, on les prêche, on les répand, et avec une audace, une recrudescence qui fait appréhender de terribles catastrophes. Or, quel motif ces colporteurs d'utopies ont-ils donc d'être si satisfaits d'eux-mêmes? Certes, s'ils doivent un jour prévaloir, ce ne sera pas du moins par la valeur intrinsèque de leurs systèmes; car toutes ces théories reposent sur un fondement absolument ruineux. Et en effet, ils prétendent que le partage entre tous les hommes des biens primitivement mis en commun, ou la propriété, est illégitime dans son principe, contraire à l'Evangile, et injuste en soi; mais toutes ces raisons sont fausses. Nous avons donc à montrer, contrairement à leurs prétentions, que la propriété a été introduite légitimement dans la société, qu'elle se concilie parfaitement avec la loi évangélique, qu'elle est très-juste en elle-même, enfin qu'il est même impossible qu'il en soit autrement. Depuis environ vingt ans, on a jeté tant de nuages sur ces graves questions, qu'il est important de travailler à les en débarrasser.

1° L'établissement de la propriété est légitime, comme ayant été fait par une autorité suffisante. Il est vrai, à la naissance du monde, il n'y avait pas de propriété; ou plutôt il n'y avait pas de division des terres, de partage d'immeubles (la propriété existant et ayant toujours nécessairement existé pour tous les objets d'usage et de consommation dont on ne peut user sans se les rendre propres); tous les biens de la terre, tous les territoires étaient communs, disons mieux, indivis, puisqu'ils appartenaient au premier occupant, au moins pour le revenu, ce qui est le point essentiel; mais il n'y avait pas de bornes, de démarcation d'héritages. Dieu se contente de mettre l'homme en possession de la terre, laissant à sa raison et à sa liberté le soin de choisir le meilleur mode de s'en servir. Du reste, à quoi bon des limites en ce premier âge du monde? La terre était devant l'homme, riche, féconde, d'une étendue immense et d'un produit infiniment supérieur à tous ses besoins; en présence de ces vastes continents qui s'ouvraient à lui, lorsqu'il n'y avait sur le globe qu'un petit nombre de familles, quel concurrent avait-il à craindre, quelle querelle pour s'arracher cette proie? Chacun d'eux pouvait, sans gêner personne, posséder les vastes espaces d'un royaume. La division des terres était donc parfaitement inutile. Enfin, si l'on veut absolument s'enthousiasmer pour cet ordre si ancien, nous avouerons volontiers que, à prendre les choses en soi et théoriquement, cette indivision des terres a quelque chose de plus beau, de plus grand, de plus digne que leur partage; qu'elle montre mieux une union intime, une famille, un peuple de frères; qu'elle fait surtout ressortir davantage la sagesse de caractère et la modération d'une âme noble, qui sait se borner et rester maîtresse de ses appétits. Ce sont sans doute ces belles considérations qui ont séduit certains esprits; mais c'est, en même temps, ce qui fait voir l'actuelle impossibilité du système. Car l'homme, déchu de sa première droiture, est devenu tout terrestre, tout animal, tout rampant, plein de cupidités grossières et impatient de jouissances : il est si déréglément passionné pour les biens de la terre et pour les accumuler à l'infini, que lors même qu'il en regorge il les recherche encore; qu'en dépit des lois les plus rigoureuses, et souvent des plus brillantes fortunes, plusieurs travaillent continuellement à s'enrichir et à s'agrandir aux dépens d'autrui. La passion du gain est la plus violente dans presque tous les hommes ; elle ne peut être victorieusement combattue que par une vertu sincère et de grands efforts de courage. Que serait-ce donc s'ils pouvaient glaner librement en plein champ, si nul frein ne les retenait ; tout serait bientôt la proie de quelques ambitieux puissants et forts, pendant que tout le reste du genre humain périrait de misère. C'est là ce que les nations ont senti ; et voilà pourquoi il a fallu en venir au partage et diviser les biens jusqu'alors en commun, pour obliger chacun à se contenter de sa part, et à respecter celle des autres. Peut-il y avoir une raison plus forte et un motif plus légitime ? et quelle plus grande autorité que celle de tout l'univers !

Nous voyons Abraham et Lot, son neveu, malgré les liens du sang et l'amitié qui les unissait, ne pouvant vivre ensemble à cause du grand développement de leurs troupeaux et de la jalousie des pasteurs, être obligés de se séparer ; comment donc les autres hommes, avec des intérêts si opposés et des penchants si incompatibles, pourraient-ils s'entendre et demeurer en paix au milieu de leurs biens mêlés et indivis ? une union durable dans cette situation est-elle possible ? Et deux ou trois ménages, même entre parents, peuvent-ils d'ordinaire rester longtemps en communauté de biens et sous le même toit ? C'est donc la nature elle-même qui force à la séparation. L'éclat de cette vérité a frappé tous les peuples à mesure qu'ils se sont formés, et presque dès l'origine. D'ailleurs, il importe peu de savoir si ce partage des biens a commencé d'un commun accord, ce qui est infiniment plus probable, ou par les brutales violences d'un Nemrod ou de tout autre homme puissant et injuste ; puisque d'un côté la force des choses et la plus simple raison en montraient la nécessité, et de l'autre cette division a été admise, ratifiée, confirmée par le consentement universel; elle a été établie comme base de la société par toutes les nations sans en excepter une seule; et de là vient le nom de *droit des gens*, qui après les droits naturel et divin prime tous les autres. Ainsi la propriété a été nécessaire, fondée ou acceptée de toute antiquité, et par la plus haute de toutes les autorités après celle de Dieu; il n'est donc rien de plus légitime dans son principe.

2° La propriété et le partage primitif des terres n'ont rien de contraire à l'Evangile. Pour que ce droit fût en opposition avec les prescriptions de cette divine loi, il faudrait une défense positive, une condamnation formelle. Où est cette défense? où est cette condamnation? On ne la voit nulle part. Il faut bien distinguer ce qui est de précepte et ce qui est de conseil; car la différence est immense entre ces deux choses. Or, l'Evangile contient sans doute un conseil de perfection de renoncer à toute propriété, et de donner son bien aux pauvres; mais les conseils n'obligent personne, sinon ceux qui veulent s'y soumettre; il faudrait une ignorance profonde pour soutenir le contraire. Et ce conseil ne convient, comme tous les autres, qu'à quelques âmes d'élite. J.-C. d'ailleurs n'a pu prohiber une chose généralement nécessaire; puisque, comme nous venons de le faire voir, le monde ne saurait s'en passer dans l'état où il est. Enfin, est-ce que ce même Evangile ne prescrit pas l'aumône comme moyen indispensable de salut? Mais comment donner si l'on n'a rien en propre? L'Évangile ne défend donc pas la propriété. Dira-t-on que les premiers chrétiens y renonçaient en mettant tous leurs biens en commun, et que le châtiment terrible d'Ananie et de Saphire, si durement frappés pour avoir voulu réserver une partie de leur patrimoine, montre la rigueur et l'étendue du précepte? Cet exemple, nous le savons, a été souvent cité par les communistes, comme s'ils avaient sujet d'en triompher; mais il est fâcheux pour eux qu'ils l'aient fort mal compris. Ces

deux personnes furent punies, non pour avoir contrevenu à l'ordre supposé de vendre leur bien, mais pour leur mensonge et leur mauvaise foi dans la déclaration du prix de la vente, mensonge dont l'impunité, s'il eût été connu, et surtout s'il se fût propagé, aurait pu devenir extrêmement funeste à une religion naissante, dont la droiture et la loyauté devaient être au-dessus de tout soupçon; et la preuve sans réplique que la punition tombait sur leur mensonge, et non sur leur acte de propriété, elle est dans la réponse même de saint Pierre : « *Nonne manens tibi manebat, et venum-*
» *datum in tuâ erat potestate?* Ce champ ne demeurait-il
» pas toujours votre propriété si vous aviez voulu le gar-
» der; et même après l'avoir vendu, le prix n'en était-il
» pas encore à vous?... Ce n'est pas aux hommes que vous
» avez menti, mais à Dieu [1]. »

On voit même par ces paroles descendues de si haut qu'il n'y avait aucune obligation pour les chrétiens de se dépouiller de leurs propriétés, et que leur sacrifice, malgré le conseil, restait entièrement volontaire et libre. Certes, nous l'avons déjà insinué, il serait bien à désirer que tous les hommes eussent assez de sagesse et de vertu pour vivre par choix dans cette bienheureuse abnégation, dans cette sainte et généreuse indigence, qui délivrerait de toute passion, de toute inquiétude, et maintiendrait sur la terre une paix profonde; c'est la vie des anges, la vie du ciel; mais hélas, où trouver sur la terre une pareille perfection? Et si l'on excepte quelques privilégiés de Dieu, est-ce que la masse des hommes en est capable? Et du reste est-elle même possible dans une certaine extension? Chimères et rêveries de cerveaux creux! Selon toute apparence, ce ne sont pas ces hommes si ardents à déclamer sans cesse contre les propriétés des autres pour augmenter les leurs, croyant n'en avoir jamais assez, qui voudraient se soumettre à cette

(1) Act. v., 4.

privation complète de toute propriété ; s'ils crient si haut, on le sait, c'est évidemment dans le dessein d'arriver à s'approprier les dépouilles d'autrui. Mais du moins ils devraient montrer un peu plus de modestie, et cesser de nous répéter sur tous les tons que le droit de propriété est contraire à l'Evangile, quand nous voyons J.-C. lui-même faire porter avec lui de l'argent pour sa subsistance et celle de ses apôtres.

3° La propriété est juste en elle-même, et elle constitue un véritable droit. Une parole terrible et d'un retentissement immense s'est fait entendre il y a quelque temps ; heureusement elle sortait de la bouche du fameux P., le prince de tous les blasphémateurs. La propriété, c'est le vol, s'est écrié dans son langage infernal cet homme qui semblait se faire un jeu du mal, et chercher dans l'expression de la haine de Dieu la plus triste des célébrités. Selon lui le bien c'est le mal, et le mal c'est le bien ; la propriété c'est le vol, c'est-à-dire, la spoliation, l'injustice ; et le vol, au contraire, c'est le droit, la règle, la réparation. Quand a-t-on jamais entendu de telles horreurs ? Mais laissons de côté cette sombre personnification du génie de l'abîme, et répondons : non, la propriété n'est pas le vol, elle n'est pas l'injustice, elle est au contraire la justice même. Car dans l'opinion de tout homme de bon sens il est juste que l'ouvrier sage, laborieux, appliqué à ses devoirs, qui gagne son pain à la sueur de son front, en ait une plus forte part que le paresseux à charge à toute la terre. Il est juste que ce que l'on a ramassé par des moyens honnêtes pour soi et pour ses enfants passe à ces mêmes enfants et non à des étrangers ; or, les propriétaires, en héritant, sont mis en possession de cette récompense si bien méritée des rudes travaux de leurs pères, auxquels ceux-ci ne se sont livrés avec tant d'ardeur et de persévérance que pour eux. Il est juste de réputer convenable et légitime ce que tous les hommes estiment tel ; et que quelques cervelles creuses, quelques êtres fainéants et rêveurs ne soient pas crus plus sages que tous les autres, et ne soient pas admis à faire seuls la loi au reste du genre humain. Il est juste que chaque citoyen soit contraint de travailler selon ses forces et sa capacité pour sa subsistance, et par conséquent pour le bien général de la société, dont la richesse est le fruit de tous ces travaux réunis, et dont la paix est le résultat de cette vie rangée et laborieuse. Ce qui n'arriverait certainement pas si tout était en commun; car une foule d'hommes naturellement ennemis du travail resteraient dans l'oisiveté, au grand détriment de cette même société privée du secours de tant de bras; tandis qu'au contraire chacun s'applique avec une bien plus vive ardeur à l'acquisition et à la conservation de ce qui lui est propre et appartient à lui seul. Enfin, il est juste d'empêcher les discordes, les rixes, les procès, absolument inévitables dans un Etat où tout est en commun; pendant que celui qui reconnaît à chacun de ses membres sa part bien marquée, retranchera par là-même un nombre infini de haines, de querelles, de chicanes, d'injustices de tout genre auxquelles les cœurs et les fortunes sont en proie.

Ah! si sous l'empire des règlements et de la propriété qui protègent avec tant de sollicitude tous les intérêts, tous les droits des particuliers, l'on voit néanmoins encore tant de procès et de discordes, que serait-ce donc si les biens étaient indivis, si le champ était ouvert de toutes parts à l'insatiable convoitise, à la soif ardente de l'or et aux passions dévorantes auxquelles on ne pourrait mettre aucun frein, ou un frein toujours impuissant. Ainsi, tous les motifs d'ordre et d'équité naturelle se réunissent pour démontrer qu'il n'est rien de plus légitime, de plus convenable, de plus juste que la propriété.

Or, tout ce que nous venons de dire va contre les communistes qui voudraient que tous les biens fussent en commun sous la direction d'un despote. Maintenant, nous avons à parler aux socialistes, qui ont rêvé l'établissement de la loi agraire, et un partage égal des terres et des autres sources de la fortune entre tous les citoyens.

La loi agraire, le partage des terres.... parole sonnante, étourdissante et fiévreuse, éminemment propre à ameuter les masses, malgré les amères déceptions qu'elle leur prépare; parole qui, dans la bouche des Gracques, prépara la dissolution de la république romaine, comme elle fut le prétexte et le signal des révolutions sociales dans tous les Etats; c'est une autre forme d'attaques contre la propriété, cette propriété presqu'aussi ancienne que le monde, établie dans toute la terre par le droit des gens. Dans ce régime, la propriété continuerait d'exister en apparence; elle semblerait même plus étendue, puisque tous les citoyens y auraient leur part. Mais en réalité, et en dehors du mirage trompeur des faux calculs, l'égalité des biens ne serait qu'un immense brigandage, et une impossibilité.

1° L'établissement du partage des immeubles, et la complète égalité de toutes les fortunes entre les citoyens, serait la spoliation universelle des propriétaires, et un vaste système de brigandage. Ce ne serait plus, sans doute, le brigandage individuel, l'attaque violente de particulier à particulier; mais ce serait une dévastation de tous contre tous et un brigandage social; et c'est précisément ce qui le rendrait plus terrible, que dis-je, incurable et sans remède. Car, dans l'état actuel de la société, si un malfaiteur m'attaque dans mon bien, les lois sont là pour me défendre, pour réprimer ses violences et ses insultes; la société toute entière fait son affaire de la mienne, et je suis assuré de trouver justice. Mais quand la spoliation est légale, quand elle est établie par la société elle-même, ou plutôt par ceux qui la dirigent, où aller chercher un refuge, une défense; il n'en reste plus que dans la force ouverte à quiconque ne reconnaît pas un pareil droit et ne consent pas à se laisser dépouiller ; tous les citoyens auront les armes à la main ; c'est donc alors la plus vaste, la plus furieuse des guerres civiles, la guerre de tous contre tous, et la fin du corps social, si un pareil état de choses pouvait subsister. Mais quand même tous les citoyens, comme dans la grande Terreur, se laisseraient dépouiller sans se plaindre, ne serait-ce pas, en effet, la plus monstrueuse des injustices que d'enlever son bien à un citoyen vertueux pour le donner à un misérable couvert de crimes, ou à un homme paisible, pour le distribuer à un perturbateur, que de l'ôter à un honnête laboureur, à un ouvrier laborieux, pour le jeter à un être inutile et oisif, que d'en dépouiller un riche bienfaisant pour le laisser en proie à un avare ou à un débauché ? Quel vol plus manifeste, quelle iniquité plus choquante, quel plus entier renversement du bon sens, de l'honneur, de la morale et de tous les principes d'ordre ! Alors, la société n'existe plus ; car dans un pareil système on ne voit plus d'un côté qu'un ramas de pillards et d'oppresseurs, et de l'autre qu'une troupe infortunée d'opprimés et de victimes ; c'est de toutes parts le ravage, le sac, la dévastation.

2° Le partage et l'égalité des biens est une impossibilité. Cette impossibilité ressort avec éclat de deux grandes raisons : et parce que personne n'aurait assez pour vivre, et parce qu'un pareil régime, lors même qu'on parviendrait à l'établir, ne saurait durer.

Nul ne trouverait dans ce partage le suffisant pour sa subsistance. Sans faire le tour du monde, prenons seulement la France pour exemple, et la conclusion viendra d'elle-même pour tous les autres Etats. D'après les statistiques les plus larges et les plus récentes, la fortune immobilière et territoriale de la France, la seule qui puisse faire vivre ses habitants par elle-même, et la seule en question dans ce partage des terres, se monte au plus haut à trois milliards de revenu. Voici les propres paroles de M. le baron de Veauce au Corps-Législatif, le 8 mars 1866 : « D'après le recensement de 1851, la valeur de la propriété territoriale en France était estimée à quatre-vingt milliards de capital, dont le revenu brut était de cinq milliards, et le revenu net de trois milliards. » En laissant de côté les six cents millions qu'il déduit pour les hypothèques, qui ne sont pas toujours une diminution réelle de la fortune publique, et en ne tenant compte que des six cents autres millions défalqués comme impôts, nous arrivons à un revenu total de deux milliards quatre cents millions. Or, il y a au moins trente-sept millions d'habitants dans l'empire. Ce qui donnerait à chacun un revenu annuel d'environ soixante-cinq francs, et par conséquent, un peu moins de dix-huit centimes par jour. Et une famille se composant en moyenne de cinq personnes, il resterait donc à chaque père de famille, pour son entretien et celui de toute sa maison, la magnifique ressource de quatre-vingt-dix centimes à dépenser journellement ! Nous le demandons à tout homme à qui il reste encore quelque jugement, quel est celui qui vivrait avec une telle somme, dans un siècle où les denrées et les premiers éléments de l'existence sont à un prix exorbitant ; dans un siècle où les habitudes dévorantes du luxe sont devenues un besoin dans toutes les classes, même les plus pauvres ?

Et si l'on dit qu'il est une foule de gens vivant honorablement, quoique leur extrême pauvreté leur enlève jusqu'à cette dernière ressource, nous répondons d'abord qu'il est permis d'en douter, puisque une famille ne trouve pas même le pain de chaque jour dans ces quelques centimes ; et, en second lieu, si la chose existe, que ces hommes trouvent une compensation dans le travail, leur unique moyen de subsister ; c'est parce qu'ils sont ouvriers, ou artisans, ou marchands, ou agriculteurs. Mais si tous les hommes sont établis sur le pied d'une complète égalité de

20

fortune, si tous n'ont également que dix-huit centimes à dépenser chaque jour, en un mot, si les maîtres ne sont pas plus favorisés que les autres, où seront les maîtres? Est-ce avec cette somme insignifiante que les marchands se procureront les fonds de magasins, ou les agriculteurs leurs instruments aratoires, ou les ouvriers leurs outils? Est-ce avec cela que l'on pourra créer une usine, une fabrique, une grande manufacture, dont la fondation demande des millions? Et si ces établissements ne peuvent se fonder, si l'on ne peut avoir aucune de ces vastes exploitations qui font vivre tant d'hommes, que deviendront-ils? Où les ouvriers trouveront-ils leur salaire, si personne ne les emploie? Ils seront donc réduits à ces quelques misérables centimes, ces hommes chargés d'une nombreuse famille, de petits enfants affamés, de parents infirmes, et devenus peut-être eux-mêmes la proie des privations et de la maladie? Tout cela est-il possible? Mais il se formera des associations, et toutes les sommes mises en commun procureront aux associés le moyen d'acquérir les instruments nécessaires et de faire fortune? Ceux qui font cette objection ont-ils bien réfléchi qu'ils détruisent leur propre système par la base, puisque, si cette combinaison réussit à se faire, l'égalité n'existe plus; et si elle échoue, outre les privations du temps de l'essai, les voilà plus misérables que tous les autres. Enfin, toute cette doctrine est hérissée d'absurdités; de quelque côté qu'on la tourne, et quelque tourment qu'on se donne pour y trouver quelque sens pratique, on arrive forcément à cette conclusion, que le système de l'égalité absolue est entièrement impossible dans l'application, parce que, lors même que l'on parviendrait à l'établir un instant, on ne tirerait jamais de cette organisation les choses nécessaires à la vie.

Mais les prôneurs de socialisme n'ont pas sujet de triompher à la pensée de réussir à le mettre en œuvre, car il ne leur reste pas même cette triste consolation. Leur système est sans racine, et il ne saurait se maintenir ; seconde preuve de son impossibilité. L'égalité des biens, même établie par la force, ne pourrait avoir de durée, pour la raison que nous venons de développer, et qui est l'impossibilité de vivre. Et, en outre, parce que avec l'inégalité inévitable des aptitudes, des dispositions, des passions, des forces entre les hommes, l'égalité chimérique des biens ne se soutiendrait pas un mois. L'on ne peut pas décréter l'égalité des forces physiques, intellectuelles et morales comme on décrète la prétendue égalité des fortunes. Il faudrait savoir compter avec ces inégalités nécessaires ; et qu'elles sont nombreuses ! inégalité des caractères : les uns sont soigneux et appliqués au travail, les autres lâches, paresseux, insouciants ; les premiers multiplieraient leurs acquisitions aux dépens des seconds, qui laisseraient tout aller, et ne demanderaient pas mieux que de céder leur part, pour jouir de l'avantage du moment et rester à ne rien faire ; inégalité des dispositions du corps et de l'esprit : est-ce que l'homme valide et robuste ne travaillerait pas avec plus de force et de suite, et par conséquent n'acquerrait pas plus que le malade et l'infirme, ou l'homme intelligent et adroit plus que l'incapable qui ne comprend rien ? Et à qui donc du fort ou du faible, du prompt ou de l'apathique, la fortune réserverait-elle ses faveurs ? Enfin, inégalité des passions : on ne voit pas que l'homme cupide, hardi et astucieux aurait bientôt trompé son frère, que le puissant et le voleur auraient dévoré en un instant la part des autres ? On n'a donc rien vu, rien calculé, rien compris ? Mais ce sont cependant des impossibilités qui sautent aux yeux, et qu'un enfant pourrait apercevoir. Donc le système des socialistes n'est pas seulement un danger, c'est une extravagance et une immense duperie.

Cependant on gémit profondément sur le triste sort de la

société, et sur le vice radical de son organisation. Est-il rien de plus dur, objecte-t-on, est-il rien de plus choquant que l'inégalité des fortunes? Certes, il est bien d'autres choses choquantes dans le monde, et dont il faut néanmoins savoir prendre son parti. Est-ce que les diverses inégalités dont nous venons de parler ne sont pas grandement pénibles et affligeantes? Et toutefois ne faudra-t-il donc pas les souffrir en paix? Serait-ce qu'il y aurait plus de facilité à rectifier l'inégalité des fortunes que les autres inégalités naturelles? Mais nous avons fait voir le contraire; nous avons prouvé, avec la dernière évidence, que cette inégalité des fortunes est dans l'ordre de la nature, dans cet ordre rigoureux sur lequel l'homme ne peut rien; que, par conséquent, elle est aussi dans l'ordre de Dieu, l'auteur de la nature, qui a mis partout des différences et des inégalités entre les hommes, pour entretenir entre eux la société et l'union par le besoin qu'ils ont les uns des autres, et par la dépendance réciproque qui les maintient en rapports? S'il n'y avait que des riches, qui voudrait s'assujétir à travailler pour ensemencer les terres, pour dompter les métaux, pour porter le poids de la chaleur et du froid, les fatigues du jour et des nuits, les dangers du commerce et de la navigation, toutes choses pourtant nécessaires à la conservation de l'existence? Et ainsi le monde mourrait de faim au sein de ses prétendues richesses; ce serait la fable de Midas tristement réalisée. D'un autre côté, s'il n'y avait que des pauvres, où prendre les avances nécessaires aux entreprises, les outils, les instruments du labourage et des divers métiers! Ils ne songeraient qu'à se disputer le dernier morceau de pain s'il en restait encore, ils se dévoreraient entre eux; et de la sorte, par l'une et l'autre voie, on arriverait également à la mort et à la prompte destruction du genre humain. Et même avant ce terme, une fierté dédaigneuse ne faisant point sentir aux hommes le besoin qu'ils ont de leurs frères, dont ils n'auraient rien à attendre, il n'y aurait plus parmi eux que de la haine, du mépris, ou tout au moins une cruelle indifférence, qui changerait le monde en une vaste solitude, laisserait à peine subsister la vie de famille, réduirait l'homme à un triste isolement, et le rendrait par conséquent extrêmement malheureux. Mais grâce à Dieu, il n'en est pas ainsi : il y aura toujours dans le monde, quoi qu'on dise et qu'on fasse, des pauvres et des riches, des forts et des faibles; afin que la fortune des riches, en donnant lieu au commerce et aux divers travaux, les force de rechercher les pauvres et de les traiter avec honneur, d'exercer la plus sublime des vertus, la charité, en contribuant au soulagement des souffrances de leurs frères. Et de leur côté les pauvres par leur travail, par leur patience, par leur honnêteté tireront des riches leur subsistance et les autres choses essentielles à la vie; ils sentiront combien les opulents du siècle leur sont nécessaires, ils ne seront pas assez insensés pour les regarder comme des rouages inutiles dans le grand mouvement du monde, ils les respecteront, ils les aimeront comme des amis et des frères, dont ils dépendent par leur travail, comme les autres à leur tour dépendent d'eux par leurs richesses; ce sera un vaste système de dépendances mutuelles, d'honnêtetés, d'égards, de bontés, et la terre se maintiendra de la sorte dans une magnifique harmonie.

Ainsi, bien loin que cette inégalité des fortunes soit une dérogation aux règles sacrées de la nature et de son Auteur, c'est au contraire la nature qui l'exige impérieusement. Sans cette inégalité, les besoins essentiels de l'humanité, au milieu des mille passions qui la dévorent, ne seraient jamais satisfaits. Il faut des pauvres, il faut des riches, mais de bons pauvres et de bons riches ; la patience et le travail des uns, la charité et la modestie des autres entretiendront l'équilibre du monde. Et cependant, les rêveurs qui ont songé à établir un nouvel ordre de choses, outre qu'ils se nourrissent de vents et de chimères, montrent leur extrême ignorance des véritables nécessités de l'homme, de son état réel et des conditions de son existence sur la terre. Quand tous les hommes auront les mêmes forces, les mêmes tempéraments, les mêmes aptitudes, les mêmes attraits, les mêmes passions, la même dose d'intelligence, alors on pourra penser sérieusement à leur donner à tous la même quantité de biens; mais, tant que la nature aura mis entr'eux des différences et des inégalités prodigieuses sur tout le reste, on ne devra point s'étonner qu'il y en ait encore sur l'article de la fortune; et jusque-là, les socialistes qui ont comploté le renversement de la société actuelle pour la reformer au gré de leur imagination sur des bases impossibles, devront être considérés par tous les hommes de bon sens, non-seulement comme des insensés, mais comme des gens excessivement dangereux, contre lesquels on ne saurait trop se tenir en garde.

Voilà les vérités indiquées par la saine raison et dont l'éclat est irrésistible; voilà les enseignements qu'il aurait fallu donner aux peuples, si on les eût aimés, et non pas ces fausses doctrines, ces leçons de révolte qui les conduisent toujours à l'abîme, sans jamais améliorer leur sort. Quelle terrible expérience n'en avons-nous pas faite au commencement de la seconde République? Et qu'est-il résulté de ces fameux *ateliers nationaux* où le socialisme était prêché si crument? On levait l'étendard, non pas seulement contre le Souverain, mais contre l'organisation fondamentale de la société; on tournait les têtes à des milliers de pauvres ouvriers, disciples trop dociles de maîtres étourdis et coupables. On leur parlait d'un *droit* absolu *au travail* lors-même que personne n'avait à faire travailler; c'était déjà une première atteinte à la propriété, en attendant le moment de l'abolir toute entière. Et comme ce moment tarde trop au gré des meneurs ambitieux qui veulent se faire un passage à la domination sur les cadavres de leurs dupes, que fait-on? On les arme, on leur fait dresser des barricades, on enflamme leur imagination, on excite violemment leurs appétits, et on les lance contre cette société peu complaisante, qui n'abdiquait pas et ne mourait pas assez vite pour l'âpreté de leurs désirs. Durant quatre jours des torrents de sang inondent la capitale; les femmes, les enfants, les bienfaiteurs du peuple, des généraux couverts de blessures pour la patrie, le caractère sacré du sacerdoce, la magistrature, le droit des gens dans la personne des parlementaires, rien n'est épargné; c'est une guerre sauvage, une guerre d'extermination. Mais malgré toutes ces fureurs il faut céder: la victoire se déclare pour la bonne cause, et la société est sauvée; et après tant de ruines inutiles ces pauvres gens si cruellement séduits succombent; ils restent passibles des rigueurs de la loi, et à tous leurs autres maux s'ajoute encore le remords d'un crime stérile et la douleur de leur espoir trompé. Que le peuple ouvre donc enfin les yeux; puisse-t-il comprendre qu'il ne gagne jamais rien aux coups de main qu'on lui fait faire, et que tout le profit, s'il y en a, est pour ces hommes hautains qui, après l'avoir compromis et exposé au carnage, l'abandonnent lâchement à son triste sort au moment du danger, ne reparaissant que pour jouir eux seuls du triomphe, et le rejetant loin d'eux avec dédain et raillerie comme une arme désormais inutile. N'est-ce pas ce que nous avons vu dans toutes les révolutions précédentes? Si le peuple s'était laissé conduire par ses Souverains, il n'aurait pas été en proie à tant de maux; c'est sa crédulité qui l'a perdu. Averti par de si cruels revers, qu'il fasse donc désormais la sourde oreille à ces cris malhonnêtes qui s'élèvent contre la propriété; que par sa sagesse et son travail il s'efforce de l'acquérir pour lui-même, mais sans se séparer jamais de ses Souverains, ses véritables conducteurs. Alors, il sera heureux autant qu'il est possible de l'être ici-bas ; le bonheur de sa famille, soutenue par ses soins et reconnaissante, mettra le comble à sa propre félicité. Il verra alors que ce n'est que par la soumission à l'Autorité qu'il peut espérer d'échapper aux affreux malheurs des guerres civiles, et par le respect des droits d'autrui qu'il peut espérer de conserver et *d'augmenter* les siens.

CHAPITRE V.

5e Droit du peuple : le droit de remontrance, et de pétition.

Avant d'entrer en matière, et dans le dessein de faire mieux ressortir en quoi consiste précisément le droit national de remontrance et de pétition, nous croyons utile d'établir, ou plutôt, de rappeler trois principes fondamentaux qui répandent une grande lumière sur cette question : 1° le Souverain doit être accessible, et écouter les observations de ses sujets ; 2° il a besoin, pour bien gouverner, de connaître toute la vérité, ce qu'il ne peut faire qu'en se mettant en rapport direct avec les peuples ; 3° il doit à tous une justice exacte, et cette obligation, il ne la peut remplir s'il ne leur donne une entière liberté de lui exprimer leurs doléances et leurs vœux. Ces trois propositions demandent quelques détails.

1er *Principe*. Le Souverain doit être accessible. — On aurait une bien pauvre et bien fausse idée d'un Souverain digne de ce nom, si on se le représentait comme une de ces effrayantes idoles de certains temples de l'Asie, dont on n'approche qu'avec terreur et le front dans la poussière, et que d'autres fois même il n'est pas permis d'aborder ; ou comme ces rois sauvages et sanguinaires de l'Afrique, devant qui tout le monde tremble et frémit, dans l'attente d'une sentence de mort, car c'est dans cette liberté de tuer au gré de leur caprice qu'ils font consister leur puissance, se croyant grands à proportion du nombre de *crânes humains* qui décorent hideusement leurs demeures. Non; un Prince raisonnable et chrétien ne ressemblera jamais à ces monarques asiatiques qui, orgueilleusement enfouis au fond d'un palais, ou plutôt d'une forteresse formidable, ne se laissent voir qu'à un petit nombre de femmes et d'esclaves, leurs ministres, et sont tellement invisibles à tous les autres, qu'il y a peine de mort contre quiconque tenterait de franchir ce terrible seuil sans être appelé, comme nous en avons un célèbre exemple dans l'histoire d'Assuérus et d'Esther. Les rois magnanimes, les Princes profondément pénétrés du but de leur mission, instruits de leur véritable grandeur et intelligents de leurs intérêts, ne s'abaissent point à ces hauteurs insupportables. Il est vrai, comme la plupart des hommes se conduisent plutôt par les sens que par la raison et le sentiment du devoir, il les faut frapper, ces sens, de quelque pompe et d'un certain éclat extérieur, pour mieux imprimer dans les esprits le respect de l'Autorité et de la Majesté souveraine. Le Prince doit toujours se montrer digne, grand, noble, sans familiarité et sans bassesse; et pour maintenir le respect et la subordination, il a besoin de faire régner dans sa cour les lois de l'étiquette et d'une haute politesse; et l'on sait ce qu'il en a coûté à l'infortunée Marie-Antoinette pour n'y avoir pas attaché assez d'importance; mais il y a loin de la dignité à l'arrogance et à l'invisibilité. Un monarque, un Souverain quelconque, n'est pas seulement le Souverain des grands, il l'est de toute la nation; car on ne saurait trop redire cette maxime si vraie et si belle, que les peuples ne sont pas faits pour les Princes, mais les Princes pour les peuples, et que toute leur personne et tout leur temps leur appartiennent. Quoique la Papauté soit la plus grande dignité spirituelle qui existe en ce monde, les Papes ne laissent pas de s'intituler *serviteurs* des serviteurs de Dieu, selon l'esprit de l'Evangile, et par leur affabilité ils montrent que ce n'est pas une vaine dénomination; ainsi, dans l'ordre purement temporel, les plus grands rois eux-mêmes sont eux aussi les serviteurs de leurs peuples pour les rendre heureux, même au préjudice de leur repos.

Dira-t-on que le Souverain est le ministre de Dieu? cela est vrai; mais Dieu écoute tous les hommes, et sa joie est de voir leurs humbles supplications monter vers son trône. Ils sont les représentants, les lieutenants de Dieu! oui, mais ce grand Dieu qu'ils représentent est la bonté même, et si je l'ose dire, l'affabilité même, « *in terris visus est, et cum » hominibus conversatus est* (1). Il fait lever son soleil sur » les bons et sur les méchants, et envoie ses pluies fertili- » santes aux champs du juste et de l'injuste (2) », et il dit de lui-même « qu'il met ses délices à se trouver avec les » enfants des hommes (3) ». Un vrai Souverain n'est pas un maître sévère, et encore moins un tyran; c'est un père; or, un bon père n'est ni dur, ni farouche, ni misanthrope, ni insociable, mais il est toujours prêt à écouter les demandes et les raisons de ses enfants. On ne se grandit jamais par la fierté. Le Prince se doit donc à tous les citoyens, et son oreille s'ouvre facilement à leurs prières. Ce qui paraît rendre certains Princes impossibles, malgré leurs grandes qualités, c'est la fausse persuasion où l'on est qu'ils seraient les rois d'un parti, et non pas de la nation. Le Souverain doit donc être populaire, avec toutes les réserves commandées par le juste sentiment de sa dignité; car les extrêmes sont toujours dangereux. Par sa facilité à donner audience, par sa politesse et son affabilité, il conquerra aisément tous les

(1) Baruch., 3. — (2) Matth., 5. — (3) Prov., VIII, 31.

cœurs, il procurera un ordre parfait, et consolidera son trône; mais s'il délaisse, il sera délaissé; s'il s'éloigne, on s'éloignera; on verra les âmes s'aigrir, les haines s'enraciner, les conspirations se former, les guerres sourdes miner le trône, et il tombera au moment où il y pensera le moins. N'est-ce pas l'histoire du règne d'un Prince contemporain! Il poussa d'abord la popularité jusqu'à l'excès; mais comme toutes ces démonstrations inspirées par une ambition démesurée n'étaient pas sincères, elles ne tinrent pas. Il s'isole, se rend inaccessible, tombe dans un mépris presque universel, puis tout à coup ses appuis qui lui paraissaient si solides venant à lui manquer, il disparaît de la manière la plus honteuse. Il est donc du plus haut intérêt pour le Prince de se laisser approcher, tout en prenant les précautions nécessaires.

2e *Principe*. Le Prince, pour gouverner utilement, a besoin de connaître toute la vérité sur les vœux et les besoins de ses Etats. Nous avons vu, dans la première Partie, que le Souverain a reçu de Dieu le don précieux d'une quasi infaillibilité dans les grandes lumières de nature et de grâce qu'il lui départit selon les nécessités de sa charge; cependant, elles ne lui sont pas données par voie de miracle, mais par voie d'économie providentielle et ordinaire; et elles supposent par conséquent, comme toutes les autres grâces d'Etat, que le Souverain fera tous ses efforts pour en profiter, et pour développer les moyens naturels de connaître qui sont à sa disposition; autrement sa présomption serait punie par une ignorance plus épaisse et plus dangereuse. Or, évidemment l'un de ces moyens indispensables d'acquérir la connaissance de la situation de l'empire soumis à ses lois, et sans quoi il ne saurait le bien gouverner, c'est d'être tout oreille pour recueillir tous les bruits et jusqu'au moindre murmure; faute de quoi le Prince, qui doit en savoir plus long sur les affaires publiques qu'aucun de ses sujets, sera par le fait le moins instruit des choses qu'il lui importe le plus de connaître. Il ne saura que ce que ses officiers voudront bien lui apprendre ; et combien d'abus peut-être, combien de plaintes, combien de mécontentements, combien de situations graves et d'intérêts de premier ordre ils jugeront à propos de lui laisser ignorer, s'ils sont seuls dans sa confidence, seuls admis à lui parler. Nos ministres sont assurément bien respectables ; mais hélas ! nous voyons par les exemples récents de d'autres pays que la trahison n'est malheureusement pas impossible. Et c'est précisément pour ne pas se mettre dans la nécessité de choquer par l'exception, qu'un Prince prudent observe la règle générale de ne pas s'absorber dans ses conseillers, et encore moins dans des favoris.

Nous savons que, dans la pensée de plusieurs personnes, les avertissements et les débats des Chambres sont un grand moyen, pour le chef de l'Etat, de s'éclairer et d'arriver à la connaissance du vrai ; mais ce moyen, lorsqu'il est seul, ne nous paraît pas suffisant, et cela pour plusieurs raisons : 1° Dans les délibérations des Chambres législatives, on ne traite guère d'ordinaire que les questions proposées par le Gouvernement ; et il en est d'autres néanmoins fort importantes, qu'on n'a ni le temps ni le droit de soulever ; 2° l'opposition, qui donne souvent de très-bons conseils, se rend aussi souvent impuissante par ses formes blessantes et son langage amer ; et de plus, elle est toujours suspecte à cause de son esprit d'hostilité ; voilà pourquoi elle perd toute sa force, elle s'ôte toute créance devant la nation, et ses avis sont mal reçus du Souverain ; un peu plus de modération et d'impartialité lui donnerait une force immense. 3° Les observations des Chambres ont un certain air de commandement. Si l'on en tenait compte trop aisément, on semblerait céder à une pression ; et ceci coûte toujours à l'amour-propre, indestructible dans tous les hommes, à plus forte raison dans les grands. Il y a bien aussi la ressource de la presse, et spécialement des journaux ; mais comme ils sont presque tous les organes de quelque parti, ils présentent non l'opinion de la nation, mais la leur, et ne voient rien de bon que selon leur point de vue ; souvent même à cause de leurs préjugés, ils ne connaissent pas exactement cette opinion nationale, cependant si importante à connaître, ou ils la faussent, ils la dénaturent, et le Souverain n'en tire aucun éclaircissement réel. Mais il n'en est pas de même lorsqu'il écoute les remontrances qui lui viennent de toutes parts, avec les divers avis qui lui sont donnés sur la situation du royaume et les dispositions des esprits. Chaque particulier peut tromper, surtout s'il est fonctionnaire ; la masse d'un peuple ne trompe jamais ; car il ne se fait d'accord universel que sur la vérité des choses et des besoins, principalement quand les opinions sont habituellement contraires. Que d'abus réformés, que de mauvaises lois abrogées, que de souffrances adoucies si le Prince pouvait tout entendre !

Du reste, en considérant les choses par rapport à la personne du Souverain, au point de vue de sa sureté personnelle et de sa puissance, n'est-il pas de son intérêt le plus sérieux de tout savoir ? S'il est bon, affable, ouvert ; s'il reçoit facilement les avis, s'il met la condescendance avant la grandeur, il se fera des amis fidèles, des cœurs dévoués. Rien n'est si facile à un Prince que de gagner la confiance et l'amour ; un regard bienveillant, un sourire de bonté, une parole obligeante, attendrissent, passionnent, enthousiasment ; on est fier d'avoir eu une parole du roi et on ne l'oublie jamais. Ses amis veilleront pour lui, ils l'avertiront au jour du danger, il sera prévenu à temps, soit qu'il s'agisse d'une conspiration contre son trône, soit que l'on veuille attenter à sa vie, et tous les complots seront déjoués sans coup férir. Combien de Souverains n'ont dû leur salut qu'au dévouement de quelques sujets vigilants et incorruptibles ! D'ailleurs ce droit est, si l'on peut ainsi dire, comme une soupape de sureté, contre l'explosion des fureurs politiques. Sans doute il peut y avoir des craintes chimériques, des appréciations fausses, des observations mal fondées, des conseils trompeurs ; aussi ne disons-nous pas qu'il doive tout croire, Dieu nous en garde, mais nous disons qu'il doit tout savoir, et par conséquent tout entendre. A lui de faire un juste discernement du vrai et du faux, par ses propres réflexions et par des informations plus sûres. La connaissance des hommes et la rectitude du jugement sont deux qualités essentielles et fondamentales dans tous les hommes appelés à gouverner. Il y aura des prétentions et des données inexactes, mais il y en aura de vraies ; et quand sur cent avertissements donnés mal à propos il s'en trouverait un seul d'utile, c'est bien assurément un motif plus que suffisant pour déterminer à ne négliger aucun avis ; on examine, on discute, on décide, mais on ne méprise rien, car on ne saurait payer trop cher l'avantage de bien gouverner. C'est pour s'être trop fié à sa puissance, avoir eu une fausse idée des dispositions des Romains et dédaigné les avis qu'on lui donnait de la conspiration tramée contre ses jours, que Jules César fut immolé en plein Sénat au moment où il s'attendait à y recevoir la couronne. C'est par une suite de la même insouciance que le célèbre duc de Guise, ne tenant aucun compte des avertissements réitérés de ses meilleurs amis, et dans sa légèreté présomptueuse répétant toujours : *on n'oserait pas*, apprit à ses dépens que l'on pouvait oser, et que les sujets rebelles, fussent-il les plus grands seigneurs d'un empire et sur les marches du trône, ne sont pas toujours à l'abri des justices sévères d'un monarque outragé. On peut en dire autant de l'infortuné Rossi, ministre du Pape régnant, qui, sans manquer le moins du monde à ses devoirs envers son maître, aurait dû, ce semble, s'entourer de plus de précautions, puisqu'il était destiné au poignard par une conjuration dont il était suffisamment averti. Que de complots fatals, que de détrônements, que de terribles révolutions auraient été évités, si l'on eût daigné user de quelque prudence, et ne se pas montrer si sourd aux cris des sujets fidèles !

3e *Principe.* Le premier devoir du Prince est de rendre justice à tout le monde ; et il ne le peut faire sans se rendre d'un facile accès. La justice distributive est sans contredit une des plus belles fonctions de la Souveraineté ; elle semble comprendre et relever toutes les autres. Les chefs des Etats ont soin de faire remplir d'ordinaire cette grande charge par les Cours de justice à tous les degrés de compétence, et c'est avec raison ; car outre la nécessité générale de la séparation des pouvoirs, s'il leur fallait entendre et juger par eux-mêmes toutes les causes dans un vaste empire, ils seraient accablés : ce serait un emploi entièrement au-dessus de leurs forces ; et cependant il est des circonstances où la magistrature, malgré tout son bon vouloir, ne peut rendre une justice complète, où son pouvoir est lié, où elle reste faible et même impuissante. Cela se voit principalement dans les réhabilitations et dans les recours en grâce. Dans le premier cas, il s'agit d'un intérêt d'ordre majeur, de la réparation à faire à l'honneur d'une famille profondément obscurci par la condamnation infamante, et néanmoins injuste, d'un de ses membres, dont elle a droit, pour elle et pour lui, d'entendre proclamer l'innocence. Et toutefois cette réhabilitation si nécessaire, elle rencontre de temps à autre d'immenses difficultés à vaincre et des résistances presque insurmontables ; soit par le crédit de certaines familles puissantes et compromises en ce jugement, qui mettent tout en œuvre pour empêcher la question de sortir des nuages, et éviter d'encourir des reproches sévères avec la flétrissure de leur iniquité ; soit que la magistrature craigne de paraître avoir mal jugé, et de mériter elle aussi quelque blâme ; car les hommes sont hommes, même les plus justes. Nous en avons des exemples fameux dans l'affaire des Calas et dans celle de Lesurque. Quelles lenteurs dans ces procès de révision, lorsque chaque moment de retard est comme une montagne sur le cœur des survivants ! Mais si leur triste plainte a pu parvenir jusqu'au trône, un mot de cette voix auguste lève tous les obstacles, abrège et simplifie l'action de la justice. Pour cela il lui faut les réclamations des intéressés avec tous les documents nécessaires ; ce qui suppose une suite de communications de vive voix ou par écrit avec le Prince. Le plus souvent l'on a des grâces à demander : c'est une récompense à laquelle on croit avoir droit par de longs ou de brillants services rendus à l'Etat ; c'est le pardon d'un condamné nécessaire à sa famille, ou digne de clémence pour une première faute, ou pour un crime dont les circonstances vraiment atténuantes semblent mériter indulgence. Cette faveur, ce pardon, si bien placés, le Souverain seul peut les accorder, sa haute position lui en fait une sorte de devoir ; mais comment le fera-t-il s'il ne reçoit pas les requêtes, ou s'il refuse les audiences ? Ne mériterait-il pas alors d'entendre cette dure réprimande d'une simple femme au roi Philippe de Macédoine : « Prince, cessez donc d'être roi, puisque vous ne voulez pas en faire les fonctions. » Si donc le Souverain veut vraiment régner, s'il veut gouverner, si non content d'un vain titre il est jaloux de remplir le plus glorieux et le plus noble emploi de la Souveraineté, le ministère de grâce et de justice, et par là de se rendre agréable à Dieu et aux hommes, et d'asseoir solidement son propre bonheur, qu'il écoute ses sujets comme un père, et qu'il respecte toujours leur droit de pétitions et de remontrances, soit relativement à l'exagération des impôts, soit pour tout autre objet.

Maintenant, par toutes les réflexions précédentes, nous

croyons avoir suffisamment établi le droit du peuple de faire des remontrances au Souverain, pour obtenir justice par le redressement de ses griefs, et son droit non moins évident de présenter des pétitions pour demander des faveurs.

La grande différence qui existe entre la remontrance et la pétition, c'est que la remontrance a un caractère d'utilité générale et porte sur les intérêts communs du pays ou d'une classe de la population, tandis que la pétition adressée au Souverain n'a ordinairement pour objet que des intérêts particuliers. Nous disons : la pétition adressée au *Souverain*, pour la distinguer, du moins dans nos usages français, de la pétition adressée au *Sénat*, qui ne doit pas rouler sur des objets purement privés ou uniquement propres à celui qui réclame, mais au contraire avoir toujours une certaine portée, un certain caractère d'utilité générale. Aussi voyons-nous les pétitions égoïstes généralement écartées par les ordres du jour, ou même par la question préalable de la noble assemblée, et avec raison; car l'attention trop grande donnée à ce genre de pétitions, souvent fort excentriques, serait un abus, une perte de temps, et une sorte de ridicule jeté sur les opérations du Sénat, qui a néanmoins l'extrême bonté de leur faire toujours l'honneur d'un compte-rendu, et c'est peut-être tout ce que réclame l'amour-propre de ces solliciteurs; mais ceux-ci devraient se rappeler qu'ils ont leur recours naturel devant les tribunaux ou les ministres, qu'aucune voie de droit ne leur est fermée, et qu'ils ne doivent porter plainte au Sénat pour leur avantage particulier que dans le cas de déni de justice. Le Sénat, établi juge de toutes les questions ou pétitions relatives à la constitution de l'Etat, dont il est le conservateur, les examine toujours sous ce point de vue, et par conséquent sous celui de l'intérêt public, et il réprouve justement ce qui n'a trait qu'à des intérêts exclusifs et privés, non satisfaits dans les divers degrés de juridiction contentieuse. Mais il n'en est pas de même des pétitions aux Souverains : elles ont ordinairement pour objet des grâces et récompenses réclamées pour des services rendus à l'Etat par les pétitionnaires ; et les remontrances, au contraire, portent sur les intérêts généraux du pays.

Le droit de remontrance est en vigueur chez tous les peuples libres, c'est-à-dire qui ne sont soumis qu'aux lois. On le trouve même quelquefois dans les gouvernements despotiques ; nous en avons un exemple illustre dans l'histoire de l'ancienne Perse. Le roi seul, en certains cas, confirmait la loi établie par les grands et les magistrats au nom de toute la nation des Perses et des Mèdes, et alors il n'était plus maître de la retirer ni d'y rien changer. Et le roi Darius ayant voulu suspendre l'exécution d'un de ces règlements pour sauver Daniel qu'il aimait tendrement, les grands de l'Etat vinrent le trouver en corps et le rappeler par leurs observations au respect de la loi. Nous convenons que ce droit de remontrance directe n'est plus aussi nécessaire en France et dans tous les gouvernements constitutionnels, les grands corps de l'Etat étant chargés de faire eux-mêmes ces observations ; c'est là leur devoir spécial, dont nous dirons encore un mot au chapitre de l'honneur dû aux Souverains, dans le livre suivant. Cependant nous l'avons montré, il n'est pas de l'intérêt du Prince de rejeter absolument ce genre d'avertissements non officiels, qui sont peut-être parfois plus utiles et sujets à moins d'inconvénients que les discours passionnés des Chambres et leurs dangereux retentissements dans le public ; l'on n'a pas oublié que c'est la violence de ces discussions parlementaires qui a déterminé la chûte de l'infortuné Charles X. Les avis et conseils donnés à propos par des sujets fidèles, sont souvent l'unique moyen de prévenir les troubles et de consolider le Pouvoir.

Dans tous les temps de notre Monarchie, mais surtout

depuis les règnes de Louis XI et de François Ier, où en s'agrandissant et en se délivrant des périls extérieurs, elle est devenue absolue, les Parlements ont toujours usé, et quelquefois à l'excès, de ce droit de remontrance; c'était, du reste, un tempérament nécessaire. Il en était de même, à plus forte raison, des Etats-Généraux et des Assemblées-Provinciales, qui avaient une plus grande part à la décision des questions importantes du gouvernement. Nos rois, en les convoquant, comprenaient que la remontrance faite et reçue convenablement affermit le trône au lieu de l'ébranler. Mais pour cela, elle a besoin d'être revêtue de certaines qualités sans lesquelles elle serait plus nuisible qu'utile; elle doit être reçue avec bienveillance et gracieusement par l'Autorité, sans quoi elle ne produirait aucun fruit, ce qui suppose qu'elle a un légitime fondement, qu'elle est importante dans son fond, respectueuse et secrète dans ses formes.

La remontrance doit être bien reçue. Si le Souverain n'accueillait pas toujours par lui-même ou par ses agents les observations qu'on lui veut soumettre, le droit de remontrance courrait grand péril de devenir nul, car bientôt on n'oserait plus en faire, dans la crainte de s'exposer à d'humiliants refus; ou si l'on avait le courage de s'élever au-dessus de ces considérations et de se risquer, ce seraient peut-être les plus nécessaires qui n'auraient pas été jugées dignes d'un regard et resteraient de côté. Les abus, bien loin d'être corrigés, s'enracineraient, le Souverain demeurerait dans l'ignorance de ce qu'il lui importe le plus de savoir; en un mot, il manquerait à toutes les règles de la prudence, à tous les devoirs de sa place signalés plus haut, sans échapper à aucun des graves inconvénients de cette hauteur et de cette insouciance maladroite. Il est donc nécessaire qu'il y ait au moins certains jours, certaines circonstances destinées à ces sortes d'audiences ou de pétitions. Les exemples de saint Louis et des plus grands rois sont là pour ouvrir les yeux à tous les Souverains. Mais l'accueil fait aux pétitions et aux remontrances dépendra beaucoup de leur qualité et de la manière dont elles sont faites. Il est donc à propos d'y donner une très-sérieuse attention.

La première qualité de la remontrance est d'être fondée, et fondée sur la vérité, sur une vérité évidente ou facile à constater. C'est manquer de respect au trône que de s'exposer à lui affirmer des erreurs. C'est faire tomber en mépris et en discrédit les remontrances que de revendiquer des droits imaginaires. Et si ces abus se multipliaient, ce serait un malheur, non-seulement pour les pétitions mal fondées, mais pour toutes les autres, sur lesquelles le Prince prévenu et dégoûté ne daignerait même pas jeter les yeux. La première chose à faire, avant de hasarder une pétition, ou une remontrance, est donc de bien s'assurer de la vérité et de son droit.

2° Mais il ne suffit pas de faire des demandes justes ou fondées, il faut que l'objet de ces demandes ou de ces observations soit assez sérieux, assez grave, assez important pour mériter d'être mis sous les yeux du Chef de l'Etat. Il n'y a point de gouvernement humain sans défaut, même parmi les meilleurs ; c'est une vérité qu'il ne faut jamais perdre de vue; et si, sous prétexte d'une imperfection quelconque ou d'une institution qui déplaît parce qu'on n'en comprend pas la valeur, il était permis de venir continuellement fatiguer un Souverain pour des motifs puérils, quoique peut-être fondés sous certains rapports, ce serait un abus intolérable, et le plus sûr moyen de faire repousser toute remontrance, de fermer tout accès à la vérité, et de mettre un obstacle éternel aux relations pourtant si nécessaires entre le Prince et ses sujets. La voix toujours un peu austère de la remontrance ne doit donc se faire entendre que quand le bien de l'Etat est réellement en souffrance, quand la paix, l'agriculture, le commerce et les autres intérêts généraux périclitent, quand les conspirations ou d'autres graves dangers menacent la tranquillité de l'Empire ou la personne du Souverain, quand le gouvernement trompé fait évidemment fausse route sur l'ensemble. Et encore ne doit-on pas parler uniquement d'après soi-même, mais être l'écho d'une partie nombreuse de la nation; autrement, l'on s'expose à mettre tout au hasard, à faire prévaloir l'erreur sur la vérité, des prétentions paradoxales sur les enseignements de la raison, ou des intérêts de coterie sur ceux du plus grand nombre, et le bien général en souffrirait.

3° Quelle que soit la grandeur des griefs dont on croit avoir à se plaindre, quelque importante que soit la matière de la remontrance, il ne faut pas oublier qui l'on est, et à qui l'on parle, ne pas oublier que le Souverain est le ministre et le lieutenant de Dieu, la première personne de l'Etat, le chef de toute la nation, et le supérieur de chacun des individus qui la composent; propositions vraies dans tous les systèmes parmi les hommes d'ordre. Un particulier bien élevé ne voudrait pas se rendre coupable d'une impolitesse ou d'un ton déplacé à l'égard du moindre des hommes, ni les tolérer d'un autre envers lui; et l'on croirait pouvoir se les permettre envers la majesté d'un Souverain, et celui-ci n'en serait pas justement choqué! Il est donc essentiel de veiller à ne s'écarter jamais des formes polies, soumises, respectueuses, dues à tous les supérieurs; l'humeur, la vivacité du langage, les expressions hardies sont toujours déplacées en pareille circonstance. Il faut sans doute une grande liberté quant au fond, une grande clarté dans l'énonciation des faits; mais en même temps une profonde révérence dans les termes, dans les précautions et adoucissements de langage et dans toutes les formes. C'est là le seul moyen de réussir, et de ne s'écarter pas du devoir, auquel on est exposé à manquer de plus en plus, sous prétexte de dignité morale, mais en réalité par suite de l'esprit révolutionnaire et des idées d'indépendance répandues partout. Et il est inutile de faire des distinctions : les plus grands personnages de l'Etat dans tous les ordres y sont tenus comme le simple peuple; et parce qu'ils sont tous inférieurs au Souverain, et parce que plus ils sont élevés, plus ils sont obligés de prêcher d'exemple. Il suffit de parcourir les annales de notre histoire pour voir avec quelle modération et quel profond respect les Parlements, les Assemblées du clergé, les Etats-Généraux eux-mêmes parlaient au roi dans les siècles précédents; et la même retenue, la même gravité de manières se remarque chez toutes les nations. Indépendamment du sentiment du devoir, on a compris qu'il ne fallait pas compromettre le succès de sa cause par le ton peu respectueux avec lequel elle est présentée.

4° Enfin les convenances, et le respect dû au Pouvoir, ne permettent pas de livrer à la publicité ces sortes de réclamations, quand elles contiennent la critique grave d'un acte de l'administration, et non pas seulement des considérations calmes et modérées sur un abus, une réforme sollicitée, ou les besoins de la nation. Les grands corps de l'Etat chargés par position de contrôler le gouvernement et de l'avertir, sont les seuls qui puissent donner de la publicité et du retentissement à leurs remontrances; car ils sont censés agir au nom du peuple entier. Tous les autres n'ont droit qu'à des observations secrètes, et enveloppées de silence envers tout le monde; et la raison en est bien simple. A qui s'adressent-ils ? Est-ce au public ? Non, c'est au Souverain; et de qui attendent-ils le fruit de leurs remontrances ? de leurs concitoyens ? Non, ils l'attendent du Souverain, et du Souverain seul, parce que lui seul y peut faire droit. Si donc, emportés par je ne sais quelle passion maladroite, ils mettent le public dans la confidence d'une chose qui est de sa nature si secrète, ils commettent un acte à la fois inutile, nuisible et criminel ; inutile, puisque le public n'y peut rien ; nuisible, puisque outre le rejet inévitable de leur supplique ils irritent le Prince qui peut se porter à un éclat, à un coup d'autorité contre le provocateur ; enfin cette conduite est coupable, parce qu'on se permet, contre toutes les règles, d'accuser le Souverain ou ses agents à la face de la nation. La remontrance même secrète est toujours pénible, comme contenant un blâme indirect ; que sera-ce donc si on la divulgue ? C'est révéler les fautes du Prince, c'est formuler une accusation en forme, c'est indisposer les esprits contre lui, c'est faire un acte de factieux. Pourquoi lancer ses factums dans le peuple si l'on ne veut pas exciter ses passions, le porter au murmure, et plus tard à la révolte ? Comment expliquer autrement cette inqualifiable manière d'agir ? Il y a donc là, peut-être à leur insu, nous voulons le croire, mais réellement néanmoins, un acte de rébellion condamnable devant Dieu, et passible de la rigueur des lois. Est-ce pour rendre à son Souverain le respect qui lui est dû à tant de titres, et cependant lui est si facilement refusé, qu'on met ces lettres, ces plaintes, ces réclamations quelconques dans les journaux ? Certes, ce ne sont pas en général des modèles de douceur et d'urbanité, sans parler de révérence et d'égards ? Quel ton ! Quelle morgue ! Comme on s'y donne le droit superbe de morigéner les plus hautes puissances ! Et tout cela est mis sous les yeux d'un peuple déjà assez peu disposé à la soumission ; c'est un abus intolérable de la presse. Ceux qui se permettent si aisément de telles inconvenances, dont même ils ont l'air de se faire un mérite, que diraient-ils si leurs inférieurs, que dis-je, si leurs supérieurs osaient les traiter de la sorte ? Il ne faut pas que l'humeur, le mécontentement, le faux zèle nous fassent croire qu'il n'y a de devoir que pour les autres, et que nous pouvons nous mettre au-dessus de toutes les règles. Quelque répréhensibles que soient les Princes, ils ne doivent jamais être traînés aux gémonies de l'opinion publique. Les remontrances doivent donc toujours leur être faites dans le secret, lorsqu'il s'agit non de discuter le principe de droit, mais de les critiquer ; à moins qu'il n'y ait une violence ouverte à la conscience des peuples dans l'essentiel de leurs obligations, malgré le secret des précédents avertissements.

Quant au droit de pétition, il est soumis aux mêmes règles, autant que l'intérêt particulier peut être comparé à l'intérêt général ; mais par sa nature même l'exercice en doit être encore plus modeste. La pétition a pour objet de demander des récompenses, des faveurs, ou une équitable répartition des charges en fait de justice distributive. Tout citoyen a droit d'en faire ; et par toute la terre l'on a coutume de présenter des placets aux Souverains, surtout en certaines circonstances plus favorables, comme lorsqu'ils voyagent et se montrent en public ; ils s'y attendent, ils sont plus disposés à faire acte de munificence, et à accorder des grâces.

En France, quand la pétition a un caractère plus général, et spécialement quand on s'y propose quelques réclamations ayant trait à la politique par certains côtés, et relatives à des objets qui touchent à la constitution de l'Etat, elle doit être adressée au Sénat, chargé d'examiner ces sortes de demandes, et de les recommander à l'attention des divers ministères quand il les en juge dignes. Il faut avouer que souvent par ignorance, ou par toute autre cause, on abuse bien un peu de ce droit, mais il vaut encore mieux tolérer l'abus en faveur de l'excellence du principe.

Quoi qu'il en soit, si nous ne voulons pas nous laisser égarer par les préventions ultra-libérales, souvenons-nous que le Souverain et la nation forment un seul peuple dont il est le chef, une seule famille dont il est le père ; il faut donc le traiter comme tel, et savoir lui ouvrir son cœur. Si, comme le doit tout homme de bien, l'on a vraiment horreur des révolutions, ne vaut-il pas mieux mille fois avoir avec lui ce ton de confiance et ce franc-parler respectueux, que de conspirer d'une manière criminelle et honteuse dans le secret? n'est-ce pas une chose indigne d'une nation brave et honnête d'être toujours en défiance, en murmures, en conjurations contre ceux qui la gouvernent? mais au contraire quelle douce liberté, quel contentement, quel bonheur dans ce commerce intime et filial avec son Souverain comme avec un père! Et quel bel exemple la Hongrie vient de donner au monde par son accord complet avec son roi! Est-il une condition plus belle et plus glorieuse pour un peuple? Alors, en bas comme en haut, tous s'entendent, se comprennent, s'aiment, se pardonnent, se font réciproquement de sages concessions, sans choc, sans froissement, sans danger; la liberté et l'autorité, au lieu d'être constamment aux prises, comme il arrive dans les pays où ces principes ne règnent pas, deviennent deux sœurs bien unies; et par cette admirable union, elles assurent le calme, la sûreté, la félicité des empires.

CHAPITRE VI.

Sixième droit du peuple : La liberté.

La liberté! mot magique dont la force est si grande qu'il a cent fois ébranlé l'univers; il l'agite encore par intervalles jusque dans ses profondeurs; notre vieille Europe en est toute frémissante, et les grands mouvements qu'il cause dans les âmes font à tout instant trembler pour l'avenir. Mot mystérieux, vague, susceptible d'une multitude de sens, et c'est précisément ce qui le rend plus redoutable; car, si la signification en était bien déterminée et bien définie, la liberté n'offrirait qu'un danger, celui de son propre excès;

peut-être même n'en offrirait-elle aucun, et parce que les violences de l'enthousiasme, si pleines de péril, tomberaient avec la puissance de l'imagination sous la notion exacte de la vérité, et parce qu'il serait facile de satisfaire entièrement les esprits devenus ainsi plus calmes et plus raisonnables, ou du moins toutes les forces de la société se réuniraient sur un seul point pour combattre leurs tendances; tandis qu'entendue de mille façons différentes, impressionnant fortement les âmes et les électrisant outre mesure, la liberté est dangereuse et inquiétante par tous les sens qu'on lui prête. Voilà pourquoi c'est la plus terrible de toutes les armes entre les mains des partis, pourquoi c'est autour de ce nom que se livrent avec un acharnement effroyable toutes les batailles politiques et sociales; et le peuple tant de fois trompé se prêtera encore à de nouvelles déceptions, sans jamais ouvrir les yeux, sans jamais s'instruire, nonobstant ses revers, nonobstant le vague des espérances menteuses qu'on fait miroiter à ses yeux; tant il y a de force et de puissance par toute la terre dans les aspirations vers la liberté. C'est, du reste, la seule chose en quoi l'on s'accorde; dans tout le reste, les opinions sont contraires. Les uns la veulent absolue et illimitée, les autres la veulent resserrée dans de justes bornes; ceux-ci songent à l'étendre, ceux-là à la supprimer entièrement; ici on la définit d'une façon, et là d'une autre; plus loin, on ne la souhaite que dans la politique, ailleurs que dans les affaires religieuses ou civiles, quelquefois partout, d'autres fois nulle part. On entend par la liberté, tantôt la forme républicaine, tantôt l'affranchissement de tout autre joug que de celui des lois, tantôt le plus ou moins d'immixtion des peuples dans les affaires du gouvernement, ou la diminution des prérogatives du Souverain, ou l'abolition de certaines règles posées dans les diverses constitutions nationales. Tour à tour ou en même temps, objet d'enthousiasme et d'exécration, d'amour et de haine; selon certaines théories, elle est la cause de toutes les révolutions des empires, de la ruine de toutes les institutions et de toutes les dynasties; dans les écoles rivales, elle est la grande gloire de notre époque, le principe de tout progrès et de toute civilisation. Il y a certainement du vrai dans toutes ces doctrines, excepté dans les extrêmes, où la vérité ne se rencontre jamais; mais ce vrai il faut savoir le trouver, d'une part pour satisfaire les droits et les intérêts légitimes, et de l'autre pour réduire au silence les pernicieuses erreurs où il est mêlé. Malgré l'obscurité qui enveloppe cette importante question, malgré les nuages qui la recouvrent, nous ne désespérons pas de rencontrer la vérité. En nous mettant en dehors de toute opinion préconçue, et en nous élevant autant que possible au-dessus des préjugés, nous allons la chercher à l'aide du flambeau de la foi et des lumières d'une raison attentive. Après avoir défini la liberté dans ses diverses acceptions, nous établirons quelques principes généraux qui pourront nous mener à la solution des cas particuliers; puis, nous distinguerons les diverses sortes de libertés auxquelles les peuples ont droit, du moins quant au fond, dans leurs rapports avec le Souverain.

ARTICLE PREMIER.

DIVERSES ACCEPTIONS DU MOT *Liberté*.

On peut considérer la liberté comme une faculté naturelle, ou comme un droit. La liberté en général, ou en tant qu'elle est faculté, est la facilité laissée à l'homme de faire tout ce qu'il veut dans les limites de sa nature. La liberté, en tant que droit, c'est le droit de faire tout ce qui n'est défendu par aucune loi. Ainsi, la liberté de l'homme prise dans son acception la plus étendue, consiste à user à son gré de son esprit, de sa volonté, de toutes les énergies de son âme et de son corps; elle le laisse dans un certain état d'indifférence, maître de lui et de ses déterminations, sans entraînement nécessaire, mais avec une facilité entière à se tourner au bien ou au mal comme il lui plaît. C'est dans ce sens que Dieu nous a créés libres, c'est-à-dire aptes à nous porter sans contrainte et sans nécessité, mais avec une grande aisance, au bon usage ou à l'abus de nos facultés internes ou externes, à la vertu ou au vice; et cette liberté ainsi comprise est le fondement de toute la conduite humaine, la condition essentielle du bien et du mal moral, du mérite et du démérite, ce qui nous rend condamnables ou dignes de récompense, puisqu'il serait absurde de récompenser comme méritant celui qui ne peut s'empêcher de bien faire, ou de punir celui qui fait le mal nécessairement et sans pouvoir faire le bien. La preuve de ce libre-arbitre naturel, tous les hommes l'ont en eux-mêmes, et ils ne peuvent la nier sans mentir à leur conscience, qui la leur montre en eux avec une clarté irrésistible et la leur fait profondément sentir. Ce n'est pas de cette liberté générale et foncière que nous parlons ici, mais du droit de la liberté; car il est bien évident que si tous les hommes ont la faculté de faire le mal, nul n'en a le droit : pourquoi? parce que la liberté sage, honnête, légitime, n'est pas autre chose que le droit de faire ce qui n'est pas défendu par les lois, soit par les lois naturelle et divine, soit par les lois humaines, qui sont l'écoulement, le développement, le corollaire des deux premières, du moins quant au principe de leur autorité. Car toutes les lois restant lois sont obligatoires; et dès lors qu'on viole sciemment une loi quelconque, on se dérègle, on fait le mal; et le mal est le contraire du droit puisqu'il en est la violation. Donc, la liberté légitime, la seule dont nous ayons à nous occuper, c'est le droit de faire toutes sortes d'actions entièrement bonnes ou indifférentes; en un mot, tout ce qui n'est pas prohibé par la loi.

Maintenant, si nous considérons les libertés particulières, nous verrons que la liberté de conscience est le droit de n'être pas empêché de suivre les mouvements de sa conscience, et de n'être pas contraint à agir ou à ne pas agir dans ce qui concerne la religion ; la liberté personnelle, le droit de disposer honnêtement de soi comme on l'entend ; la liberté civile, qui comprend les deux premières, le droit de ne subir aucune injustice dans ses affaires privées, et dans ses rapports avec ses concitoyens ; enfin, les libertés politiques sont les divers droits des gouvernés par rapport aux gouvernants.

ARTICLE SECOND.

PRINCIPES GÉNÉRAUX SUR LA LIBERTÉ.

1er *Principe.* La liberté en général est un bien, et un don de Dieu. Assurément c'est un grand bien et une des plus grandes faveurs divines, qu'une faculté qui est pour nous le principe de toute vertu, et par conséquent de notre bonheur temporel et éternel. Il est vrai, l'homme peut s'en servir, et il ne s'en sert que trop souvent pour faire le mal, et pour se rendre malheureux, lui et ses semblables. Mais cet abus fatal ne détruit pas le fond de la chose, et les avantages immenses qu'elle est destinée à produire. Il ne tient qu'à lui, aidé de la grâce, d'en faire la source de sa félicité : son désordre, il ne peut l'imputer qu'à lui-même ; et quoi qu'il en soit de la mauvaise conduite de ceux qui abusent de leur liberté, il n'est pas moins vrai que cette liberté, dans les desseins de Dieu et entre les mains des hommes prudents et raisonnables, est la cause instrumentale de leurs vertus, de leurs mérites, de leur paix dans la vie présente, et de leur récompense éternelle. Dieu doit donc être béni et remercié de la liberté comme de tous ses autres dons ; mais lui seul, si nous le lui demandons, peut nous accorder la grâce de n'en point abuser.

2e *Principe.* La vraie liberté est un droit naturel. Tout homme naît libre quant à son âme, et sans aucune autre dépendance que celle du devoir et des lois. Tous les hommes ont le même fonds, ils ne diffèrent que par les qualités. Ils ont les mêmes facultés corporelles et spiritmelles : des corps semblables dans l'ensemble; une intelligence, une volonté, une même aspiration au bonheur, une même capacité pour le bien; ils ne diffèrent que du plus au moins, mais la nature est la même dans tous. Il n'en est aucun qui puisse montrer des titres essentiels à la domination, et encore moins à l'oppression de ses semblables, les uns fussent-ils nés sur le trône, et les autres dans les fers; ici la différence est dans la position, elle n'est pas dans la nature; elle est dans l'accident, et non dans l'essentiel. Tout homme a donc le droit non-seulement d'exister, mais d'user de son existence comme il lui plait selon la raison; il a le droit de faire ce qui ne nuit pas à autrui, en se conformant aux lois de son Créateur; car il ne dépend que de lui et de ses représentants. Il a le droit de penser, de vouloir, d'agir, de marcher, de s'arrêter, de s'appliquer à tel et tel genre de travail, de se reposer, de faire toutes ses fonctions naturelles et arbitraires, toujours dans les limites du devoir, et sans en être empêché par personne, quand son action ne nuit pas à autrui. Donc, la force seule et le caprice des puissants ne permettent pas de priver l'homme de sa liberté, puisque c'est un don de Dieu, une faveur de sa bonté, sans laquelle la vie est pénible et amère, et ne répond pas par conséquent aux desseins miséricordieux du Souverain Maître. Donc la liberté est un droit naturel, un droit sacré de l'homme, dont il ne peut sans cause être dépouillé légitimement par personne, et qui ne peut être restreint que par un droit contradictoire et supérieur.

3e *Principe*. La liberté ne peut être illimitée. Tout est essentiellement limité dans les créatures, et par conséquent dans leurs facultés et opérations, et en particulier dans leur liberté, bien que cette faculté semble la plus vaste de toutes. Ainsi l'homme est limité dans sa liberté métaphysique, puisqu'il ne peut devenir Dieu, ni changer l'essence des choses; il est limité dans sa liberté physique, puisque ses forces sont petites, et que malgré l'énergie de sa volonté, ses travaux immenses, ses découvertes, et ses transformations d'une partie de la nature extérieure, il a peu d'empire sur les objets environnants, qui lui résistent de toutes parts. Sa liberté morale n'est pas moins circonscrite dans des limites infranchissables. Elle est bornée de mille manières : d'abord par le droit d'autrui qu'il lui est enjoint de respecter, et où la force serait repoussée par la force; elle est bornée par la puissance des lois et des supérieurs, auxquels il lui est ordonné d'obéir, et enfin par l'ensemble de tous ses devoirs généraux et spéciaux, constituant une barrière de conscience qu'il ne peut légitimement franchir. Comment donc oserait-on réclamer une liberté sans limites, et comment s'est-il trouvé des gens capables d'émettre de pareilles idées? Que dans la pratique l'homme pousse au-delà des bornes sa liberté, cela se conçoit; il est si enclin au mal, et si violemment emporté par ses passions! Que dans le délire de ces mêmes passions il crie dans la société au développement indéfini de ces libertés dangereuses et terribles, on le conçoit encore; la fièvre d'indépendance dont il est dévoré lui ôte tout jugement. Mais que des écrivains, des publicistes réfléchis soutiennent ces doctrines de sang-froid, on ne le comprend plus; ou bien il faut admettre une aberration étrange chez des hommes pourtant si fiers de la prétendue supériorité de leur esprit. Comment! l'homme aura droit de faire tout ce qu'il lui plaît! Il pourra tout mettre en combustion, ne tenir aucun compte du droit d'autrui, comme s'il était l'unique maître du monde, ou qu'il fût seul dans l'univers! Il n'y aura plus pour lui ni lois, ni droits, ni devoirs, ni supérieurs! Il faudra que tout lui cède, et il lui sera permis de tout détruire à son gré! Qui pourrait supporter des doctrines si monstrueuses, et des pensées si délirantes! On n'ose le dire aussi crument; mais voilà pourtant où mènerait cette effroyable théorie de la liberté illimitée. Car si ma liberté doit être sans bornes, nul n'a le droit de la limiter, de la circonscrire, de la renfermer dans des règles, de m'empêcher de faire absolument tout ce qu'il me plaît; et si un certain nombre d'autres pensent comme moi, avec une force suffisante pour exécuter leurs desseins, où trouver de la place au soleil? C'est l'extermination universelle, et la destruction du monde.

Une liberté excessive, ce n'est plus la vraie liberté, c'est la licence, le désordre, le crime, la nature ne supportant rien d'extrême. Et c'est même aujourd'hui ce qui en inspire tant d'effroi. On a vu tant d'injustices, tant d'horreurs, tant d'atrocités commises au nom de la liberté, que ce seul mot épouvante. Mais certes ce n'est pas la liberté qui en est responsable; c'est l'excès de cette même liberté, c'est la licence, c'est cette honteuse frénésie de l'esprit humain qui ne sait pas se contenir dans ses justes bornes, et ne tenant aucun compte des règles du devoir, prend toutes ses imaginations pour des droits. La vraie liberté est honnête et juste, elle respecte les libertés des autres, comme elle veut en être respectée; puisque parmi des hommes naturellement égaux, c'est-à-dire égaux par leurs facultés radicales, par la naissance et par la mort, nul n'a par lui-même le droit de traiter ses semblables autrement qu'il ne voudrait en être traité. La vraie liberté est fille, non de l'esprit de l'homme, léger et insatiable, mais de l'Esprit de Dieu, toujours sage, *ubi Spiritus Domini, ibi libertas* (1); et par conséquent la liberté, dans toutes les formes de gouvernements, est limitée non-seulement par le devoir, c'est-à-dire par les lois et le droit d'autrui, mais par la prudence, par la prudence qui ne permet pas toujours d'user de tous ses droits à la rigueur, selon cette parole : « *Omnia mihi licent, sed non*

(1) II. Cor., III, 17.

« *omnia expediunt* », tout m'est permis, mais tout n'est pas utile. Ainsi, une liberté sans limites est une absurdité, et toute vraie liberté a nécessairement des bornes.

4e *Principe*, qui est une conséquence du précédent. Rien n'est si préjudiciable à la conservation et plus encore à l'exercice de la liberté que de vouloir la pousser à l'excès, surtout dans les choses politiques. Vouloir toujours et partout l'acquisition et l'exercice de toutes les libertés, même légitimes, c'est violer cette règle de modération et de prudence tant recommandée par la saine raison; c'est aller jusqu'à cette liberté illimitée, excessive, et par conséquent mauvaise, dont nous venons de montrer le désordre, et que la société ne souffre pas impunément. Des libertés si vastes, outre qu'elles demandent l'impossible, l'homme quoi qu'il fasse ne pouvant jamais être complétement indépendant, dégénèrent facilement en licence, en anarchie, en malheurs effroyables et de toutes sortes. On voit arriver un état de choses où ces libéraux effrénés et destructeurs de tout ordre et de tout droit ne peuvent plus être arrêtés que par la force du sabre, par les rigueurs de la compression militaire, qui détruit la liberté en voulant en détruire les abus, et met tout en servitude. La liberté excessive étant violente de sa nature, et sans règle, appelle les violences de la dictature comme l'unique remède à tant de maux. Les révolutionnaires de France ont été jetés plusieurs fois de l'extrême licence en l'extrême compression, juste punition de l'intempérance de leurs désirs. Voilà comment, pour ne pas savoir se contenir dans ses vraies limites, on passe d'un excès à l'autre, et d'une calamité à une calamité; tandis que si l'on avait voulu se garder de ces libertés extrêmes dont la nature humaine n'est pas capable, pour se renfermer dans le possible, pour se contenter de ces libertés et prérogatives justes, sages, honnêtes, modérées, qui font le bonheur de la vie et la gloire d'une nation, l'on n'aurait pas été réduit parfois à la cruelle privation de ces dernières. Et maintenant, c'est aux peuples à voir quelle confiance ils doivent mettre dans les excitations des révolutionnaires, et dans les belles promesses des libéraux exaltés.

5e *Principe.* Quand la liberté est gênée par des restrictions et par certaines lois pénibles, mais dont la peine est compensée par des avantages supérieurs ou même équivalents, il faut préférer cette petite gêne au changement fréquent des lois, qui leur ôterait toute force et amènerait le désordre. Prétendre avoir des lois qui ne gêneront personne dans ses intérêts, ou même dans ses caprices, c'est une chimère ; surtout quand il s'agit d'un peuple léger, inconstant et ami de la nouveauté. Il n'y a pas de choses humaines qui n'offrent quelque désagrément et quelque gêne; et si on ne voulait absolument rien souffrir, il faudrait abolir toutes les lois, même les plus douces; et du reste, la satisfaction de la propre volonté, chez les peuples comme chez les individus, renferme peut-être encore plus d'ennuis que tout le reste. Changer les lois sous le simple prétexte de leur imperfection ne serait donc qu'une liberté libertine. De plus, puisque nous supposons que le maintien des lois a des avantages équivalents et quelquefois supérieurs à leur abrogation, pourquoi voudrait-on préférer à l'intérêt commun le triomphe de ses idées, et l'incertitude du profit à espérer dans le changement? Si les avantages des anciennes lois l'emportent, la question est jugée ; s'ils sont égaux ou même un peu inférieurs, il n'y a pas de raison de changer; d'autant plus que les nouvelles lois produisent souvent des mécontentements, parce qu'on n'y est pas accoutumé ; ce que ne font pas les anciennes, fortifiées et rendues faciles par l'habitude et par le temps. Les changements trop fréquents dans la législation produisent le dégoût de toute règle avec un grand esprit d'indépendance, et quelquefois même plus tard une sorte d'anarchie permanente. La force politique de l'Angleterre réside moins dans le nombre de ses vaisseaux que dans son inviolable respect pour sa Constitution et ses vieilles lois. Et, si sans changer les anciennes, on en ajoute un trop grand nombre de nouvelles, la nation est serrée de toutes parts, elle a peine à respirer, la liberté est mourante; car quoique nous disions avec Montesquieu que la liberté consiste à pouvoir faire ce que permet la loi, si celle-ci par l'excès de la réglementation ne permet presque rien, l'homme a une peine extrême à se mouvoir, il est comme dans la nécessité de violer la loi de l'Etat, ou il perd la première de toutes les libertés, la liberté personnelle. Il faut donc en général conserver les anciennes lois, et ne les changer que dans le cas d'une véritable nécessité. Tel est aussi le sentiment formel de saint Thomas. (Voir liv. IV, ch. v, art. 2, § 8. III).

6e *Principe.* Quand la paix règne, que les lois sont observées, et que l'on jouit de la liberté personnelle et des autres droits civils, on ne voit pas la nécessité de grandes libertés politiques.

Tous les droits et libertés dont nous venons de parler constituent le fonds de tout bon gouvernement, et atteignent le but des sociétés humaines, établies pour acquérir et conserver l'ordre, la paix, la sûreté et tous les autres biens nécessaires à l'existence et au bien-être de la vie. Que veut-on donc de plus, et quelle nécessité si indispensable de jouer un grand rôle politique? Que sert de tant se mêler du gouvernement quand on est passablement gouverné? Pourquoi s'imposer sans besoin une charge très-lourde et pleine d'inquiétudes? Croit-on les Français plus heureux aujourd'hui que durant tant de siècles où ils vivaient paisibles, mais non sans gloire, sous le sceptre paternel de leurs rois? S'ils sont plus heureux, d'où vient donc qu'ils semblent n'être jamais contents de leurs constitutions et de leurs dynasties; et qu'ils paraissent plus impatients de changement, à mesure qu'ils prennent une part plus active à la direction des affaires publiques? Ils souffrent donc, imaginairement ou réellement, peu importe; et ils souffrent à proportion de leur désir d'une extrême immixtion dans la politique, désir qui ne peut être satisfait complétement que par une innovation radicale, c'est-à-dire par une révolution; tandis que nos ancêtres, durant plus de douze cents ans, ont eu une vie calme, douce et prospère loin de toutes ces agitations. Ils n'étaient cependant pas immobiles et sans civilisation, car on sait quel rang ils ont tenu parmi les autres peuples pour la valeur et la puissance militaire, et même pour le commerce, les sciences et les arts, surtout dans ces trois derniers siècles. Ne serait-ce point que les rôles sont intervertis, et que partout où il y a déplacement il y a souffrance? Du reste, si l'on se croit trop imparfaitement gouverné, n'a-t-on pas le Sénat, le Corps-Législatif, la presse et le droit de remontrance pour faire arriver la vérité aux oreilles du Pouvoir? Pourquoi donc un peuple se donnerait-il tant de tourments inutiles pour imprimer une direction telle quelle à des affaires générales que ses conducteurs géreront beaucoup mieux que lui, parce qu'ils en tiennent le fil et qu'ils ont sur ces importantes matières des connaissances et des facilités toujours impossibles aux simples citoyens? Comment a-t-on osé appeler les libertés politiques des libertés *nécessaires*, lorsqu'elles le sont si peu? Et par conséquent, lorsque le peuple est fidèlement défendu contre tous ses ennemis et protégé dans tous ses intérêts par l'Autorité souveraine; lorsque le citoyen, garanti dans sa personne, dans sa famille et dans ses propriétés, jouit encore d'une honnête liberté sur l'article de la religion et des droits civils, et surtout lorsque par l'immense prérogative du vote universel il a en quelque sorte tous les pouvoirs dans la main, on ne voit pas trop la nécessité d'accroître à l'infini ce que l'on appelle les *libertés politiques*, c'est-à-dire l'ingérance toujours plus grande de quelques hommes dans le gouvernement. On peut être fort heureux sans tous ces embarras, source féconde d'inquiétudes, de dissensions et de troubles.

ARTICLE TROISIÈME.

LES DIVERSES LIBERTÉS SOCIALES.

Toutes les libertés dont peut jouir l'homme en société se réduisent à deux sortes : les libertés *civiles* et les libertés *politiques*. Les libertés civiles le mettent à l'aise dans ses rapports avec ses concitoyens : elles ne sont dans le fond que le droit de n'être pas gêné par ses semblables et de n'avoir aucune injustice à redouter de leur part dans l'exercice de ses droits naturels, pour la conservation de sa vie, de sa liberté personnelle, de sa famille, de ses propriétés, et pour la direction de sa conscience. Quant à la liberté politique, elle consiste à n'être point troublé injustement, ou en dehors du droit naturel et des lois, dans l'usage de ces mêmes biens par l'Autorité souveraine; et de plus, dans certains systèmes, à avoir une action plus ou moins directe dans le gouvernement lui-même. Nous parlerons successivement de ces diverses libertés politiques. Quant aux libertés civiles, déjà dans les chapitres précédents nous avons traité de la conservation de la vie, de la famille et de la propriété. Nous n'avons donc plus à nous occuper que de la liberté personnelle et de la liberté de conscience.

§ Ier. — LES LIBERTÉS CIVILES.

SECTION Ire. *La liberté personnelle.* — La première des libertés extérieures paraît bien évidemment celle de se mouvoir à son gré, d'aller, de venir, de sortir, de voyager, en un mot de disposer de sa personne et de ses démarches comme on le juge à propos. L'idée même de la liberté emporte essentiellement l'affranchissement de tout lien sous ce rapport. Tout le monde entend qu'un prisonnier n'est pas libre, précisément à cause de cette impossibilité d'aller où il veut; et ceux-là mêmes qui ne comprennent rien aux libertés plus hautes et plus intérieures, saisissent parfaitement celle-ci. Or, il est dans la nature de tous les hommes d'aimer passionnément cette sorte de liberté, et de souffrir quand ils ne l'ont plus. C'est donc un droit naturel; et toute contrainte de la part d'autrui, empêchant ou restreignant l'usage de cette faculté, constitue une violation injuste d'un droit, et une atteinte à la liberté civile. Mais puisque la liberté est le droit de faire tout ce qui est permis par les lois, et de n'être pas empêché de faire ce qu'elles ne défendent pas, il s'ensuit que nul ne peut être privé de sa liberté qu'en vertu de l'application des lois pénales; la perte de la liberté étant une peine, et toute peine supposant une faute. Tout citoyen a donc droit à sa liberté personnelle, à moins qu'il n'ait commis un délit prévu et atteint par les lois; et il faut que ce délit soit prouvé; car c'est un axiôme, que personne ne peut être puni sans preuves, et qu'il vaut mieux laisser échapper un coupable que de frapper un innocent.

D'après ces principes, il est facile de voir ce qu'on doit penser des deux atteintes portées à la liberté personnelle, qui sont l'exil et la séquestration; l'exil, le bannissement, la déportation, trois nuances, trois degrés d'une même peine qui restreint la liberté personnelle, en exilant un homme d'un certain territoire, et de celui qui lui est le plus cher de tous, la patrie, tout en le laissant plus ou moins libre pour les autres pays; et la séquestration, ou prison, qui supprime entièrement cette liberté pour un temps plus ou moins long. Or l'exil, et surtout la déportation et le bannissement sont des peines d'autant plus terribles dans notre législation française, qu'à la privation de la liberté est jointe une note d'infamie à peu près ineffaçable. Mais la prison, et principalement la réclusion qui emporte outre la séquestration le travail forcé, a quelque chose de plus dur encore, surtout si elle est perpétuelle; puisque l'on est dans son propre pays sans en jouir, et que l'on est contraint de faire ce que l'on ne voudrait pas.

Ainsi, les juges eux-mêmes n'ont pas le droit, hors le cas de flagrant délit et des plus forts indices, de faire arrêter un citoyen; puisqu'en thèse générale il n'est pas permis de punir celui dont la faute n'est pas démontrée. Aussi l'on peut avec fondement demander la suppression, ou du moins la diminution et l'adoucissement de la détention préventive; et l'on doit cette louange aux récents travaux de nos Chambres françaises, qu'à l'instigation du Gouvernement elles ont fait, ce semble, dans cette grave question, tout ce qu'il était possible de faire. Et dans les cas où cette détention devient une nécessité rigoureuse, il est de la justice et de l'humanité des magistrats de l'abréger autant qu'il est en eux, pour ne s'exposer pas à condamner l'innocent à des tortures imméritées, ou à dépasser à l'égard du coupable les sévérités de la loi. C'est dire assez combien les tourments de la question, dans les pays où ils ont encore lieu, sont injustes et détestables, et par leur inutilité, et par leur cruauté. Quels remords dans l'âme d'un homme qui a pu traiter ainsi un innocent! et comprend-on qu'une coutume si barbare ait pu passer en règle chez un grand nombre de peuples réputés civilisés!

A plus forte raison, n'appartient-il à aucun simple citoyen de s'arroger le droit d'en séquestrer un autre, sous quelque prétexte que ce soit. Un père même n'a pas ce pouvoir sur ses enfants; et cependant la puissance paternelle est la plus grande de toutes après celle des lois et du Souverain; et la législation est avec justice d'une grande sévérité sur ce point. C'est un effet de l'influence douce et moralisatrice du Christianisme d'avoir inspiré un si grand respect pour la liberté humaine.

Le Souverain lui-même, et le plus absolu, à moins qu'il ne soit despote, n'a pas cette autorité sur ses sujets, parce que l'homme ne dépend que des lois et non pas des volontés d'un autre homme, ce dernier fût-il couronné, à moins peut-être qu'il ne favorisât le bannissement volontaire de celui qui ne pourrait échapper autrement à la peine capitale, s'il y avait un jugement en forme sur une accusation de haute trahison ou de lèse-majesté; alors l'injonction du Prince serait un bienfait et un acte de clémence. Hors de là, le temps des lettres de cachet et des emprisonnements de Bastille est passé; et même dans le cas de flagrant délit et des plus violents soupçons, avec commencement de preuves, tout citoyen a droit de n'être arrêté qu'en vertu d'un mandat du ministère public, à moins que la perpétration actuelle du crime ne puisse souffrir de délai. Car ce qui se fait en vertu des lois, et surtout des lois établies par l'autorité générale de la nation dans ses représentants, n'a point coutume de porter atteinte à la liberté, mais seulement l'arbitraire; ce qui a fait dire à Montesquieu (1) « qu'un homme qui, dans un pays où l'on suit les meilleures lois criminelles possibles, est condamné à être pendu, et doit l'être le lendemain, est plus libre qu'un bacha ne l'est en Turquie »; parce que dans le premier cas la vie et la mort du condamné ne dépendent que des lois, qui n'ont ni passions ni préférences, tandis que celles du bacha dépendent de l'arbitraire d'un seul homme. Il faut en dire autant à proportion de la liberté personnelle.

Quand un citoyen est condamné par la justice ordinaire à un exil perpétuel, il est sans doute au pouvoir du Souverain de l'y maintenir ou de l'en rappeler, mais il n'a pas droit de l'y envoyer lui-même, sauf le cas dont nous venons de faire mention, encore faut-il qu'il soit urgent et constaté par un jugement sommaire du Conseil d'Etat; car bien qu'il

(1) *Esprit des Lois*, Liv. XII, ch. II.

ne supporte pas les lenteurs communes, il doit au moins avoir quelque garantie de justice et d'indépendance.

Nous n'avons parlé tout à l'heure que de la justice commune et des tribunaux ordinaires, parce qu'il n'y a que cette sorte de jugement qui puisse être une garantie suffisante pour la liberté personnelle des citoyens. Il est évident que les *commissaires* nommés pour juger étant entièrement dévoués à la volonté du Prince et n'ayant été établis que pour cette raison, ne sont pas indépendants, et que, comme sous Henri VIII en Angleterre, la liberté et même la vie des citoyens ne manqueraient pas de succomber sous les arrêts d'un pareil tribunal. Les peuples ont donc droit, pour conserver leur liberté, de récuser la juridiction des Commissions et de n'être jugés que par les tribunaux ordinaires, avec une parfaite égalité devant la loi pour tous les membres de l'Etat.

Quant à l'esclavage, il est généralement décrié et avec raison, comme un état contraire à un droit naturel à l'homme tel que Dieu l'a constitué (1). Il l'a créé pour le commandement, à plus forte raison pour n'être pas esclave. Pour que la soumission forcée, absolue et perpétuelle, comme elle existe dans la servitude soit juste, il faut donc qu'elle soit volontaire. On ne conçoit l'esclavage que dans le cas de punition, ou de conquête à la suite d'une guerre juste, ou d'un engagement volontaire. Mais l'esclavage héréditaire étant un état violent et pénible imposé aux enfants de l'esclave, ne paraît pas pouvoir se concilier avec le droit naturel ni avec celui de l'Evangile. Car de quel droit priver des enfants innocents de la liberté que leur donnent et le Créateur et le commandement d'aimer le prochain comme soi-même! On peut le tolérer pour éviter un ébranlement social; mais comment l'approuver en lui-même? Aussi tend-il généralement à disparaître de toute la terre; et chez

(1) Gen., I, 28.

toutes les nations, nous voyons les lois contre la traite des nègres, spécialement, devenir, et avec raison, de plus en plus rigoureuses.

SECTION II. *De la liberté de conscience.* — Cette question est d'une délicatesse infinie. Le parti de la liberté et celui de l'intolérance en fait de religion ont été si extrêmes dans ces derniers siècles, que l'on ne sait comment énoncer, sans irriter l'un ou l'autre, ou peut-être tous les deux, ce juste milieu dans lequel seul la vérité se rencontre. « L'intolérance religieuse et l'intolérance civile, dit M. Duvoisin, étant distinguées par leur objet et par leur motif, il est évident que l'une n'est pas une suite nécessaire de l'autre. Cependant, on ne les a pas toujours assez distinguées. Les uns ont décrié l'intolérance religieuse pour mieux établir l'intolérance civile; les autres ont combattu la tolérance civile pour justifier l'intolérance religieuse (1) ». Pour nous, nous n'avons point d'autre dessein que de suivre, indépendamment des partis, ce qui nous paraît le mieux établi par les enseignements de l'Eglise et par les hommes les plus considérables qui ont traité cette question. Nous nous bornerons donc à quelques remarques :

La liberté de conscience en général est la liberté laissée à chacun de pratiquer la Religion qu'il croit ou est censé croire la meilleure; ou, si l'on veut, c'est le droit de n'être pas contraint ni empêché par la force d'embrasser tel ou tel culte.

1° Il faut distinguer soigneusement le droit théologique d'avec le droit politique, car se sont deux choses fort différentes. Le droit théologique est celui qu'une doctrine ou un homme a aux yeux de Dieu et de la vraie Religion, conformément aux principes de la théologie; le droit politique est le droit d'un culte quelconque par rapport au Souverain et au gouvernement. Le premier droit évidemment ne peut appar-

(1) *Essai sur la tolérance.*

tenir qu'à la vérité religieuse, le second peut convenir à tous les autres, moyennant certaines conditions.

L'on comprend aisément qu'il n'est pas possible de raisonner de la même manière sous ces deux rapports, parce que les positions et les devoirs ne sont pas les mêmes.

2° Les fausses religions n'ont pas de droits par elles-mêmes, et ne peuvent pas être tolérées théologiquement.

Une fausse Religion est celle qui enseigne l'erreur dans le dogme ; or, il est plus clair que le jour que l'erreur, comme le mal, n'a aucun droit, puisqu'elle est elle-même la violation et le renversement du premier de tous les droits, la vérité. L'obéissance volontaire à une fausse religion, connue comme telle, étant essentiellement opposée au devoir, essentiellement mauvaise, ne peut par conséquent constituer aucun droit ; autrement il faudrait admettre l'une ou l'autre de ces deux énormités : ou que toutes les religions, même les plus contradictoires, sont également bonnes, ce qui est en logique le comble de l'absurde ; ou que le mal a des droits réels, ce que personne assurément ne voudra soutenir. Et si l'on suppose la bonne foi, c'est-à-dire l'ignorance invincible de la fausseté de la doctrine, cette bonne foi peut bien être une excuse devant Dieu, mais elle ne change pas la nature du fond de la doctrine, qui reste toujours mauvaise, et par conséquent indigne des regards et de la protection du souverain Maître. Donc, si par la liberté des cultes l'on entendait la liberté théologique et foncière, l'on entendrait une chose monstrueuse. La vérité en tant que vérité est essentiellement intolérante.

3° Les cultes faux considérés politiquement peuvent être tolérés. Il est difficile de penser autrement quand on se place au point de vue de l'état social actuel. Les Souverains ne raisonnent pas et ne peuvent pas raisonner comme les théologiens ; car ils ne voient pas les choses sous le même aspect, et ils ne poursuivent pas le même but. Les théologiens considèrent la vérité intrinsèque d'un culte ; les Souverains n'envisagent que ses rapports avec l'ordre public, qui seul est directement de leur compétence. Les uns ont principalement pour objet le monde futur, les autres le monde présent; et si les rôles étaient intervertis, si le théologien voulait agir en prince, et le Prince en docteur de Sorbonne, il y aurait empiétement et désordre. Les évêques qui ne tiennent compte que du vrai en lui-même, doivent nécessairement condamner; le Prince, dont la fin première est d'établir le calme dans les esprits et l'ordre extérieur, doit par prudence supporter bien des choses; et comme Dieu laisser non le droit, mais la liberté. Et néanmoins tous ont raison dans la diversité de leur conduite; les uns en soutenant qu'on ne doit pas permettre, et surtout favoriser les fausses religions comme si elles étaient bonnes et agréables à Dieu, les autres en les tolérant pour un plus grand bien, et parce qu'ils respectent dans les errants leur bonne foi, toujours digne d'égards; bonne foi qu'il faut toujours supposer et présumer, à moins de preuves contraires; toutefois il ne faut pas confondre la tolérance avec la faveur.

L'Eglise et la théologie anathématisent les fausses religions comme contraires à la volonté de Dieu, à la vérité révélée, à l'ordre éternel; les gouvernements les tolèrent en les considérant sous le point de vue de la paix et de l'union des citoyens, de la liberté naturelle, de l'ordre public et temporel des Etats. Et cette dernière pensée nous mène à faire une distinction importante dans les formes du culte.

4° Si le culte est intérieur, entièrement renfermé ou dans la conscience ou dans le sanctuaire de la maison de celui qui le professe, il est évident que sa liberté reste sauve; et parce que nulle puissance séculière n'a d'action sur la pensée, et parce que les gouvernements honnêtes et modérés n'ont point à contrôler ce qui se passe dans l'intime du foyer domestique, sauf les droits de la société. Mais ces cultes nouveaux franchissent le seuil de la famille, ils prennent de l'extension et une forme publique, alors le Gouvernement a le droit de surveiller. Leurs adeptes sont-ils paisibles, retenus, soumis au Prince et aux lois, l'Autorité temporelle les tolère en laissant à Dieu le jugement des consciences ; nous en avons un exemple admirable à Rome même, où le Saint-Siége tolère et protége les Juifs avec une bonté si paternelle. Les sectaires sont-ils au contraire ardents, insoumis, séditieux, violents et anarchiques dans leurs prédications et dans leur conduite, alors il n'y a plus lieu à la tolérance, mais à la répression. C'est l'un des deux cas d'exception à la règle générale qu'il nous faut maintenant indiquer, conformément à la doctrine de l'Eglise romaine, contenue dans la célèbre Encyclique de 1864.

Sans doute, d'après les récents enseignements du Saint-Siége, il ne peut être permis d'aider au développement ou à l'exercice des fausses religions ; ce serait paraître approuver l'erreur. Mais il y a loin entre favoriser les cultes faux et laisser en paix, par égard pour la sincérité des convictions et pour éviter les troubles, la conscience de leurs nombreux et paisibles sectateurs, adhérant de bonne foi à la croyance qu'ils ont reçue de leurs ancêtres. Ce serait bien mal connaître la Religion, que de supposer qu'en demandant pour elle-même de la douceur et des respects, elle veuille conseiller d'user de violence envers ses adversaires.

La première exception à la tolérance est pour le cas où les doctrines enseignées attaquent le principe religieux en lui-même, ou les règles générales des mœurs. Comme nul Etat ne peut subsister sans une religion quelconque, au dire de Plutarque et des hommes sensés et jugeant des besoins sociaux par la simple raison, comme nul empire ne se peut soutenir sans moralité et sans un certain hommage rendu à la vertu, il est plus clair que le jour qu'une société qui laisse librement circuler dans son sein des doctrines d'athéisme, ou des leçons publiques de libertinage, marche inévitablement à sa ruine ; et par conséquent que le Gouvernement chargé de la défendre ne peut les tolérer. C'est pour lui un devoir absolu de poursuivre par toutes les voies de droit ces ténébreux et criminels enseignements, dont il serait lui-même la première victime, et tous ceux qui les prêchent ; car il est d'expérience que les Gouvernements assez insensés pour supporter ces horreurs, et assez aveugles pour ne pas voir qu'ils sont le grand point de mire de ces méprisables écrivains, n'ont pas tardé à succomber à ces funestes attaques et aux révoltes qu'elles excitaient dans les esprits, puis dans la rue. Tout le monde sait que la première révolution française, qui en elle-même et dans ses suites a ébranlé tant de royaumes et culbuté tant de dynasties royales, a été préparée par un déluge d'écrits licencieux et impies ; et que ces mêmes impiétés répétées continuellement dans les livres et les journaux du temps de la Restauration et de Louis-Philippe, ont grandement contribué à amener la chute de ces deux gouvernements.

De plus, il faut excepter de la tolérance administrative les écrits et enseignements qui, sous prétexte de liberté religieuse, troublent l'Etat, soit en excitant à changer violemment la forme de l'empire, soit en poussant aux émeutes et en divisant les citoyens ; et en général tout ce qui tend à causer des bouleversements. Ici le Gouvernement ne s'érige pas en théologien et en juge des controverses ; il reste dans son rôle et dans son devoir de conservateur de la paix publique. Il laisse chacun penser ce qu'il veut, à condition qu'il ne se livre pas à des prédications outrageantes et anarchiques, qui sont un crime contre l'ordre public, et qu'un Prince habile, ferme et honnête ne tolèrera jamais ; car il n'y a pas d'indulgence pour l'impiété et l'anarchie.

A part ces deux exceptions, la conscience a droit d'être respectée. Personne ne doit être empêché de suivre en paix sa religion, personne ne doit être contraint d'en embrasser une nouvelle. La force ne persuade pas, et sans la persuasion il n'y a pas de religion, selon la parole de Tertullien. « Règle générale, dit M. Duvoisin, il n'est jamais permis de persécuter pour cause de religion, quoique le Souverain puisse et doive prendre connaissance des religions qui s'établissent dans ses Etats, à cause de la grande influence des principes religieux sur les mœurs publiques (1). » C'est l'esprit de J.-C.; c'est le sentiment d'Origène, de saint Cyprien, de Lactance, de saint Athanase, de saint Grégoire-le-Grand, de saint Augustin, de saint Thomas, en un mot, de toute l'Eglise. Voici en particulier le raisonnement de saint Thomas : « Le gouvernement humain, dit ce saint docteur, est un écoulement de celui de Dieu, et il doit l'imiter. Or, Dieu, malgré sa toute-puissance et sa souveraine bonté, permet qu'il arrive dans l'univers quelques maux qu'il pourrait empêcher; mais il les permet pour produire de plus grands biens, et pour détourner de plus grands malheurs. Ainsi ceux qui président aux gouvernements des sociétés humaines tolèrent certains maux pour en éviter de plus terribles, ou pour ne pas mettre obstacle à d'autres biens. « Faites entièrement disparaître les femmes de mauvaise vie, dit saint Augustin, et toute la terre est troublée par des débauches effrénées. » Ainsi, quoique les infidèles pèchent dans leur culte, on les peut tolérer, ou à cause de quelque bien qui en est la suite, ou pour éviter quelque mal. On le voit par rapport aux Juifs; s'ils observent encore leurs rites qui étaient anciennement la figure de la véritable foi que nous professons, il en résulte cet avantage, que ce sont nos ennemis eux-mêmes qui rendent témoignage à notre foi, et nous montrent notre croyance dans ses figures; et c'est

(1) *Essai sur la Tolér.*

pour cela qu'on tolère leur religion. Quant aux autres infidèles dont les pratiques ne contiennent rien d'utile ni aucun trait de vérité, on ne doit les tolérer que dans le but d'éviter un plus grand mal, comme serait le scandale, ou les discussions qui en pourraient provenir, ou pour leur donner par la patience un moyen plus facile de se reconnaître et d'arriver au salut (1). » Ainsi parle le docteur Angélique. Or, ces réflexions s'appliquent aux cultes de tous les citoyens paisibles et soumis. Tenons-nous en donc avec l'Eglise catholique à ce sage milieu entre tous les extrêmes ; car l'extrémité à droite entraîne toujours tôt ou tard l'extrémité à gauche. Chose remarquable! il n'y a pas de plus grands apôtres de la tolérance que les hérétiques quand ils sont sans forces, et il n'est pas d'hommes plus intolérants et plus persécuteurs quand ils sont les maîtres; témoin l'histoire du luthéranisme, de Calvin, des Anabaptistes, d'Elisabeth. Des catholiques voudraient-ils leur ressembler?

Pour résumer toute cette matière, nous croyons qu'il faut distinguer l'ordre spirituel et l'ordre temporel, la pensée et l'action, les divers états des cultes et des prédications, et la différence de leurs principes.

Dans l'ordre spirituel les fausses religions n'ont pas de droit par elles-mêmes à la liberté; et dans l'ordre temporel elles peuvent quelquefois avoir droit à la tolérance.

Il y a une différence énorme entre la liberté de penser et la liberté d'agir. La première, toute renfermée dans l'intérieur, a Dieu seul pour juge; elle n'intéresse nullement la société religieuse et civile, qui n'a rien à y voir. Mais la liberté d'agir, c'est-à-dire de parler, d'écrire, d'enseigner, intéresse essentiellement l'ordre public ; et par conséquent les hommes chargés de le maintenir doivent s'assurer de ce que ces religions ont de conciliable ou d'incompatible avec cet ordre, pour savoir ce qu'ils peuvent permettre ou empê-

(1) 2a. 2æ, 9. 10 à 11.

cher. Dès-lors que non content de jouir de sa pensée on la communique à autrui, il peut y avoir dans cette action comme dans toutes les autres des choses utiles, ou indifférentes, ou nuisibles au bien de la société et à l'autorité publique, et sur ce point l'article 10 de la Déclaration des droits de l'homme aurait dû être plus clair. C'est donc à cette dernière Autorité, protectrice de tous les intérêts sociaux, de voir si cette liberté peut nuire à la tranquillité de l'Etat; si c'est un droit ou un abus. Ainsi, la pensée est toujours libre comme simple faculté; l'action ne l'est pas toujours, ni comme faculté ni comme droit.

Ce que nous disons de la pensée s'applique à proportion aux cultes privés. « Un homme, dit Bergier, exerce son culte en se renfermant dans son oratoire, ou seulement avec sa famille qui partage ses convictions; ceci ne regarde que Dieu et les règles de la conscience. Mais ce même homme sort de sa maison, il prêche, il établit un nouveau culte, il élève autel contre autel; les innovations religieuses excitant toujours plus ou moins d'émotion dans les esprits, il est du devoir de l'autorité de suivre de l'œil cette nouvelle religion, de l'examiner dans ses rapports avec l'ordre temporel, et en certains cas d'agir. Cette secte naissante n'a pas droit par elle-même et en thèse générale à la liberté de la première, car le bon ordre de l'Etat pourrait y être gravement intéressé (1) ».

Enfin, il est des sectes inoffensives et des sectes dangereuses. Nous l'avons dit : le Souverain laïc est non pas un théologien, mais le gardien et le conservateur-né de l'ordre temporel; c'est là son unique fonction, et il juge tout à ce point de vue. Si donc les sectaires sont doux et soumis, s'ils ne donnent aucun sujet de crainte pour la paix publique, il les tolère. Mais tous ceux dont les doctrines néfastes vont à la ruine de la société, tous les prédicants de théories

(1) *Dictionnaire.*

23

athées, socialistes, anabaptistes et manichéennes, qui suppriment le principe même de l'Autorité religieuse et civile, il les réprime comme des ennemis de la patrie, et alors il ne s'ingère pas dans l'ordre surnaturel, il reste dans son rôle et dans sa fonction propre qui est, non de forcer personne sur le fait de la religion, mais de mettre un frein au débordement des doctrines sauvages et anti-sociales subversives de toutes les religions, et par conséquent de tous les gouvernements.

Concluons donc par ces judicieuses réflexions du célèbre Bergier :

« En fait de religion, comme en matière de politique, il y a, dit-il, des circonstances dans lesquelles la contrainte serait inique et absurde ; il en est d'autres où elle est juste et sage. En général, une secte paisible, dont la conduite est innocente aussi bien que la doctrine, mérite la tolérance ; un parti fanatique et turbulent s'en rend indigne ; et la sage politique défend de la lui accorder. »

§ II. — LES LIBERTÉS POLITIQUES. — *Observations générales.*

Les libertés politiques des peuples consistent dans la part plus ou moins grande qu'ils prennent aux affaires de leur gouvernement et à la direction supérieure de la chose publique; et en général dans les droits de la nation, relativement au Souverain. Le principal objet des libertés civiles, ce sont les droits de l'homme et du citoyen; et celui des libertés politiques, les droits et prérogatives des sujets dans leurs rapports avec leurs Gouvernants. Gouvernement et liberté sont choses corrélatives, mais en sens inverse ; de sorte que le gouvernement a d'autant moins de droits que la liberté en a davantage, et réciproquement. Plus le gouvernement est fort dans son action et puissant dans ses attributions, plus les libertés sont restreintes ; celles-ci croissent au contraire en proportion de la faiblesse du Pouvoir, par cette raison très-simple qu'il y a entre eux conflit de vues et d'intérêts, et que dans un combat le plus habile et le plus vigoureux l'emporte toujours. Et pour mieux le comprendre, il suffit de comparer ces deux choses. Le gouvernement, c'est l'homme, ou les hommes, revêtus du droit de commander aux autres membres de la société, pour les faire concourir au bon ordre et procurer le bien général de tout le corps; et la liberté des citoyens est le droit de ne recevoir de commandements que dans certaines limites. Quand les libertés sont bonnes et légitimes, ces limites sont en général celles de la Constitution nationale et des lois; mais comme les constitutions et les lois peuvent être plus ou moins sévères, plus ou moins restrictives, dès-lors aussi les libertés peuvent être plus ou moins petites et bornées. Chose étonnante! d'ordinaire, quand les Souverains sont puissants, on ne trouve pas leur autorité trop dure, on vit en paix sans s'inquiéter le moins du monde des idées de liberté, les jugeant peu nécessaires quand on est heureux; mais lorsqu'ils sont faibles et indécis, fussent-ils d'ailleurs les plus justes et les plus modérés des hommes, on les supporte impatiemment, on tend de toutes parts à secouer leur joug. Et alors ce sont des cris incessants et tumultueux contre le Prince, qui paraît d'autant plus tyran qu'il l'est moins; ce sont des aspirations vers des réformes sans raison d'être, vers une liberté indéfinie, qui mènent insensiblement à la révolte et au renversement du Pouvoir.

Pour prévenir ces dangers, il faut que le Gouvernement soit assez prudent pour ne pas outrepasser ses droits, et assez énergique pour les faire valoir; il faut faire sentir au peuple non-seulement qu'il est bien gouverné, mais qu'il a affaire à un pouvoir fort et puissant, capable de réprimer toutes les résistances. Alors il se tait, non par faiblesse, mais par vénération pour une autorité si ferme. Le Souverain n'étant plus entravé met toute sa force à faire exécuter les lois, et le peuple voyant qu'il peut se confier à un pareil bras, et qu'on n'insulterait pas en vain un pareil Pouvoir, se tient dans une paix encore plus profonde et plus satisfaite; il se croit assez libre, et effectivement il l'est, puisque les lois seules commandent, et que n'entendant plus parler d'une liberté chimérique et inutile, il n'en conçoit pas le désir. Jamais, au contraire, il n'est tant question de libertés, et de libertés exagérées et menaçantes, que sous les gouvernements débiles, ou dont on soupçonne l'affaiblissement. Nous en avons vu les preuves terribles et sanglantes sous les règnes de Henri III et de Louis XVI. C'est alors qu'on se plaît à faire retentir cette fameuse parole : *Malo periculosam libertatem quàm otiosam servitutem.* Mais cette parole, c'est en vain qu'on cherche à la relever par des louanges ; elle n'a aucun sens, si elle n'exprime une humeur séditieuse et une fausse indépendance ; car il n'y a aucune servitude, sinon pour un factieux, à dépendre de l'ordre et de la raison. On ne sent pas le besoin de l'extension des libertés politiques sous une autorité bienveillante et forte ; or, elle est bienveillante quand le Souverain est large et facile en tout ce qui n'est pas contraire aux lois dont il est lui-même le fidèle observateur, et à son action pour les faire observer ; elle est forte, quand il sait museler l'émeute et la faire rentrer sous terre ; il ne reste plus alors que les gens de parti et les adorateurs de la révolution à réclamer des libertés dangereuses, et par conséquent impraticables. Car si l'on cédait, non pas aux vœux réels, légitimes et raisonnables des peuples, ce qu'il faut toujours faire, mais aux prétentions outrées et aux aspirations insatiables des minorités, de ces hommes qui se disent *libéraux* parce qu'ils sont éternellement incrustés dans toutes les oppositions, comme le champ de la liberté est infini, ou du moins peut s'étendre immensément, et au-delà de toutes bornes, au gré des convoitises et des imaginations ardentes, bientôt il n'y aurait plus de gouvernement possible, mais seulement l'anarchie avec toutes ses horreurs. Le Gouvernement a donc besoin d'être fort, mais aussi d'être juste, en accordant au peuple ses droits véritables ; autrement, l'excès de la compression amène le même résultat que l'inertie. Ainsi, il y a pour le trône un péril égal à tyranniser la société en lui refusant la jouissance de ses droits réels, et à céder trop facilement à des exigences extrêmes, déraisonnables, et incompatibles avec la sûreté de l'Etat et des institutions publiques. Et ce double écueil on l'évitera heureusement, ce nous semble, en donnant à la nation ses vraies libertés, mais en ne lui accordant que celles-là, et non pas ces libertés fausses et imprudentes qui seraient son coup de mort ; car la liberté n'a pas de plus grands ennemis que la licence. Or, les libertés politiques les plus ordinaires, celles qui se rencontrent dans la plupart des constitutions modernes, celles qu'on peut par conséquent regarder comme les vraies libertés, en les contenant dans de justes bornes et en les modifiant selon l'esprit et les besoins de chaque empire, sont au nombre de cinq : la nationalité, la puissance législative, le droit de consentir à la guerre et aux impôts, et la liberté de la presse. Voyons maintenant dans quelle mesure ces diverses libertés peuvent se concilier avec le droit des Souverains et la sûreté de l'Etat.

1re *Liberté politique* : La conservation de la nationalité.

De même que la conservation de l'existence est le premier droit de l'individu, la conservation de la nationalité est le premier droit d'un peuple.

Le droit de nationalité et d'autonomie. On entend par le premier le droit d'une nation de n'être pas mise sans son consentement par la volonté du Souverain sous un sceptre étranger; et le droit d'une partie quelconque de cette nation de n'être pas distraite de son tout pour être réunie à un autre peuple, même en conservant ses propres lois, ou son autonomie, à plus forte raison si elle en est dépouillée.

Les peuples sont des hommes, et on ne dispose pas d'eux comme d'un objet de commerce; on ne les traite pas comme de vils troupeaux qu'on vend au plus offrant et dernier enchérisseur; les peuples sont libres, et on ne les mène pas comme des esclaves adjugés à un maître. La dignité humaine est éminente, elle a droit à tous les respects. Qu'y a-t-il sur la terre qu'on puisse comparer à l'homme? Il n'y a rien de si grand; et sa grandeur ne vient pas de la société, elle est dans sa propre nature; l'homme comme homme est aussi grand dans les fers que sur le trône; c'est après l'ange, la plus belle et la plus noble des créatures de Dieu; qui donc voudrait lui manquer d'égards, même parmi les plus hautes puissances? Et toutefois ces idées si justes et si élevées de la raison et de la foi n'ont malheureusement pas toujours été suivies; souvent elles ont été obscurcies et comme perdues dans les siècles d'ignorance et chez les peuples barbares. Mais les progrès de la civilisation et les doctrines de l'Evangile ont tout remis à leur place : ce sont ces grandes et vives lumières qui nous ont montré ce qu'il faut penser des entreprises des conquérants et des guerres injustes des forts. La force peut bien opprimer le droit, elle ne le détruit pas; il subsiste toujours pour protester contre l'iniquité, et troubler la conscience des oppresseurs, s'il leur en reste encore. Aussi nous voyons que quand un peuple est injustement abattu par un plus habile ou plus puissant, toute la terre de temps à autre pousse des cris d'indignation pour conserver intact le principe du droit, et aussi pour avertir ce peuple infortuné que, quand il le pourra, il est toujours autorisé à briser le joug et à reconquérir son autonomie et son indépendance. Nous avons eu dernièrement un mémorable exemple de ces glorieuses sympathies envers un royaume aussi illustre que malheureux ; et il en sera éternellement ainsi de tous les autres. Lors même que la politique ne remue pas, on les secourt par la force des principes, et par les éloquentes réclamations des consciences indépendantes.

Tirons maintenant les conséquences de ces observations, soit pour l'ensemble d'un peuple, soit pour ses diverses parties.

1° L'indépendance d'un peuple est son exemption du joug de l'étranger et sa distinction de toute autre nation. Elle comprend l'*autonomie*, ou le droit de se gouverner par ses lois particulières, et la *nationalité*, c'est-à-dire le droit de vivre sous un gouvernement séparé qui lui est propre et est libre de tout joug ; de sorte que si l'une ou l'autre de ces prérogatives lui manque, la nation n'est pas complétement indépendante et maîtresse d'elle-même. Or, cette double indépendance est sa propriété comme nation ; c'est un droit aussi sacré, aussi inviolable que l'est celui du particulier sur les biens qu'il a hérités de ses pères, ou légitimement acquis par son travail ; et on ne peut ni l'en dépouiller sans injustice, à moins qu'elle n'y consente librement, ou que la guerre n'ait châtié ses torts, ni lui imposer pour Souverain un prince qui lui soit complétement étranger. Mais ceci demande quelques distinctions.

Tant que le Prince étranger d'origine reste Souverain d'un autre empire, la nation a le droit de le refuser, lors-même qu'il serait appelé au trône par son propre monarque, qui ne peut décider seul de l'ordre de succession ; autrement elle ne serait plus par le fait qu'une province de l'autre empire, et perdrait sa nationalité. Si le Prince, quoique vivant à l'étranger, est néanmoins de la maison régnante et légitime héritier du trône, ou bien il veut en prendre possession tout en demeurant en dehors de ses nouveaux Etats ; et alors la nation peut encore le rejeter, parce qu'elle a droit et intérêt d'avoir son Souverain chez elle ; ou enfin il rentre dans l'Etat pour y faire son séjour et le gouverner comme le propre Souverain du pays où il fait sa résidence; et dans ce cas le peuple n'est plus en droit de le repousser ni de lui dénier obéissance, parce que sa nationalité reste intacte, et tous ses droits sont sauvegardés. Ainsi, quand Charles-Quint, roi de Castille et d'Aragon, reçut le titre d'Empereur d'Allemagne, comme par suite de l'extrême difficulté d'une suffisante résidence, les deux couronnes étaient presque incompatibles, l'Espagne était probablement en droit, ou de l'obliger à renoncer à l'empire, ou de lui retirer le titre de roi s'il voulait conserver la puissance impériale, surtout si cette dernière devait engloutir et faire disparaître la monarchie espagnole.

Or, comme il existe une solidarité intime entre toutes les parties de la nation, et que chacune a sous ce rapport les mêmes droits que la nation tout entière, il s'ensuit que nulle province, nulle fraction de l'Etat ne peut être distraite du reste de l'Empire sans son consentement entièrement libre, et le Souverain n'a pas le droit d'aliéner par lui-même la moindre partie de ses Etats. C'est ce que l'on vit en France après le traité de Madrid. François Ier avait promis par cette convention de céder la Bourgogne à l'Empereur; mais les Etats de Bourgogne déclarèrent nettement que le roi avait outre-passé ses pouvoirs, et qu'il n'appartenait qu'à la province elle-même de prononcer sur sa séparation des autres provinces du royaume; et en affirmant ainsi les vrais principes elle rendit le traité caduc. Or, telle était la force irrésistible de la vérité proclamée, et son impression profonde sur tous les esprits, que Charles-Quint, malgré sa puissance et ses victoires, n'y fit aucune objection sérieuse. Et voilà aussi pourquoi, tout récemment, quand la Savoie a été unie à la France, elle ne l'a été que du consentement formel des Etats de Savoie, dont on avait fait une condition indispensable à la légitimité de la cession.

Et toutes ces maximes sont vraies, lors même qu'il ne s'agirait pas de rien changer aux lois et aux constitutions du pays : 1° parce que, même avec cette réserve, le pays perd son action spéciale, sa nationalité ; il cesse d'être son propre maître pour n'être plus qu'une simple province, et une province sous un joug étranger ; 2° parce que tout peuple a un esprit, des mœurs, des coutumes, des besoins, un langage qui lui sont propres, et qui seraient néanmoins continuellement froissés par ses continuels rapports avec un peuple dont les nécessités et les manières, le tempérament en un mot, sont tout différents des siens ; et de la sorte, un changement de situation serait pour lui une gêne incessante et une perpétuelle torture.

Donc, le premier droit politique d'un peuple est de rester ce qu'il est et de ne point perdre, s'il n'y consent, son privilége naturel de nation autonome, distincte et indépendante, gouvernée par ses propres Souverains et par ses propres lois.

A cette question de la nationalité, se rattache indirectement, mais dans le même ordre d'idées, celle de la décentralisation des administrations locales. Aujourd'hui, en France, la capitale absorbe tout, et les moindres affaires de nos trente-huit mille communes ont l'honneur de passer au cabinet des ministres ou des préfets. Il faut bien le dire : les peuples s'ennuient d'être conduits par la lisière comme des enfants ; et il y a effectivement dans cette manière d'être quelque chose de si puéril et de si humiliant pour les communes privées du droit d'administrer leurs propres affaires, que le Gouvernement lui-même, averti par les mouvements de l'opinion, s'en est ému, et reculant devant cette énormité aussi écrasante pour lui que pénible pour la nation, il s'est efforcé de l'atténuer et de la ramener à de justes bornes. Mais il reste encore beaucoup à faire, car la centralisation n'est que déplacée. Que le Gouvernement s'occupe des lois, des grandes questions, des affaires générales, on le conçoit, c'est sa fonction à lui seul; qu'il aille même jusqu'à surveiller, à contrôler les opérations communales et à s'en rendre compte pour prévenir leurs écarts ou y remédier, on le conçoit encore, c'est plus que son droit, c'est son devoir; du reste, on a les Conseils de Préfecture, la Cour des Comptes, le Conseil d'Etat. Mais qu'il entre minutieusement dans les plus petits détails sur des choses qu'il ne peut connaître qu'imparfaitement, tandis qu'elles sont parfaitement connues des Conseils municipaux qui les ont sous les yeux; qu'il leur refuse, dans l'administration de leurs propres affaires, les droits accordés au dernier des citoyens pour les siennes, on ne le comprend plus; il y a là quelque chose que la raison et nos idées actuelles ne supportent pas, car les nations sentent la nécessité de se gouverner elles-mêmes, dans les détails, comme elles éprouvent le besoin de se laisser gouverner dans l'ensemble. Sans cela, elles se rebutent, elles se désaffectionnent, et il en peut résulter d'immenses périls. C'est donc une grande preuve d'habileté et de force dans l'autorité supérieure de relâcher peu à peu les liens trop serrés de la centralisation administrative.

2e *Liberté politique :* LA PUISSANCE LÉGISLATIVE.

Le droit de concourir à la confection des lois n'est pas une liberté politique *essentielle,* puisqu'on a vu, non-seulement dans notre pays, mais dans une foule d'autres, et l'on voit encore dans quelques-uns le roi seul avec son conseil en possession de faire les lois; et cependant, ces nations n'étaient pas réputées esclaves. L'introduction du peuple dans le pouvoir législatif est une forme démocratique qui tient à l'état républicain, et comme depuis la Révolution française les idées républicaines ont pris faveur chez la plupart des nations européennes devenues défiantes et quinteuses, on leur a donné cette autorité dans les diverses constitutions politiques. Fondé sur ce principe très-contestable qu'un peuple ne peut être astreint à observer les lois auxquelles il ne consent pas, on a cru devoir lui faire partager avec le Souverain la puissance législative ; en mettant entr'eux, c'est-à-dire entre le Prince et les représentants du peuple un troisième corps pour prévenir leurs chocs mutuels et les concilier. Toutefois, cette idée n'est pas absolument sans fondement, à cause des dangers de la puissance exclusive d'un seul, dangers terribles aux yeux des nations ombrageuses ; car si le Souverain seul, disent-elles, a droit de faire les lois, il pourra tous les jours, s'il lui plaît, les révoquer et en faire de nouvelles à son gré, et de là au despotisme pur il n'y a qu'un pas. Mais, sans mettre tout le peuple dans une pareille puissance, on aurait pu parer à ces inconvénients en créant un corps de magistrats permanent et héréditaire qui, comme le Conseil d'Etat ou les anciens Parlements, eût étudié avec maturité ces graves questions et travaillé de concert avec le Souverain dans la seule vue du bien public, à l'établissement, à la conservation, au changement des lois générales, en laissant les particulières, les décrets touchant l'interprétation et l'explication de ces mêmes lois aux soins de l'administration et des cours de justice. Et de cette sorte, on eût évité et les troubles, les mouvements tumultueux des élections, qui ébranlent parfois les fondements des Etats et les exposent à des révolutions funestes, et les troubles peut-être plus dangereux encore des assemblées législatives, où, par suite de la violence et du choc des passions politiques, il se répand comme un nuage qui, en empêchant de discerner la vérité, fait trop souvent triompher l'erreur, occasionne de fausses démarches et embarrasse la marche générale des affaires tout en paraissant l'aider. Pour bien faire les lois, comme pour bien administrer, il faut un esprit d'unité, de calme et d'ensemble ; or, ces trois qualités manquent presque toujours dans les mouvements de la multitude, précisément parce qu'elle est multitude et trop divisée par ses opinions, ses intérêts, ses passions et les degrés très-inégaux de son intelligence.

Quoi qu'il en soit, il faut prendre les choses comme elles sont; et le peuple qui par sa Constitution politique est associé au pouvoir législatif, doit avoir la liberté d'en jouir, et d'employer, par conséquent, les moyens sans lesquels son droit deviendrait inutile; ces moyens sont : l'élection, la vérification des pouvoirs et l'examen même du droit.

I. Le Corps-Législatif, qui représente tout le peuple, étant constitué par les électeurs, il suffit de poser cette simple question : l'élection des législateurs peut-elle être faite à l'aveugle, sans connaissance des sujets, sans connaissance de leurs dispositions, de leur capacité, de leur fermeté, et de leur dévouement à la cause de l'ordre et du bien public? Faire cette question, c'est la résoudre. Les électeurs ont donc le droit de se réunir pour se consulter et s'entendre, sous l'œil de la police, et dans les limites des règlements, qui ne doivent pas être tellement restrictifs qu'ils équivaillent à l'empêchement des réunions; donc il n'est pas permis à l'Autorité ou aux candidats d'égarer les masses par des promesses irréalisables, et encore moins par des intimidations; car tout cela trouble les jugements des électeurs et par contre-coup la liberté des suffrages; donc toute corruption à prix d'argent ou autrement mérite d'être sévèrement punie, même par l'annulation du vote; « car les » présents, dit l'Ecriture, aveuglent les juges (1); ces sortes de marchés faussent l'élection et la détournent de sa voie et de son but légitime, en sacrifiant à l'intérêt particulier le bien commun de la nation, qui est l'unique but des

(1) *Deut.*, XVI, 19. Eccli., XX, 31.

opérations électorales ; donc, enfin, les électeurs ont le droit de choisir dans tous les rangs, dans toutes les opinions l'éligible qui leur paraît le plus capable de bien représenter la nation et de soutenir fidèlement ses intérêts. Ainsi liberté de réunion, liberté de suffrage et indépendance de jugement, voilà les trois prérogatives des électeurs que nulle puissance n'a le droit de leur ravir.

Quant aux candidatures officielles, le gouvernement, qui ne peut pas être d'une condition inférieure au reste de la nation, a parfaitement le droit d'en présenter, puisque le premier de ses droits aussi bien que de ses intérêts est de ne pas abandonner sa cause; autrement il vaudrait autant dire que le général doit jeter ses armes à la veille du combat. Aussi quel est le pays, quel est le gouvernement qui n'ait pas toujours eu ses candidatures officielles? C'est là la pratique *universelle* dans les gouvernements représentatifs. Il n'y a rien là de contraire à la sincérité des élections, puisque le Prince ne force et ne trompe personne, nous le supposons ; ni à sa dignité, car il n'est pas aisé de voir en quoi il y manquerait en proposant des candidats. Le gouvernement qui laisserait alors le terrain à ses ennemis sans concourir lui-même à la lutte serait un insensé ; mais aussi faut-il qu'en usant pleinement de sa liberté il la laisse également pleine et entière à tous les électeurs, et à ses propres fonctionnaires?

II. L'assemblée des Représentants du peuple, réunie au jour marqué par le décret de convocation, est souveraine en matière de vérification de pouvoirs ; de sorte qu'après l'élection provisoire d'un président, ceux des membres dont l'élection est incontestée, vérifient les élections de leurs collègues, et prononcent sans appel sur leur validité. Il est clair que si le Souverain avait droit de juger des pouvoirs, il aurait par là même le droit de les invalider, et d'écarter ainsi sans obstacle et sans fin tous ceux qui lui feraient ombrage; ce qui serait le coup de mort de la véritable représentation populaire. Et toutefois le droit des législateurs ne va pas jusqu'à admettre parmi eux les exilés et les autres incapables, élus contrairement aux lois; à moins qu'une fois constitués ils ne fassent une loi opposée, applicable sans effet rétroactif à tous les cas semblables, et sanctionnée comme toutes les autres par le Souverain. Car les électeurs, étant, en qualité de simples citoyens, soumis aux lois, ne peuvent les abroger par eux-mêmes en nommant un inéligible, et leurs opérations ne sont licites et valides que dans les bornes de la législation existante; ils sont donc incompétents pour réhabiliter dans l'ordre de l'élection un citoyen légalement exclu de l'éligibilité; ils ne peuvent toucher aux lois que par leurs représentants. On a pu violer ces principes, mais ils n'en subsistent pas moins.

III. Quant à l'exercice du droit, il est réglé par les trois grandes maximes suivantes, qui ressortent de l'esprit des diverses constitutions.

1° L'assemblée législative ne représente que la nation et ses électeurs. C'est la nation qui par ses élus fait la loi avec le Souverain, et les électeurs ont en vue de leur confier la défense de leurs intérêts. Le Corps-Législatif ne représente donc ni le Souverain qui ne l'a pas élu, ni les partis, puisque la nation étant une est censée ne point en avoir, mais la nation elle-même pour les lois proprement dites, et ses propres électeurs pour leurs intérêts particuliers. D'où il suit: 1° que les législateurs doivent se conformer au mandat qui leur a été donné en vertu de leurs promesses, excepté sur les points en désaccord avec leur conscience ou avec l'avantage commun du pays, et par conséquent nuls de soi; autrement *ils ne représenteraient pas* leurs électeurs, et seraient infidèles à leur contrat; mais s'ils n'ont point reçu de mandat impératif, alors, comme le Sénat, ils ne dépendent plus que de cette même conscience, et ils conservent toute l'indépendance de leur jugement et de leurs votes pour le bien général; 2° qu'ils ne doivent pas agir dans l'intérêt d'un parti, mais dans celui de tout le monde, puisque c'est la nation entière qui les a députés. Il n'y aurait donc rien de plus pitoyable et de plus puéril que de voir une chambre législative se diviser en partis perpétuellement hostiles, au lieu de s'unir pour le bien commun, qui est l'unique but de sa formation. Les députés des diverses opinions sont tenus par leur serment et par leur mandat de travailler à fortifier la constitution de l'Etat, et non à la détruire pour faire triompher l'objet de leurs rêves et de leurs prédilections.

2° L'Assemblée a tout pouvoir dans sa sphère pour établir le budget et les lois, mais elle n'a que celui-là. Elle peut aussi, au nom de la nation, discuter les actes principaux du Gouvernement, et quand elle y est invitée, et par voie de remontrances; mais elle ne peut décider seule les questions, à moins qu'il ne s'agisse du budget. Le Corps-Législatif a été envoyé uniquement pour faire la loi, et non pour l'appliquer, et non pas pour gouverner. Il a un pouvoir absolu pour légiférer de concert avec les autres autorités législatives, mais il n'en a point d'autre, du moins il n'y en a aucune marque. Toute autre prétention serait donc une usurpation évidente. De l'aveu de tout le monde les deux Pouvoirs législatif et exécutif sont entièrement distincts et séparés; et ils doivent l'être, car s'ils étaient réunis, l'autorité serait non tempérée mais absolue, ce qui serait la négation même de la forme du gouvernement, une injustice et une contradiction. Or, pouvoir exécutif, gouvernement, administration sont des mots synonimes qui ne diffèrent que par des nuances, et ils consistent dans la charge d'appliquer et de faire exécuter les lois. Le Corps-Législatif n'a donc point le droit de gouverner, d'administrer, d'appliquer au dehors ses propres règlements; c'est le droit exclusif du

Souverain ; il n'a pas le droit par des refus systématiquement hostiles et injustes d'abattre les ministres à coups de votes et de les mettre dans l'impuissance de gouverner, mais seulement de contrôler leurs actes avec modération ; il n'a pas le droit de donner des ordres relatifs à l'administration, mais seulement de faire de sages remontrances, comme nous le verrons plus loin. Ce droit peut être admis pour l'Angleterre où, en vertu d'une constitution qui lui est propre, le Parlement fait partie du gouvernement, de sorte que les ministres ne sont que ses hommes d'affaires. Aussi le gouvernement anglais, sous une apparence démocratique et tempérée, est-il réellement absolu dans son aristocratie Souveraine ; le roi n'est que le premier des ministres avec plus d'éclat, mais moins de pouvoir réel. Dans les autres pays au contraire, et surtout en France, la haute administration est totalement séparée de la Représentation nationale ; et le Souverain gouverne réellement, car lui seul a le droit d'interpréter et d'appliquer la législation.

3° Enfin, la majorité seule fait la loi. Il est bien clair que le grand nombre ne peut pas être avec justice effacé par le moindre, et que si la raison d'un seul peut quelquefois l'emporter sur la raison de trois, ce qui n'est pas facilement présumable, du moins, entre quatre volontés égales, trois l'emporteront avec raison sur une seule, car les raisons se pèsent et les volontés se comptent. Il n'y a pas de contestation sur ce point. Et par conséquent, tout attentat des minorités pour renverser violemment la décision d'une assemblée est une forfaiture et un acte de rébellion. Toutefois, il est juste d'écouter avec attention et bienveillance et sans parti pris les conseils de la minorité qui, ayant souvent une grande expérience des affaires, des hommes d'un talent supérieur et des raisons très-fortes, peut rendre d'éminents services et faire éviter plus d'un mauvais pas.

3e et 4e *Libertés politiques :* LE DROIT DE CONSENTIR A LA GUERRE, ET AUX IMPÔTS.

I. S'il est un intérêt sacré pour un peuple, c'est bien assurément celui de n'être pas contraint de verser son sang pour le plaisir d'autrui. Or, s'il n'est pas consulté sur l'à-propos d'une nouvelle guerre, l'on sera exposé à entreprendre des expéditions injustes et inutiles, ce qui serait pour un Souverain un crime affreux et une responsabilité terrible devant ses sujets, devant la postérité et devant Dieu. Et pourtant, un Prince qui a l'humeur martiale, un ambitieux, un rêveur de conquêtes, sera tenté, s'il n'a pas de frein, de marcher de guerre en guerre jusqu'à extinction de forces pour le malheur de son peuple et des peuples voisins. Il serait donc grandement important d'introduire dans la législation des divers empires un article qui, tout en laissant au Souverain le droit de décider de la guerre et de la déclarer, ne lui permettrait de la faire qu'après avoir obtenu le consentement de la nation, sauf le cas où il est attaqué le premier.

Il y a dans les masses un fonds de bon sens et de droiture qui leur fait juger avec impartialité, parce qu'elles n'ont pas les passions personnelles du Prince, du droit ou de l'injustice, et surtout des avantages ou des inconvénients de la guerre projetée; et en même temps un fonds de courage et de patriotisme qui ne leur permettra pas de négliger ce qu'elles doivent à leur pays, en laissant sans vengeance et sans réparation les insultes et les torts qui lui sont faits. Et comme la guerre est un événement très-grave et très-onéreux, ordinairement rare, et donnant lieu à la réflexion et aux préparatifs, il importe pour une plus grande précaution que le peuple, qui exerce tous ses autres droits politiques par ses représentants, exerce celui-ci par lui-même; et parce que c'est lui qui en dernière analyse en supporte tous les frais, et parce que ses mandataires pourraient bien avoir un peu trop de complaisance pour les caprices belliqueux d'un Prince qui les flatte et les entraîne par la perspective de la gloire. Peu importe, du reste, par quel moyen la nation sera consultée, pourvu que le principe reste sauf. Et l'on ne peut assez louer le Gouvernement français d'avoir dans les deux dernières guerres de Crimée et d'Italie consulté la nation en lui demandant un emprunt, qui dans un clin d'œil fut trois fois couvert aux acclamations générales ; un tel fait parle assez haut, et il n'est pas de meilleur moyen de s'assurer de la justice, de la convenance et de la popularité d'une expédition militaire. Du reste, dans tout ceci, il s'agit d'une guerre à entreprendre, et non pas de la continuation des hostilités.

C'est pour ces mêmes raisons que le peuple peut refuser de se rendre sous les drapeaux s'il n'y est appelé chaque année par une loi fixant le nombre d'hommes nécessaires à l'organisation de l'armée.

II. Ce que nous venons de dire de l'impôt du sang, il le faut dire aussi de l'impôt de l'argent. C'est une maxime vieille comme le monde, non-seulement dans les républiques, mais dans les monarchies les plus absolues, que nul tribut ne doit être établi sans le consentement de celui qui le paie. Et en effet, le Souverain ou l'Etat n'est pas maître de la fortune de ses sujets ; il n'en est, comme dit Sénèque (1), que l'administrateur pour le bien général ; il en a la direction, le haut domaine, il n'en a pas la propriété. Si donc le prince décidait seul des contributions, il ferait acte de propriétaire, il disposerait de ce qui ne lui appartient pas ; et d'ailleurs, l'avidité naturelle à l'homme pourrait l'emporter aux excès, la nation serait pressurée, accablée, hors d'état de satisfaire plus tard aux besoins réels et pressants de la chose publique ; ou bien son mécontentement profond amènerait les révoltes, les répres-

(1) *De benef.*, Liv. VII, ch. IV.

sions sanglantes, et peut-être sa ruine entière. Il est donc du devoir des gouvernements de n'imposer des contributions directes ou indirectes qu'avec l'assentiment de la nation.

Ce n'est pas que le droit national sur cette question s'étende à toute sorte d'impôts; il serait trop absurde de penser qu'il dépendît de la mauvaise humeur d'une assemblée, établie pour aider le gouvernement, de le réduire à l'impuissance par le refus absolu des subsides; ce serait la rendre maîtresse de tout l'Etat. Il y a des dépenses communes et ordinaires, qui sont toujours les mêmes et reviennent chaque année. Les recettes qui doivent y pourvoir sont également les mêmes; elles sont fixes, et ne peuvent être soumises au bon ou mauvais vouloir de quelques hommes; c'est la pensée de Montesquieu. Il ne s'agit que de la création des impôts nouveaux et extraordinaires, sans lesquels l'Etat peut habituellement subsister. Ils peuvent devenir l'objet de sa prodigalité ou de son économie, ils doivent être celui d'un contrôle efficace et sérieux; et surtout quand l'Etat s'endette, il y a alors un grave, impérieux et indispensable devoir de conscience pour tous les Représentants du peuple de venir au secours de ses finances, en n'accordant les subsides qu'en proportion des vrais besoins et de leur urgence, et en se refusant obstinément à tout ce qui sent la dilapidation. D'ailleurs, dans tous les temps, depuis l'origine de la Monarchie française, on n'a jamais suivi d'autre marche, si ce n'est sous les règnes de Louis XIV et de Louis XV, et le peuple a toujours été consulté sur l'établissement des impôts.

5e *Liberté politique* : LA LIBERTÉ DE LA PRESSE.

Nous ne dirons que quelques mots sur cette grave question, sur laquelle depuis quatre-vingts ans on a prodigieusement divagué. Il suffit de remarquer que la presse exerçant une influence immense sur les populations, doit avoir une entière liberté pour le bien ; et sous ce rapport, grâce à Dieu, elle a montré toute sa force. Bien conduite et animée de généreux sentiments, elle instruit et éclaire les pouvoirs souverains, les aide à connaître l'état des esprits qu'elle contribue à former, les dispositions, les aspirations et les besoins des peuples ; elle inspire aux Souverains de la fermeté et de la douceur, les éloigne également du despotisme et de la faiblesse, les remplit de courage, leur concilie le respect et l'amour, en se tenant également éloignée du dénigrement et de la flatterie.

Puis, elle montre au peuple ses vrais intérêts, elle le porte à la soumission, à la concorde, à l'éloignement des factions ; toute entière à sa moralisation et à son bien-être, elle lui rend la religion aimable et vénérable ; travaille à développer les progrès de l'agriculture, du commerce, de la saine littérature et des beaux-arts ; met en honneur tous les efforts, toutes les nouvelles découvertes de la science et de l'industrie ; elle excite, apaise, instruit, relève, avertit, encourage ; en un mot, c'est un levier d'une force incalculable, qui soulève la société lourde et somnolente et centuple ses ressources. Mais plus son influence pour le bien mérite d'être soutenue et récompensée, plus sa puissance, beaucoup plus grande et vraiment terrible pour le mal, a besoin d'être contenue dans de justes limites, d'autant plus qu'elle aspire toujours à en sortir. Nous trouvons dans la Déclaration des droits de l'homme cette proposition étonnante (1) : « La libre communication » des pensées et des opinions est un des droits les plus » précieux de l'homme. Tout citoyen peut donc parler, » écrire, imprimer librement, sauf à répondre de l'abus » de cette liberté dans les cas déterminés par la loi. » Pas un mot des restrictions apportées à cette liberté par la conscience et par le devoir, mais seulement par la loi

(1) Art. XI.

extérieure, presque toujours impuissante lorsqu'elle est seule. Sur quoi, M. Duvoisin fait les réflexions suivantes (1) : « Il était difficile d'accumuler en moins de mots un plus grand nombre d'idées fausses et incohérentes. La libre communication des opinions n'est pas un droit plus précieux que celui d'user de toute autre faculté naturelle ; et ce droit, comme tous les autres, doit être limité par les droits de la justice naturelle et civile. La liberté des mouvements est certainement un des droits les plus précieux de l'homme ; et cependant, on n'a pas encore vu le législateur établir, comme un des axiômes de sa constitution, que tout citoyen peut librement faire tous les mouvements, c'est-à-dire commettre toutes les actions qu'il voudra.... Un gouvernement sage se gardera bien de laisser à la presse une liberté effrénée ». Oui, sans doute, il faut un frein à ce coursier généreux, mais trop facile à s'emporter. Et quels que soient les cris tumultueux de la presse et ses aspirations aveugles vers une liberté mal définie ou plutôt indéfinie, l'Etat doit être inflexible à retenir dans son lit cette mer orageuse, sous peine de se voir engloutir dans ses flots, lui et la société toute entière. Qu'on se rappelle les deux maximes établies et prouvées au commencement de ce chapitre : l'une, qu'il faut distinguer la liberté comme faculté et la liberté comme droit ; l'autre, qu'il ne peut y avoir aucune puissance illimitée sur la terre ; et l'on conviendra que si la liberté de la presse est un bien, si elle est vraiment désirable, c'est à la double condition et qu'elle se renferme dans ses bornes, et qu'elle ne confondra pas l'usage avec le droit. Non, la liberté de la presse ne peut pas être illimitée, les droits de Dieu et de l'Etat marchant avant les siens ; elle ne peut être la liberté de l'erreur, du mal et de la destruction ; il n'y a pas de droit pour toutes ces choses. Du reste, dans l'état

(1) *Essai sur la Tolér.*

actuel de notre législation, la presse a toute la liberté nécessaire pour défendre vigoureusement les grands principes de la religion, de l'ordre, de l'obéissance au Pouvoir; et même pour contrôler avec modération et honnêteté, mais en toute sincérité, les actes de ce même Pouvoir, qui le premier lui a rendu cette liberté si chère. Et nous n'en voyons point qu'elle puisse désirer encore, sinon celle de renverser les dynasties et de déchaîner de nouveau sur les Etats le fléau des révolutions, résultat immanquable des libertés *illimitées*.

LIVRE IV.

Les devoirs du Peuple envers le Souverain.

Assez longtemps l'on a parlé au peuple de ses droits; et nous-même, dans tout ce qui précède, nous ne les lui avons point laissé ignorer. Il est temps maintenant de lui parler de ses devoirs. L'on est tout étourdi de ces grands mots de *droit national*, de *Souveraineté* du peuple, de *liberté*, d'*indépendance*, répétés à satiété depuis un siècle. Mais quand ces éternels prôneurs de liberté, ces libéraux si fins et si habiles, ces magnifiques discoureurs qui ne tarissent jamais sur les droits réels ou prétendus des nations, ont-ils cherché à les moraliser? Quand leur ont-ils dit un seul mot de la soumission due aux puissances, même pour leur propre bien, et de leurs autres obligations essentielles? Ils ont appris aux hommes à être impatients de tout frein, incapables de toute dépendance volontaire, inaccessibles à l'idée du devoir; ils leur ont appris à être égoïstes envers leurs égaux, durs envers leurs inférieurs, jaloux de tous ceux que la fortune ou la position sociale semble mettre dans un rang plus élevé. Non seulement ils n'ont pris aucun soin de leur rappeler les grands titres de l'Autorité du Souverain sur ses peuples, et ses droits sacrés à leur obéissance, mais ils n'ont pas rougi de leur inspirer un orgueil extrême, une hauteur inflexible, et un esprit superbe d'indépendance universelle, qui les rendent mécontents de tous les Pouvoirs, quels qu'ils soient, et les portent continuellement à les renverser; de sorte qu'aujourd'hui la plupart des nations ainsi excitées sont réputées ingouvernables, ou elles ne le sont plus que par les extrêmes; car on les voit passer sans cesse et tour-à-tour de la licence à la compression, et de la compression à la licence. Voilà où nous en sommes présentement, sans savoir quand et comment tout cela finira, et appréhendant tous les jours de plus grands malheurs. Ce fâcheux état de choses vient de ce que les idées révolutionnaires ont pris trop d'empire et de ce que le peuple a été trop flatté. On l'a encensé, exalté outre mesure, pour le faire servir d'instrument aux desseins criminels des ambitieux qui, après l'avoir exploité, compromis, sacrifié, le repoussent avec dédain à la suite de leur honteuse victoire; mais il ne s'est pas aperçu de la trahison, parce que l'orgueil qu'on est parvenu à lui inspirer l'aveugle; et voilà pourquoi se croyant au-dessus de toutes les Puissances il ne veut pas obéir, à moins qu'il n'y soit forcé, se persuadant trop aisément qu'il n'y est plus obligé, et que tout exercice de l'Autorité est une usurpation sur ses droits. Et pourtant combien la saine raison et la voix de la terre entière ne disent-elles pas clairement que l'état de société est nécessaire au monde; que la société ne peut subsister sans une Autorité qui la gouverne et la préserve des horreurs de l'anarchie, que l'Autorité pour maintenir de toutes parts la paix et l'unité ne peut se passer de soumission, qu'elle a besoin d'être obéie partout et toujours, qu'une Autorité à laquelle on n'obéit pas est une Autorité nulle, et une complication de plus dans les troubles publics, et que c'est vouloir ainsi éterniser les douleurs de la patrie. Mais la religion de son côté parle encore plus haut. Après nous avoir montré dans le sein de Dieu l'origine de la Souveraineté; puisque tout pouvoir vient de lui, *non est potestas nisi a Deo*, elle nous avertit qu'il n'y a ni servitude ni bassesse, ni honte d'aucune sorte à céder à une Autorité si divine; que le respect rendu aux Souverains n'humilie pas, mais qu'il élève et agrandit comme tous les autres devoirs, que c'est au contraire l'insubordination et la révolte qui, étant essentiellement désordonnées et vicieuses, abaissent et déshonorent; que tous les devoirs de l'homme se résumant dans la charité pour Dieu et pour le prochain, nous devons principalement aimer le Souverain en qui reluit la Majesté du Très-Haut dont il est la plus brillante image, *diliges proximum tuum sicut teipsum.* Nous apprenons encore à son école, non moins qu'à celle de la raison, que l'immensité de ses bienfaits et l'extrême difficulté de ses fonctions lui donnent un droit spécial à nos prières, *fieri orationes... pro regibus ;* que nous lui devons rendre un honneur proportionné à son éminente dignité et grandeur, *regem honorificate ;* que c'est un devoir de conscience de lui payer le tribut sans lequel il ne pourrait rien faire, *cui tributum, tributum ;* qu'il lui faut obéir en tout ce qui n'est pas contraire à la loi de Dieu et à celle du pays, *subditi estote... regi quasi præcellenti ;* enfin que nous devons garder une fidélité immortelle à un Pouvoir qui ne l'est pas moins, et cela indépendamment de tous les serments; vu qu'un Pouvoir établi par Dieu même ne peut être ôté par les hommes, *qui potestati resistit, Dei ordinationi resistit.* Ce sont là les graves avertissements que la Religion donne à tous les peuples, et qui leur apprennent en quelques mots toute l'étendue de leurs devoirs envers l'Autorité supérieure. Reconnaissons que si, au lieu de prêter si fatalement l'oreille aux déclamations coupables de la révolte et de l'ignorance, les nations avaient toujours écouté cette grande voix, si toujours ils avaient puisé près d'elle leurs inspirations et suivi ses conseils, nous ne serions pas témoins du triste spectacle qui nous accable, de ces sourds mugissements d'une révolution déjà si cruelle et devenant de plus en plus menaçante pour la conservation de la foi, des mœurs, des égards mutuels, de la concorde et de la paix publique. Mais ces grands et magnifiques dons nous seraient assurés; et non-seulement nous n'aurions pas tant à souffrir dans le présent, mais nous n'aurions rien à craindre pour l'avenir. C'est donc ce présent qu'il faut instruire, et cet avenir qu'il faut préparer, par le retour aux vrais principes, en ne songeant pas exclusivement à nos droits, mais en y ajoutant la salutaire pensée de nos devoirs.

Or, ces devoirs si importants et si indispensables du peuple envers son Souverain sont, comme nous venons de l'entrevoir, au nombre de cinq principaux, qui comprennent tous les autres : l'amour, la prière, le respect, l'obéissance et la fidélité. Ce sont là les obligations essentielles de *tous les sujets, sans exception,* envers leur Souverain. Et nul n'en peut être dispensé par aucune puissance du monde et sous quelque prétexte que ce soit. Ni la fortune, ni la naissance et l'éclat du sang, même royal, ni le haut rang, soit dans la religion soit dans le siècle, ni l'éminence des services rendus, ni la grandeur des griefs dont on se plaint, ne peuvent exempter de ces devoirs, parce qu'ils sont de droit naturel et dans les nécessités absolues de la société humaine. Il nous reste maintenant à considérer en détail chacune de ces graves et imprescriptibles obligations.

CHAPITRE PREMIER.

1er Devoir envers le Souverain : L'amour.

Elle doit paraître bien étrange aux hommes de notre siècle la doctrine qui les oblige à aimer leur Souverain. Et comment, en effet, ne leur semblerait-elle pas extraordinaire à eux qui, emportés par le torrent des idées révolutionnaires, nourris dans le désir d'une superbe indépendance, et séduits par toutes les autres causes de désaffection que nous avons signalées plus haut, croient faire trop de grâce aux rois de ne les pas haïr, et s'imaginent toujours les honorer assez par leur indifférence. Tout a été si obscurci par les doctrines d'erreur répandues en ces derniers temps, qu'on a une peine extrême à faire passer un rayon de lumière à travers un nuage si épais. Et cependant, tout étonnant que cet enseignement peut sembler à nos contemporains, la vérité n'en est pas moins certaine; et cette vérité, nous la fondons sur trois grands motifs, sur trois qualités incontestables qui se rencontrent dans le Souverain, sur sa qualité d'homme, sur sa qualité de père, sur sa qualité de bienfaiteur.

La loi chrétienne qui commande d'aimer tous les hommes ne souffre point d'exception, même pour les ennemis. Voici la parole de J.-C. (1) : « Moi, je vous dis : Aimez » vos ennemis, faites du bien à ceux qui vous haïssent, » et priez pour ceux qui vous persécutent et vous calom- » nient ». Si donc, selon toute la tradition chrétienne, ces paroles renferment, non pas un simple conseil de perfection, mais une loi et un précepte très-rigoureux, non-seulement de ne pas haïr, mais d'aimer sincèrement

(1) Matth., 5, 44.

et du fond du cœur, même nos plus grands ennemis, ceux qui nous calomnient, nous persécutent, nous accablent avec un acharnement impitoyable; qui donc sera-t-il permis de haïr? Nul homme sur la terre, non pas un seul; il n'est pas permis d'exclure de sa charité les Nérons et les Domitiens, ni les plus fameux brigands. La vengeance appartient à la société, la répression des injures aux tribunaux, la légitime défense à quiconque est attaqué; mais la haine ou la malveillance n'appartient à personne. L'esprit infernal et les réprouvés, si nous les connaissions, sont les seuls qu'il soit possible de haïr légitimement; mais quelques sujets de mécontentements que nous croyions avoir contre quelqu'un, quelques griefs que nous ayons contre lui, jamais, si nous comprenons notre devoir, il ne nous sera permis de le haïr. Et cette haine, qui est toujours un crime, même envers le dernier des hommes, on s'imaginerait pouvoir se la permettre envers le premier de tous, qui est le Souverain! Le moindre de nos inférieurs a un droit strict à notre charité, et nous croirions pouvoir nous remplir de fiel contre notre supérieur! Nous haïrions le Représentant de Dieu, l'homme de Dieu, le ministre de Dieu! On se laisserait aller contre lui à d'infâmes complots, à de cruelles et sanguinaires conspirations! Où a-t-on pris une si atroce et si affreuse doctrine, sinon dans le délire des passions les plus viles et les plus aveugles des bas-fonds d'une société corrompue! Le régicide et la haine des Souverains n'ont lieu que dans les époques de perturbation, d'anarchie morale et d'un profond oubli de la religion, de l'honnêteté, des sentiments d'honneur et de tous les devoirs. Laissons cette triste gloire aux Catilina, aux Ravaillac, aux Robespierre et à tous les assassins; un honnête homme, un bon citoyen, un chrétien ne sera jamais l'ennemi de ses Princes, il les aimera lors même qu'ils seront répréhensibles, lors même que leurs actes ne s'accorderont pas avec ses vues; car ses vues pourraient être fausses ; et fussent-elles justes, il ne serait pas excusable de haïr. Il doit se souvenir que si la personne ou la conduite du Souverain n'est pas aimable, il y a en lui, néanmoins, quelque chose qui l'est toujours, à savoir l'Autorité sacrée dont il est revêtu, et qui est *inséparable de sa personne;* de sorte qu'ayant de l'aversion pour l'une il en aurait nécessairement pour l'autre, et le contre-coup atteindrait ainsi jusqu'à Dieu même.

Ce n'est pas à dire pour cela que l'on doive aimer ou approuver *toutes les actions* des Souverains ; il en est d'évidemment mauvaises; et y applaudir, ce serait agir contre sa conscience. Il y a loin de la vraie affection à l'aveuglement, et du respect à la servitude. Nous parlons de la personne et non pas des actes, de la volonté et non pas du jugement, qui reste toujours libre. Mais la désapprobation de la conduite et des actes politiques ne peut jamais aller légitimement jusqu'à la haine de la personne; parce que, s'il n'y a rien de parfait sur la terre dans l'exécution, tout est parfait au contraire dans l'institution foncière et dans la substance de la nature humaine qui, malgré tous ses défauts, a toujours un côté aimable.

Si donc il n'est pas permis de haïr, il n'est pas permis à plus forte raison de conspirer, puisque la conspiration est la plus énergique expression et le dernier terme de la haine. Il ne l'est pas non plus de murmurer; le murmure, s'il se prolonge et s'étend, amène les séditions, les soulèvements, les crimes de lèse-majesté au premier et au second chef; et souvent d'immenses révolutions et le renversement entier des Empires et des races royales n'ont eu d'abord pour principe que de sourds et imperceptibles murmures. Aussi voit-on dans l'Ecriture avec quelle terrible sévérité Dieu châtie les plaintes sans cesse renaissantes des Hébreux dans le désert, ces plaintes et ces critiques trop libres, qui étaient un commencement de sédition, et qui, si elles n'eussent pas été réprimées, auraient bientôt dégénéré en révolte ouverte.

Mais quoi ! suffit-il donc de ne point haïr le Prince ? suffit-il même de n'avoir pour lui que de l'indifférence ? Non, il le faut encore sincèrement aimer ; et parce que le commandement divin ne prescrit pas seulement de ne point haïr, mais il ordonne d'aimer, d'aimer jusqu'aux ennemis, *diligite inimicos vestros*, à plus forte raison d'aimer celui à qui les plus grandes raisons nous obligent de conserver un amour et une affection inaltérables, en sa double qualité de père et de bienfaiteur universel.

Nous avons fait voir dans la première Partie que le Souverain n'est pas seulement maître, qu'il est père, le père de la patrie, selon la belle expression des anciens, souvent plus justes que nous ; de ces anciens qu'on nous donne comme des modèles de l'amour pour la liberté, sans rien nous dire, et pour cause, de leur affection sincère envers leurs rois. Si le Souverain n'est pas le père des citoyens selon l'ordre de la nature, il l'est du moins par les soins du gouvernement et dans l'ordre politique. Il défend leur existence en les protégeant contre tous leurs ennemis intérieurs et extérieurs, en faisant fleurir parmi eux, par la sagesse des lois, l'agriculture qui leur fait tirer de leurs terres tout ce qu'elles peuvent produire pour la nourriture du corps, le commerce par où ils demandent aux pays étrangers les ressources refusées au leur, la paix qui les délivre des troubles et des craintes si nuisibles à la santé. Arrive-t-il quelque grand malheur ? Les incendies, les inondations, les tremblements de terre, les fléaux de tout genre viennent-ils ravager une portion du territoire de l'empire, à qui s'adresse-t-on ? Près de qui va-t-on chercher la consolation et la réparation du désastre ? N'est-ce pas au pied du trône ? N'est-ce pas de là que partent les grands secours accordés à tous les malheurs, la joie après les larmes, et le soulagement après l'infortune? Mais à quoi bon refaire nos tableaux, et répéter nos preuves? Disons seulement ce mot : si la nature, la raison, la Religion nous font un devoir de tant aimer nos pères charnels, est-ce que nous serons dispensés de cet amour envers nos pères-souverains, pères non pas d'une seule famille comme les autres, mais de la grande famille de l'Etat, avec une charge immensément plus lourde et des soucis mille fois plus accablants? L'enfant est tenu d'aimer son père, rien ne peut le dispenser d'une telle obligation ; il doit aimer ce père même fâcheux et d'une humeur rude et difficile ; et le citoyen ne devra pas aimer son roi, parce qu'il a quelque faiblesse humaine, et que sa conduite ne lui revient pas ? Ce ne sont pas les qualités du père qu'il s'agit d'aimer, c'est le père lui-même tel qu'il est, car quel qu'il soit, il est toujours père.

Où est le temps où nos aïeux, pour faire éclater leur joie ou pour se consoler dans leurs peines, n'avaient en quelque sorte que ce cri : Vive le roi ! Alors le pays était admirable, parce qu'il n'avait qu'un parti, ou plutôt il n'en avait aucun; il comprenait et pratiquait le devoir de tout bon citoyen : il aimait son Prince. Un peuple qui n'aime pas celui qui le gouverne est indigne d'être gouverné. Mais quels beaux exemples d'une tendre affection pour le Souverain nous trouvons dans l'Ecriture, quel zèle pour protéger la personne du Prince, et éloigner de lui tous les accidents! « Les gens de David lui dirent : Vous ne viendrez plus avec » nous à la guerre pour ne point éteindre la lumière » d'Israël (1). » « Voyez, s'écrie Bossuet, comme on aime le Prince ! il est la lumière de tout son royaume. Qu'est-ce qu'on aime davantage que la lumière ? Elle fait la joie et le plus grand bien de l'univers. Ainsi un bon sujet aime son

(1) 2. Rois., XXI, 17.

Prince comme le bien public, comme le salut de tout l'Etat, comme l'air qu'il respire, comme la lumière de ses yeux, comme sa vie, et plus que sa vie (1). » Effectivement, plus que sa vie; car combien de fois a-t-on vu les guerriers au plus fort des combats environner le monarque, lui faire un rempart de leurs corps, et mourir pour sauver ses jours! Et l'histoire enthousiasmée nous a transmis les noms de plusieurs de ces héros plus ardents que les autres, pour immortaliser un si beau dévouement, et en susciter de semblables jusqu'à la fin des siècles.

Mais nous en avons eu d'innombrables dans nos propres histoires, où l'on voit les témoignages éclatants de l'ancien amour des Français pour leurs rois; quant à l'amour qui ne se trahissait pas par d'aussi grands traits, c'était une vertu commune; c'était celle de toute la nation. Ah! il est attendrissant ce souvenir du peuple de Paris encore si fidèle, élevant, faute de mieux, une statue de neige au bon Louis XVI, qui lui avait abondamment fourni le pain et le bois durant un long et rude hiver. Ils écrivirent ce quatrain sur le piédestal :

> Louis, les indigents que ta bonté protége
> Ne peuvent t'élever qu'un monument de neige ;
> Mais il sera plus doux à ton cœur généreux
> Que le marbre arrosé des pleurs des malheureux.

Ces hommes avaient compris que dans leur roi ils avaient un père, et ils étaient au vrai point de vue; car il en est ainsi de presque tous les Souverains : ce sont des pères de famille. On le sent assez généralement : quand le Souverain paraît quelque part, quand il voyage, quelle joie, quel enthousiasme! Il n'y a rien de commandé dans ces manifestations spontanées; le peuple est heureux, car il aime; quelque chose lui dit qu'il est bon et juste d'aimer celui qui l'aime, et il oublie ses souffrances, il respire en obéissant

(1) *Polit. sacrée.*

à ce noble instinct. Pourquoi ne suit-on pas plus souvent ce généreux mouvement d'une bonne nature, qui permettrait de ressentir à tout moment ce bonheur du cœur que l'on goûte en ces circonstances solennelles ; et pourquoi prête-t-on si facilement l'oreille à ces âmes basses, factieuses, et jalouses de toute supériorité, qui essaient de jeter les peuples hors de leurs voies, de comprimer un élan si glorieux, et de changer en défiance et en esprit de haine et de révolte des sentiments d'amour qui honorent à un si haut point ? Que le peuple suive son cœur, et il sera toujours meilleur que les tristes hommes qui cherchent à l'influencer. La Vendée, dans ses revers comme aux jours de sa plus grande gloire s'écriait : Vive le Roi quand même ! En dépit de tous les partis, ce cri sera toujours celui des bons citoyens ; car, aimer le Souverain n'est pas autre chose qu'aimer la patrie, représentée et vivant dans sa personne.

Et la reconnaissance, n'aura-t-elle pas quelque poids sur le cœur des nations ? Serait-ce donc par hasard un sentiment dégradant et indigne d'elles ? Est-ce qu'au contraire l'ingratitude, la froide indifférence, la dureté envers le bienfaiteur ne sont pas justement regardées par toute la terre comme quelque chose d'insupportable et de monstrueux ? Comment ! l'on aurait honte de soi, et avec raison, si l'on était ingrat envers le moindre des hommes ; et une nation ne verrait pas l'opprobre qui s'attache à l'insensibilité envers le bienfaiteur suprême ? Serait-ce qu'on aurait découvert dans la logique une loi nouvelle et inconnue, enseignant que la sécheresse du cœur est moins déshonorante en raison de la grandeur et de la multitude des services ? Non, non, il ne sera jamais permis à un homme sensé de dire de pareilles choses, et la reconnaissance aura toujours des droits sacrés sur le cœur de tous les honnêtes gens. Mais qu'est-ce que l'existence d'un Souverain, même ordinaire, sinon un tissu de bienfaits ? Nous avons vu ce qu'il est par les seules fonctions communes de la royauté. Qu'est-ce donc quand il s'agit d'un Prince à qualités héroïques, d'un Prince capable, ferme, dévoué au bonheur de son peuple, sacrifiant ses plaisirs aux affaires, voulant se rendre compte de tout par lui-même, perpétuellement occupé à développer toutes les ressources de la nation, à l'embellir, à l'agrandir, à la fortifier, à étendre ses influences, faisant trembler les factieux sans mesures violentes, mais par la seule force de son caractère et des lois, et maintenant de toutes parts l'ordre, la paix et le respect des droits publics et particuliers, malgré les impuissantes fureurs des ennemis de tout bien? Sont-ce là de petits services; et l'âme d'un peuple si bien conduit est-elle assez grande pour renfermer tous les sentiments qu'ils lui doivent inspirer? Ce n'est pas là de l'enthousiasme, c'est la simple raison, et les premières maximes du sens commun.

Maintenant, supposons que le Souverain disparaisse sans être remplacé : tout est en proie à l'anarchie; puisque l'anarchie est la négation même de l'Autorité souveraine. Alors que voit-on, surtout dans des temps aussi agités, aussi fiévreux que les nôtres? La crainte partout, la sécurité nulle part, la ruine du commerce, des arts, de l'industrie, la multiplication des crimes, les attentats à la vie et à la propriété, peut-être même sous une forme légale, et par conséquent irréparables; les partis déchaînés se ruant sur la patrie et se déchirant les uns les autres; qui ne craindrait alors le socialisme, c'est-à-dire, la ruine entière de la société? Dira-t-on que l'imagination est en jeu, et que ce sont là des exagérations? Mais c'est ce que tout le monde sent, parmi nos incessantes révolutions européennes, ce que tout le monde prévoit, ce que tout le monde appréhende; parmi les âmes même les plus calmes et les plus fermes, il n'y a qu'une voix pour prédire ces catastrophes, si certains trônes devenaient vacants dans un court délai. Seulement, tous ne voient pas, ce qui est pourtant bien visible, que le seul moyen de conjurer de si grands malheurs est de se former en faisceaux autour de ces trônes si menacés, pour déconcerter les mauvaises passions, et rendre leur triomphe impossible par l'unanimité de l'amour. Car, si au lieu de se laisser emporter loin du but par de mesquines préoccupations et des vues particulières, l'on s'attache au contraire avec une sincère affection à son Souverain, à sa maison, à son gouvernement, l'on n'a plus rien à craindre de tant de calamités, ou du moins les secousses sont incomparablement moins violentes. Au milieu des troubles toujours dangereux et inquiétants d'un changement de règne et des efforts des hommes remuants, les citoyens auraient alors, dans la personne du nouveau Souverain présent au milieu d'eux, un centre visible auquel ils se rattacheront, un lien qui les unira, un drapeau sous lequel ils se rallieront, et comme un phare parmi les affres et les obscurités de la tempête; mais c'est ce qui ne se peut faire que par l'union. D'où vient qu'en France principalement les minorités sont si redoutables et les régences des époques de commotions si terribles, même dans les temps ordinaires, sinon de ce que les aspirations sont diverses, les esprits trop ardents, les intérêts opposés, et les cœurs désunis? Que serait-ce donc dans un temps de révolution, et dans un pays divisé par tant d'opinions contraires! Devant une situation si funeste, nous ne serions pas trois jours sans être emportés et dévastés par les orages politiques.

Enfin, dans quelque sens qu'on veuille l'entendre, il est certain que l'univers ne subsiste que par l'amour; donc aussi les nations qui l'habitent. La guerre elle-même, cette terrible expression de la haine, ne fait pas exception à cette grande règle; puisqu'on ne fait la guerre que par amour pour son pays. Tout le secret de la force, de la conservation, du bonheur des sociétés comme des familles, c'est l'amour et l'union; mais un peuple ne peut être uni que par son affection envers son Souverain; s'il se divise dans son affection, il est nécessairement divisé dans son action; ce n'est plus un peuple, c'est une agglomération forcée de plusieurs peuples ennemis, qui n'attendent qu'une occasion pour se combattre, s'ils sont conséquents. Et l'on verra alors l'accomplissement de cette parole de la Sagesse éternelle, « que tout royaume divisé en lui-même est con- » damné à la désolation et à la ruine, *omne regnum in se* » *divisum desolabitur* (1). » Tandis que si, pour prévenir les affreux malheurs de la division et procurer le bien général, on concentre ses affections dans la personne de celui qui gouverne au lieu de les éparpiller pratiquement sur plusieurs, il n'y a plus qu'un seul Chef, un Souverain, un Empire; les partis se dispersent, et la patrie est sauvée.

Est-ce que les hommes sensés de chaque opinion politique ne voient pas que s'ils veulent s'obstiner à guerroyer contre le Prince, que s'ils refusent de s'attacher à lui sincèrement, sinon par conviction de son droit, du moins par la nécessité du bien public, que s'ils se font un devoir de leurs espérances si incertaines et un besoin de leurs oppositions incessantes, alors il n'y a plus de fin au combat; que lors même que leur idée viendrait à triompher, le Souverain ou le Gouvernement de leur rêve aura à soutenir les mêmes oppositions, les mêmes haines, les mêmes luttes, et par conséquent tôt ou tard la même défaite, et qu'ainsi ce sera toujours à recommencer jusqu'à l'épuisement de toutes les forces sociales? Bien aveugle qui ne voit pas une vérité si claire, et bien coupable qui la voyant ne s'y rend pas! D'autant plus que personne ne demande le sacrifice des pensées, des jugements, des souvenirs intimes, à Dieu ne plaise! On demande seulement que pour le bien commun on n'en fasse pas une

(1) Luc, XI, 17.

vaine montre et le sujet de contradictions systématiques, aussi inutiles à sa propre cause que dangereuses pour l'ordre public. Et pour empêcher tant de maux, il est évident que quand on n'aimerait pas le Souverain pour lui-même, on le devrait aimer pour la patrie, dont le bien-être et l'affermissement dépendent essentiellement de l'amour qu'on a pour le Prince, qui alors fortifié par tant d'amour ne sera pas appelé en vain le bienfaiteur et le père de la patrie.

CHAPITRE II.

2e devoir envers le Prince : La prière.

« Je vous conjure, écrivait saint Paul à Timothée, et je » prie avant toutes choses que l'on fasse des supplications, » des prières, des demandes et des actions de grâce pour » tous les hommes, *pour les Rois*, et pour tous ceux qui » sont en dignité, afin que nous menions une vie paisible » et tranquille en toute piété et honnêteté, car cela est » agréable à Dieu notre Sauveur, qui veut que tous les » hommes soient sauvés et qu'ils viennent à la connaissance » de la vérité (1) ». Voilà la règle, établie par l'un des fondateurs de l'Eglise, et voilà par conséquent le devoir : « Puisque tel est le bon plaisir de Dieu, *hoc enim acceptum » est coràm Deo Salvatore nostro* ». Et ce grand devoir n'est qu'une suite du premier. Nous avons vu l'obligation sacrée d'aimer le Souverain imposée aux peuples par la nature, la religion et la reconnaissance. Or, le premier acte de l'amour, la vraie démonstration de l'amour, c'est de faire du bien à l'objet aimé, selon la parole célèbre de saint Grégoire : « *Probatio dilectionis est exhibitio*

(1) Tim., II, 1.

» *operis* »; et tout le monde comprend qu'un amour paresseux et inactif est un amour stérile, nul et sans réalité. La prière pour le Prince est donc un devoir essentiel pour tous ses sujets; car ils n'ont guère d'autre moyen direct et positif d'exercer leur amour envers lui et de lui faire du bien. Sans doute, ils ont contracté à son égard d'autres obligations bien graves, et dont on ne concevra jamais assez l'importance; ils lui doivent, comme nous le montrerons bientôt, le respect, l'obéissance et la fidélité. Mais dans toutes ces choses les citoyens travaillent encore plus pour eux-mêmes que pour le Souverain, puisqu'ils recueillent presqu'exclusivement les fruits de ces devoirs et de cette noble dépendance, tandis que par la prière ils lui rendent un service personnel, un service dont il a le premier profit et qui tourne principalement à son avantage, puisqu'ils agissent directement pour lui, en lui obtenant les faveurs divines, sans lesquelles il ne peut y avoir de bonheur, ni pour le Prince, ni pour la nation, qui se trouve ainsi avoir sa part dans le bien dont elle est la cause.

Nous n'avons point à tenir compte en ce lieu des vaines doctrines de l'impie, qui ne sauvent personne; nous n'avons à consulter que les inspirations de la raison et de la foi. Or, ce sont elles qui nous apprennent que sans l'assistance divine le Prince est souverainement malheureux : 1° parce qu'il reste dans l'ignorance de ses devoirs; 2° parce qu'il est le jouet de ses passions; 3° parce qu'il court risque de faire une fin funeste.

Le prince qui ne reçoit pas le rayon d'en haut reste livré à lui-même, à la faiblesse naturelle de l'humanité déchue : perpétuellement flatté, enivré, distrait, absorbé par les fêtes, les délices, les dissipations de tout genre qui l'environnent, il devient inappliqué et inattentif. Tout entier à de vains plaisirs qui emportent tous ses moments, emporté lui-même par ce tourbillon rapide et étourdissant qui ne lui laisse pas le temps de la réflexion, ici trompé par des courtisans corrompus, là joué par des subalternes avides de gouverner en maîtres, il n'a pas même l'idée des devoirs de la Souveraineté. Il faudrait la lumière divine pour percer de si épaisses ténèbres; mais la prière ne l'a pas fait descendre en son intelligence. Alors, au lieu de la science, il n'a que des rêves; et il est en proie à toutes les illusions d'une imagination malade : il s'imagine que les avis de ses conseillers lui tiennent lieu de toute autre science et le dispensent de connaître les choses par lui-même; il s'imagine que tous ses soins doivent se borner à déployer de l'éclat dans les représentations officielles, et à signer de confiance les décrets et nominations qui lui sont mis sous les yeux; il s'imagine en un mot que tout va bien quand tout est sur le penchant de sa ruine; enfin, il ne se nourrit que d'imaginations trompeuses. La religion, l'instruction, les finances, la paix, la guerre, les questions si capitales des travaux publics, du commerce et de l'industrie, et de toutes les autres parties du gouvernement ont pour lui des obscurités impénétrables; il ne connaît rien à fond, sa médiocrité est effrayante; celui qui devrait être le plus instruit et le plus actif de tous les membres de l'Etat, en est le plus indolent et le plus incapable, il ne sait que déshonorer la royauté par son extrême ignorance.

Et comment avec une pareille vie accomplira-t-il ses autres devoirs! Comment dans cette immense faiblesse, dans ce défaut complet d'application et d'énergie échappera-t-il aux terribles séductions de son entourage, à ces passions si nombreuses, si violentes et si faciles à satisfaire, qui assiégent le trône, et sèment autour de lui tant de redoutables écueils! Qui le retiendra alors contre sa pente, ou contre le mouvement extérieur qui lui est imprimé? Entraîné par la force surhumaine de ce torrent, qui l'empêchera de devenir avare comme Vespasien ou Frédéric III d'Allemagne, ou orgueilleux comme Nabuchodonosor, ou persécuteur comme Antiochus et les empereurs idolâtres de Rome, ou impie et endurci comme Pharaon, ou sanguinaire comme Pierre-le-Cruel et Wenceslas, ou dominateur et oppresseur de la Religion comme Henri VIII, ou fourbe comme Louis XI, ou voluptueux et impudique comme Sardanapale, et tant de présidents, de satrapes, de consuls et de potentats? Combien de Souverains sérieux et appliqués à leurs devoirs se sont perdus! Après avoir été des modèles des plus belles vertus, ils ont fini par le vice et laissé une mémoire flétrie; que serait-ce donc de ceux qui commencent mal? Mais quelle peut être la fin déplorable d'une si triste vie! C'est le Juge lui-même qui va répondre. « Il y a un » jugement très-dur pour ceux qui commandent, dit l'oracle » éternel, *judicium durissimum his qui præsunt;* et les » puissants seront puissamment tourmentés, *et potentes potenter tormenta patientur* (1). » C'est la conclusion des paroles suivantes, par lesquelles il venait de leur donner ce grave avertissement: « Ecoutez donc, ô rois, et comprenez-le bien, instruisez-vous, juges de la terre. Prêtez » l'oreille, vous qui contenez les multitudes, et vous glorifiez de dominer sur des peuples nombreux. Considérez » que vous avez reçu cette autorité du Seigneur, et cette » puissance du Très-Haut, qui interrogera vos œuvres et » scrutera vos pensées; parce que étant les ministres de » son royaume vous n'avez pas jugé équitablement, ni » gardé la loi de la justice, ni marché selon la volonté » de Dieu; il se montrera à vous d'une manière effroyable » et bientôt..... (2) » Quelle est cette apparition terrible et cette grande punition dont il les menace? « Autant ils » se sont glorifiés et plongés dans les délices, autant » multipliez leurs tourments et leurs douleurs (3) ». Et l'Ecriture Sainte emploie ses plus magnifiques figures pour

(1) Sages., VI. — (2) *Ibid.* — (3) Apoc., XVIII, 7.

décrire et déplorer l'accablement d'une chûte si funeste. Ce sont en particulier les géants de l'abîme qui se lèvent de leurs couches funèbres pour saluer avec une amère dérision l'arrivée de l'orgueilleux roi de Babylone : « Comment es-tu tombé des cieux, bel astre du firma- » ment, fils de l'aurore ? Ce matin, tu brillais d'un éclat » incomparable ; et te voici précipité avec la rapidité de » la foudre au plus profond de l'abîme (1) ». Vive image de l'état affreux du Prince qui ne met pas le Ciel dans ses intérêts, et sur qui on n'a pas fait descendre par la prière la force de la conservation.

Si encore le Prince était seul à souffrir, on pourrait dire qu'il a été traité selon ses mérites ; mais le peuple tout entier se ressent ordinairement des vices et des faiblesses de son maître, et il en essuie le contre-coup. Nous avons vu dans la première partie combien les défauts des rois avaient contribué à amener la Révolution française ; et maintenant c'est à peine si les qualités les plus énergiques parviennent à faire rentrer le torrent dans son lit. Et combien d'autres catastrophes inconnues et cachées dans leur point de départ, et qui n'ont pas d'autre cause ! Ne sait-on pas que soixante-dix mille personnes de la nation juive furent mortellement frappées d'un fléau terrible en punition d'une vanité de David ? Il y a un rapport étroit entre les Souverains et les nations. Dieu, qui est leur premier maître à tous, châtie celles-ci pour les vices de leurs Princes, quand elles n'ont pas soin de détourner sa colère en priant pour eux ; car s'est se rendre complices devant Lui des désordres qu'elles ne cherchent pas à empêcher ; de même aussi qu'il fait tomber sur un Prince innocent la peine des prévarications de son peuple ; Louis XVI en est un exemple éternel. C'est donc dans ce sens qu'il faut entendre ces paroles de l'Ecriture, que Dieu punit

(1) Is., XIV.

les coupables jusqu'à la troisième et quatrième génération, parce qu'il voit dans les descendants une certaine complicité avec les iniquités de leurs pères; et cette complicité n'existerait plus s'ils s'efforçaient de la repousser par la prière et les autres actes d'une sincère Religion.

D'ailleurs, il est facile d'apercevoir cette politique de la Providence dans l'examen des voies de Dieu envers les Souverains. 1° Il les aveugle, il leur tourne le sens, il leur envoie, comme à Achab, un esprit d'erreur, il les déroute malgré toute leur habileté, parce qu'ils s'y fient trop; ils se prennent dans leurs propres finesses, et leurs plus fortes combinaisons leur sont un piége où ils s'embarrassent. Nous en avons des preuves récentes qui font trembler. Dieu agit ainsi quand il veut perdre un peuple; son conducteur tombe dans des indécisions étonnantes. Dieu lui ôte toute force, toute vigueur, toute vue saine, il répand la confusion dans ses pensées; et en plein jour il tâtonne comme dans une nuit sombre; et que peut faire alors un royaume sinon tomber, puisqu'il ne trouve plus dans ses chefs aucune intelligence, aucune lumière? David, ce fin politique, et en même temps ce roi inspiré de Dieu, savait bien que là où le conseil est faux et défectueux, il n'y a plus de ressource; aussi demandait-il instamment au Très-Haut de troubler l'esprit de ses ennemis et de les frapper d'aveuglement : « *Infatua, quæso, Domine, consilium Achitophel;* Seigneur, » je vous en prie, renversez les conseils d'Achitophel (1). » Au lieu de ce grand jugement qui le distingue et fait sa force, qu'il soit livré à l'erreur, ou méprisé dans ses avertissements. La prière peut écarter cet effroyable péril; sans elle l'homme demeure seul avec sa prudence très-bornée, qui s'évanouit même complétement lorsque Dieu retire sa lumière. Alors le vertige passe à toute l'assemblée des conseillers, et il n'y a plus de ressource; de sorte qu'on

(1) II. Rois, xv, 31.

voit l'accomplissement de cette menace : « Je détruirai la » sagesse des sages, et la prudence des prudents sera » obscurcie [1]. » Les assemblées sont frappées de crainte, elles hésitent, le conseil ou la résolution leur manque, le parti contraire enhardi triomphe, et tout est perdu pour le Prince ; mais tout l'Etat s'en ressent, il est jeté dans les aventures. Combien de démarches maladroites, de fausses déterminations, de mauvaises lois ; tout souffre, tout languit, tout se plaint, tout va en décadence ; et si la nation ne périt pas elle-même, du moins elle est profondément misérable ; telles sont les suites de l'aveuglement du Prince.

2° Dieu va quelquefois encore plus loin : il l'endurcit. « J'endurcirai, dit-il, le cœur de Pharaon [2]. » Est-ce donc Dieu lui-même qui le précipite invinciblement dans l'endurcissement ? Est-ce qu'il est la cause directe de son crime ? Non, certes, on ne le peut penser sans horreur ; mais il en est la cause indirecte, en lui refusant pour sa malice les grâces de privilége qui l'auraient prévenu et sauvé ; de sorte que le mal est du côté de l'homme, et la justice vengeresse du côté de Dieu. Veut-on voir une des suites de cette dureté que la prière aurait amollie ? C'est l'histoire de Nabuchodonosor II, roi des Assyriens. Infatué de lui-même, de son habileté, de ses forces et de sa puissance, il s'attaque à tous ses voisins pour étendre démesurément ses conquêtes ; il va de guerre en guerre, on dirait la bénédiction de Dieu sur ses armes ; il triomphe de tous côtés, mais la nation s'épuise par ses propres victoires et se consume insensiblement. Puis tout-à-coup la fortune trahit le conquérant, la victoire l'abandonne, il tombe, il meurt, il disparaît comme un songe, sans laisser de traces. « *Contrivit Dominus baculum impiorum, virgam dominantium ;* le Seigneur a brisé la verge des impies, le sceptre » des dominateurs, celui qui frappait les peuples d'une

(1) Is., XXIV, 14. — (2) Exod., VII, 3.

» plaie incurable, celui qui commandait aux nations dans » sa colère et les persécutait cruellement (1). » Mais ensuite que de plaies saignantes à guérir, que de désastres à réparer! Que de morts, que de blessés, que de familles désolées et comme anéanties! Plus de commerce, plus de confiance; c'est une corruption et une licence de mœurs effroyables qui, se répandant jusqu'aux générations les plus reculées, s'en vont de toutes parts infecter le monde; enfin c'est une faiblesse, un malaise, un désordre dont on ne revient plus, c'est la lente agonie des nations. Que sont devenus les quatre grands empires de l'antiquité avec toutes ces nations si florissantes? Ils ont porté la peine du crime de leurs Princes avec les leurs, et ils ne sont plus; et l'on cherche en vain les traces de ce qui fut autrefois si fameux. Où sont les ruines de Babylone ou de Memphis? Où sont les Romains, ces puissants maîtres de presque toute la terre durant tant de siècles? Ils ont pourri dans leurs vices, et ils sont morts eux et leurs empereurs sous les coups de leur propre corruption. Mais il ne faut au contraire qu'un Josias, un Constantin, un Charlemagne, assistés de Dieu, pour tout réparer, tout remettre sur pied sans violence et sans secousse, et faire fleurir dans l'abondance et dans la paix les peuples confiés à leurs soins; ce sont là les triomphes de la piété, et le fruit de la prière dans les empires. Le Souverain reste humblement dans son rôle de serviteur, et Dieu lui-même prend les rênes, il remplit le Prince de son esprit, de ses lumières et de sa force; et comment alors tout n'irait-il pas bien? On le voit par les saintes Lettres : la prière des Hébreux fidèles fait rétracter la sentence divine et rend la santé au roi Ezéchias; celle d'Ezéchias à son tour attire l'Ange exterminateur qui, dans une seule nuit, détruit une armée innombrable, et délivre le pays. La Religion a des forces invincibles, mais qui ne sont communiquées à aucune

(1) Is., XIV, 56, 11.

puissance humaine, à moins qu'on ne les demande. Ainsi tout s'enchaîne dans les vues de Dieu, et les Princes et leurs peuples sont solidaires et dépendants les uns des autres.

Comment donc se trouve-t-il des hommes assez ignorants pour rire de ces grandes choses qu'ils ne comprennent pas, et assez impies pour nier la puissance de la prière sur les destinées des empires, et pour oser prétendre que Dieu ne se mêle pas des affaires de ce monde? Ils voudraient bien sans doute détrôner ce Roi suprême, c'est le plus ardent de leurs désirs; mais qu'ils se donnent la peine de parcourir l'histoire, et ils nous diront depuis quand il a abdiqué, ou plutôt ils verront s'il leur est facile d'échapper à cette terrible risée de Dieu, qui se moque de tous leurs efforts. Non, non, l'homme ne change pas à son gré l'ordre éternel; et toujours il sera vrai que « si Dieu ne met la » main à la construction de l'édifice, c'est en vain que » les ouvriers travaillent [1] ». Combinez, combinez encore de plus beaux plans d'organisation sociale en dehors de toute idée religieuse, et jouissez de vos triomphes si vous le pouvez, ô puissants et habiles législateurs, ô fortes têtes; comptez les constitutions diverses que vous avez élaborées et proclamées avec tant de fracas depuis moins d'un siècle, ces constitutions si solides auxquelles vous promettiez l'immortalité, et voyez ce qui en reste quand vous voulez vous passer de Dieu. *Tanquàm pulvis quem projicit ventus à facie terræ.*

Puisque tout est sous la main de ce grand Être, que les nations ne subsistent qu'autant qu'il le veut, que leur formation, leur puissance et leur ruine dépendent en grande partie de la conduite du Souverain, qu'il met à leur tête, la conséquence de cette étude est donc bien facile à tirer : c'est qu'il faut par une prière constante faire descendre sur

(1) Ps. 126.

le directeur de l'Etat ces forces surnaturelles et divines sans lesquelles tout est faible, tout est impuissant. La prière pour le Souverain est donc un grand devoir à l'homme dévoué aux intérêts de son Prince et de ses concitoyens; et c'est ce que veut dire l'Apôtre, quand il supplie, quand il conjure de prier pour les rois et pour tous ceux qui sont en autorité ; et une pareille supplication d'un si grand maître n'est-elle pas un commandement pour tous les chrétiens ? Aussi, nous admirerons, et selon nos forces nous imiterons la sagesse et la piété de l'Eglise qui dans les formules des prières du matin et du soir, dans celles de la liturgie, dans les litanies des saints et dans plusieurs de ses offices solennels a mis des supplications pour les Souverains régnants, rappelant ainsi à chaque fidèle une obligation que des temps aussi troublés et aussi pleins d'indépendance que les nôtres pourraient lui faire oublier. Et l'Eglise de Dieu n'a jamais manqué a ce devoir; car dès la naissance du Christianisme on voit saint Justin, Tertullien et les autres apologistes avertir les Empereurs qu'ils priaient sans cesse pour la prospérité de leur règne; et pourtant ces Empereurs étaient persécuteurs de la foi; il n'y a donc d'exception pour aucun Souverain ; mais ils n'excluaient personne de leur charité, de cette vertu qui est le fond de toute la religion, et qui pour être vraie doit être universelle. Voilà pourquoi ils priaient pour le bonheur de leur règne, c'est-à-dire pour le Chef de l'Etat d'abord, puis par contre-coup pour tout le peuple, qui est le premier à s'en ressentir à son immense profit; car la paix extérieure, la tranquillité du dedans, la sagesse, l'union, l'obéissance aux lois, en un mot l'utilité publique, ce sont là les fruits et le but essentiel de la prière pour les Princes. *Ut quietam et tranquillam vitam agamus.*

Comment donc expliquer les oublis en pareille matière, s'il est vrai, comme on le prétend, que dans quelques endroits on ne se souvienne plus de chanter aux messes paroissiales les prières pour le Souverain? Est-ce que ces prières n'ont pas été prescrites récemment par l'Eglise? Et de quel droit, quand le Souverain-Pontife et les Evêques ont parlé, voudrait-on savoir mieux qu'eux ce qui convient en pareille matière? Et toutes les raisons qu'on pourrait alléguer pour s'en dispenser seraient sans valeur; car si l'Autorité paraissait dévoyée, non-seulement on ne devrait pas pour cela lui refuser le bénéfice de la prière, mais ce serait évidemment une raison de plus pour implorer l'assistance divine et pour redoubler de ferveur.

Non pas qu'il faille indiscrètement mêler la politique à la Religion, surtout quand cette politique est étroite, exclusive, particulariste. La société et les bons citoyens envisagent l'Autorité en elle-même dans la personne de tous ceux qui gouvernent; c'est une question de principes. On prie pour tous les Souverains quels qu'ils soient, parce qu'ils sont Souverains, *pro regibus et omnibus qui in sublimitate sunt;* non pas pour tel Prince parce qu'il plaît; ce n'est pas une affaire de faveur, mais de devoir. La patrie appelle les bénédictions de Dieu sur le Souverain au jour de sa fête, pour qu'il soit capable de bien régir l'Etat, et sur ses armes quand la guerre est déclarée; elle gémit de ses revers, elle rend grâce de ses victoires, elle pleure sa mort, elle demande lumière et force pour le successeur; sa sollicitude et sa religion sont sans fin. Ainsi, la prière pour le Souverain est une obligation publique, et en même temps individuelle, résultant évidemment comme conséquence nécessaire de la première de toutes, qui est l'amour.

CHAPITRE III.

3e Devoir envers le Souverain : L'honneur et le respect.

Nous sommes dans un temps où par suite des perturbations apportées par les influences révolutionnaires dans les intelligences et dans les sentiments d'un grand nombre d'hommes, on a généralement perdu l'idée du respect. L'on est assez porté à regarder comme une preuve de grandeur d'âme et d'un glorieux esprit d'indépendance, dit-on, le sans-façon et la hardiesse du langage. On va quelquefois jusqu'à se faire un mérite de l'irrévérence et même de la grossièreté envers les supérieurs, principalement envers les premiers et les plus élevés de tous, et ceux qui les approchent de plus près, soit que le sang les ait placés sur les degrés du trône, soit qu'ils exercent en vertu de son choix les plus hautes charges de l'État; tant les principes religieux sont affaiblis ou mal entendus chez certains hommes ; tant l'esprit de parti et les passions politiques ont fait perdre la rectitude du jugement et le sens moral à une portion malheureusement considérable de la génération actuelle. L'on s'est tellement accoutumé à vilipender les rois depuis les fureurs de la révolution française, que cette criminelle disposition a passé dans les mœurs publiques, et que plusieurs confondant le droit avec le fait semblent se croire autorisés, sous divers prétextes plus ou moins spécieux, à les vilipender encore; et semblables à ceux dont parle le Sauveur à ses apôtres (1), qui croiront rendre service à Dieu en les persécutant à outrance, ils s'imagineront dans leurs illusions terribles faire un acte de bons citoyens, et peut-être de bons

(1) Jean, XVI, 2.

chrétiens en méprisant toute domination, selon l'expression biblique [1], et en insultant les plus hautes majestés de la terre quand elles ne leur reviennent pas. Et pourtant le respect dû aux supérieurs est indépendant des appréciations et des fantaisies des inférieurs ; autrement il n'y aurait plus d'autorité respectée dans le monde. L'honneur qui leur appartient est de droit strict et rigoureux, le bien et la conservation des nations elles-mêmes l'exigent impérieusement ; et c'est même ici que la promesse attachée au quatrième commandement de Dieu reçoit toute son application : « Honore ton père et ta mère, afin que tu vives longtemps » sur la terre [2] ». Certes, l'expérience le démontre assez, la longévité n'est pas toujours le partage et la récompense de la piété filiale, et tels enfants parfaitement respectueux envers les auteurs de leurs jours ne passent pas le printemps de la vie. Mais les nations se conservent et se fortifient par leur respect envers l'Autorité, et par l'honneur qu'elles lui rendent ; il y a là pour elles, si l'on peut ainsi dire, un brevet de force et de santé ; elles vivent de longs siècles, tranquilles et prospères, à l'abri de cette puissance tutélaire et profondément révérée. Et c'est là, selon toute apparence, une des plus puissantes causes de la longue durée de l'Empire de la Chine ; ces peuples semblent immortels. Tandis que les peuples indélicats et irrévérencieux envers leurs Princes tombent rapidement en décadence ; et cela se conçoit aisément : car quand on manque à honorer les plus hautes puissances de l'Etat, à plus forte raison sera-t-on sans égards pour les autorités inférieures. Alors, il n'y aura plus de subordination, plus d'ordre, plus de discipline ; les querelles deviendront sans cesse renaissantes, les discordes sans fin, et le peuple profondément divisé et se déchirant lui-même ne tardera pas à s'affaisser sous son propre poids. Ainsi le respect du

(1) Jud., 8. — (2) Exod., xx, 12.

premier est le respect de tous les autres, et l'honneur rendu au Souverain le salut de toute la nation. Et voilà pourquoi laissant de côté les fausses théories des révolutionnaires de toutes les opinions, nous nous bornerons, comme jusqu'ici, à écouter la voix de la raison et de la vérité religieuse sur cette importante matière; d'autant plus que nous ne nous adressons qu'aux hommes de bonne volonté et sincèrement résolus à remplir tous leurs devoirs, dès qu'ils les connaissent.

D'abord, l'apôtre saint Pierre ne sépare point l'honneur dû à Dieu de l'honneur dû au Prince. Après avoir exhorté les fidèles à la crainte du Roi des rois, *Deum timete*, il ajoute aussitôt qu'il faut honorer le Souverain terrestre, comme si ce second honneur était une suite nécessaire du premier; *Regem honorificate* (1). Et c'est effectivement ce qu'il veut nous faire entendre : car il ne l'ignorait pas, il y a comme une extension et un rejaillissement de la gloire de Dieu dans ses principaux et plus nobles ouvrages, comme le soleil et les astres, et bien davantage encore dans les augustes Représentants de sa puissance, qui sont les rois et les directeurs des empires, quels que soient leurs noms et les bornes de leur pouvoir; il condamnait ainsi avec la suprême autorité de son ministère tout ce qui s'écarte en paroles ou en actions du respect auquel ils ont droit. La révolution et l'impiété ont insulté les Souverains en toutes manières et les ont abreuvés d'outrages; la Religion, au contraire, et le vrai patriotisme leur rendent, sans bassesse et sans aucun détriment des autres devoirs, la vénération qui leur appartient essentiellement en vertu de leur titre, et de leur qualité de première Personne de l'Etat. Nous le demanderons aux plus fougueux partisans de l'égalité et de l'indépendance : ne faut-il pas, dans les nations comme dans les familles, et plus encore dans les premières, une subor-

(1) I. Petr., II, 10.

dination et un ordre ? Or, ces deux choses si indispensablement nécessaires subsisteront-elles sans la révérence des subordonnés, sans l'honneur extérieur et intérieur, sans les formes, sans les convenances, sans une certaine étiquette dont on sent le besoin jusque dans les maisons particulières qui se respectent un peu ? Disons mieux ; pense-t-on qu'elles se puissent conserver sans un certain enthousiasme, qui contienne l'esprit versatile des peuples et l'empêche de passer de l'indifférence au mépris ? Aussi saint Paul, parlant des Puissances supérieures, déclare-t-il que, de même que chaque citoyen est obligé de leur payer le tribut de l'argent pour le soutien de l'Etat, de même il est tenu de leur payer un tribut d'honneur et de vénération ; *cui tributum, tributum, cui honorem honorem.* Et ce même apôtre ayant une fois, dans un moment de vivacité, laissé échapper une parole moins respectueuse envers l'un des magistrats qui jugeaient sa cause, et étant averti que c'était le Prince des prêtres, qui faisait alors en partie les fonctions de Souverain dans la nation juive, il lui fit des excuses publiques, en déclarant qu'il n'avait pas connu sa dignité ; « car, ajouta-» t-il, il est écrit : Tu ne maudiras point le Prince de ton » peuple. »

Ces deux grandes autorités des fondateurs de la Religion sont donc d'accord avec les témoignages non moins formels de la raison, et de la Tradition de tous les peuples de la terre qui, dans les républiques aussi bien que dans les monarchies, par les doctrines de leurs philosophes comme par leurs usages nationaux, nous crient d'une voix unanime que la puissance souveraine, et dans l'ordre spirituel et dans l'ordre temporel, étant sur la terre, après celle de Dieu, la plus haute, la plus auguste, la plus sacrée, la plus légitime, la plus incontestable, est par là même la plus vénérable, la plus digne de tous les hommages et de tous les respects des gens de bien. Il est donc extrêmement important dans ce siècle de liberté excessive et d'indépendance universelle où un souffle de rébellion agite tant d'âmes, de s'appesantir sur ces graves considérations. Il est nécessaire de comprendre et de se convaincre sérieusement que tous les hommes, quelles que soient leur dignité et la hauteur de leur position, doivent un honneur et un respect inviolables à leurs Souverains, qu'ils le doivent à leur personne, à leur nom, à leurs actes, de même qu'on doit à Dieu l'adoration de son Être, de son Nom, de sa Providence; puisque les Souverainetés humaines ne sont que l'autorité de Dieu même communiquée aux hommes pour l'administration des intérêts qui leur sont confiés.

ARTICLE PREMIER.

RESPECTS DUS A LA PERSONNE DU SOUVERAIN.

Dans tous les temps, depuis l'origine des sociétés jusqu'à nos jours, et chez tous les peuples du monde, même les plus jaloux de leur liberté et les plus renommés par leur amour de l'indépendance, on a été généralement grave et digne en présence des Souverains, de ceux qui tiennent en mains les rênes de l'Etat et dirigent toutes les affaires. On ne s'est approché d'eux qu'avec une vénération profonde; les princes et les hommes les plus élevés par leurs places, en ont donné l'exemple; et les enfants eux-mêmes des Rois ne se sont pas crus exempts de ces grands respects envers leurs pères. On leur faisait sentir que ce devoir était encore plus nécessaire pour eux que pour les autres, et qu'ils le devaient révérer, non-seulement à cause de ce double titre de père et de Souverain, mais parce qu'étant plus près du trône l'ambition aurait pu les pousser à quelque odieux attentat, si les formes sévères de la soumission et du respect n'y avaient opposé des barrières. Et l'impression de la Majesté souveraine est si forte qu'elle se fait sentir même au milieu des combats; et quand les rois succombent à la fortune des armes, c'est la tête découverte et le genou en terre que le général ennemi les fait prisonniers. C'est donc comme un sentiment de religion qui a ému les âmes dans le monde entier et jusque dans le paganisme : Hésiode et Homère disent que les Rois sont les lieutenants de Jupiter, et que c'est lui qui les a placés sur le trône ; les Chinois, que les Princes ont reçu leur commission du Ciel ; Zoroastre, qu'Ormudz, ou le bon principe, a établi les rois pour gouverner les peuples ; et par conséquent qu'on ne les peut assez respecter ; ce qui fait voir que ce sentiment vient de Dieu, comme naturel et universel, et voilà peut-être pourquoi l'on a appelé le Souverain *la seconde Majesté*. Or, si les païens eux-mêmes, malgré les ténèbres épaisses de leur culte, ont entendu cette vérité, s'ils ont senti que le Prince étant le Père, le conservateur et le conducteur de la nation parmi des peines infinies, ne pouvait être entouré de trop de considération et d'hommages, combien plus les chrétiens instruits par les principes de la foi à voir l'autorité suprême du Tout-Puissant dans toutes les souverainetés humaines, qui n'en sont qu'une émanation, et à se montrer en toute occasion les plus soumis et les plus respectueux des hommes. C'est ce que leur Maître, le Fils de Dieu, la Sagesse éternelle leur voulait faire entendre en leur inculquant ce précepte : « Rendez donc à » César ce qui appartient à César » ; l'honneur, le respect, la vénération, les hommages, de même que « vous devez » rendre à Dieu ce qui appartient à Dieu », un saint tremblement en sa présence et l'adoration suprême.

Et cette remarquable sentence n'est que la promulgation de la loi naturelle par une bouche divine ; et si l'on en excepte les Manichéens, les Anabaptistes, les Jacobins et quelques autres sectes devenues l'objet de l'exécration du genre humain, tous les autres hommes se sont fait honneur de baisser le front devant le trône ; car cet hommage bien compris monte plus haut que le trône, il va jusqu'à Dieu, honoré dans ses plus vives et ses plus brillantes images. Aussi partout l'on voit les rois, les empereurs, les Souverains pontifes, les grands ducs et autres Souverains entourés de pompe et de magnificence, et cet éclat extérieur a toujours paru nécessaire pour frapper les esprits qui ne saisissent pas par la pure intelligence la simplicité du droit de commandement, et pour leur donner par les sens une haute idée de la grandeur souveraine. Il faut des spectacles pour pénétrer fortement l'imagination du commun des hommes, et les enflammer. Des palais majestueux, grandioses, des habits somptueux, de riches ameublements, souvent un long cortège de princes et de princesses, de hauts fonctionnaires, d'officiers supérieurs, le sceptre et la couronne : on est ébloui de toute cette grandeur des rois, qui n'est pourtant rien par elle-même, mais seulement la marque de cette vraie grandeur qui est au-dedans. Dans les occasions solennelles ou quand ils voyagent, tout ce qu'il y a de plus noble et de plus élevé dans la nation s'empresse de leur venir rendre hommage; les peuples accourent en foule pour contempler et honorer leur Prince; tout est en mouvement, tout est en joie ; ce ne sont que fêtes, cérémonies magnifiques, déploiement de toutes les beautés et curiosités d'une ville, acclamations, transports, bénédictions, enthousiasme, *vivat* à l'infini. Ce sont les effets assurés de la présence du Souverain quand on laisse le peuple à son bon naturel; et par le peuple il faut entendre ici la grande majorité de la nation dans tous les rangs, dans toutes les classes; et le passage d'un Prince reste inscrit comme un grand événement et une date glorieuse dans le souvenir et les annales des populations ; tant on sent aisément par une impression de nature, que les Souverains, comme Souverains, ne peuvent être assez entourés de respects et d'honneurs. Et partout ailleurs personne dans aucun parti, à moins de se montrer complétement dépourvu des premiers éléments du savoir-vivre, n'oserait passer à côté du Souverain sans le saluer.

Criera-t-on à la courtisannerie? Aujourd'hui il ne serait point étonnant que l'on fît de pareilles observations. Dira-t-on que ce sont là des marques de bassesse et de servitude? Mais alors il faut donc se croire seul juge de la vraie grandeur et condamner toute la terre, puisque ces choses se font partout; il faudra donc dire que tous les peuples sont esclaves et ont l'âme servile, puisque tous les peuples, même les plus difficiles, se courbent volontiers sous le Pouvoir, et se prosternent devant la Souveraineté. Mais quoi! les Anglais, qui révèrent si profondément leur reine, sont des esclaves! Les Américains, qui d'habitude ont de si grands égards pour leur Président, sont des esclaves! Est-ce que ces deux peuples ne sont pas incontestablement les plus fiers, les plus indépendants, les plus libres de toute la terre? Est-ce que la liberté empêche d'être respectueux, bienséant, honnête? Est-ce qu'elle consisterait par hasard dans la grossièreté et dans l'insolence; ou bien serait-elle la propriété exclusive des sauvages, sans se rencontrer jamais chez les nations civilisées? Mais les sauvages eux-mêmes respectent leurs chefs! il serait difficile de prouver qu'on ne peut être en même temps libre et bien élevé; ou, si l'on y parvenait, il faudrait alors rougir de la liberté. Certes, ces terribles républicains de 1793 qui n'avaient pas assez de mépris, assez d'injures, assez d'anathèmes, assez d'échafauds pour la royauté et tout ce qui la rappelait au souvenir, ne sait-on pas qu'ils furent, quelques années plus tard, les premiers à ramper autour du Souverain qui venait d'abattre leur œuvre; que plusieurs de leurs successeurs ne demandaient rien tant qu'à fléchir le genou à la porte ou dans les antichambres des palais royaux, à condition de recevoir quelques-uns de ces titres si vilipendés par eux, ou d'occuper quelque haute charge de l'Etat? Ne sait-on pas que la plupart de ces braves gens, plus ils sont superbes en paroles quand ils sont loin des affaires, plus ils sont souples et maniables sous la main du Souverain qui les veut acheter? Il est donc ridicule d'être si fier après tant d'humilité. Allons-y avec plus de droiture, et reconnaissons franchement que ce qui se fait par toute la terre a un fondement raisonnable, qu'il est digne de considération; et qu'il faut nécessairement ou abolir toute souveraineté, pour se précipiter dans l'anarchie avec toutes ses horreurs, ou rendre aux Souverains les honneurs auxquels ils ont droit.

Et par la même raison, on doit rendre à proportion de semblables respects aux Princes des familles souveraines, aux grands officiers de la Couronne, aux ministres et aux principaux magistrats, parce que toutes ces personnes représentent à divers degrés la personne même du chef de l'Etat, ou exercent en son nom les plus éminentes fonctions de son autorité.

ARTICLE SECOND.

RESPECTS DUS AU NOM ET AUX IMAGES DU SOUVERAIN.

Cette vénération extraordinaire, nous dirions presque cette religion, de tous les peuples de l'univers pour la personne de leur Souverain est si profondément empreinte dans leur âme, que les honneurs dont ils ont cru lui être redevables passent jusqu'à son nom. De là ces appellations diverses qui témoignent toutes de leur haute estime : on nomme les Souverains Sainteté, Majesté, Hautesse, avec les épithètes d'auguste, d'illustre, de victorieux, de très-puissant; et en leur parlant, on leur donne les titres de Saint-Père, Sire, Seigneur, Altesse, Excellence; ce sont là les plus beaux titres et les plus grands noms qui se trouvent dans toutes les langues; c'est toujours une suite du même principe. Le Souverain étant par sa position la tête de l'Etat, et ce qu'il y a de plus noble et de plus élevé dans la nation, son nom même participe à l'extrême vénération qu'il inspire. Il est donc contraire à toutes les règles du devoir de citer sans respect et avec une sorte de dédain le nom d'un Souverain régnant ; nous disons *régnant*, car quand son rôle est fini, on ne lui doit plus que la simplicité et l'impartialité de l'histoire. Et c'est pour nous rappeler cette obligation que la loi de Dieu nous en fait un commandement exprès : « *Diis non detrahes, et principi populi tui non maledices.* » Vous ne parlerez point mal des juges, et vous n'outrage- » rez pas le Prince de votre peuple (1). » Il n'est rien de plus indigne d'une nation civilisée que de parler bassement de ses supérieurs et de ses magistrats, et surtout du premier d'entre eux, du Souverain. Cela montre un mépris de l'Autorité, et un esprit factieux, toujours en désaccord envers les règles de la Religion, et même avec celles du vrai patriotisme et d'une bonne éducation.

Et ce respect s'étend également à ses images, à ses statues, qui rappèlent encore plus vivement le souvenir du Prince, et semblent le rendre présent. Voilà pourquoi dans toute la terre on grave les portraits des rois sur les monnaies, comme pour faire entendre à tout le monde avec la Souveraineté du monarque, que le commerce, les transactions, tout le succès des affaires et la prospérité publique sont procurés par ses soins, et qu'à mesure qu'on entre en possession de la fortune on doit affectionner et révérer de plus en plus la personne du Souverain, dont l'image est la marque de la fortune de l'Etat ; car il en est la première cause par la paix et la liberté qu'il y fait régner. Et cette réflexion suffit pour entretenir son amour dans tous les cœurs.

Si donc l'on aime son Souverain, si on lui garde le respect et la confiance qui lui sont dus en vertu des prescriptions de l'Evangile, de la conscience et de la droite raison, ces

(1) Exod., 22.

nobles sentiments doivent se refléter sur tout ce qui rappelle son souvenir ; et agir autrement, sous quelque prétexte que ce soit, c'est certainement l'offenser et se rendre coupable. L'histoire nous dit la terrible colère de l'empereur Théodose-le-Grand en apprenant le renversement de ses statues et de celles de la vertueuse impératrice Flaccille, insultées et brisées dans une émeute furieuse du peuple d'Antioche ; et le châtiment effroyable dont cette action atroce allait être suivie sans l'éloquence pathétique de l'évêque Flavien, et les sentiments de douleur et de repentir mêlés de confiance inspirés à ce peuple par les exhortations plus éloquentes encore de l'illustre saint Jean Chrysostôme. Il ne fallut rien moins que d'aussi puissantes sollicitations et d'aussi vifs regrets pour calmer l'âme si cruellement offensée du Prince, et le déterminer à pardonner à cette malheureuse ville. Tous les siècles ont admiré sa clémence ; et, pourtant, il ne s'agissait que du brisement de quelques statues dans le premier transport d'un ressentiment. Quelle douleur amère est-ce donc à un Prince tout occupé du bien de la patrie de voir ses intentions paternelles indignement méconnues et calomniées, et l'ingratitude d'une génération égarée par une fausse et coupable indépendance pour laquelle il n'y a rien de sacré, attacher le mépris à un nom auguste qu'elle devrait éternellement bénir ; ou du moins si elle ne se sent pas la force de s'élever si haut dans le devoir et de concevoir de si nobles sentiments, qu'elle devrait par pudeur environner d'un silence de respect. Voilà pourtant un des grands écueils de notre époque si hardie. Un esprit audacieux a pénétré plus ou moins dans toutes les classes, et entamé jusqu'aux gens de bien : par suite de ces habitudes hautaines envers l'Autorité, l'on croit être en droit de juger les Souverains, et de les juger avec encore plus de sévérité que tout autre ; on ne leur passe rien, on les rend responsables de tout, même des événements qui sont entièrement hors de leur pouvoir.

Mais n'anticipons pas : comme ceci est d'une extrême conséquence, nous allons en parler tout-à-l'heure. Qu'il nous suffise, en ce moment, de remarquer qu'outre ces critiques, et lors même qu'on n'en trouve pas actuellement à faire, il y a dans certains hommes un fonds de prévention, et même de haine, qui les porte à mépriser, sans distinction, tout ce qui émane du trône, de sorte que le nom même du Prince provoque en eux un sentiment et des expressions de dédain. Expressions qui seront toujours, quoi qu'en disent certains aveugles volontaires, inconciliables avec les principes du Christianisme sur la soumission et le respect dus aux puissances, inconciliables avec la charité que l'on doit à tout le monde, inconciliables même avec les égards que l'on se doit à soi-même, avec le ton de politesse dont il n'est jamais permis de se départir quand on ne veut pas s'exposer à son tour à un mépris justement mérité, ni manquer aux règles toujours indispensables d'une bonne éducation. Il y a là un danger beaucoup plus grand que dans une insolence directe et personnelle; cette dernière n'est guère à craindre : on se gardera bien, en effet, d'aller insulter le Souverain en personne, on en sent trop bien les inconvénients ; mais on se donnera plus de carrière en son absence. Là, les insulteurs sont plus à leur aise, sachant bien qu'étant en compagnie de gens qui pensent comme eux, ils n'ont point à appréhender les justes sévérités de la loi et le châtiment de leur malice. Mais si la loi humaine ne peut les atteindre, celle de Dieu et de la conscience n'en subsiste pas moins ; et ils devraient se souvenir que si le mépris n'est jamais permis même envers les méchants, mais seulement envers le vice, distinct de la personne du vicieux, il l'est encore moins envers la pesonnalité la plus auguste d'un pays, qui est le Souverain. Et de quelque beau prétexte qu'on cherche à colorer un tel dédain, cette conduite sera toujours condamnée par une conscience droite et sans préjugés, comme étant inspirée par une haine aveugle, comme contraire aux devoirs essentiels de l'homme, du citoyen et du chrétien. L'opposition peut porter sur des actes, elle ne doit jamais s'attaquer à un nom; l'animosité et l'insulte n'ont jamais prouvé qu'on fût dans le vrai; et ces sortes d'outrages sont plus propres à déshonorer une cause qu'à en montrer le droit et à en augmenter la force. Les hommes calmes et modérés se tiendront toujours en défiance contre les prétentions des partis qui ne croient pouvoir se soutenir qu'à l'aide de pareils moyens.

ARTICLE TROISIÈME.

RESPECT DU A LA RÉPUTATION DU SOUVERAIN.

Il y a trois manières de manquer au respect et à l'honneur dus à tous les Souverains et de flétrir leur réputation dans les discours que l'on tient sur leur compte, et dans les appréciations que l'on se permet sur leur conduite : la calomnie, la révélation de leurs fautes personnelles, et la censure injuste des actes de leur gouvernement. Or, la calomnie est toujours criminelle, la manifestation de leurs désordres privés l'est presque toujours ; et si la critique de la marche du gouvernement est quelquefois permise, ce n'est que dans une certaine mesure, avec les restrictions convenables, et à condition de ne s'écarter jamais ni des égards auxquels ont droit tous les hommes, et à plus forte raison le premier d'entr'eux, ni du ton de modération et de défiance de soi-même qui fait la distinction de l'homme sage. Or, comme toute cette matière a une très-grande importance, nous croyons devoir l'examiner en détail.

§ Ier. — DE LA CALOMNIE A L'ÉGARD DU SOUVERAIN.

La calomnie est quelque chose de si noir, de si indigne, de si effroyable, de si profondément antipathique aux sentiments d'honnêteté renfermés dans les consciences humaines, et dont elles ne se dépouillent presque jamais entièrement, qu'elle semblerait impossible envers les moindres des hommes, et surtout envers les plus grands, si les monuments de l'histoire n'en attestaient la trop déplorable réalité. Et pour n'en citer qu'un exemple, nous avons celui de notre grande Révolution ; c'est avec cette arme méprisable qu'on porta au trône les coups les plus terribles. On déclarait à des hommes crédules et faciles à surprendre, que le roi, dont cependant l'unique défaut peut-être était une excessive bonté, tendait des piéges au peuple, qu'il songeait à l'affamer en accaparant les farines, et que c'était là la cause de la grande cherté du pain qui commençait à se faire sentir ; que la reine poussait aux complots les plus violents et préparait une nouvelle Saint-Barthélemy ; que de vastes conspirations s'ourdissaient dans les évêchés et dans les châteaux pour amener une contre-révolution incendiaire qui réduirait le peuple à se nourrir de foin, que les émigrés songeaient à un immense égorgement de la nation ; qu'il fallait en conséquence les prévenir en se défaisant de leurs partisans, qui *du fond des prisons* travaillaient à leur prêter main-forte... Et ce furent ces horribles paroles et ces conseils monstrueux qui produisirent les tristes journées des 5 et 6 octobre 1789, puis trois ans plus tard, les épouvantables massacres de septembre. N'entendit-on pas dans le même temps à la Convention, le constitutionnel Grégoire hâter par ses fougueuses déclamations et ses atroces calomnies le supplice du monarque infortuné qu'il avait déjà contribué à précipiter du trône ? Il poussa le cynisme jusqu'à prononcer cette longue et véhémente philippique, où il parlait des crimes, des trahisons et des perfidies de Louis XVI (1), l'appelant un bourreau, établissait qu'il fallait le traiter en ennemi, le mettre en jugement, que son impunité serait un outrage à la justice et

(1) Picot, *Mém.*

un attentat, et déclarait enfin (surmontons notre dégoût) « que les rois, cette classe d'êtres purulents, furent toujours la lèpre du gouvernement et l'écume de l'espèce humaine. » Voilà l'abime où l'on peut tomber avec la fureur de l'opposition et des passions sans frein !

Et depuis cette époque fatale la calomnie n'a plus désarmé. Sur combien de tons n'a-t-on pas répété que la famille des Bourbons revenue en France à la suite des étrangers n'avait été replacée sur le trône que par la force de leurs armes, lorsqu'il est si clairement démontré par tous les monuments du temps que non-seulement les princes étrangers n'y songeaient pas, mais que lorsque la proposition leur en fut faite ils y opposèrent les difficultés les plus sérieuses, et ne cédèrent qu'aux instances pressantes d'un grand nombre de Français. Et nous nous souvenons d'avoir entendu à diverses époques de notre vie attribuer souvent au clergé le dessein de faire rétablir les dîmes, comme s'il pouvait tomber un instant dans l'esprit d'un homme sensé que le clergé n'eût pas aperçu l'impossibilité radicale d'une pareille mesure avec les idées dominantes. On allait jusqu'à affirmer sans rire que Charles X était prêtre, qu'on l'avait vu célébrer la messe à Saint-Cloud, etc., etc. Assez d'horreurs, assez de bassesses, assez d'infamies. Ceux qui débitaient ces calomnies se montraient les dignes disciples de leur maître, de ce Voltaire, le coryphée de l'impiété, l'ennemi de la France, et le père de toutes nos révolutions, qui avait l'effronterie de dire à ses esclaves : Mentez, mentez hardiment, il en restera toujours quelque chose. Il n'avait pas compris cet homme avec son bel esprit, qu'il faisait et conseillait un acte infâme, un acte de lâcheté et de trahison.

Un acte de lâcheté. L'on conçoit la véhémence de l'expression et la vigueur de l'attaque, et ces premiers mouvements de colère dont on n'est pas toujours le maître quand on se sent insulté ; l'on conçoit que dans un combat l'homme de cœur soit intrépide, inexorable, et qu'il se serve vaillamment de l'épée ; même dans une mauvaise cause on excuse jusqu'à un certain point cette bravoure, parce qu'il y a au moins quelque générosité, quelque noble sentiment ; et le courage excite toujours nos sympathies. Mais nos sympathies sont-elles pour celui qui, sans déclaration de guerre, caché derrière une épaisse muraille et n'ayant rien à craindre, lance son trait contre un ennemi qui ne peut le voir ni se défendre ? Non, on méprise un pareil lâche. On méprise encore bien davantage le faux témoin, et tout l'univers, plein d'horreur et d'exécration pour cette bassesse, voit dans le faux témoignage le dernier trait de l'avilissement et de l'infamie. Or, la calomnie qu'est-elle autre chose qu'un faux témoignage, et un faux témoignage cent fois plus détestable que celui qui se commet devant les tribunaux ; car ici du moins l'on peut le discuter, le juger, en confronter la valeur avec celle des témoignages contraires qui le combattent ; on peut donc démasquer l'imposture, la punir et s'en défendre. Mais cette calomnie honteuse d'elle-même qui cherche les ténèbres pour exhaler son venin, et perdre sans motif la réputation de l'homme d'honneur qui l'ignore et ne peut le repousser, qu'en pense-t-on ? Est-il rien de plus vil et de plus indigne ? L'âme basse du calomniateur a toute la perversité du crime, elle n'en a pas la force et l'énergie. Vit-on jamais une telle arme aux mains de nos braves soldats, de nos officiers si intrépides ? Peut-on même concevoir un instant la pensée de l'y voir jamais ! Ah ! si cela arrivait une seule fois à un seul, il mourrait de honte sous le poids de son insupportable déshonneur. Et, qu'est-ce donc que l'énormité de ce crime quand il va atteindre, non pas un homme ordinaire, mais le Chef de tout un pays, celui dont la renommée est si nécessaire au bon gouvernement des Etats ! Il est impossible de descendre plus bas ; car évidemment, aux yeux de tous, c'est l'acte le plus honteux d'un malhonnête homme et d'un lâche.

De plus, c'est un acte de trahison. Tout homme vivant paisiblement sous les lois d'un empire est censé avoir juré fidélité à celui qui le gouverne; ou plutôt il n'en est point besoin. La fidélité est de droit strict et de devoir rigoureux, comme étant commandée par la loi naturelle absolument indispensable, nous le montrerons bientôt ; et voilà pourquoi le Souverain se fie à tous ses sujets en général, quoiqu'il n'ignore pas qu'il a des ennemis personnels, et qu'il peut rencontrer des scélérats. Le calomniateur qui, au mépris de cette obligation essentielle, le livre par ses mensonges à l'exécration des citoyens ou des étrangers, est donc un traître. Encore un coup, on peut comprendre une opposition loyale, conforme à la justice et à la vérité ; mais l'opposition fondée sur l'imposture et la calomnie a une méchanceté, une noirceur, une perfidie, qui fera toujours reculer l'honnête homme dans tous les partis ; qu'est-ce donc quand, par ces manœuvres déloyales, on s'expose à mettre un royaume en feu ! Ainsi, en examinant la calomnie au triple point de vue de l'honneur, du devoir civique et de la Religion, on y voit, outre la faute énorme devant Dieu, une immense flétrissure de l'âme, une haute trahison, et un commencement de crime de lèse-majesté. Du reste, la chose parle assez d'elle-même.

§ II. — DE LA MANIFESTATION DES VICES DU SOUVERAIN DANS SA CONDUITE PRIVÉE.

Comme aujourd'hui, par suite de toutes nos révolutions et de la chute de tant de dynasties qui ont conservé leurs partisans, les jugements sont fort troublés par les passions politiques, les vérités les plus claires semblent parfois comme s'éclipser, et l'on voit des personnes, même parmi les gens de bien, prétendre que, la conduite du Souverain étant publique par position, ce n'est point une médisance criminelle que d'en parler à son aise, et que l'on peut faire connaître librement les vices et les désordres dont ils se rendent coupables dans leur vie privée. Cette manière de penser pouvant avoir des effets incalculables tant pour la conscience que pour l'ordre public, il nous paraît utile de nous y arrêter pour lui donner tout le développement qu'elle mérite. Nous l'examinerons principalement au point de vue de la théologie pour aller avec plus de certitude à une décision juste et incontestable, mais toutefois sans négliger les preuves de raison. C'est donc une simple question de morale qui va nous occuper en ce moment.

Question : Est-il permis de dénigrer les Puissances de la terre ? Est-il permis de faire connaître, pour le plaisir de la conversation, la corruption morale des Princes régnants ?

La question ainsi posée se résout d'elle-même. Et toutefois elle nous paraît avoir besoin de quelques explications.

Il est à propos de remarquer d'abord qu'il ne s'agit pas ici de la conduite gouvernementale des empereurs et des rois ; il ne s'agit pas de leur politique, de leur administration, de tout ce qu'ils font en qualité de Souverains ; nous en parlerons ensuite. Nous ne considérons en ce moment les Princes que dans leurs mœurs et habitudes particulières, dans leur cour et dans la conduite qu'ils y mènent ; et nous disons que la détraction, ou la divulgation sans nécessité de leurs faiblesses dans l'ordre des mœurs, est une faute contre la conscience, un manquement considérable au respect auquel ils ont droit comme Souverains, et une violation de la justice qui leur est due aussi bien qu'à tous les autres hommes.

D'abord, l'on voudra bien accorder sans doute qu'ils ont pour le moins autant de droit à leur réputation que les simples particuliers. Si la Souveraineté leur confère des prérogatives spéciales, c'est évidemment sans aucun détriment des droits communs à l'humanité dans son ensemble. Pour être rois, ils ne cessent pas d'être hommes. Et si la loi en général défend d'attenter à la réputation d'autrui, elle protége par conséquent les rois comme tous les autres. Elle leur doit même une protection plus entière : car d'un côté il est visible que pour faire le bien ils ont besoin d'être entourés et soutenus par l'estime publique, ce qu'ils ne peuvent faire convenablement sans une réputation intacte ; et de l'autre, si le bouclier de la loi ne les couvrait pas plus que le commun, les passions blessées et jalouses les harcèleraient avec trop de force, et il n'y aurait plus d'égalité. Mais la médisance, qui met en pièces la réputation du prochain étant en soi une injustice, est prohibée envers tout le monde ; elle l'est donc à plus forte raison à l'égard des rois. Or, nous disons que révéler sans nécessité les vices et l'immoralité des Princes, c'est une médisance, une médisance grave, et qui ne peut être excusée par aucun principe de morale, puisque les cas d'exception ne s'y rencontrent pas.

I. C'est une médisance ; car ce vice consiste précisément dans le dénigrement secret et injuste, ou sans nécessité, de la réputation d'autrui par la révélation de ses défauts. C'est la définition de tous les théologiens en propres termes ou équivalemment.

Et qu'on ne dise pas que l'honneur dû au Souverain n'est pas offensé, puisque le monde ne voit rien de flétrissant dans ces vices ; car nous soutenons 1° que les défauts révélés, quand ce sont des désordres en matière de mœurs, sont très-déshonorants par eux-mêmes, puisqu'ils sont en eux-mêmes très-graves et très-honteux ; 2° qu'ils sont déshonorants aux yeux du public qui, malgré sa légèreté, ne pourra jamais s'empêcher de mépriser dans son cœur les rois livrés aux passions immondes. S'il n'a que trop d'indulgence pour les actes passagers, les habitudes invétérées lui seront toujours un sujet d'horreur. Personne n'ignore, comme nous l'avons fait voir, que la conduite déplorable de Louis XV a été une des principales causes de l'avilissement et de la perte de la royauté ; 3° que quand il serait vrai qu'au jugement d'un certain monde passionné et d'une certaine jeunesse profondément corrompue, entretenir des maîtresses n'est qu'un jeu, ou tout au plus une faiblesse excusable, il n'en est certainement pas de même, grâce à Dieu, du reste de la société. Et si l'on croit être en droit de dire qu'il n'y a rien de déshonorant dans ces sortes de détractions aux yeux des libertins et des petits-maîtres, on sera du moins bien forcé de convenir qu'elles déshonorent complétement devant le clergé, devant la presque totalité des populations rurales, en général devant toutes les personnes qui ont conservé des sentiments et des principes d'honnêteté, et conséquemment devant l'immense majorité des hommes qui, s'ils peuvent être corrompus, ne le sont néanmoins jamais assez pour ne pas mépriser le vice et ceux qui en sont infectés. On ne parviendra jamais à faire croire que le monde ait à ce point perdu le sens moral, que des habitudes adultères et infâmes ne soient pas, à ses yeux, une tache et un déshonneur.

II. C'est une médisance grave : 1° parce qu'elle est atroce en elle-même ; 2° parce que les actes, et surtout les habitudes d'immoralité, déshonorent complétement dans l'esprit des âmes honnêtes et sensées. Il ne s'agit pas ici des jugements faussés et des appréciations méprisables de quelques esprits licencieux ou frivoles, mais de la gravité de l'accusation en elle-même, et de l'impression très-désavantageuse qu'elle produit sur le commun des hommes.

III. Ces sortes de diffamations ne sont susceptibles d'aucune excuse. Pour parler le langage des théologiens, on n'est excusé de toute faute : 1° que par la nécessité de procurer un bien ou d'éviter un mal de même nature au révélateur, à l'auditeur, au coupable, à la société ou à quelque particulier; ou 2° par la notoriété de droit, ou enfin par la notoriété de fait. Et l'on est excusé de faute grave, que par la légèreté de la matière, ou par l'inadvertance. Or, en général aucune de ces raisons n'existe dans le cas présent. 1° On ne saurait prouver que l'intérêt du révélateur, ou de l'auditeur, ou de la société, exige la diffamation des Princes; puisque ce sont des choses généralement ignorées et qui se passent dans le secret d'une maison, sans aucun rapport avec le public, qui n'en souffre point quand il ne les connaît pas; tandis qu'au contraire la manifestation de ces sortes de désordres ne peut que causer du scandale, en portant ou à l'imitation ou au mépris des supérieurs, comme l'atteste la doctrine commune, et comme l'expérience en fait foi. 2° Il n'y a pas notoriété de droit, puisqu'il n'est intervenu sur ces sortes de fautes ni débats devant les tribunaux, ni par conséquent aucune sentence. 3° Il n'y a pas non plus notoriété de fait, sinon parmi quelques libertins et quelques détracteurs haineux de l'Autorité, toujours empressés à dénigrer les Souverains qui ne leur plaisent pas; mais la plus grande partie du peuple ne s'entretient point de ces matières. Et en outre les faits susdits étant actuels, ne sont pas encore du domaine de l'histoire. 4° Il y a encore moins légèreté de matière, puisque la détraction est fort grave en soi, et relativement. 5° Enfin, l'on ne peut dire que cette conduite reçoive l'excuse de l'inadvertance. Ceux qui tiennent ces sortes de propos sont généralement des ennemis déclarés des supérieurs qu'ils dénigrent; on les voit prendre un singulier plaisir à les répéter à tout le monde; ils semblent même en parlant ainsi se faire un mérite de leur zèle pour les bonnes mœurs, et ils ne voient pas qu'avec ce faux zèle on trouverait moyen de justifier toutes les médisances et d'immoler toutes les réputations. Et c'est peut-être ce qui explique comment la détraction est si commune parmi des personnes qui par position en devraient être les plus grands ennemis.

De tout ce qui précède, nous devons conclure : 1° que par ces révélations des vices des supérieurs, on manque à la charité; puisque, de l'aveu des théologiens, lors même que quelqu'un aurait été condamné par autorité de justice et que sa faute aurait acquis de la sorte une notoriété de droit, il y aurait un manquement de charité à la révéler, à moins qu'il n'y eût un juste motif de le faire, ce sont les propres expressions de Billuart [1]; 2° que l'on commet une injustice; puisque la faute n'ayant aucune notoriété de droit, et n'étant pas suffisamment notoire de fait, on blesse le droit strict du prochain à sa réputation; 3° que cette médisance est grave en soi, puisque l'objet en est très-odieux et déshonorant; et 4° qu'elle serait également griève dans la conscience de celui qui, malgré son premier défaut de réflexion, la commet après avoir été averti, puisqu'il ne pourrait plus prétexter la légèreté et l'inadvertance.

Nous avons dit et prouvé en commençant que le Souverain avait *au moins* autant de droit que les particuliers à toute sa réputation. Mais maintenant il faut ajouter qu'il y a encore plus de droit; car, outre la raison que nous en avons déjà donnée, plus la personne insultée est d'un rang élevé, plus l'insulte est cruelle, et par conséquent plus l'injustice est grande. *Tantò offensio est gravior*, dit saint Thomas, *quantò major est ille in quem delinquitur.* D'ailleurs, l'outrage à l'autorité, temporelle ou spirituelle, rejaillit sur la société elle-même, et en prépare, lentement peut-être, mais infailliblement la dissolution; puisque la conservation de l'ordre du monde repose sur le respect de l'autorité comme sur sa base; et nous voyons par l'histoire de toutes les révolutions que les hommes de désordre, avant de renverser

(1) *De jure dissert.*, 15, art. 2, § 5.

le Pouvoir, ont toujours commencé à en saper les fondements en le vilipendant et en le livrant au mépris des peuples par la médisance et par la calomnie. Convenons donc que ceux qui, sous divers prétextes, se croient en droit de le diffamer dans la personne du Souverain doivent être considérés comme des conspirateurs, ou du moins comme leurs aveugles complices et leurs plus puissants auxiliaires. Il est bon de ne pas oublier que ce sont les déclamations furibondes d'un certain nombre de ligueurs qui ont mis le poignard aux mains des Clément et des Ravaillac.

D'où il suit que nous ne devons faire aucune distinction sous ce rapport entre l'autorité spirituelle et l'autorité temporelle, comme si ces deux autorités n'étaient pas également respectables sous divers points de vue, comme si toutes les deux elles ne venaient pas de Dieu pour le bien du monde, comme si elles n'avaient pas la même origine, la même nécessité, le même but final. Si le Pontife est le Vicaire et le Représentant de J.-C., le Prince, dit l'Ecriture, est également le ministre de Dieu; si le premier a un caractère sacré dans l'ordre du sacrement et de la vie future, le second a un caractère également sacré dans l'ordre de l'institution suprême, et de la vie présente qui retentit jusque dans l'autre. Et tous les deux sont pareillement dépositaires, chacun en ce qui le concerne, de l'autorité divine; tous les deux ont le même droit divin dans le principe de leur ministère, c'est toujours Dieu que l'on estime ou que l'on méprise dans l'un et dans l'autre; et c'est à l'un et à l'autre qu'il nous a été commandé de donner obéissance et respect, *non tantum propter iram, sed propter conscientiam*. Ici, comme partout, il ne peut y avoir, au gré des caprices humains, un poids et un poids, une mesure et une mesure, choses, dit le Livre Saint [1], qui sont en

(1) Prov., xx, 10.

abomination devant Dieu; mais on ne doit avoir d'autre règle de ses jugements que l'impartialité et la justice.

Et à quoi bon se rejeter sur le droit vrai ou prétendu du Pouvoir? Cette raison serait pour quelques-uns un moyen d'entretenir les troubles et de ne jamais respecter personne. Comme le premier et le plus indispensable de tous les droits est celui qui vient de la nécessité du Pouvoir, et que la société ne peut se passer d'un gouvernement, il paraît clairement, comme nous l'avons montré, qu'en l'absence d'une autorité incontestable, tout pouvoir constitué, dès-lors qu'il est unique, fortement établi, fonctionnant et conservant l'ordre général, doit être considéré comme ayant droit, autrement l'anarchie serait en permanence. L'intérêt commun a toujours le pas sur l'intérêt particulier; la protection de la société l'emporte sur tout le reste, et les fautes d'un Souverain ne lui font point perdre le droit à l'obéissance et aux égards; il le conserve toujours, sinon pour lui, du moins pour le bien public. L'esprit chrétien est un esprit, non pas de servitude, mais de modération mêlée de franchise et de respect envers toutes les puissances.

« Les rois seraient les plus malheureux de tous les hommes, dit l'historien Mercier, si l'inspection de leur vie privée devenait aussi rigoureuse que celle de leur vie publique. C'est à celle-ci que doit s'attacher l'œil vigilant et inflexible de la censure; et la satire commence où la censure légitime finit. »

Il est étonnant que l'on ne veuille pas mieux comprendre l'immense besoin où l'on est aujourd'hui de relever l'Autorité aux yeux des peuples, lorsque toutes les calamités présentes viennent si visiblement du mépris de cette même autorité, et que l'on s'obstine à soutenir avec tant d'irréflexion des théories aussi fausses en elles-mêmes que contraires à la conscience, et dangereuses pour le repos et l'avenir de la société.

§ III. — DE LA CENSURE DES ACTES PUBLICS DU SOUVERAIN.

Maintenant, il se présente une question analogue, mais d'un autre ordre. Il ne s'agit plus de la critique des défauts personnels du Souverain, mais de sa conduite politique ; non de ce qu'on peut avoir à lui reprocher comme homme privé, comme simple particulier soumis aussi bien que tous les autres aux prescriptions de la conscience et aux règles générales des mœurs, mais de ce qu'on trouve à blâmer en lui comme Souverain. Ici la question s'agrandit et s'étend : le Souverain apparaît dans un ordre plus élevé, dans ses actes publics, dans son administration, dans son gouvernement ; et comme il est impossible à un homme, quels que soient ses talents et ses vertus, de ne pas faire des fautes qui intéressent plus ou moins le bien public et, par conséquent, tous les citoyens en général et en particulier, il est à propos de rechercher quels peuvent être leurs droits à cet égard, et s'ils peuvent légitimement relever les fautes et les fausses routes de leur Souverain dans son gouvernement. En un mot, on pose la question suivante.

Est-il permis de discuter et de censurer les actes publics et gouvernementaux du Souverain ?

Nous puiserons notre réponse à cette question dans un document qui a eu en ces dernières années un assez grand retentissement en France. Si le gouvernement n'a pas paru le voir avec plaisir, il n'en a critiqué que la forme, ou le genre de publicité qu'on lui a donné, et qui, en raison des circonstances, lui semblait dangereux ; mais, à en juger du moins par le rapport du Conseil d'Etat, il n'en a pas contesté les principes fondamentaux, conformes, d'ailleurs, à ses propres principes et aux déclarations qu'il a émises lui-même plusieurs fois, soit dans ses avertissements à la France, soit dans ses rapports avec le même Conseil d'Etat. Cette maxime, qui nous semble absolument incontestable, c'est que *le Pouvoir doit être fort, et en même temps être contrôlé ;* ce qui établit le droit de critique dans une certaine mesure par rapport aux actes publics des Souverains. Il importe donc d'asseoir ces deux principes, puis de voir par qui et comment le droit fixé par le second peut être utilement exercé.

SECTION Ire. *Le Pouvoir doit être fort.*—Un Pouvoir fort est un Pouvoir dont l'action n'est point gênée, et qui gouverne librement et sans résistance, de manière à se mouvoir à son gré et à faire tout mouvoir avec lui dans la sphère des lois (1). Il est évident que tout Pouvoir supérieur, tout gouvernement a besoin de cette force et de cette plénitude d'action sans laquelle il ne pourrait faire le bien, ou il ne le ferait que très-imparfaitement, s'il n'était pas capable de lutter victorieusement contre les vues particulières de quelques-uns, et contre les oppositions violentes et déraisonnables dont nulle nation n'est exempte, même dans les temps les plus calmes. Ces oppositions, d'abord timides, s'enhardiraient de plus en plus, et la faiblesse du Pouvoir devenant tous les jours plus apparente, et le vouant au mépris d'une foule de gens qui se laissent mener par la contrainte et non par le sentiment du devoir, l'aurait bientôt fait tomber sous les coups de l'émeute, soit de l'émeute brutale et sanguinaire, soit de l'émeute plus polie et cachée sous une apparence de formes légales. Ce ne serait qu'une ombre de gouvernement et une anarchie déguisée, en attendant l'anarchie complète et sans masque qui livrerait la nation à tous les désordres, à toutes les calamités, à toutes les horreurs. Le Pouvoir doit donc être fort et puissant, dans l'intérêt même des peuples; aussi le rôle des gens de bien et des vrais amis de leur pays et de ses libertés a-t-il toujours été de faciliter l'action du Souverain par tous les moyens honnêtes dont ils peuvent disposer.

(1) Le pouvoir *absolu quant au fond* ne diffère point du Pouvoir fort. (Voy. Ire Partie, ch. IV, art. 3, *Coroll.*)

Un Pouvoir devient fort quand il est juste, et accepté; ce sont-là les deux conditions de sa force. Il est juste, lorsque dans ses actes généraux au-dedans et au-dehors il ne s'écarte point des Constitutions et des lois, et lorsque dans la petite administration et les cas particuliers il applique ces mêmes lois et décide conformément à l'équité naturelle. C'est là proprement le devoir du gouvernement, et ce qui le rend fort par sa propre action, la justice; cette justice distributive et naturelle dont il n'est jamais permis de s'écarter, ni envers les sujets, ni envers l'étranger; cette justice qui élève les trônes, fait leur honneur, leur concilie le respect universel, et les établit sur un fondement solide et presque indestructible. La politique de Machiavel ne sera jamais celle d'un Prince honnête. Quant au reste de sa force, il le prend dans l'action des peuples envers lui. C'est lorsqu'il s'en fait accepter par l'affection, par l'amour sincère qu'il sait leur inspirer; de sorte qu'on ne se contente pas de le subir, selon l'expression malveillante de certaines personnes, et de le supporter péniblement comme un fléau, mais qu'on s'attache à lui, et qu'on le soutient avec vigueur et persévérance. Sans cela, à cause de ses ennemis immortels, il est à tout instant menacé de sa ruine; il a les mains liées par la violence et les ressources des diverses contradictions; et il reste toujours faible et indécis jusqu'à sa chute, qu'un si misérable état de choses rend tôt ou tard inévitable. Ainsi l'attachement au Souverain et la sincère et franche acceptation de son autorité, c'est là le devoir de la nation et la plus grande force de tout gouvernement. Le Pouvoir devient alors vraiment fort et vraiment utile, parce que toutes les forces de l'Etat concourent à former la sienne propre, et elles en reçoivent à leur tour un surcroît de puissance et d'énergie qui les rend invulnérables. De cette manière tout s'enchaîne, tout se soutient, et les intérêts du Prince et ceux des sujets ne peuvent être impunément divisés.

Cette grande nécessité d'avoir un Pouvoir fort suffit pour montrer combien est répréhensible et condamnable la conduite de ces oppositions fatigantes, obstinées à flétrir les meilleurs gouvernements, et à ne trouver rien de bon dans le Prince qui ne marche pas à leur fantaisie; de ces oppositions ténaces et inintelligentes du bien public qui, au lieu d'éclairer le Prince, de le servir, de lui tendre loyalement la main dans des vues larges, grandes, désintéressées, ne travaillent qu'à le harceler en toutes choses, à le contrecarrer dans tous les sens, à blâmer amèrement toutes ses mesures, tous ses actes, toute son administration, afin d'arriver dans l'intérêt de leur parti à rendre impossible son gouvernement. Mais c'est faire paraître son injustice et son mauvais esprit. Car, en vérité, est-il possible que tout ce que fait un gouvernement soit mauvais? Et, si cela est impossible, que l'on reconnaisse donc au moins ce qu'il a de bon, c'est un devoir de justice rigoureuse; si, au contraire, l'on s'opiniâtre à le critiquer en toutes choses et à le déchirer impitoyablement, on prouve non pas les torts du Gouvernement, mais sa propre ignorance et ses passions haineuses. Une opposition éclairée et faite avec discernement est utile; une opposition constante et universelle se rend impuissante; parce qu'il est visible que c'est l'animosité qui l'inspire, et non pas la vérité, la raison, et l'amour du bien général. Et voilà pourquoi elle devient insupportable et n'est plus écoutée lors même qu'elle rencontre le vrai; et cela à cause des grandes défiances qu'elle excite. Elle est tellement habituée à contredire quand il n'y a pas lieu qu'on ne la croit plus quand il y a lieu; tandis qu'avec un peu plus de modération, elle se concilierait la confiance, elle ferait accueillir ses avertissements, elle donnerait de sages insinuations qui porteraient leurs fruits, elle empêcherait ou détruirait une foule d'abus, et elle conquerrait ainsi une influence légitime et même une véritable puissance, en pesant d'un grand poids dans les conseils publics. Si donc l'opposition, soit de la droite soit de la gauche, veut reprendre de la considération et de l'importance, qu'elle ne soit pas toujours dans la contradiction, qu'elle montre moins d'hostilité et d'aigreur, et plus de bienveillance et de discernement; qu'elle sache non-seulement censurer, mais louer à propos. Alors, en donnant au gouvernement de la force, elle s'en donnera à elle-même, et elle ne fera après tout que remplir un devoir de justice et d'impartialité.

Section II. *Le Pouvoir doit être contrôlé.*

I. Le contrôle consiste dans l'examen de la conduite du Pouvoir, dans la libre manifestation de la pensée des citoyens sur la marche et les actes de sa politique.

Précisément parce que le Pouvoir doit être fort, il doit être contrôlé pour conserver sa force. Les observations que nous venons de faire ne portent pas sur l'opposition en elle-même, mais sur l'abus et les excès de l'opposition, qui est nécessaire comme lumière et comme contre-poids. Gardons-nous bien, encore une fois, de confondre le gouvernement avec le despotisme; et cependant, par suite de la faiblesse humaine, cette confusion se fait d'elle-même s'il n'y a pas un contrôle quelconque. Le Souverain a donc besoin de voir devant lui une certaine liberté de critique, il y trouve le secret de sa force et de sa conservation. Car les gouvernements ne s'affaiblissent et ne tombent guère que de deux façons : ou par un aveuglement intellectuel ou moral qui, malgré les grandes ressources dont ils sont pourvus pour rester dans le vrai et dont ils ne profitent pas suffisamment, les empêche d'apercevoir dans leur conduite politique une multitude de fautes, et souvent de fautes capitales qui minent les trônes et les compromettent; ou par l'abus de leur pouvoir et leur obstination à transgresser les règles et à outrepasser leurs droits. Or, une contradiction sage, intelligente et bienveillante est un puissant remède à de si terribles dangers. Elle éclaire les Souverains, et leur fait voir dans leurs actes accomplis ou projetés une foule d'inconvénients, quelquefois fort graves, auxquels ils n'avaient pas songé, faute d'avoir une connaissance exacte de l'état et des besoins de leur pays ou des pays voisins; et cela n'a rien d'étonnant, car quelles que soient l'étendue des lumières et l'application d'un Prince, de ses conseils et de ses amis, ils ne peuvent pas tout voir, et des choses qu'ils dédaignent comme des minuties auront peut-être des conséquences extrêmes que d'autres yeux aperçoivent fort clairement, parce qu'ils sont à un autre point de vue; et une fois avertis, ils évitent l'écueil. En second lieu, cette vigilance et ce contrôle perpétuel de toute leur conduite ont quelque chose de gênant qui leur fait craindre l'opposition, et ne leur permet pas de lâcher les rênes à tous leurs désirs. Ils se tiennent alors dans leurs vraies limites, ils n'ont garde de franchir la barrière des lois ou de sacrifier au caprice; et dans cette disposition, ils n'ont plus rien à appréhender des suites terribles de l'excès du pouvoir. Le contrôle est donc le contre-poids nécessaire des tendances intempérantes de la faible humanité, et en même temps la plus sûre garantie de force et de durée de tous les pouvoirs humains.

II. Mais à qui appartient le droit de faire cette censure? Est-ce aux simples citoyens, ou à la presse, ou aux grands corps de l'Etat? Car, en dehors de ces trois puissances, on ne comprend pas qui pourrait le revendiquer. Voyons donc la part qui peut revenir à chacune d'elles dans ce rôle si important de contrôler la marche du Souverain et de son gouvernement.

1° Le public. Sans nul doute, chacun a le droit d'avoir sa pensée et son jugement sur les affaires de l'Etat. Toute la vie politique des Souverains est du domaine public; tout le monde a un droit strict de savoir comment il est gouverné, et par suite quelles réclamations il doit faire, quelles précautions il lui faut prendre ; l'on peut discuter les inconvénients d'une loi projetée ou d'un décret rendu, leur opposition avec les intérêts des citoyens ou les exigences de leur Religion ; on peut relever les effets fâcheux de la conduite irrégulière, partiale ou violente de tel ou tel administrateur. En jugeant de cette façon le Pouvoir dans ses opérations ou dans ses agents, on ne fait qu'user de son droit de citoyen ; l'on ne s'occupe pas seulement des affaires des rois, et en général de tous les supérieurs spirituels et temporels, mais on s'occupe de ses propres affaires, non dans un esprit de critique, mais dans un esprit de justice, puisque l'on est aussi disposé à louer qu'à blâmer ; et de la sorte on forme l'opinion publique, et on prépare celle des législateurs. Il est vrai, ce n'est pas encore là ce qu'on entend par le contrôle, puisqu'il ne peut produire son effet qu'autant qu'il est connu du Pouvoir ; et que d'ordinaire celui-ci ne connaît rien de ces pensées individuelles. Mais on peut légitimement se former une opinion et dire son sentiment avec respect et modération dans les conversations intimes. C'est en quelque sorte le travail préparatoire de la vie politique et sociale, qui influera plus tard sur la conduite du gouvernement.

S'ensuit-il que l'on ait droit d'en venir à un contrôle public, solennel, que l'on puisse se permettre de censurer et de blâmer les Souverains devant tout le monde, soit par paroles, soit par des écrits livrés à la publicité ? Nous ne le pensons pas ; car un pareil droit ne nous semble point appartenir à tous les simples citoyens indistinctement. Premièrement, parce qu'un très-grand nombre d'entre eux en sont incapables, ou faute d'intelligence et d'instruction, ou faute de connaissances spéciales sur ces matières, dont ils n'ont qu'une notion imparfaite ; et 2° lors même qu'ils en seraient capables, il paraît hors de doute qu'en raison des passions diverses et violentes qui agitent le commun des hommes, la contradiction prendrait aisément les proportions de l'aigreur, et préparerait peu à peu les masses à la révolte et aux bouleversements; les esprits ne sont jamais tant excités et remués que par ces discussions vives et habituelles. 3° Si cette contradiction était ordinaire, publique, et pratiquée par le plus grand nombre des citoyens, dans les monarchies elle changerait la forme du gouvernement, qui deviendrait une véritable république; et il est évident que cette forme une fois fixée ne peut être perpétuellement mise en question, si l'on veut assurer la paix, la stabilité et la prospérité de l'Etat. Cette règle admet cependant deux exceptions. La première est relative à l'exercice du droit de remontrance, surtout en matière d'impôts, et quand il s'agit de la guerre. Nous avons vu le droit public dans ce dernier cas. Quant aux impôts, s'ils deviennent excessifs et accablants pour la nation, elle peut faire des remontrances communes au Pouvoir; mais par les voies de droit, c'est-à-dire par l'entremise des Conseils généraux, par le Sénat, et finalement par ses propres mandataires chargés de voter le budget, en choisissant pour cela dans les élections des hommes capables, dévoués au Souverain, mais aussi aux intérêts du pays, qu'ils serviront utilement en refusant d'accorder des subsides excessifs et trop lourds. La seconde exception a lieu au travail préparatoire de ces mêmes élections. Alors, tous les citoyens devant agir en connaissance de cause, ont droit de discuter librement entre eux la politique du Souverain, pour voir ce qu'ils auront à recommander à leurs députés; pourvu que tout cela se fasse selon la vérité et sans opposition systématique, sans cette influence partiale et hostile qui ne manquerait pas d'entretenir une agitation continuelle, et d'amener à la longue une catastrophe.

2° La presse. Elle n'a pas d'action directe et officielle sur la marche du gouvernement ; mais quel que soit son degré de liberté, elle en a une indirecte, très-réelle et très-prononcée. Et dans l'esprit des citoyens, les journaux politiques sont établis principalement pour contrôler les affaires publiques, pour leur donner l'impulsion quand elles dorment, ou pour tempérer leurs allures trop vives. Par ses divers organes, la presse est censée la voix du pays et de ses opinions différentes ; elle est censée l'expression de ses désirs, de ses aspirations, de ses souffrances et de ses besoins. Exerçant donc une haute influence sur la pensée et sur la politique du gouvernement, il est grandement important et pour le bien de la nation et pour celui du Souverain qu'elle ait toujours une entière liberté d'avertir : un avertissement donné à propos empêchera bien des désastres ; mais si elle flatte, si son optimisme est imperturbable et sans fin, elle tombe dans tous les inconvénients de la flatterie, et perd les rois en les aveuglant. C'est ici surtout qu'un rude ami, selon le proverbe, serait préférable à un dangereux ennemi. La fonction de la presse est d'avertir pour sauver. Elle est chargée d'avertir ; donc elle doit être vraiment éclairée et avoir assez approfondi toutes les affaires pour n'en point parler à l'aveugle, mais pour donner un conseil utile ; être assez digne et assez noble pour ne pas se vendre au Pouvoir, elle perdrait alors toute la salutaire liberté de son langage ; enfin, être assez pleine de franchise et de sincérité pour ne rien lui laisser ignorer d'important, dût-elle le contrister un peu ; la franchise est l'âme de tous les mouvements d'une presse qui se respecte. D'un autre côté, elle doit travailler à sauver le Pouvoir ; le vrai patriotisme ne supporte donc ni une presse hostile et factieuse toujours empressée à se ranger du côté de ses ennemis, ni une presse vendue aux partis dont elle reçoit toutes ses inspirations, même les plus violentes, car il ne paraît pas plus de dignité à se vendre aux partis qu'au Pouvoir ; enfin, ni une presse arrogante qui ne sait pas se renfermer dans les bornes de la modération et du respect. Qu'elle sache conquérir ces grandes qualités, et elle est assurée du triomphe sur toute la ligne; elle a donc en mains l'avenir du monde.

3° Les grands corps de l'Etat : Voici les vrais contrôleurs de la politique du Souverain, les contrôleurs officiels qui ont reçu non-seulement le droit, mais la charge et le devoir de tenir l'œil toujours ouvert sur les actes gouvernementaux, et d'avoir la parole toujours libre sur les ministères et les affaires générales.

Le Corps-Législatif, en particulier, est établi pour discuter, approfondir et décider tout ce qui concerne les finances et l'économie politique, et aussi pour faire les lois de concert avec le Souverain ; ce sont là ses attributions propres. Mais, à cette occasion, il traite toutes les grandes questions de l'Etat, non pas de l'administration proprement dite, c'est-à-dire des nominations, de la police et des décrets, mais du gouvernement, c'est-à-dire des intérêts généraux du pays, dans l'ordre de la Constitution, et des rapports des citoyens avec l'Autorité première. C'est le grand conseil de la nation pour la marche des affaires publiques, soit en guerre soit en paix; par conséquent, il est destiné par la fin même de son institution à porter la lumière dans les questions les plus difficiles de la législation et des intérêts nationaux. Car, il est dans ce Corps une foule d'hommes d'une haute capacité, d'une longue expérience, rompus dans l'habitude des affaires, et parfaitement instruits des dispositions et des vœux de la nation où ils vivent. Et il atteint facilement ce but si élevé et si capital, en se montrant libre pour avertir le gouvernement; franc à relever ses fautes, quand il lui paraît faire fausse route ; zélé pour lui faire connaître sans respect humain les détresses et les besoins publics ; mais en même temps respectueux pour la personne du Prince, laquelle doit toujours être mise hors de cause ; et, enfin, modéré dans ses formes, ne cherchant que le bien de la nation, et jamais le triomphe d'une coterie.

De la sorte, le Pouvoir sera fort, parce qu'il sera contrôlé ; et contrôlé, comme il le doit être, à égale distance des extrêmes. Sa marche restera assurée, autant que le permettent les choses humaines ; il sera respecté en même temps qu'averti ; et de ce respect inviolable de la nation pour le Prince résultera la paix et le solide affermissement de l'un et de l'autre.

CHAPITRE IV.

4e devoir du peuple envers le Souverain : L'obéissance.

Le principal, le plus grand et le plus ordinaire devoir des peuples envers l'Autorité qui les préside, c'est l'obéissance. Toutes les autres obligations dont nous avons parlé viennent aboutir à celle-ci ; le Souverain n'étant établi que pour commander et diriger, comme il y a une corrélation nécessaire entre les idées d'obéissance et de commandement, il s'ensuit que presque tous les devoirs des sujets sont renfermés dans l'obéissance ; du moins, c'est là leur but final. Combien donc n'est-il pas nécessaire de se pénétrer fortement de la nature de ce devoir et de son objet ; cela fut nécessaire dans tous les temps, à cause de la violente inclination de l'esprit humain à l'insubordination ; mais il l'est bien davantage de nos jours que l'esprit d'obéissance est si fortement amoindri. A côté d'un grand nombre d'hommes qui obéissent avec joie par conscience et par sentiment du devoir, l'orgueil est tellement démesuré dans certains autres qu'ils croient ne devoir de soumission à aucun Pouvoir, et que l'on ne se fait pas faute de proclamer bien haut l'indépendance comme la plus belle et la plus glorieuse conquête des temps modernes ; on s'en applaudit, on s'en vante comme de l'objet d'une légitime fierté. Tandis qu'au contraire cette indépendance altière et outrée, cette liberté sauvage est la plus sanglante flétrissure de notre époque, érigeant ainsi en principe l'anarchie, et, par une conséquence rigoureuse, l'anéantissement d'une société si fière qui, par un juste jugement de Dieu irrité de tant d'orgueil, trouve sa condamnation et le motif de sa mort dans ses propres maximes ; de sorte que, si elle est harcelée, menacée et souvent battue en brèche par tant d'ennemis cruels, elle seule en est la cause.

Ah ! si l'on avait la sagesse de renfermer dans leurs justes limites ces aspirations trop indéfinies à l'indépendance ; si l'on savait leur donner un sens modéré et raisonnable ; si par ce mot, qui paraît toujours choquant par son ambition, l'on entendait le droit des peuples de n'être gouvernés que conformément aux lois et à l'équité naturelle ; si l'on n'avait en vue que de sauvegarder sa liberté personnelle, et les autres priviléges et prérogatives d'un si grand prix dont nous avons parlé dans le Livre précédent ; si l'on ne songeait qu'à revendiquer ou à conserver une honorable égalité devant la justice du pays et par rapport aux charges communes ; une pareille indépendance serait juste, honnête et digne d'estime. Alors, tout le monde serait d'accord ; et dans l'étendue des empires il n'y aurait plus qu'une voix pour acclamer cette noble indépendance ; car elle se concilie parfaitement avec l'obéissance due au Souverain, l'observation des lois, et la paix profonde de la société ; à de pareilles conditions tous les citoyens seraient libéraux. Mais si, au contraire, sous ce nom équivoque de liberté et d'indépendance on veut faire entendre qu'on désire être affranchi de tout respect, de toute déférence, de toute obéissance envers le Chef de l'Etat ; si l'on prétend ne devoir renoncer à une lutte acharnée qu'à condition de renverser l'état de choses existant pour le remplacer par un gouvernement de son choix et par le triomphe des idées de son parti ; si l'on aspire à une liberté presque illimitée de tout dire sans aucun respect pour autrui, afin de pouvoir plus aisément dominer sans entraves et éterniser les révolutions; nous ne voyons plus dans ces prétentions exorbitantes que ce que nous devons nécessairement y voir, de sourdes et malhabiles excitations à la révolte. Et un Prince qui n'est pas totalement dépourvu de sens, s'il aperçoit ces intentions et ces manœuvres des esprits remuants, se gardera de signer sa déchéance en leur faisant des concessions ; le couronnement de l'édifice si désirable en soi ne peut venir sans danger que quand tout est soumis, et qu'il n'y a plus comme autrefois qu'un même sentiment pratique dans toute la nation. Jusque-là le Pouvoir ne saurait être désarmé ; il est impossible d'admettre une si superbe indépendance qui, semblable à celle de l'ange déchu, ne peut souffrir de supérieur, parce qu'elle est pleine d'un esprit de rébellion contre l'Autorité la plus nécessaire, la plus incontestable et la plus sacrée. Nous disons donc : 1° que la soumission aux puissances est commandée par tous les principes de droit ; 2° qu'elle est commandée à tous les citoyens sans exception, mais plus spécialement encore à la milice; et 3° qu'elle a pour objet principal les lois, les décrets et les impôts, toutes choses absolument nécessaires pour le bon ordre et la prospérité des empires.

ARTICLE PREMIER.

L'OBÉISSANCE AU SOUVERAIN EST UN GRAND DEVOIR.

L'obéissance à l'autorité du Souverain est tellement dans les vues de Dieu, tellement indispensable à la conservation des sociétés, qu'elle est commandée par tous les principes de droit ; commandée par la loi naturelle, commandée par la Religion, commandée par l'intérêt public et les nécessités sociales. Et si l'on avait bien voulu, imposant silence aux instincts rebelles, accorder quelque attention à ces voix puissantes qui proclament avec tant de force l'obligation d'obéir, l'on n'aurait pas sans doute été si ardent dans notre siècle à émettre des maximes absolues d'une complète et farouche indépendance, incompatible avec la conscience, l'ordre du monde et les intérêts généraux.

§ Ier. — L'OBÉISSANCE EST COMMANDÉE PAR LA NATURE.

La nature indique de toutes parts la nécessité de la subordination. Cette nécessité est écrite à toutes les pages du grand livre du monde physique et moral. D'abord dans toutes les parties du monde extérieur : « Les cieux racon- » tent la gloire de Dieu. » Et comment? Est-ce seulement par leur splendeur? ou par leur immensité? Sans doute; mais c'est aussi et principalement par l'admirable spectacle d'un ordre toujours constant, d'une soumission, d'une dépendance éternelle, qui se fait remarquer sur tous les points de ce vaste univers. Quand le soleil a-t-il visé à l'indépendance? Il suit toujours la marche qui lui a été tracée par son Créateur. Et quand la terre a-t-elle refusé d'obéir? Elle conserve toujours le même ordre des saisons, et son double mouvement diurne et annuel sans s'écarter de sa route. Les étoiles à des distances incalculables se tiennent pourtant toujours à la même place sans se déranger jamais; et semblables à une grande armée rangée en bataille, ou à des sentinelles à leur poste, elles sont d'une docilité exemplaire aux ordres de leur général. « Dieu les appelle, et » elles répondent : nous voici..... Ainsi, le soleil, la lune » et les astres dont la lumière brille pour les hommes, » obéissent à Dieu (1). » Telle est la perfection de l'obéis-

(1) Baruch, III, 34; VI, 59.

sance dans la nature, et la belle instruction donnée aux humains. Mais que serait-ce, s'il prenait des fantaisies d'indépendance à tous ces grands corps, et si sous prétexte de liberté ils refusaient d'obéir? Toute leur force, toute leur beauté, toute leur magnifique harmonie serait anéantie; au lieu de cet ordre si ravissant et si parfait qui fait leur mérite et remplit d'admiration, quel chaos et quelle effroyable dissolution de toute la machine! C'en serait fait du monde par les variations et le choc de toutes ces masses. Mais non; toute la nature obéit à son maître, et c'est ce qui en fait l'ordre, la beauté, la gloire, la magnificence. N'est-ce pas là une grande leçon donnée par l'Auteur de cette nature à l'homme doué de liberté, pour lui apprendre comment il doit s'en servir, qu'il lui faut faire par raison ce que les astres font par nécessité, et que cette liberté raisonnable dont il est pourvu consiste, non dans la violation des lois de l'ordre tout à la fois éternel et temporel, mais dans le sacrifice volontaire à ces mêmes lois?

Et dans les familles humaines, ne voit-on pas les mêmes règles? Certes les coutumes des nations, la diversité des usages, des mœurs et des lois leur ont laissé des libertés bien grandes; et cependant où a-t-on vu les fils commander aux pères et se croire dispensés d'obéir? Où sont sur toute la terre les familles sans obéissance et sans subordination, du moins en principe? Il n'y en a pas; et si quelques-unes y manquent, elles savent bien qu'elles sont en faute. N'est-ce donc pas là la voix de la nature, qui crie que l'obéissance au chef est indispensable et de rigueur, que sans elle aucun établissement n'est possible, même les moindres; combien plus les grands! Aussi quand certains pays ont passé de l'état monarchique à l'état républicain, ils ont diminué les objets de l'obéissance à leur consul ou à leur président, mais ils ne l'ont pas détruite; car à quoi bon un Président si on ne lui obéit, et à quoi présiderait-il?

Et dans l'éducation, que deviendraient la culture de l'esprit et les leçons des précepteurs, si les disciples n'étaient subordonnés, si chacun d'eux prétendait s'affranchir des règlements, et criait au défaut de liberté ? Et qui ferait le service des maîtres, si les serviteurs indociles ne voulaient agir qu'à leur gré, et sans se mettre en peine des ordres qu'ils reçoivent, sous ce beau prétexte que le maître est un despote, leur liberté trop resserrée et leur dignité compromise? De quelque côté qu'on jette les yeux, on ne rencontre partout que subordination. Et ici nous n'avons point de distinction à faire : les pays sauvages comme les pays civilisés, les républiques aussi bien que les monarchies, les fausses religions non moins que la vraie, tout obéit, tout se soumet, tout prêche la dépendance volontaire; et il n'est pas un point dans toute la vaste étendue de l'univers où l'obéissance ne se montre comme la base universelle de l'ordre. Où trouvera-t-on la nature si elle n'est pas là? C'est donc sa grande voix qui parle et fait entendre la loi essentielle, la volonté divine, contre laquelle personne ne peut prescrire. Ainsi, l'obéissance au Supérieur est de droit naturel, rigoureux et absolu, qui n'admet en général nulle abrogation, nulle dispense, et tous les hommes réunis ensemble ne peuvent rien contre cette règle.

§ II. — L'OBÉISSANCE AU SOUVERAIN EST UN DEVOIR SOCIAL.

Trois sortes de sociétés se partagent le monde : la société domestique, ou la famille; la société civile, composée de tous les membres de l'Etat; et la société religieuse, ou l'Eglise. Or, pour ne parler que de la seconde, qui est le principal objet de ce travail, nous rappellerons ce principe incontesté, que toute personne qui veut faire partie d'une société, en particulier de la civile, ou société simplement dite, en même temps qu'elle reçoit d'elle des faveurs et des droits, lui doit en échange certains retours. Tout membre de la société a donc des devoirs à remplir envers elle; et c'est ce que nous appelons les devoirs *sociaux*. En reconnaissance de la vie qu'elle lui conserve et des biens dont elle le comble, il doit à son tour travailler à procurer son salut et sa force, et contribuer pour sa part, autant qu'il le peut, au bien commun de tous les autres associés. La conservation et le maintien de la société, voilà donc sans contredit le premier de tous les devoirs sociaux. Or, que nulle société ne puisse subsister et se maintenir sans un chef qui la dirige et en sauvegarde l'unité et la puissance, c'est une vérité surabondamment démontrée et suffisamment acquise. Mais sans autorité, le chef est complétement inutile, puisque ce n'est que par l'autorité qu'il est chef. Et l'autorité n'est pas autre chose en principe que le droit de commander, et en fait que la facilité à se faire obéir. Si donc l'inférieur ne veut pas reconnaître le droit de commandement, ou ce qui est pire, s'il refuse de se soumettre, s'il n'obéit pas, il n'y a plus d'autorité dans le Prince, et par conséquent plus de Souveraineté, plus de direction, plus de société, mais l'anarchie proprement dite, ou un pur brigandage. Que dis-je, c'est un état bien inférieur au brigandage même; car dans cette triste et coupable existence on a recours au chef de la horde, on lui obéit avec une rigueur et une servilité qui ne se voient pas dans les sociétés régulières et honnêtes. Certes, il faut que la nécessité de l'obéissance soit bien grande et se fasse fortement sentir, pour que des hommes passionnés pour la plus sauvage indépendance, et habitués à la violation de toutes les lois, croient devoir s'assujettir au commandement de leur égal, et même à tous les caprices de l'arbitraire. Ils ont compris que sans la subordination la plus absolue à leur capitaine, ils ne pouvaient réussir ni dans la défense ni dans l'attaque, parce que la force est dans l'union, et l'union dans l'obéissance. Si donc l'on obéit dans ces associations anormales, ennemies de toute société légitime, comment n'obéirait-on pas dans les sociétés régulières, composées d'individus innombrables qui, précisément en raison de ce grand nombre où les passions sont plus multipliées et plus diverses, exigent une autorité plus forte et plus redoutée ?

L'obéissance aux ordres du Souverain est donc le devoir essentiel de tous les membres de la société, sans aucune exception, puisque nul ne peut prétendre au bénéfice s'il ne veut accepter les charges et y participer. La société ne reçoit personne dans son sein qu'à la condition tacite, mais rigoureuse, de se soumettre aux statuts qui la régissent, et par conséquent à l'obéissance, base fondamentale de toute protection et de tout ordre, et sans laquelle elle serait une impossibilité. Voilà le vrai contrat social, qui n'est pas une chimère comme celui de J.-J. Rousseau. Il n'y a donc pas à alléguer sa naissance, ses talents, ses services, ses fonctions ; les priviléges sont inadmissibles en cette matière, et même de plus grands titres ne sont que de plus grandes obligations d'obéir et de donner l'exemple. Quand le Fils de Dieu, sans alléguer ses prérogatives infinies et incommunicables, s'est soumis aux lois de son pays et à ses Souverains, confirmant ainsi le premier principe de l'ordre social, qui oserait se montrer insoumis ? Prétendre à des exemptions sur ce point, ce serait se mettre au ban de la société entière, en la scandalisant, ou en la poussant à la révolte. M. de Bonald a enseigné cette thèse fameuse, que le langage ne peut être attribué à l'invention du génie humain, et qu'il est l'œuvre directe de la Révélation divine ; on peut dire, par la même raison, que l'obéissance au Pouvoir suprême étant essentielle à la société dont Dieu a voulu l'institution, comme il apparaît par la nécessité, elle est par là même de précepte divin. Et puisque toutes les sociétés, tous les empires ont obéi, dans l'Antiquité comme aujourd'hui, et que cette obéissance se continue par toute la terre pendant qu'ils sont si différents dans tout le reste, cette belle uniformité montre qu'en cela l'homme cède à un sentiment supérieur et irrésistible. Et par conséquent dans toute société bien organisée et dans tout gouvernement régulier, nul, sous quelque prétexte que ce soit, ne peut se dispenser d'obéir au Souverain.

§ II. — L'OBÉISSANCE AU SOUVERAIN EST COMMANDÉE PAR LA RELIGION.

La Religion, à son tour, fait trois grands commandements d'obéir au Souverain. D'abord elle nous donne le quatrième précepte de Dieu : Père et mère honoreras; ce que les théologiens entendent non-seulement du père et de la mère de famille, mais encore de tous les supérieurs, et principalement du premier d'entre eux, le Chef de tout l'Etat. Et toute la Tradition, tous les Pères de l'Eglise sans en excepter un seul, ont parlé dans ce sens. La raison le dit : car si le père ordinaire doit être obéi, combien plus le Souverain, qui n'est pas seulement le maître, mais le père des pères, puisqu'il est le père de toute la nation, et par conséquent de toutes les familles qui la composent. Puis, saint Pierre inspiré de Dieu, et parlant à tous les chrétiens leur dit : « Soyez soumis au Souverain à cause de sa qualité, » *subditi estote Regi quasi præcellenti.* » Voici le commandement religieux de l'obéissance au Pouvoir formellement exprimé. Et évidemment, si l'on doit se soumettre aux supérieurs, c'est bien avant tout à ceux qui ont la plus haute de toutes les autorités, et qui n'en reconnaissent point au-dessus de la leur, chacun dans sa sphère. Enfin vient saint Paul, qui fait entendre ses oracles dans le fameux passage de l'Epître aux Romains : « Que toute personne soit » soumise aux Puissances supérieures. » Quelles sont ces

Puissances *supérieures*, sinon les plus élevées de toutes, n'ayant point elles-mêmes de supérieur sur la terre, c'est-à-dire les Souverains dans les deux ordres, spirituel et temporel, dont le nom seul indique la haute suprématie? Ainsi l'a toujours entendu toute l'Eglise, et le langage de la Religion sur ce point n'a jamais varié.

ARTICLE SECOND.

LES SUJETS DE L'OBÉISSANCE.

On entend par le *sujet* de l'obéissance celui qui est soumis à une Autorité, celui qui doit obéir. Les sujets de l'obéissance au Pouvoir souverain, ce sont tous les membres de l'Etat sans exception, et plus spécialement encore les militaires.

§ Ier. — TOUS LES MEMBRES DE L'ÉTAT SONT TENUS D'OBÉIR AU SOUVERAIN.

Nous venons de voir l'ordre divin et l'ordre social qui prescrivent d'obéir aux Princes. Mais à qui incombe un si grand devoir, et qui doit leur être soumis? L'Ecriture répond : *omnis anima*, toute âme, toute personne, tous les sujets, tous les citoyens, tous les habitants de l'empire. Encore une fois, point de distinction entre les grands et les petits, entre les puissants et les faibles; la règle est la même pour tous. Que doivent-ils faire? Obéir; *subdita sit.* Qu'on cherche une forme de commandement plus précise. Et une preuve péremptoire de la force de cette obligation, c'est la suite : « leur résister, c'est résister à » l'ordre de Dieu »; enfin le résultat de cette désobéissance, c'est la condamnation et le châtiment, « *damnationem sibi acquirunt.* » Il serait inutile de chercher à subtiliser sur des textes si clairs; il est impossible de formuler un commandement d'une manière plus décisive, plus formelle et plus explicite dans toutes ses circonstances.

§ II. — L'OBÉISSANCE EST D'UNE OBLIGATION ET D'UNE ÉTENDUE PLUS GRANDES ENCORE POUR LES MILITAIRES.

Si la soumission au chef de l'Etat est de devoir étroit pour tous les citoyens indistinctement, ce devoir est beaucoup plus strict et plus étendu pour l'armée et tous les militaires. L'obéissance des autres membres de l'Etat ne s'étend guère qu'à un petit nombre d'obligations commandées par les besoins sociaux ; dans tout le reste ils sont libres, et ne dépendent que de leur conscience. Mais les soldats sont dans une dépendance absolue du Souverain et de leur discipline ; ils n'ont la liberté pleine et entière d'aucune de leurs actions extérieures. Aussi donne-t-on à leur profession le nom de *service ;* car ils sont entièrement au service de l'Etat personnifié dans le Souverain. Tout leur temps lui appartient ; et il peut leur commander, dans l'ordre de leur position, tout ce qui n'est pas opposé à l'équité naturelle ; ainsi l'obéissance est pour eux d'une bien plus grande rigueur. Toute la force physique des nations est dans leurs armées, la force des armées est dans la discipline, et la discipline, c'est l'obéissance aveugle à la consigne et aux injonctions de leurs chefs. D'un autre côté, tous les ordres des officiers et des généraux sont subordonnés à ceux du Souverain, qui seul gouverne ; et il ne le peut faire que par le maintien de la plus complète obéissance. Les moindres impunités des infractions à la discipline dans les régiments deviendraient le signal de la dissolution des armées, et par conséquent de la chute entière de l'Etat. Il n'est donc pas permis d'imaginer un seul cas, en dehors des lois essentielles des mœurs, où le soldat soit en droit de désobéir ; et quoique la règle soit si sévère, et le châtiment de la plus légère rébellion si terrible, personne néanmoins n'y voit un ombre d'injustice, parce que le salut de tout le peuple est à ce prix.

Quant aux opérations de la guerre, l'unique devoir du

soldat est d'obéir ponctuellement. Qu'on juge de ce qui arriverait si l'on accordait aux militaires le droit de se refuser à prendre les armes, par cette belle raison que l'expédition entreprise leur semble injuste; c'en serait fait à jamais de toute puissance et de toute société. Aussi, en thèse générale, le soldat n'est et ne peut être qu'un instrument dans la main de celui qui l'emploie. Il n'appartient qu'aux époques profondément troublées de proclamer que les *baïonnettes sont intelligentes*; et les révolutionnaires qui avancent avec tant d'aplomb une maxime aussi subversive seraient bien embarrassés si, étant à la tête des affaires, il leur fallait gouverner des hommes imbus de pareils principes. Evidemment il y aurait alors autant de Souverains qu'il y aurait de soldats; ou plutôt il n'y aurait plus ni soldats ni Souverain, mais le chaos. Et du reste, pour résister à l'ordre du Prince, où sont les militaires assez capables et assez instruits pour prononcer avec une pleine certitude et une entière évidence sur la justice et l'injustice de la guerre? Et pourtant il faudrait cette certitude absolue pour être en droit de se refuser au service. Nous avons reconnu au peuple entier le droit de se prononcer sur l'utilité de la guerre avant la déclaration des hostilités, il est vrai; mais ici les différences sont énormes. Le peuple ne juge pas précisément de la justice intrinsèque, mais de la convenance et de la nécessité; le peuple est la nation toute entière, et l'armée n'en fait qu'une partie; le peuple ne décide pas absolument, et nous supposons le soldat tenté de mettre bas les armes; les raisons ne sont donc pas égales. D'ordinaire les hommes les plus capables d'un royaume sont hésitants et les meilleurs esprits partagés sur la valeur des droits en litige, et des auteurs de premier ordre ne donnent que des explications douteuses sur la justice des guerres les plus fameuses dont il soit fait mention dans l'histoire; et de simples soldats, qui ne connaissent guère que le maniement de leurs armes, auraient des idées arrêtées sur des matières aussi difficiles! Et si l'on dit que les généraux ont plus d'instruction et de raisonnement, nous répondons : Sans doute ils sont capables de conduire leurs troupes à la victoire ; mais le sont-ils autant de décider du droit qui la leur donne? Et sur des suppositions aussi fragiles on voudrait leur transporter le commandement suprême et la Souveraineté? Car déclarer la guerre ou l'empêcher, qu'est-ce autre chose que faire acte de Souverain? Mais alors on ne fait que reculer la difficulté; puisque l'officier subalterne ayant également sa conscience et son jugement doit avoir le même droit; et ainsi jusqu'au dernier. Cela ne soutient pas l'examen.

Mais l'on voit clairement l'injustice de la guerre? Dans le fait, cette évidence palpable est chimérique; si elle existait, ou le Souverain se garderait bien d'entreprendre une expédition aussi clairement injuste, ou le cri unanime de la nation le rappellerait à son devoir. Jusque-là, il n'y a tout au plus qu'un doute, et dans le doute voici la réponse de Billuart expliquant saint Thomas. « Le sujet qui n'est pas certain, mais qui soupçonne, ou même *juge plus probable* que son supérieur lui commande une chose illicite, peut et *doit* lui obéir, en se formant une conscience moralement certaine de la légitimité de son obéissance (1). » Et il cite en preuve de son sentiment ces paroles de saint Augustin : « L'homme juste, s'il se trouve au service d'un Prince impie qui déclare la guerre, peut très-bien combattre dans ses armées.... car, ou il est certain que ce qu'on lui commande n'est pas contre la volonté de Dieu, ou il n'est pas sûr du contraire (2); » et ces autres de saint Bernardin de Sienne : « Est-ce qu'un inférieur qui *doute* avec raison si ce qu'on lui ordonne est un péché, n'est pas *obligé*, même alors,

(1) *Act. hum. dissert.* 5. 9 *incid.*

(2) *Cont. faust.*, Liv. XXII, ch. LXXV.

d'*obéir* à son supérieur (1) ? » Et il donne enfin cette raison fondamentale : « Le supérieur a un droit certain de commander, et il ne peut pas être privé de son droit par le doute de son inférieur ; donc celui-ci est tenu de lui obéir ; car le droit de commander et l'obligation d'obéir sont corrélatifs. » De tout cela il suit que le soldat à qui l'on prescrit de tirer le glaive n'a qu'une chose à faire, c'est de le tirer effectivement envers et contre tous, en gardant toujours les règles de l'humanité ; car, à moins d'une de ces grosses évidences qui ne se rencontrent presque jamais dans les choses humaines, il n'est pas autorisé à mettre ses scrupules à la place des ordres de ses chefs. Ainsi l'obéissance passive du militaire est le premier axiôme de toute société qui comprend ses droits et veut sa conservation.

Mais si le citoyen sous les armes est si rigoureusement obligé d'obéir, celui que les lois y appellent l'est également ; car s'il était loisible à chacun de se faire réfractaire, que deviendrait l'armée, et par suite l'empire confié à sa garde ? Il ne s'agit donc point ici des subterfuges d'une opinion quelconque ; le salut du peuple est la suprême loi ; et il ne dépendra jamais des intérêts de qui que ce soit de mettre un obtacle légitime à la consciencieuse exécution des lois, protectrices de tous les intérêts, puisqu'elles le sont de toute la nation. Voyons maintenant quels sont en dehors du service militaire les principaux objets de l'obéissance des citoyens.

ARTICLE TROISIÈME.

LES DIVERS OBJETS DE L'OBÉISSANCE DES SUJETS.

La soumission des sujets n'est point une obéissance facultative rendue à une personne privée, mais un acte obligé d'ordre public envers le Souverain ; si bien qu'en cas d'abdication ou d'impossibilité quelconque de régner, l'obéissance cesse, parce que celui à qui on la rendait n'est plus

(1) *De obed.*

Souverain, mais un simple particulier. C'est donc le besoin de l'ordre public qui crée l'obligation d'obéir ; et par conséquent les objets et les motifs de l'obéissance sont pris dans cet ordre : ce sont principalement les lois, les décrets, et le paiement de l'impôt.

§ Ier. — PREMIER OBJET DE L'OBÉISSANCE : LES LOIS.

Le premier objet de la soumission au Souverain, c'est la loi elle-même. Et cette proposition est évidente, si d'un côté la loi oblige en conscience, si de l'autre c'est le Souverain qui en est l'auteur ; puisque l'on ne peut obéir ou désobéir à la loi sans obéir ou désobéir à celui qui l'a faite, et dont elle emprunte toute sa force. Or, ces deux affirmations sont incontestables.

1° La loi civile oblige en conscience ; et ici la vérité est si claire qu'elle demande peu de développement. Que la loi humaine, civile ou religieuse, ait la force et la puissance de lier la conscience et de lui imposer une obligation, même non déterminée par la loi naturelle, c'est ce qu'enseigne Suarès avec tous les théologiens (1). Et il donne cette doctrine comme de foi ou approchant de la foi ; car, dit-il, elle découle avec une sorte d'évidence de cette parole de saint Paul : « Ceux qui résistent à la puissance résistent à l'ordre » de Dieu, et par cette résistance ils s'attirent la condam- » nation ; » et une condamnation éternelle, selon saint Jean Chrysostôme. Et la raison de ce devoir est dans ces autres paroles : « car il est le ministre de Dieu ». D'où l'on conclut qu'il lui faut obéir « non-seulement par la crainte de son » indignation, mais par principe de conscience ».... ce qui signifie en rigueur, pour éviter le péché. Puis, donnant les motifs de ce devoir, il dit : « Le législateur, même civil, porte des lois comme ministre de Dieu et en vertu de la puissance qu'il en a reçue ; l'on est donc obligé en cons-

(1) *Des lois*, Liv. III, ch. XXI.

cience à lui obéir; et la conséquence est évidente, ajoute-t-il, car celui qui résiste au ministre du roi dans les choses où celui-ci agit en qualité de ministre et comme représentant la personne du roi, est évidemment censé résister au roi lui-même, comme tous les hommes en conviennent. » Mais tous les hommes conviennent également de la nécessité d'une règle pour le maintien de la société humaine qui, sans cela, serait entièrement impossible; car elle serait le jouet de toutes les passions et de toutes les violences; et comme un navire sans capitaine, sans pilote, sans règlement et sans gouvernail, elle irait bientôt sombrer sur les écueils. Or, pour nous servir du raisonnement de Suarès, « un gouvernement sans pouvoir de contraindre est inefficace, et il se rend méprisable; mais la contrainte sans une autorité réelle d'obliger en conscience, ou elle est moralement impossible, parce que pour être juste elle suppose très-probablement une faute; ou du moins elle est certainement insuffisante, parce que souvent, même dans des cas de nécessité, elle ne pourrait protéger convenablement les intérêts de l'Etat. » Et de la sorte, Dieu voulant la conservation du bon ordre dans les sociétés humaines, oblige tous les citoyens à l'observation des lois publiques, sans lesquelles ce bon ordre ne saurait subsister.

La Religion chrétienne, de son côté, nous montre les plus beaux exemples d'obéissance dans ce qu'elle a de plus haut, dans ses plus augustes personnages. Au premier ordre du Prince, Joseph et Marie vont donner leurs noms pour le recensement à Bethléem. Marie se soumet sans nécessité à la loi de la purification, et Jésus paie le tribut; nulle de ces grandes âmes ne cherche à alléguer son éminente dignité pour se dispenser d'obéir aux lois du pays. Quel est après cela le chrétien qui voulût s'en juger exempt!

Aussi, nous ne voyons point qu'aujourd'hui, malgré la

prodigieuse diversité des opinions, on cherche à contester l'autorité des lois. Les perturbateurs eux-mêmes, nonobstant les coups indirects qu'ils leur portent, n'osent pas se montrer contraires à ce principe. Il faut que sa force soit bien grande pour que des hommes habitués à tout ébranler le respectent. Nous pouvons donc regarder comme un axiôme incontestable et incontesté l'autorité des lois, et l'obligation de s'y soumettre imposée par Dieu même à toutes les consciences.

2° Mais l'obligation d'obéir aux lois emporte nécessairement celle d'obéir au Souverain, puisque c'est de lui qu'elles émanent. Dans toutes les formes de gouvernement, dans toutes les constitutions humaines, c'est lui qui fait les lois, ou seul, ou de concert avec d'autres pouvoirs, ou enfin même dans les chartes les plus radicales, c'est lui qui les sanctionne, et elles n'ont leur dernière force que par sa promulgation. Dans les pays où le Souverain seul en est l'auteur, il est visible que l'obéissance à la loi se confond entièrement avec l'obéissance au Souverain. Quand il partage avec d'autres la puissance législative, soit qu'il ait l'initiative des lois en projets, soit qu'il se borne à leur donner sa sanction, il en est cependant toujours la source; et refuser de lui obéir en cette matière, c'est désobéir à la loi elle-même. S'il n'en est pas l'auteur, il la fait néanmoins sienne en la promulguant librement; et ainsi, de quelque manière qu'on envisage son action dans ce grand travail des lois, l'obéissance incontestable qui leur est due entraîne nécessairement l'obéissance aux ordres du Souverain.

§ II. — SECOND OBJET DE L'OBÉISSANCE PUBLIQUE : LES DÉCRETS.

Dans les pays constitutionnels où la puissance législative est partagée, on entend par décrets les réglements émanés directement et exclusivement du Souverain. Ils peuvent être de deux sortes : ou des décisions interprétatives, de plus amples explications des lois, ou des réglements d'administration et de détails pour le maintien du bon ordre et de la discipline générale.

Dans le premier cas, leur autorité se confond avec celle des lois elles-mêmes. Car il est généralement admis que l'interprétation des lois par le législateur a également force de loi; c'est une déclaration authentique qui en fixe plus clairement le sens, et en détermine les conséquences pratiques, lesquelles deviennent alors obligatoires en conscience comme le fond de la loi; ou plutôt c'est la loi elle-même mise dans un plus grand jour.

Quant aux décrets proprement dits, qui ne sont ni la promulgation ni l'explication des lois, tous les citoyens leur doivent égalcment obéissance. Il n'importe pas de multiplier les lois à l'infini, ce serait le moyen de leur faire perdre toute autorité : d'ailleurs, la chose est impossible. Et cependant il est une foule d'objets dont le bon ordre et les interêts publics demandent la réglementation; et le Souverain seul le peut faire. Si donc on était dispensé en conscience d'obéir à ces décrets, le désordre, la confusion, l'anarchie et l'injustice régneraient de toutes parts : il y aurait des lois, mais sans application; le pays serait mal gouverné, tout serait en souffrance, et Dieu n'aurait pas suffisamment pourvu à la bonne direction de la société. Il a donc dû imposer à tous le devoir de se conformer à ces divers réglements, qui sont dans l'intérêt de tous. Et si l'on prétend que ces décrets sont contraires à la Constitution de l'Etat, aux lois générales, aux libertés publiques ou aux droits des particuliers, il reste une ressource, principalement en France, c'est de les déférer au Sénat comme entachés d'inconstitutionnalité, ou d'illégalité, ou d'arbitraire et d'injustice; et le Sénat, protecteur de tous les droits de la nation, peut prononcer directement ou indirectement la nullité de ces décrets. Si, au contraire, il en reconnaît la sagesse et le droit, c'est une preuve que les prétentions sont fausses et les réclamations sans fondement; et dès lors on doit absolument obéir. Mais on y était tenu dès auparavant; car ces sortes d'appels ne peuvent pas avoir d'effet suspensif; autrement, sous prétexte de réclamation, l'on se dispenserait souvent d'obéir, et même quelquefois pour un temps assez long, le Sénat n'étant point un tribunal ordinaire, puisqu'il ne siége qu'à de longs intervalles; et alors le désordre serait universel.

Et ce que nous disons des décrets généraux doit aussi s'entendre des commandements privés en matière d'administration. Ainsi, sur l'ordre du Souverain, les citoyens sont tenus de venir, d'aller, d'accepter le poste qu'on leur veut confier s'ils sont fonctionnaires, à moins d'empêchement légitime; et même par respect d'accepter l'honneur qu'on leur décerne, sauf à en faire l'usage que bon leur semblera. Quand un Souverain donne de tels ordres et fait de telles grâces, c'est toujours dans un intérêt public, ou pour récompenser des services rendus; il n'y a donc pas lieu de résister. Ce ne sont pas tant des affaires particulières que des mesures qui rentrent dans l'ordre du bien général.

Il en est de même des arrêtés faits par les représentants de l'autorité du Souverain, et par les magistrats en son nom, sous les réserves dont nous avons parlé plus haut. En thèse générale, il y a obligation de conscience de se conformer aux règlements des préfets, des maires et autres officiers de la puissance publique. C'est la personne du Souverain qui agit par ces magistrats, c'est son autorité qui se continue en eux; la désobéissance à leurs ordres serait une insulte qui remonterait jusqu'au trône; et si l'on se croit lésé, il est toujours facile d'en appeler à une autorité plus haute. Ainsi, l'autorité et la liberté se prêtent un mutuel appui, et tout est dans la règle. Voilà pourquoi la contrebande est toujours une chose illicite; outre qu'elle prive le

Trésor de l'Etat de ses revenus légitimes, elle est une désobéissance aux ordres d'une autorité qui ne l'est pas moins; et en même temps un mauvais exemple, une excitation au mépris des règlements pour tous ceux qui en sont témoins.

Avant de déclamer avec tant d'aisance et de légèreté contre les règlements de l'administration, qui souvent ne nous paraissent injustes et imprudents que parce que nous n'en connaissons pas les motifs, il serait donc bien à propos d'examiner la question; de se dire que l'on ne peut pas tout savoir, que trop fréquemment l'on n'aperçoit les choses que par un côté, et que des magistrats qui ont en mains le fil de toutes les affaires sont beaucoup plus compétents que leurs contradicteurs pour voir et pour déterminer ce qui convient à l'intérêt du plus grand nombre. Ces réflexions supprimeraient une foule de plaintes mal fondées; et sans rien ôter à la force du droit et des réclamations en cas que la religion des magistrats eût été surprise, on verrait presque toujours que les remarques ont porté à faux, et que les murmures et les reproches devraient généralement, au contraire, faire place à la reconnaissance et se changer en bénédictions.

§ III. — Troisième objet de l'obéissance publique : les impots.

Une des choses les plus indispensables à l'existence des sociétés et des gouvernements, et, cependant, les plus impatiemment supportées par les peuples, c'est bien certainement l'impôt, et c'est peut-être en cela que l'obéissance leur paraît plus dure et plus difficile. Les tributs sont généralement impopulaires et mal vus; leur aggravation est le sujet ordinaire des mécontentements et des doléances; et les masses verraient, sans s'inquiéter, les plus grandes fautes des gouvernements s'ils les dégrevaient, s'ils se montraient avares des deniers publics. Dans les mœurs du commun des hommes tout ce qui touche à la bourse touche au cœur, de sorte qu'à l'exemple du bon Louis XII, un Souverain se fera toujours aimer quand il lui sera possible de diminuer les dépenses publiques, et, par conséquent, les impôts. Ces plaintes ont bien quelquefois un fondement sérieux ; car il est des temps où les impositions deviennent excessives et accablantes, et, certes, nous ne prétendons pas les justifier ; il n'est pas à propos que le peuple se noie inutilement dans ses sueurs, et que l'honnête rémunération de son travail soit absorbée par le fisc au-delà d'une juste mesure ; il faut un vrai et grand besoin public pour autoriser cette sorte de spoliation ; et tout ce qui passe les bornes en cette matière est une véritable iniquité à la charge de la conscience des Gouvernants , pour le jour des éternelles justices. Aussi avons-nous admis, comme un droit et un objet légitime de remontrances, les réclamations au sujet de l'impôt, quand il paraît exorbitant et au-dessus des forces de la nation. Mais s'il peut y avoir des abus en ce point, comme dans toutes les choses humaines, néanmoins, le principe reste sauf et ne répond pas des exceptions ; et il est clair que, dans cette question comme dans celle des lois, les peuples doivent obéissance au Souverain. Les raisons en sont péremptoires.

1° D'après un grand axiôme de sagesse et de conduite morale, *qui veut la fin veut les moyens*. Cet axiôme, personne ne le contestera dans la théorie, mais il est souvent nié dans la pratique. Beaucoup d'hommes seraient, comme tous les autres, très-flattés d'avoir un bon gouvernement, pourvu qu'il ne leur coûtât rien. Mais essayez donc de gouverner sans argent ; est-ce que ce n'est pas là l'indispensable moyen de gouverner ? Comment entretenir une armée sans argent ? Comment les fonctionnaires et dans la magistrature et dans la police, et à tous les degrés de l'échelle administrative, s'ils ne sont pas rétribués ? Comment entreprendre ces grands travaux publics qui sont l'utilité, la force, l'honneur d'une nation civilisée, sans des capitaux proportionnés à l'étendue des besoins ? Enfin il est absolument impossible de gouverner sans argent, puisque le gouvernement d'une société parfaite ne consiste pas seulement à ordonner, mais à aider. On se rappelle cette réponse d'un général de l'antiquité à qui l'on demandait quelle était la chose la plus nécessaire dans la guerre : L'argent, répondit-il ; et, ensuite ? L'argent ; et, en troisième lieu ? Toujours l'argent. Or, ce qu'il disait de la guerre doit se dire de toutes les autres parties du gouvernement ; il faut des sommes énormes pour satisfaire à toutes les dépenses nécessaires, et payer toutes les dettes. Mais où les trouvera-t-on si la nation ne les donne pas ? Ainsi l'on ne peut prendre les moyens indispensables d'arriver à la fin de toute société, à un bon gouvernement, sans acquitter les impositions publiques. C'est donc une obligation pour tout le monde.

2° Il est un autre principe non moins incontestable : C'est que quiconque veut avoir part aux avantages doit prendre part aux charges : *Qui sentit commodum, sentire debet et onus*. Mais qui donc en dernière analyse fait son profit des impôts, sinon la nation entière ? Qui lui donne ces routes, ces chemins de fer, ces églises, ces mairies, ces écoles et tant d'autres établissements précieux, sinon l'impôt ? Qui la défend contre ses ennemis du dehors, lui fait remporter tant de glorieuses victoires qui assurent sa navigation, fortifient ses colonies et font fleurir son commerce, sinon ses armées de terre et de mer ? Mais les armées pourraient-elles subsister sans les ressources du budget ? Et, qui combat ses ennemis au-dedans, les fait trembler et les force de rester dans l'ombre, si ce n'est la police, soudoyée par l'impôt ?

Ainsi, presque tous ces grands biens dont les peuples jouissent sur la terre leur sont fournis par leur gouvernement. Mais manifestement, celui-ci ne pourrait les enrichir ainsi et les protéger de toutes parts s'il n'avait en main ces ressources puissantes qui sont le nerf de toutes les sociétés. Et cependant, ces ressources il ne les a pas par lui-même ; il n'est pas propriétaire du sol, il n'en est que le gardien ; il est donc dans la nécessité de les demander à celui dont il procure l'avantage, au peuple tout entier. Sans doute il ne voudrait pas ce peuple rester sans protection, sans défense, sans cette multitude et cette immensité de biens dont il est redevable à la sollicitude et aux travaux de son gouvernement. Et c'est pourtant ce qui ne manquerait pas d'arriver s'il ne lui donnait par l'impôt le moyen de continuer ses faveurs. Il lui est donc grandement à propos de se pénétrer de cette pensée, que c'est lui principalement qui bénéficie de l'impôt ; quand il paie les contributions, c'est à lui-même indirectement qu'il les paie, et son argent lui rentrant par une autre porte lui est plus utile que s'il le tenait enfermé.

3° La nécessité des impôts est tellement grande et évidente que toutes les nations en ont eu, sous n'importe quelle forme de gouvernement ; ou si le Souverain ne s'adressait pas immédiatement aux particuliers, c'est qu'étant propriétaire de presque tout le territoire il les prenait alors sur son propre fonds. Aimerait-on mieux ce système destructif de toute propriété individuelle, et le préférerait-on au sacrifice volontaire d'une petite partie de son bien pour avoir la libre disposition de tout le reste ? Ainsi la question se réduit à l'alternative entre le communisme et la liberté ; mais il faut nécessairement choisir.

4° C'est pour tous ces motifs que non-seulement le sentiment de leur propre besoin et l'usage constant de toute la terre ont imposé aux peuples l'obligation de soutenir leurs gouvernements par les contributions pécuniaires, mais que la parole de Dieu elle-même en fait un commandement exprès. C'est précisément au sujet de l'impôt que J.-C. interrogé par les Juifs, s'il était permis de payer le tribut à l'Empereur, et considérant l'image du Prince gravée sur la pièce de monnaie qu'ils lui présentaient, leur fit cette réponse fameuse : Si ce portrait est celui de César, il parle assez haut ; « rendez » donc à César ce qui est à César, et à Dieu ce qui appartient » à Dieu. — Rendez, ajoute l'Apôtre, rendez à chacun ce » qui lui est dû, le tribut à qui vous devez le tribut, les » impôts à qui vous devez les impôts (1) ». Voici l'obligation bien claire ; aussi un savant théologien contemporain (2) n'hésite pas à déclarer coupable d'injustice quiconque refuserait de payer les impôts, soit directs, soit indirects. Nous voyons J.-C. faire un miracle (3) pour ne pas scandaliser ses frères en paraissant refuser de satisfaire aux charges publiques, et pour nous avertir par son exemple qu'il nous faut faire en quelque sorte l'impossible pour remplir ce devoir. « Ce serait donc une erreur grossière, dit à son tour saint Augustin, que de se croire dispensé par sa qualité de chrétien de payer les différents impôts décrétés par l'Etat (4) ». Saint Thomas tient aussi la même doctrine ; ou plutôt il n'y a qu'une voix parmi tous les théologiens pour l'affirmer comme une conséquence évidente de la loi naturelle et de la loi divine. C'est aussi la conviction des publicistes, des philosophes, des jurisconsultes, sans exception. Elle a donc pour elle tous les genres de certitude.

Mais il ne faut pas oublier, surtout à notre époque si pleine de trouble intellectuel et moral, que l'on ne satisfait point à ce devoir de l'obéissance par une sujétion forcée, semblable au joug pesant sur la tête de l'esclave qui n'obéit qu'à la force et ne cède qu'à la crainte du châtiment. Il

(1) Rom., 13. — (2) M. Gousset. — (3) Matth., XVII, 26. — (4) Sur l'*Ep. aux Rom.*

faut une soumission volontaire et affectueuse, digne d'un homme et d'un chrétien. L'autorité du Souverain ressemble à l'autorité paternelle tendrement aimée, ce n'est pas un joug odieux qu'il soit permis de secouer dès qu'on le pourra. C'est ce que l'Apôtre nous fait entendre assez clairement par cette instruction à Tite son disciple : « Avertissez-les d'être soumis aux Princes et aux Puissances, » et d'obéir à leurs ordres (1). Car ils le doivent, non par » crainte de la punition, mais par devoir de conscience; » *non propter iram, sed propter conscientiam* ». Outre que subir servilement la loi n'est pas d'un homme d'honneur, il est évident qu'on ne satisfait pas intérieurement au devoir, puisqu'on est dans le cœur en désaccord avec la volonté de Dieu qui commande d'obéir aux Puissances, « *quia sic est voluntas Dei* ». Il ne s'agit donc point ici des raisonnements subtils et des opinions particulières des hommes dans les matières politiques; il s'agit d'un commandement formel du Tout-Puissant d'être sincèrement soumis, selon la conscience, aux ordres des gouvernements établis.

CHAPITRE V.

5e devoir du peuple envers le Souverain : La fidélité.

La fidélité a une signification fort large, ou plutôt une multitude d'acceptions diverses. En général, c'est un attachement inviolable à une personne, lequel porte à lui rendre constamment par motif de devoir tous les services dont on est capable. Ainsi la fidélité comprend essentiellement trois choses : l'affection, et le service, dans un grand degré de fermeté et de persévérance. Pour se faire une idée

(1) Tite, III.

juste de la fidélité, il faut donc bien entendre ces termes. La fidélité comprend d'abord l'attachement, l'affection, le dévouement; c'est la base de cette solide disposition du cœur. On reste attaché au service d'une cause, d'une idée, d'un homme; mais ce n'est pas un attachement seulement idéal et spéculatif, c'est un attachement pratique, effectif, traduit dans les œuvres; ce n'est pas une conception philosophique ou un système de l'école, système que l'on chérit, que l'on embrasse, dont on fait son aliment purement intérieur et tout intellectuel; c'est un sentiment vif de l'âme qui ne se contente pas de la simple théorie et qui va au fait; c'est une estime réalisée, une action vivante, animée, appliquée avec joie au service de la chose ou de la personne aimée; ce qui implique nécessairement l'obéissance. Car la première, et la plus indispensable condition du service, c'est l'obéissance, sans laquelle on ne comprend pas le service, ni dans l'état militaire, ni dans la magistrature, ni dans l'état ecclésiastique ou religieux, ni en un mot dans aucune des fonctions publiques. Et même parmi les simples particuliers, parmi les égaux, les parents, les amis, un service suppose toujours un besoin, et, dans ce besoin, une demande tacite, et, par conséquent, un acte d'obéissance. Mais cet attachement et ce service peuvent n'être que transitoires; ce n'est donc pas encore la fidélité, qui renferme en soi l'idée de constance, de durée, quelque chose de persévérant et d'inviolable; si bien que, par le nom d'ami *fidèle,* tout le monde entend un ami à l'épreuve, toujours attaché à vos intérêts, rivé en quelque sorte à votre fortune, et qui ne vous abandonne jamais dans vos succès, et encore moins dans l'adversité.

Ceci se voit encore mieux dans les divers genres de fidélité. Il y a la fidélité des serviteurs envers leurs maîtres; elle consiste à ne rien faire qui puisse blesser leurs intérêts, et à les procurer, au contraire, autant qu'il dépend d'eux jusqu'à la fin de leur service; la fidélité conjugale, qui lie les époux d'un amour inviolable, sans immixtion d'aucun autre amour préjudiciable au premier; la fidélité au drapeau, qui enseigne à en priser très-haut l'honneur, et à éviter de le trahir et de l'abandonner pour passer sous un autre; la fidélité à la Religion, par où l'on conserve précieusement la foi sans en admettre une étrangère; la fidélité à sa parole, pour regarder comme sacrés et accomplir avec exactitude ses promesses, engagements et serments. Et ainsi des autres. Or, dans toutes ces différentes sortes de fidélité l'on retrouve les trois qualités constitutives et essentielles de notre définition: la force invincible de l'attachement et de l'obéissance; c'est la fermeté de la soumission et de l'amour; c'est l'obéissance inébranlablement fondée sur l'affection. Ainsi un citoyen fidèle, c'est celui qui aime franchement et toujours son gouvernement, son Prince, sa législation, sa patrie; qui en procure les intérêts de toutes ses forces, les défend envers et contre tous, et obéit constamment aux volontés du premier supérieur de l'Etat, bien loin de les abandonner pour passer à de nouvelles lois et à de nouveaux maîtres; il a engagé sa foi, il ne la reprend jamais, tant que son Souverain conserve un lambeau de Pouvoir. C'est là la fidélité, la fidélité politique dont il s'agit en ce moment. Et cette fidélité est un des plus grands devoirs des sujets envers le Souverain.

Pour le démontrer, il nous suffirait de rappeler ces deux obligations si fortes, si universelles et si imprescriptibles de l'amour et de l'obéissance dont nous avons parlé en leur lieu, et qui lient à jamais les sujets envers le Souverain considéré comme tel, puisque la fidélité consiste précisément dans ces deux dispositions conservées avec persévérance et jusqu'au dernier soupir. Mais il faut aller au fond de la question, et descendre dans les entrailles des principes, pour pouvoir, en les examinant dans l'intime et sur toutes leurs faces, confondre les patrons malheureusement si nombreux de la défaillance de cœur et de l'infidélité. Car aujourd'hui, par suite de la hardiesse des esprits et de ces perturbations de jugement que nous avons racontées, non-seulement la fidélité au Souverain ne passe plus pour une vertu strictement obligatoire, mais on en fait plutôt une faiblesse, une superstition digne de la risée publique; et dans les temps de troubles et de révolutions, un crime capital. L'on se pique encore de fidélité à sa parole, de fidélité à ses engagements, de fidélité à l'honneur, malgré le vague de ce dernier mot devenu insignifiant à force de trop signifier; mais la fidélité politique et sociale, la fidélité du citoyen aux vrais intérêts de la patrie, la fidélité aux lois, et surtout la fidélité au Chef de l'Etat, tout cela ne paraît plus que comme une chose surannée, un enfantillage, un reste des idées barbares de Moyen-Age, repoussées par l'étendue de nos lumières et le progrès de notre civilisation; et en devenant infidèle à son Prince en dépit peut-être des serments les plus sacrés, on s'en applaudira comme d'une supériorité d'esprit qui ne supporte pas le préjugé commun, comme d'un acte de patriotisme, comme d'une preuve irrécusable de l'amour dont on brûle pour la liberté. Et on ne voit pas que l'on confond la liberté avec la lâcheté et le défaut de cœur, quelquefois même avec la trahison! Le progrès de la civilisation! Mais ce progrès dont on parle tant aujourd'hui, consiste-t-il donc à toucher perpétuelletuellement au gouvernement et aux lois, et surtout à les changer? Non; il consiste à réformer les abus réels, à éviter l'erreur, à créer de meilleures méthodes intellectuelles ou matérielles, à développer ses ressources, à avancer toujours dans la vérité et dans le bien. Voilà le vrai progrès; il n'y en a point d'autre. Mais les révolutions perpétuelles et les nombreux renversements des rois ont répandu sur les nations un esprit d'erreur et produit un égarement de pensées qui fait prendre à plusieurs le mal pour le bien, le faux pour le vrai, et presque personne ne se croit tenu à la fidélité, sinon envers l'idole de ses rêves; et encore trop souvent ce n'est pas par sentiment du devoir, mais par sympathie naturelle d'elle-même très-inconstante, et par conséquent très-opposée au principe de la fidélité. Tant il est vrai que si notre siècle a fait de grands et incontestables progrès sous le rapport de la civilisation matérielle, souvent il recule dans les voies morales; et parmi ceux-mêmes qui créent les rois et les font monter sur le pavois, il se rencontre des esprits légers bientôt lassés de leurs propres œuvres, et facilement disposés à renverser le lendemain ce qu'ils ont édifié la veille, et cela autant de fois qu'ils y sont portés par leur inconstance, ne réfléchissant pas que le poids de celui auquel ils étaient attachés et qu'ils précipitent dans l'abîme les y entraîne avec lui. Certes, ce ne sont pas là les enseignements de la nature, de la raison, de la Religion : ils nous crient qu'il y a un lien étroit et fort entre le Prince et son peuple, entre un Souverain quelconque et ses subordonnés; que ce lien il n'appartient point au caprice de le briser, que les sujets doivent au Chef de l'Etat une fidélité inviolable, et que tous les progrès, toutes les civilisations du monde, tous les degrés de liberté ne peuvent rien contre cet impérieux devoir, qui tenant aux racines mêmes de la morale devient imprescriptible de sa nature, parce que les bases essentielles de la morale sont immuables. Elles commandent aux volontés humaines, elles leur imposent des obligations dont il ne leur est pas permis de s'affranchir; elles ne sont jamais sous leur dépendance.

ARTICLE PREMIER.

MOTIFS DE LA FIDÉLITÉ, ET PREUVES DE CE DEVOIR.

Le lien qui unit les peuples avec leur Souverain, la perpétuité de ce lien, son extension dans les races futures pour leur imposer les mêmes devoirs, l'intervention divine qui lui donne sa dernière force, tels sont les motifs et les fondements inébranlables du grand devoir de la fidélité.

§ Ier. — DANS TOUS LES ÉTATS LES NATIONS SONT LIÉES A LEUR SOUVERAIN.

I. Dès qu'une nation est constituée et pourvue d'un Chef, il se forme entre elle et ce Chef une union étroite et un lien très-fort, analogue à l'alliance sacrée du mariage; de sorte que tout Chef est à l'égard du corps moral qu'il commande comme son époux, avec un empire plein de douceur et une autorité constante; c'est l'image de l'union indestructible du Prince et de son peuple. Il ne peut entrer dans l'esprit de personne que l'élévation d'un Souverain par tout un peuple soit un jeu puéril et une comédie; confier à un homme la direction et le salut de la société est une affaire extrêmement sérieuse; et l'équité impose les mêmes règles à l'électeur et à l'élu. Si donc la nation croit devoir donner à un de ses membres la charge très-onéreuse de la royauté avec les sacrifices immenses et continuels qu'elle entraîne, il est évident que de son côté elle s'impose également l'obligation de le soutenir et de le défendre envers et contre tous, de lui conserver son pouvoir, et de ne le pas renverser du jour au lendemain sous des prétextes plus ou moins frivoles. Qui voudrait se charger du poids énorme des affaires publiques sans cette compensation et cette assurance formelle? C'est évidemment une convention bilatérale qui impose des obligations réciproques, obligations qui s'entendent très-clairement par elles-mêmes, indépendamment de toute stipulation expresse. Le devoir de la fidélité est donc imposé naturellement à un peuple par le seul fait de l'élection.

Il se fait alors un véritable contrat entre le Souverain et ses commettants; non pas toutefois à la manière du contrat idéal et chimérique de J.-J. Rousseau, qui suppose que le peuple ne transmet le pouvoir qu'à certaines conditions indéfinies, et en déclarant tacitement au nouveau Prince qu'il se réserve le droit de le déposer s'il ne les remplit. Car, d'une part, ce serait paraître donner la Souveraineté et la retenir en effet, puisqu'il reste le maître de la transférer à son gré; d'un autre côté, il se constitue juge et partie contre toutes les règles de la justice; enfin, comme nous venons de le dire, il n'est aucun homme si ambitieux du trône qui le voulût accepter avec cette clause, par où, loin de tenir les multitudes dans leurs devoirs, ce qui est le but essentiel de tout pouvoir souverain, il serait continuellement à leur merci. De plus, il est inouï que l'Autorité suprême ait jamais été conférée à de telles conditions, et nous n'en apercevons aucune trace dans l'histoire. Il est vrai que dans la plupart des Etats les rois à leur intronisation, ou à leur sacre, promettent solennellement de gouverner suivant certaines règles et de respecter les priviléges de la nation; mais l'on ne voit nulle part que le peuple fasse dépendre son concours de la conduite du monarque, ou prétende le déposer s'il devient infidèle à ses serments. L'on comprend que s'il est permis de l'abattre, il n'aura plus d'autorité solide; que la crainte continuelle où il vit lui ôtera toute décision et toute liberté; et qu'en raison de ces graves inconvénients capables d'anéantir complétement sa puissance au grand détriment de l'Etat, il vaut mieux le laisser à sa conscience et au jugement inévitable de l'Arbitre souverain des peuples et des rois. Mais il y a néanmoins un contrat réel, quoique dépourvu de sanction pénale; puisque le Prince s'oblige à procurer le bien public, et le peuple à lui obéir constamment; et cet engagement lie les consciences de part et d'autre. Même dans les Etats les plus démocratiques, l'élection ne peut pas avoir d'autre signification.

II. Cependant l'élection n'est pas le seul principe de la

puissance Souveraine. On l'a déjà vu; la conquête injuste, l'usurpation violente, la ruse donnent lieu quelquefois à l'établissement du Pouvoir. Sans doute si ces titres étaient seuls ils seraient nuls, comme illégitimes. Mais comme on suppose qu'il n'y a point d'autre Pouvoir en action, et que le peuple cependant ne peut s'en passer, celui-ci, en vertu du droit inhérent à toute agglomération d'hommes libres de renoncer à leur indépendance naturelle, et de se choisir quelqu'un pour les gouverner, légitime ce qu'il y a de défectueux et de radicalement vicieux dans le titre primordial des chefs, et ratifie par son consentement spontané l'autorité d'abord usurpée par le Prince. C'est ainsi que la plupart des races souveraines établies par la violence ont acquis leur légitimité, et les autorités aujourd'hui les plus incontestables peuvent peut-être difficilement se glorifier d'une autre origine; mais la libre acceptation nationale a couvert et réparé tous ces défauts en conférant un droit, qui devient réel dans l'impossibilité physique ou morale où l'on se trouve de revenir à l'ancien Pouvoir. Ainsi quand on voit une paix profonde régner dans l'Etat, l'émeute réduite au silence, les partis devenus impuissants, les lois généralement observées, la magistrature rendant librement ses arrêts, les crimes rares, prévenus ou réprimés, les impôts exactement payés et l'ordre général de la nation, c'est une preuve que cette nation accepte librement le nouveau Pouvoir; autrement quelle que fût la force de la compression, il y aurait çà et là des mouvements et des résistances, marques du mécontentement général. Or, cette libre acceptation équivaut à une élection, et elle en a indirectement toute la force; c'est de ce moment que date, au moins provisoirement jusqu'à la prescription, la légitimité du Pouvoir, et son droit à la fidélité des peuples, puisque nous venons de voir que l'élection constitue un contrat synallagmatique par lequel le Souverain s'engage à gouverner légalement, et le peuple à le soutenir avec vigueur. Mais dans les choses licites peut-on manquer sans crime et sans félonie à son contrat, à ses stipulations, à ses serments? Manquer sciemment à ses promesses, n'est-ce pas la perfidie? Violer ses serments, n'est-ce pas le parjure? Paraître aimer quelqu'un et le livrer à ses ennemis, n'est-ce pas la trahison? Abandonner son ami ou son maître, n'est-ce pas l'infidélité? Or, dans quel siècle, dans quel pays le parjure, la perfidie, la trahison et l'infidélité ne sont-ils pas regardés comme des horreurs, et ne soulèvent-ils pas d'indignation toutes les âmes honnêtes? Si donc l'infidélité même dans les moindres choses est une si grande faute, une tache si hideuse, une flétrissure si déshonorante, non-seulement dans les principes de la foi, mais aux yeux même de la simple raison et de l'honnêteté naturelle, combien plus la fidélité au Souverain, d'où dépend le repos et le bonheur d'une nation entière? Donc en vertu des promesses tacites mais très-réelles de l'élection ou de l'acceptation de la Puissance souveraine, il s'est formé entre le Souverain et ses sujets un lien qu'il ne leur est pas permis de rompre; donc, quoi qu'il en soit des idées nouvelles, du prétendu droit nouveau, des illusions de la morale indépendante dont on se targue aujourd'hui, il n'en sera pas moins éternellement vrai que tout peuple, s'il veut rester honnête, doit rester fidèle à son Souverain, qu'il a élu ou dont il a librement accepté le pouvoir. Il pouvait ne pas se lier, mais ces liens une fois formés, il ne peut plus les détruire, sous peine de n'être plus un peuple digne de ce nom; car la société, et même le genre humain, ne subsiste que par la fidélité aux engagements.

III. Mais qui ne voit que cette obligation est beaucoup plus rigoureuse encore pour ceux qui se sont engagés par serment, pour les ministres, les officiers, les magistrats, en un mot pour tous les fonctionnaires. Si le reste de la nation, qui n'est liée que par une simple promesse ou par un fait, et non par la religion du serment, est néanmoins tenu à une fidélité si constante, quelle est donc la force de ce nouveau lien surajouté au premier, de cette nouvelle obligation, obligation religieuse contractée par les dépositaires du Pouvoir, en présence et au nom de Dieu, par des hommes parlant et agissant en la place du Souverain, par des hommes qui le représentent, qui sont ses lieutenants, ses vicaires, sa bouche, ses yeux, ses mains, et en quelque sorte, la continuation et la reproduction de sa personne parmi les peuples. O magistrats, ô vous tous qui avez prêté serment à votre Souverain, comprenez que vous ne pouvez, sous quelque prétexte que ce soit, sans forfaire à l'honneur, à la vertu, au plus essentiel des devoirs, manquer à la fidélité que vous lui avez jurée; toutes les théories contraires sont visiblement fausses et honteuses; et la mort, s'il le faut, est cent fois préférable à la trahison triomphante, cent fois plus glorieuse et plus digne devant Dieu et devant tous les hommes sensés. Ainsi, la force du serment subsiste tant que le Chef de l'Etat n'est pas complétement abattu.

IV. Enfin, le devoir de la fidélité dans les peuples est encore exigé par toutes les nécessités sociales. Le premier et le plus essentiel besoin de la société, c'est sa conservation dans laquelle tous les autres sont compris; or, nulle société ne peut subsister sans subordination, puisque c'est précisément la hiérarchie du commandement qui constitue la société; donc l'autorité, et une autorité efficace et ferme, est impérieusement réclamée par toutes les nécessités sociales sous toutes les formes de gouvernement, même les plus libérales. Mais l'Autorité, de quelque manière qu'on la considère, n'est pas autre chose que le droit d'abord, puis la facilité de se faire constamment obéir. Et cette obéissance absolue et continuelle qui reconnaît toujours la même Puissance, c'est la fidélité;

elle est donc absolument nécessaire, et toujours, puisque les besoins fondamentaux de la société sont toujours les mêmes. La société a besoin d'ordre et de stabilité; en aura-t-elle parmi les insurrections et les changements fréquents des maîtres ? Elle a besoin de confiance pour le commerce et pour toutes les affaires; en aura-t-elle quand tout sera perpétuellement mis en question par des ébranlements politiques qui ne laisseront rien d'assuré du jour au lendemain? Elle a besoin de Religion, même humainement, pour arrêter les passions désorganisatrices et subversives; la verra-t-on fleurir parmi ces mêmes passions déchaînées et ces infidélités incessantes, qui se portant tantôt vers un parti tantôt vers un autre, habituent bientôt les peuples à mépriser toutes les Puissances, et jusqu'à la première de toutes, qui est celle de Dieu? Que devient donc ici l'intérêt particulier devant cette nécessité si supérieure des intérêts publics, devant ce bien universel sous lequel tous les Princes et toutes les couronnes doivent s'incliner, puisqu'ils n'existent que pour lui? La fidélité au Prince régnant, quoi qu'il en soit des opinions diverses, est donc réclamée avec force par toutes les aspirations, par tous les vœux, par tous les besoins les plus sacrés et les plus indispensables du corps social. Et ces besoins font entre le Prince et son peuple un lien naturel et indestructible; et il n'y a point de sophisme si éblouissant, point de raisonnement si captieux qui, au jugement d'un homme calme et attentif, puisse prévaloir contre une vérité si simple.

Mais, dira-t-on, si l'on admet cette fidélité inviolable, le Prince ne voyant plus de barrières changera l'autorité en despotisme, et toutes les libertés publiques seront sacrifiées. De quelles libertés parle-t-on? De libertés illimitées? Il n'en est point de semblables; ou s'il en existe, ce ne sont que d'horribles désordres, et l'anarchie sous un autre nom. Mais si ces libertés si chères ont des bornes, il faut les indiquer;

c'est ce qu'on n'a jamais fait jusqu'ici, à l'exception des libertés essentielles, celles de la personne, de la propriété, de la Religion et de la famille ; toutes les libertés accessoires sont entendues fort diversement : les uns en veulent moins, les autres davantage. Il nous semble donc qu'avant de jeter de si hauts cris, et de chercher à mettre tant d'émotion dans l'Etat, ces partisans si zélés de la liberté devraient commencer par s'entendre et par bien préciser leurs demandes ; autrement ils passeront avec justice pour des déclamateurs. Et d'ailleurs, ne leur reste-t-il donc aucun moyen de défendre ces précieuses libertés ? N'ont-ils pas toujours le droit de remontrance, les grands Conseils, les Parlements ? et dans les Etats constitutionnels, le Sénat, le Corps-Législatif, et toutes les formes du gouvernement représentatif ? Est-ce que tous ces moyens n'ont pas une grande force pour arrêter les velléités oppressives ? Disons la vérité entière : toutes ces agitations sont un peu factices ; et généralement ces vaillants champions d'une liberté qu'ils réclament sans cesse, et qu'ils ne pratiquent presque jamais, ont un dernier mot qu'ils ne disent pas, parce qu'ils ont un secret amour qu'ils n'expliquent pas ; et cet amour, assurément, n'est pas celui de la liberté, ils le font bien voir quand ils sont les maîtres ; mais comme tous les politiques vaincus et non convertis, ils espèrent par une liberté extrême arriver plus facilement à leur but : le renversement de ce qui est, et le succès de leur idée. Enfin, il ne faut pas perdre de vue qu'une nation peut très-aisément se passer de quelques libertés de détails, mais qu'elle a toujours besoin de la fidélité à son Chef, laquelle seule peut lui permettre d'acquérir et de conserver toutes les libertés, et les essentielles et les autres. Il doit donc demeurer constant que le peuple est lié moralement à son Souverain par l'élection qu'il en fait, par l'acceptation de son pouvoir, par la sainteté du serment, par toutes les nécessités sociales.

§ II. — LE LIEN QUI UNIT LE PEUPLE A SON CHEF EST PERPÉTUEL.

L'Ecriture dit que « Dieu établit les rois sur le trône pour » toujours (1) » ; et c'est effectivement ce qui arrive dans toutes les monarchies, où l'autorité du Souverain est à vie, et même le plus souvent héréditaire. Dans toute l'étendue de l'histoire, nous ne voyons point de peuple qui en élisant ses monarques ait borné leur puissance à un certain temps, à l'expiration duquel ils dussent descendre du trône et le laisser à leurs successeurs ; ils sont tous inamovibles. Lycurgue lui-même avec sa liberté sauvage, ne fait pas exception. Ainsi, par le fait, le lien formé entre le Prince et ses sujets est indissoluble, puisque la puissance royale est inamissible et ne cesse qu'à la mort; et l'obligation de la fidélité est perpétuelle durant la vie du Prince. Il ne peut donc jamais entrer dans le droit d'un peuple de déchirer à son gré les engagements qui le lient, et de déposer son Souverain; les vices même du Prince ne l'y autorisent pas. « Il y a, dit le célèbre Bergier, des autorités illégitimes, des puissances usurpées, des gouvernements tyranniques, contraires à la volonté et à la loi de Dieu, nous en convenons; mais enfin dès qu'elles existent et sont reconnues, il est de l'intérêt général et du bien commun qu'elles soient respectées et obéies, parce que l'anarchie est le plus grand de tous les maux. Dans quels dangers serait la société, continue ce grave auteur, s'il était permis au premier insensé qui jugera l'Autorité injuste ou illégitime, de lever l'étendard et de sonner le tocsin de la sédition contre elle? Alors, un conquérant serait forcé d'avoir toujours le glaive levé sur la tête d'un peuple conquis, et de le gouverner avec un sceptre de fer, pour lui ôter le pouvoir de secouer le joug. Ainsi, les principes de nos adversaires, loin de favoriser la liberté du peuple, ne tendent qu'à fournir aux Souverains un motif ou un prétexte de lui ôter toute liberté (2) ».

Job, XXXVI, 7. — (2) *Dictionn.* Art. : Autor. civile.

Sans doute, selon la remarque de Montesquieu (Livre XXVI, chap. 23), une loi, ou pour mieux dire, un plébiscite peut changer l'ordre de succession quand cet ordre est destructif du bien public, ou selon son expression, du corps politique ; mais pour sauver tous les principes et tous les droits, cette loi ne peut recevoir d'exécution qu'après la mort du Souverain régnant.

Dans les républiques, bien que la Souveraineté ne soit pas d'ordinaire conférée à vie, mais seulement pour quelques années, la nation, toute républicaine qu'elle est, n'est pas moins obligée que les Etats monarchiques de rester fidèle à son chef durant tout le temps de son mandat ; elle ne devient libre de toute soumission que quand le temps de ce mandat est expiré.

Ainsi, ni les peuples ne peuvent déposer légalement le Souverain dont le titre est inamovible, ni ses troupes l'abandonner à l'émeute ou à l'étranger, tant qu'il demeure sur le territoire de l'empire. Mais s'il se retire de lui-même, et met bas les armes, il abdique, il rend à ses sujets leurs serments, et ceux-ci en acceptant le nouveau règne ne font qu'user de leurs droits ; ils ne manqueraient à la fidélité qu'en délaissant leur Prince pour passer sous le sceptre d'un autre, lorsque, la question étant indécise, l'ancien Souverain défend encore sa cause et se soutient les armes à la main.

§ III. — DANS LES MONARCHIES HÉRÉDITAIRES LES GÉNÉRATIONS FUTURES SONT LIÉES.

Si l'autorité d'un Prince institué pour la vie est inviolable et dure autant que lui, il s'ensuit que dans une monarchie héréditaire elle dure autant que sa race, et tant qu'il lui reste des descendants capables de porter la couronne. La première raison de cette proposition est que l'établissement de l'hérédité est une loi fondamentale de l'Etat, et qu'il ne peut jamais être permis à une fraction quelconque de la nation de se mettre en opposition avec les lois. Nous l'avons suffisamment prouvé, en montrant l'obligation grave imposée par les lois à la conscience de tous les sujets. Une autre raison, c'est que dans ce cas le Souverain ne fait qu'une personne morale avec toute sa dynastie ; et puisqu'il est inamovible en lui-même par le titre de son institution, il l'est encore par l'hérédité dans tous ceux qui le continuent, et prolongent en quelque sorte son existence au-delà du tombeau. C'est son droit, qui se maintient à travers les siècles ; c'est son âme, qui respire dans ses descendants ; c'est sa personne, qui se retrouve avec toutes ses prérogatives dans les Princes issus de son sang. Enfin, nous avons vu que tout Pouvoir vient de Dieu, que, dès qu'il est établi, Dieu le ratifie et le confirme dans le sens de son établissement. Si donc la souveraineté est temporaire, Dieu l'institue pour un temps ; pour toute la vie du Souverain, au contraire, quand il est déclaré inamovible ; et jusqu'à l'extinction de la dynastie, si la puissance est héréditaire. Ainsi la volonté divine, source unique de tout Pouvoir et de tout droit, confirme l'hérédité ou le droit dans les descendants comme dans le monarque ; car en vertu de l'institution de la souveraineté héréditaire, celui-ci reçoit le droit, non-seulement pour lui, mais pour toute sa race, et c'est là le propre sens du mot *hérédité*. La suite des générations royales n'est moralement qu'une seule personne, quoiqu'elle en forme plusieurs physiquement. C'est toujours le même droit primitif qui se perpétue dans l'ordre des successions. Et puisque ce droit ne varie pas, il est évident qu'il a toujours les mêmes effets, que l'avenir est engagé, que la prérogative du Prince passe et s'incarne dans ses successeurs, et que par conséquent les générations qui se remplacent dans la nation sont liées envers le Souverain comme la première par le grand devoir de la fidélité.

On fait ici une objection formidable. Un peuple, dit-on, s'engage pour lui-même, cela se conçoit ; mais comment peut-il engager la génération à venir, qui n'a pu consentir à son fait? Et, en vertu de quel droit enchaînerait-il sa liberté? Nous répondons : en établissant la loi fondamentale de l'Etat, la nation engage tous ceux qui viendront, et cela en vertu de son propre engagement auquel doit nécessairement se soumettre quiconque veut faire partie de cette société. Est-ce que les engagements d'honneur et de justice contractés par un père ne passent pas à ses enfants et ne les lient pas, et ceux-ci, en recueillant son héritage, ont-ils le droit de s'affranchir du contrat sous prétexte qu'ils n'y ont été originairement pour rien? Est-ce qu'un marchand, en se donnant un associé, ne l'associe pas en même temps à ses obligations et à ses dettes? Est-ce que ceux qui entrent dans une société commerciale à long terme, ne sont pas rigoureusement tenus de suivre les règles tracées par leurs devanciers et d'en accepter les charges? De même quiconque arrive dans la société civile est obligé d'en subir les conditions, et d'en acquitter fidèlement les engagements; la société ne le reçoit que sous cette réserve. Si ces conditions ne lui plaisent pas, il peut, quand il entre dans l'émancipation politique, s'éloigner, et chercher fortune dans un autre empire qui saura peut-être mieux rendre justice à la grandeur de ses vues ; mais s'il préfère rester, il ne peut déroger aux lois de la justice, et mettre tout en trouble dans l'Etat. Et, comme chacun des membres de cette société, en vivant dans son sein, accepte par là-même ses engagements, il suit de là que la nation, attachée au Souverain, est toujours en immense majorité, et le petit nombre des nouveaux toujours en minorité, et, par conséquent, sans droit et sans force. Non-seulement ils sont sans droit acquis, mais il ne peuvent même pas en acquérir ; par cette double raison, et de leur petit nombre, et des engagements dont ils sont liés, puisqu'ils ont consenti à demeurer comme citoyens. S'ils remuent, ils se constituent en haute trahison, et en contradiction avec eux-mêmes, puisqu'ils foulent aux pieds leurs propres promesses, ayant commencé à accepter le pacte social et à le mettre en pratique. Ils peuvent faire une opposition raisonnable pour stimuler le progrès, mais non pas jusqu'au point de manquer au devoir essentiel de la fidélité. Car ne jamais faire aucune opposition même la plus modérée et la plus délicate, c'est le propre de l'ignorance ou de la flatterie; en faire toujours, au contraire, c'est jouer le rôle d'un factieux.

Dans le droit international, les traités ne lient que ceux qui les font, ou y consentent librement, parce qu'eux seuls s'engagent. Dans une même nation, le contrat social oblige tous les citoyens, parce qu'ils succèdent aux engagements de leurs pères. Nous ne prétendons pas toutefois qu'une nation ne puisse jamais, pour de grandes raisons, changer la forme du gouvernement, et ainsi déposer indirectement ses rois; on l'a vu plus haut; mais pour cela il faut d'abord que ce soit l'œuvre de la nation entière, agissant dans une complète liberté ; autrement le remède serait pire que le mal ; et en second lieu, ce changement, comme nous l'avons fait remarquer, ne pourrait avoir lieu qu'après la mort du Prince régnant; de sorte qu'il ne fût pas atteint dans sa personne, mais seulement dans sa race, un droit futur et éventuel n'ayant jamais la même force que le présent à cause des incertitudes; et de cette façon on aurait paré, autant que possible, à tous les inconvénients. Mais ces occasions sont bien rares, peut-être même un peu chimériques, si l'on a soin de ménager les sujets, et de ne les pas pousser à bout.

Quoi qu'il en soit, il est manifeste que le lien formé entre le Souverain et la nation subsiste durant toute l'existence de la famille régnante, et que la fidélité est obligatoire pour le peuple jusqu'à l'extinction de ladite race. Ce n'est qu'alors que, tous les liens étant rompus, la nation rentre en pleine possession de sa liberté.

ARTICLE SECOND.

ÉTENDUE DU DEVOIR DE LA FIDÉLITÉ.

A notre époque, l'idée de la fidélité au Pouvoir entre difficilement dans les esprits. Le peuple, à force de s'entendre traiter de Souverain et d'en exercer certains actes, a pris ce titre au sérieux, surtout dans les grands centres, dans les capitales, où l'orgueil est plus excité et les passions politiques plus ardentes ; et il a de la peine à se persuader qu'il doive être fidèle à un Prince qu'il ne regarde que comme son mandataire, et qu'il est accoutumé à culbuter au premier souffle des meneurs ; et cette disposition hostile est encore plus forte quand ce Prince lui paraît abuser de son pouvoir. Cette portion du peuple, qu'on pourrait justement appeler le parti d'action de la Révolution, et l'incarnation de l'émeute, est très-décidée et très-hardie ; elle s'est fait un besoin de contrôler souverainement et impitoyablement les actes de son Souverain, de les censurer, non par la voie des remontrances et les autres moyens de droit, mais par la voie de l'autorité, ou plutôt de la force brutale ; car lorsque les concessions qu'elle exige ne sont pas assez promptes, ou assez étendues au gré de ses désirs, alors elle se lève et essaie de renverser le trône. Voilà comme on entend aujourd'hui la fidélité. Et cette conduite a trouvé et trouve encore des approbateurs, même parmi quelques-uns de ceux dont les théories et les maximes y sont le plus contraires ; tant il est difficile que la passion ne porte pas atteinte à la rectitude du jugement. Chez le plus grand nombre cela tient à des principes erronés ; plusieurs, en effet, se sont faussement persuadé que tout ce qui ne revient pas à leurs idées est un abus ; que l'abus détruit le droit du Pouvoir dans son fond; que, le principe du droit une fois détruit, le Pouvoir qui n'en est que l'expression n'est plus rien, et que, par conséquent, on ne lui doit alors ni obéissance ni fidélité. Toutes ces propositions sont certainement très-bien enchaînées et se déduisent parfaitement les unes des autres; et c'est ce qui les rend plus spécieuses et plus séduisantes. Mais malheureusement pour elles les points de départ de tout ce raisonnement sont faux, et, par conséquent, tout l'échafaudage péchant par la base et étant mal étayé s'écroule. Il faut donc montrer la fausseté de ces théories, et surtout de leur fondement; il faut prouver que tout ce qui paraît un abus n'en est pas un; que quand l'abus serait réel, il n'enlève pas le droit radical du commandement, et n'entraîne pas conséquemment la déchéance du Pouvoir; que par suite le devoir de l'obéissance et de la fidélité subsiste toujours; que si dans certains cas, aussi graves que rares, le Pouvoir reste sans droit d'obliger, parce que son droit naturel est alors effacé par un droit supérieur, le commandement du Souverain n'est infirmé qu'en ce seul point, et conserve sa force dans tout le reste. Et ainsi l'on comprendra que nulle puissance humaine ne saurait le dépouiller légitimement de son pouvoir; qu'il n'en peut être privé ni validement par les Souverains étrangers, ou par le fait de ses sujets, ni même licitement par sa propre volonté à moins de grandes raisons; parce que la Puissance souveraine est indépendante et des hommes et de la force coactive des lois, pour ne relever que de Dieu et de la conscience, et de la force directive de ces mêmes lois; que, par conséquent, la révolte est un crime, et la fidélité des peuples doit aller jusqu'à la mort, soit dans les combats, soit dans la résistance aux méchants.

§ Ier. — TOUT ABUS APPARENT N'EST PAS UN ABUS RÉEL.

Dans la politique des gouvernements, dans la conduite des Souverains il est beaucoup d'actions mal comprises qu'on censure avec une extrême légèreté, qu'on blâme à outrance, qu'on regarde comme des abus intolérables, et qui sont cependant en elles-mêmes pleines de sagesse et d'utilité. Et d'où viennent ces aberrations si fréquentes? De ce que les critiques manquent des qualités requises pour apprécier ces actions à leur juste valeur. Généralement on n'a pas une intelligence assez étendue, ou un jugement assez sain, ou un esprit assez dégagé de préjugés, ou des passions assez calmes, ou la connaissance exacte des faits, des besoins généraux, des secrets ressorts de la politique, ou des rapports et de la liaison de toutes ces choses. C'est une science immense que la science du gouvernement. Et les hommes les plus habiles, ceux qui ont le plus profondément étudié les questions gouvernementales, ceux qu'une longue expérience a rompus au maniement des affaires publiques, sont souvent dans les plus cruels embarras pour avoir raison d'une difficulté. Qu'on réfléchisse aux combinaisons si variées et aux prodigieux efforts des ministres de France et d'Angleterre depuis quelques années pour rétablir leurs finances; et par ce seul point qu'on juge de tous les autres. Et des particuliers qui n'ont ni ces études, ni cette expérience, ni cette habileté, croiraient être en droit de prononcer sur des matières si délicates et si obscures, et de taxer d'abus des actes dont ils ne pénètrent ni les motifs, ni les résultats!

En outre, nous avons vu que le Souverain a une grâce spéciale, une grâce d'Etat, qui lui communique, s'il est attentif et appliqué aux affaires avec son conseil, une sorte d'infaillibilité, et un coup d'œil moralement plus sûr que celui de tous les autres. Comment donc ceux qui n'ont aucune de ces ressources et de ces grandes lumières oseraient-ils se flatter de voir plus clair que lui ?

A la rigueur il se pourrait faire qu'une décision considérée en soi et isolément fût une faute et un abus. Mais envisagée dans l'ensemble , dans ses rapports avec les autres affaires d'une administration en quelque sorte infinie, elle change d'aspect ; et pour peu que l'on se donne le temps de réfléchir, d'étudier, de creuser dans l'intime des choses politiques, l'on s'aperçoit que cet acte tant décrié procure les plus grands biens à la masse de la nation, au prix de quelques torts légers faits à certains intérêts individuels. Or, est-il juste de préférer l'avantage des particuliers au bien général ?

Une autre preuve que ce qui paraît un abus ne l'est pas toujours, c'est la prodigieuse diversité des opinions et des sentiments sur les actes du Pouvoir. Un gouvernement, même des plus habiles, fait-il de loin en loin une faute considérable, en laquelle il a été entraîné par un concours de circonstances malheureuses ? Tout le monde s'en aperçoit, et il n'y a qu'une voix pour en gémir; mais combien de fois voit-on cet accord de toutes les pensées d'un peuple? D'ordinaire ce que l'un blâme, l'autre l'approuve; et les mêmes actes sont tantôt loués avec enthousiasme, tantôt déprimés avec passion. Si la faute était certaine, n'aurait-elle pas un plus grand degré d'évidence, et verrait-on un tel partage d'interprétations, même parmi les personnes du caractère le plus mesuré et de la plus complète droiture de jugement? La diversité des opinions est donc d'ordinaire la justification du Pouvoir, ou du moins une raison pour chacun d'être singulièrement réservé dans ses appréciations.

Pourquoi donc en général n'aurait-on pas assez de modestie pour se défier de ses propres idées, quand on a tant de raisons pour cela, et quand il s'agit de questions si fort au-dessus de sa portée ? Pourquoi tant se hâter de faire le procès au Souverain, mieux placé que personne pour voir les choses comme elles sont? Pourquoi cette promptitude à regarder comme un abus véritable ce qui n'en a très-souvent que l'apparence? Il serait du moins beaucoup plus convenable et moins compromettant de laisser un tel soin aux hommes chargés par état de contrôler le Pouvoir.

§ II. — L'ABUS DU POUVOIR NE FAIT PAS PERDRE LE DROIT RADICAL, EXCEPTÉ EN DEUX CAS; MAIS IL DISPENSE D'OBÉIR LORSQU'IL EST EN OPPOSITION AVEC UN DROIT SUPÉRIEUR.

I. Les observations précédentes ont d'autant plus de force que les incriminations contre l'Autorité ne sauraient légitimement aboutir à aucun résultat *positif* contre elle; et ainsi il ne sert de rien de tant insister sur les abus réels ou prétendus, car lors même que le souverain abuserait de son pouvoir, il ne perdrait pas pour cela son titre et son droit, et la fidélité demeurerait toujours obligatoire. Il suffit d'y réfléchir pour s'en convaincre.

1° Le droit du Pouvoir est certain, puisque la raison, la foi, les besoins de la société imposent à tout le monde le devoir d'être soumis et fidèle aux gouvernements réguliers. Mais à côté de ce droit certain peut se trouver l'abus, qui ordinairement ne l'est pas; car la grande diversité des opinions et des interprétations dont l'acte qualifié d'abus est l'objet montre bien de quels nuages épais cet abus est environné s'il existe, et combien il serait difficile à constater; puisqu'il n'est rien naturellement de plus flottant et de plus incertain qu'un opinion, surtout quand elle est combattue par d'autres opinions d'égale valeur. Or, le certain ne doit jamais céder à l'incertain, et par conséquent de l'incertitude de l'abus dans un Pouvoir certain on ne pourrait tirer aucune conclusion contre celui-ci.

2° Si l'abus détruisait le Pouvoir radical, ou le principe même du Pouvoir, il n'y en aurait pas un de stable sur la terre ; et les révolutions, c'est-à-dire les maladies du corps politique, seraient éternelles. Et en effet, comme nul gouvernement n'est absolument parfait, l'on trouverait dans certaines irrégularités vraies ou apparentes, dans certains procédés qui ne plaisent pas, des motifs de crier à l'abus ; les insurrections, ou du moins les agitations, seraient sans fin, au grand préjudice de la Religion, de la paix publique, de la liberté, du commerce, et de tout ce qui fait le bonheur d'un peuple ; et le mal deviendrait d'autant plus irrémédiable que les bons citoyens eux-mêmes, les hommes soumis et paisibles éprouveraient une extrême répugnance à suivre un Pouvoir sans droit, et se croiraient dispensés de lui obéir ; et alors la société se trouvant sans défense ne tarderait pas à s'abîmer dans le cataclysme. Et comme cette considération s'applique à tous les gouvernements sans exception, qui par une triste nécessité inhérente à la nature humaine sont imparfaits, faibles et peccables, il est évident qu'un pareil principe tend à établir le règne de l'anarchie, l'état le plus opposé à la raison, au bonheur, à tout ordre, à tout devoir; donc il est faux. (Voir chapit. VI, art. 1, princip. 2).

3° Si l'homme était privé de son droit lorsqu'il en abuse, il faudrait tout lui ôter puisqu'il abuse de tout. Qui admettra cette conséquence ? Et pourtant elle serait exacte si le principe était vrai.

4° Les dons de Dieu sont sans repentance, lors même que l'on en fait un mauvais usage. Ainsi, il ne retire pas à l'homme sa liberté, malgré les crimes qui en sont la suite ; parce que le bien compense le mal, et que la liberté est la source de toute vertu. Il en est de même de la puissance souveraine : la somme des biens qu'elle produit l'emporte immensément sur celle des maux; elle est le rempart et la protectrice de la société, et sans elle l'innocence ne serait jamais à l'abri des attentats des méchants. Voilà pourquoi toute la terre l'a conservée ; et c'est aussi pour cela que Dieu la maintient dans son droit, malgré ses fautes.

5° Si le Pouvoir perdait son droit radical par un abus quelconque, il faudrait un tribunal pour le juger et pour prononcer au besoin sa déchéance. Or ce jugement, on le verra, n'appartient pas aux étrangers, qui n'étant pas attaqués ni intéressés dans la querelle, n'ont aucune raison d'intervenir et de se mêler des affaires d'autrui. Il n'appartient pas davantage aux sujets du Souverain, l'inférieur n'ayant aucune juridiction sur le supérieur. Or, si le tribunal n'existe pas, qui pourra prononcer la condamnation ? Le droit subsiste donc toujours, au moins devant les hommes, puisque nul ne peut en constater la perte.

6° Ces dernières considérations reçoivent une force décisive des sentences de l'Eglise. Au quinzième siècle les hussites enseignèrent que les Souverains spirituels et temporels qui sont vicieux et gouvernent mal sont déchus de leur autorité. Dans le concile de Constance, l'Eglise catholique frappa de ses anathèmes cette doctrine anarchique ; et il reste de foi, par conséquent, que les fautes des Souverains ne leur font point perdre le fond et la racine de leur autorité.

Donc, puisque malgré les abus inhérents à tout ce qui est humain le Pouvoir conserve son droit, la nation n'est pas dispensée de lui être dévouée et de lui rester fidèle. L'obligation morale des lois, des impôts, du service militaire, de toutes les autres charges de l'Etat, et de la fidélité au service et aux intérêts du Prince, subsiste toujours. Loin de se laisser ébranler par la considération des abus, l'on doit, au contraire, s'attacher d'autant plus fortement au Pouvoir que ses fautes pourraient plus aisément entraîner sa chûte, et occasionner ainsi les plus effroyables malheurs. Et c'est en cela qu'on voit le mieux la différence des bons et des mauvais citoyens.

II. Ainsi, le droit radical et ordinaire du Pouvoir ne se perd pas ; mais ce même Pouvoir peut être sans force morale et sans droit transitoirement et dans les cas particuliers, et l'on est dispensé d'obéir lorsque les ordres du Pouvoir sont en opposition avec ceux d'un droit supérieur, comme nous l'avons vu au Livre Ier, ch. 4, art. 2, § 1er. Nous ajouterons seulement qu'il y aurait la même obligation de refuser d'obéir à un ordre souverain opposé à une loi de l'Eglise, à moins quele Chef de l'Etat n'eût pour donner cet ordre une de ces raisons graves et urgentes qui dispensent des autres lois positives, ou parce que dans ces circonstances le droit naturel l'exige, ou en vertu d'une permission tacite du Pouvoir supérieur, laquelle, dans le sentiment commun des théologiens, doit toujours se supposer, s'il n'y a évidence contraire, ou réclamation de la part de l'Autorité préposée à l'examen de ces sortes de questions. Enfin, le Prince a-t-il le malheur de porter une atteinte ouverte et manifeste à la Constitution de l'Etat, ou de se mettre au-dessus des lois nationales et d'en prescrire le renversement, ou d'attenter arbitrairement et en dehors des formes ordinaires à la vie, à la liberté personnelle, aux propriétés de ses sujets, ces biens sacrés et ces libertés essentielles de l'homme; comme dans toutes entreprises semblables, il s'en prend à un droit supérieur, le sien disparaît alors pour ce cas, puisque le Souverain lui-même est soumis aux lois et au respect des droits d'autrui; et, par conséquent, tout ce qu'il pourrait entreprendre contre ces grandes choses est nul de soi. Ainsi, les citoyens dans ces circonstances malheureuses peuvent lui désobéir ; ou plutôt ils ne désobéissent pas ; car la désobéissance n'est que la résistance à l'exercice légitime de l'Autorité, ce qui n'a pas lieu dans le cas présent, où l'autorité du Souverain s'efface devant une autorité plus haute. Encore faut-il que le Pouvoir soit *évidemment* dans son tort.

Mais ce sont là aussi les seules exceptions possibles à la grande et invariable règle de l'obéissance, devoir sacré prescrit par toutes les sortes de droit, fondement assuré de la prospérité des empires sous toutes les formes de gouvernement, et rempart de toutes les sociétés contre l'esprit de révolte et d'insubordination. L'on peut parler indéfiniment de la liberté politique sans trop s'entendre, car il n'est rien de plus vague, de plus indécis, et qui prête davantage aux opinions et aux aspirations diverses. Mais il serait bon de se souvenir que s'il est une foule de libertés accessoires dont on peut se passer sans nul détriment, il n'en est pas de même de l'obéissance aux lois et au Souverain, sans laquelle il est impossible de constituer solidement aucun Etat, et de l'empêcher de crouler rapidement dans l'abîme.

Ainsi, il y a des cas où il est permis de résister. Et, toutefois, quels que soient les abus d'autorité du Souverain, et la résistance des citoyens en pareilles circonstances, la fidélité n'en souffre pas. Car elle ne consiste pas à obéir toujours et indistinctement, mais à obéir toutes les fois qu'il est permis de le faire, à ne jamais rompre, avec le Pouvoir, malgré un désaccord momentané ; et comme en dehors de ces rencontres pénibles, où la voix de la conscience oblige à se refuser à l'observation de l'ordre du Souverain, l'on reconnaît toujours son autorité à laquelle on se soumet en tout le reste, il s'ensuit que la fidélité reste sauve. Assurément, les généreux soldats de saint Maurice et de la légion Thébaine résistant avec fermeté aux ordres idolâtriques de Maximien ne laissaient pas d'être fidèles à cet empereur, et de lui être fidèles jusqu'à la mort, puisqu'ils lui obéissaient en toutes les autres choses où la conscience n'était pas intéressée, et qu'au lieu de tourner contre leur Prince les armes qu'il leur avait données pour la défense de la patrie, ils versaient leur sang sous ses drapeaux et sans vouloir reconnaître une autre autorité que la sienne ; et, cependant, ils n'avaient pas obéi en ce point ; par où l'on voit l'accord facile de la résistance au mal avec la fidélité en tout ce qui ne l'est pas. Et, par conséquent, bien que le droit de commandement du Souverain s'arrête aux limites d'un droit supérieur et n'oblige plus au-delà, il est aisé de comprendre qu'il ne se rencontre rien dans l'abus du Pouvoir qui puisse porter préjudice à la fidélité bien entendue.

§ III. — LE POUVOIR SOUVERAIN EST INDÉPENDANT DE TOUTE PUISSANCE ÉTRANGÈRE, QUAND IL NE LÈSE EN RIEN LES DROITS DE CELLE-CI.

Il ne faut pas oublier que nous parlons toujours du Pouvoir *souverain*, c'est-à-dire d'un pouvoir qui est au-dessus de tout, et qui ne reconnaît pas de supérieur sur la terre. S'il en reconaissait, s'il y avait au-dessus de lui dans l'ordre de sa charge une première puissance, moralement ou matériellement, il serait vassal ou sujet, il ne serait plus souverain ; l'indépendance est le caractère essentiel de la souveraineté. Il n'est donc point de Puissance sur la terre, quelle qu'elle soit, qui puisse donner des ordres à un Souverain comme tel, et encore moins le dépouiller de son autorité. Une si grande domination ne peut appartenir qu'à Dieu seul, qui l'exerce par lui-même et sans délégation ni intervention des hommes. Tous les Souverains étant égaux en cette qualité ne peuvent donc avoir d'autorité les uns sur les autres. La reconnaître dans autrui ce serait abdiquer la sienne propre ; la Souveraineté n'admet point de suzerain.

Il est bien clair qu'un Souverain quelconque ne peut en déposer un autre par sentence, puisqu'ils sont tous foncièrement égaux en droit, et ne relèvent d'aucun tribunal, quelle que soit l'étendue de leur empire, de laquelle le droit ne dépend pas. Une pareille sentence serait nécessairement caduque et sans force.

Les différends entre Souverains ne peuvent donc pas se

terminer par voie d'Autorité; ils ne le sont que par un arrangement amiable, ou par la guerre, c'est-à-dire par contrat ou par acte de légitime défense, double droit commun à tous les hommes, même à l'égard de leurs supérieurs. Et par conséquent la guerre, heureuse ou malheureuse, ne prouve point la dépendance d'un Souverain à l'égard d'un autre, elle n'établit que le droit de la défense.

Car la guerre sera nécessairement juste ou injuste. Si elle est injuste, elle ne donne aucun droit, fût-elle accompagnée des plus brillantes victoires; et le Souverain opprimé par cette coupable violence conserve les mêmes prérogatives intrinsèques qu'auparavant. C'est le cas du brigand dépouillant le propriétaire inoffensif; son crime, en l'enrichissant, ne lui confère nul droit, mais sa victime garde tous les siens; l'indépendance radicale, foncière, légitime, reste toujours la même. Le droit du plus fort est toujours nul, quand il est seul. Si au contraire la guerre est juste, elle suppose le redressement de griefs réels dont on n'a pas pu obtenir réparation par des voies plus douces; et comme il n'y a point d'autre tribunal pour se faire rendre justice, lorsque la guerre du Souverain lésé est couronnée de succès, c'est le bon droit qui triomphe, c'est la justice qui se fait; le Souverain injuste en tombant reçoit le châtiment de sa faute. Mais il est châtié comme coupable, et non comme Souverain; puisque, s'il ne se fût pas permis cette faute, ou s'il l'eût réparée, sa puissance serait restée intacte; de sorte que le vainqueur en se protégeant contre son voisin se borne à user du droit de défense sans s'en prendre directement à sa souveraineté, sur laquelle, évidemment, et de l'aveu de tout le monde, il n'aurait eu aucune juridiction s'il n'eût pas été attaqué.

Ainsi tous les Souverains sont indépendants les uns des autres; ils ne peuvent être dépouillés de leur droit par aucune Puissance humaine, sinon dans le cas d'une juste guerre ; et le moindre d'entre eux peut résister légitimement à l'ingérence de tous les autres dans ses propres affaires, s'il a la raison pour lui, lorsqu'ils n'y sont pas intéressés.

§ IV. — LA PUISSANCE SOUVERAINE EST INDÉPENDANTE DU PEUPLE, ET LA RÉVOLTE EST UN CRIME CONTRE LA FIDÉLITÉ.

I. 1° Qu'est-ce qu'un Souverain ? C'est la Puissance première et supérieure de tout l'Etat, *summa Potestas ;* c'est celui qui commande à tout le peuple, *imperator ;* celui qui le gouverne, *rex ;* celui qui préside à tout, *præses.* Mais ne serait-ce pas le comble de la déraison et de l'absurdité, de prétendre que celui qui est établi pour commander doive subir la loi, que le premier soit au-dessous de tous les autres, que le gouverneur doive être gouverné, que le supérieur soit obligé de se soumettre à ses inférieurs. Quelque opinion que l'on se forme sur le Pouvoir exécutif, tous conviennent que c'est à lui de donner les ordres par toute la nation, de nommer à tous les emplois dépendant de l'administration centrale, de commander, s'il le veut, les armées de terre et de mer, de faire la guerre et la paix, de proposer les lois, ou du moins de les sanctionner, et de porter les décrets nécessaires à leur observation ; telles sont les attributions du Pouvoir exécutif dans tous les pays du monde, même les plus démocratiques. Or, celui qui a mission de diriger les autres serait dirigé lui-même, et par ceux auxquels il est obligé d'indiquer la route ! Celui qui doit commander à tous les citoyens recevrait les ordres de tout le monde ! C'est donc à dire que le père est à la merci de ses enfants, le maître de ses serviteurs, le général de ses soldats, le magistrat de ses administrés, et le Premier des derniers ! Est-ce que le plus simple bon sens ne montre pas le ridicule et l'extravagance de pareilles plaisanteries ? Est-ce que la raison ne se révolte pas contre une dérision si amère ? Et comment des hommes sérieux peuvent-ils de sang-froid et sans rougir avancer des idées si insoutenables et des théories si pauvres?

2° Tous les gouvernements, et principalement la monarchie, comme plus forte, ont été établis pour empêcher les écarts, et l'anarchie inévitable à un peuple sans direction. C'est là le sens propre du mot *gouvernement*, et le but nécessaire de l'institution du Pouvoir, personne ne le contestera. Mais comment ce Pouvoir arrêtera-t-il les emportements d'une nation vive, ardente, entreprenante, s'il est dans la dépendance de ses volontés? Au lieu de la contenir, il sera lui-même contenu, enchaîné; au lieu de la diriger et de marcher à sa tête, il ne pourra lui-même faire un pas; au lieu de la protéger contre les ferments de troubles et de désunion qui bouillonnent perpétuellement dans son sein, il n'aura d'autre souci que de protéger sa couronne contre les hardiesses de ce peuple et les entreprises de ses tribuns. Pauvre société, qui s'en va à la dérive, entraînée par l'impétuosité d'un torrent, et sans aucune digue; semblable à un vaisseau sans capitaine et sans gouvernail, elle flotte à l'aventure, vain jouet des flots. C'est un animal furieux, que nul frein, nulles entraves n'arrêtent, et qui brise tout ce qu'il rencontre. Elle devait progresser, elle recule; elle devait jouir de la paix, et elle est déchirée par des fureurs sans fin; elle devait être libre, et elle se courbe sous tous les jougs, et elle est la proie de tous les ambitieux qui la veulent asservir; sa fidélité devait lui procurer une prospérité immense, et elle est ballottée d'un parti à l'autre, divisée, scindée profondément par les factions infinies qui la dissolvent. Elle est harcelée de mille manières, et s'épuise en efforts superflus; plus de direction, plus d'ordre, plus d'unité, plus de commerce, plus de finances, plus rien; tous les jours une nouvelle faiblesse, un nouveau malheur, une nouvelle crainte, une nouvelle décadence; partout le sang, les ruines, la souffrance, l'impiété, l'injustice. C'est une sorte d'agonie lamentable qui la mène rapidement à la mort, à laquelle elle ne peut échapper que par la reconnaissance d'un Pouvoir extrêmement fort et dominateur, que par le retour à l'Autorité, mais d'ordinaire à une autorité profondément concentrée ; de sorte que, comme on en a fait si souvent la remarque, le dernier résultat de cette sauvage indépendance et de ces théories excessives d'une liberté effrénée, c'est la destruction de la société, ou son absorption dans le despotisme. Car il est dans la nature d'un excès d'amener toujours un autre excès.

3° Et qu'on ne voie pas dans tout ceci une fantaisie et une peinture d'imagination ; c'est l'histoire de tous les siècles atteints par l'esprit des révolutions. La grande Rome l'a vu : l'extrême liberté de ce peuple poussée jusqu'à l'insubordination causa la faction des Gracques, les guerres civiles de Sylla et de Marius et celles des deux triumvirats ; puis la tyrannie des empereurs, avec sa propre chute dans l'avilissement et la corruption, et finalement sa disparition sous les coups des Barbares. Cette même liberté exagérée au-delà de ses vraies bornes, et dégénérant en orgies et en divisions profondes et incurables chez les Grecs, abattit rapidement leur superbe indépendance, d'abord aux pieds de Philippe de Macédoine, et peu après aux pieds de ces mêmes Romains, qui devaient bientôt en suivant leurs dangereux exemples, avoir part aux mêmes châtiments. L'Angleterre, un moment égarée, et détournée par une poignée de fanatiques de son amour traditionnel pour ses rois, consomme le régicide de Charles Ier ; mais la terrible punition dont son infidélité est frappée, son bon sens, la honte et le remords poignant de son crime, la précipitent à reconstruire le Pouvoir. Il est vrai, malade encore de sa faiblesse, elle retombe quelques années plus tard dans une faute semblable ; mais du moins, en reconnaissant la nouvelle Autorité, elle prévient le retour d'aussi effroyables excès; et si elle se soutient encore sur l'abîme malgré les orages qui grondent dans son sein, elle le doit à la vigueur de sa constitution, et à ses habitudes séculaires de dépendance et de fidélité envers son Souverain. Et dans notre France, la liberté en 1792 avait atteint les dernières limites de la démagogie : le sang ruisselait de toutes parts dans toutes les classes, parce que tous les jougs étaient brisés, toutes les digues rompues; on ne voulait reconnaître ni Souverain ni autorité quelconque; mais il fallut bien pourtant reconnaître celle du bourreau, et se courber sous le sceptre de fer de la guillotine, qui rendait les Français muets de terreur. Où était alors la liberté, cette liberté si fière, cette indépendance extrême, au nom de laquelle se commettaient tant de crimes et se consommaient tant de malheurs? Elle s'était noyée dans le sang. La France agonisante ne commença à respirer que sous la protection d'un soldat restaurant le Pouvoir dans sa plénitude, et ce fut son salut. Tant il est vrai que les nations, même les plus indociles, finissent par comprendre, mais à leurs dépens, qu'il n'est pas de théorie plus fausse et plus perverse que celle qui, déplaçant tous les principes d'ordre, tend à mettre les Souverains dans la dépendance et à la merci de leurs peuples; tandis que la raison et l'intérêt de ces mêmes peuples démontrent jusqu'à l'évidence qu'ils sont eux-mêmes soumis à l'action bienfaisante et tutélaire de leurs Princes, et qu'il leur faut nécessairement, pour être heureux, se maintenir avec une invincible fermeté dans cette noble et salutaire dépendance.

II. Donc la *révolte* n'est jamais permise; elle est un crime contre la fidélité due au Chef de l'Etat. Nous entendons par ce mot le soulèvement d'une fraction du peuple, qui ne veut plus reconnaître l'autorité de son Souverain, mais cherche à lui arracher, les armes à la main, des concessions capricieuses, ou même à le dépouiller entièrement de son pouvoir. Et ici la grande importance du sujet exige que nous ajoutions de nouvelles preuves.

Dans les temps orageux que nous avons traversés et que nous traversons encore, on a proclamé cette maxime : l'*insurrection est le plus saint des devoirs*. Et ce cri démoralisateur et subversif de tout ordre public est devenu le principe fondamental de l'école révolutionnaire. Or, pour être dans le vrai, il faut retourner la proposition, et reconnaître avec la droite raison, avec l'honnêteté naturelle, avec la doctrine religieuse, que l'insurrection est l'oubli le plus complet de tous les devoirs, la plus coupable et la plus impie des prévarications ; puisque elle renverse la loi de Dieu qui la défend, la société qui ne saurait subsister avec cette cause perpétuelle de troubles, la morale dont toutes les lois sont interverties par les affreux désordres qui sont la suite des rébellions, et enfin l'enseignement de la raison qui prescrit d'obéir constamment aux supérieurs, et flétrit la révolte comme un parricide et un attentat aux règles de la nature. Non, la révolte n'est pas permise ; et après toutes les preuves que nous en avons données incidemment, il suffit de faire entendre la voix de la Religion. L'exemple des premiers chrétiens, la doctrine commune de la Tradition, la frivolité et l'impuissance des objections tirées de l'Ecriture viennent fixer et corroborer le sens déjà si clair de l'Evangile sur ce point.

Nous disons l'exemple des premiers chrétiens qui, au centre des lumières de l'Evangile, doivent l'avoir parfaitement compris, et ainsi servir éternellement de modèles à tous les autres. Ils se piquaient d'une fidélité inébranlable à leurs Souverains, même persécuteurs ; « et afin qu'on ne doutât point qu'ils la crussent d'une obligation indispensable, dit Bossuet, ils en parlent comme d'un devoir de Religion. (5e *avertiss.*). Ils l'appellent la piété, la foi, la religion envers la seconde Majesté, envers l'empereur que Dieu a établi, et qui en exerce la puissance sur la terre. C'est pourquoi lorsqu'on les accuse de manquer de fidélité envers le Prince, ils s'en défendent, non-seulement comme d'un crime, mais encore comme d'un sacrilége où la Majesté de Dieu est violée en la personne de son lieutenant. » Et certes ce n'était pas leur faiblesse ni leur petit nombre qui les rendait si fidèles et si patients, puisque, selon Tertullien, saint Cyprien et plusieurs autres, ils remplissaient une grande partie de l'empire romain, des villes entières, et même des armées; mais c'était le sentiment du devoir et des saintes prescriptions de la conscience; et il est visible que si des soldats, aussi braves et aussi nombreux que ceux de la légion thébaine, avaient cru que la Religion leur permît de se révolter, ils n'auraient pas manqué de vendre chèrement leur vie. Mais peut-être que c'était une intrépidité hors de saison, et que poussés par l'exaltation de leur piété ces vaillants hommes allaient au-delà de ce que la Religion exige. « Non, car ils disaient aux persécuteurs, par la bouche de Tertullien : non pas, on ne nous a pas conseillé de nous soulever, mais : cela nous est défendu, *vetamur;* ni, c'est une chose de perfection, mais c'est une chose de précepte, *præceptum est nobis;* ni que c'est bien de servir l'empereur, mais que c'est une chose due, *debita imperatoribus;* et due encore à titre de religion et de piété, *pietas* et *religio imperatoribus debita;* ni qu'il est bon d'aimer le Prince, mais que c'est une obligation, et qu'on ne peut s'en empêcher à moins de cesser en même temps d'aimer Dieu qui l'a établi, *necesse est ut et ipsum diligat....* parce que les chrétiens sont d'une religion qui ne leur permet pas de se venger des particuliers, et à plus forte raison de se soulever contre la puissance publique. Voilà ce qu'on enseignait au dedans, ce qu'on déclarait au dehors, ce qu'on pratiquait dans l'Eglise, comme une chose ordonnée de Dieu aux chrétiens. Et cette doctrine s'est toujours maintenue dans l'Eglise, même sous les Princes hérétiques et persécuteurs. »

Saint Hilaire, qui s'élevait avec tant de force contre l'empereur arien Constantius, enseignait en même temps qu'il n'était pas permis de rien entreprendre contre lui, « parce que le règne et l'autorité de régner, disait-il, vient de Dieu, et qu'il faut rendre à César ce qui appartient à César. » Tel était également l'enseignement du grand Osius encore debout, de saint Athanase, malgré les rudes combats qu'il soutint pour la défense de la foi, et la cruelle persécution dont il fut accablé par ce Prince (1); ainsi pensait saint Eusébe de Samosate; ainsi saint Ambroise, dans le plus fort de sa lutte chrétienne contre les violences de l'impératrice hérétique Justine. Dans le Moyen-Age, les théologiens sont unanimes sur ce devoir. Saint Thomas, dont l'autorité est si grande dans toute l'Eglise, après avoir déclaré que J.-C. ayant affermi l'ordre de la justice, les chrétiens sont obligés de se soumettre aux Puissances de ce monde, ajoute que celui qui refuse d'obéir à leurs ordres pèche mortellement contre la charité, depuis cet oracle scripturaire, que quiconque résiste à la Puissance, résiste à l'ordre de Dieu (2). S'il en est ainsi de la simple désobéissance, que sera-ce de la révolte? Aussi, Fénelon dit à son tour : « Les amateurs de l'indépendance et les républicains outrés croient que le seul remède contre les abus de l'Autorité souveraine est de permettre au peuple de se soulever contre les Princes injustes, de les déposer, et de les traiter en criminels. Ils avancent partout des principes qui, en attaquant le Pouvoir arbitraire, font tomber dans l'anarchie. Rien n'est plus pernicieux que ces maximes (3). » Et il en donne plusieurs preuves.

Il est remarquable qu'entre l'absolutiste Bossuet et le

(1) Apol. à Const. — (2) 2a 2æ, q. 104.
(3) *Essai sur le gouv. civ.*, ch. x.

libéral Fénelon, il n'y a point de divergence, quant au fond de la doctrine, si ce n'est que le dernier, à la suite d'Abbadie, admet le droit de légitime défense, ou la résistance à une attaque directe et sans cause; ce que le premier n'admet pas; mais il y a loin de cette résistance passive à la révolte. Sur ce dernier point, tous s'accordent dans les écoles non révolutionnaires; il n'y a qu'une voix pour la flétrir comme elle le mérite.

Si l'on veut objecter que la Religion elle-même consacre en certains cas le droit de révolte, en offrant à notre admiration et à nos hommages celle des Macchabées contre les rois de Syrie, nous répondons qu'il y a deux raisons exceptionnelles qui s'opposent à ce qu'on en tire aucune conséquence. La première est que Dieu avait autorisé cette levée de boucliers par des signes extérieurs [1] : les illuminations extraordinaires au firmament sur toute la ville, et l'apparition des anges au milieu des combats, et celle de Jérémie à Judas Macchabée, marquaient assez les desseins de Dieu sur le peuple, et le droit qu'il lui confirmait de se défendre par les armes contre ses oppresseurs. Car Antiochus, et c'est là la seconde raison non moins péremptoire, avait juré d'exterminer les Juifs, de faire passer toute la jeunesse au fil de l'épée, de vendre tout le reste à l'encan et de mettre les étrangers et les infidèles avec leur fausse religion à la place de la Religion et du peuple que Dieu avait établis. Or, quand une nation sera réduite à une pareille extrémité que de périr et d'être anéantie par les fureurs d'un Prince, on lui passera toutes ses révoltes, ou plutôt ses résistances; car il ne s'agit pas ici de détrôner le Prince ou de le trahir, mais de défendre sa vie; et ainsi, à moins de ces cas à peu près imaginaires, elle ne pourra jamais se prévaloir de l'exemple des Macchabées, unique peut-être dans l'histoire.

Du reste, même dans le système de Jurieu et de Rous-

(1) II. Macchab., v et ix.

ou puissance, ni par ses supérieurs, puisqu'étant Souverain et indépendant il n'en a point sur la terre. Il ne peut non plus se punir lui-même par voie d'autorité ou de coaction, puisqu'il est absurde d'imaginer que personne se puisse condamner à un châtiment qu'il repousse ; il n'est donc passible que du jugement de Dieu, et, par conséquent, entièrement à l'abri de la force coactive et extérieure des lois. D'où il suit que, si un Souverain a malversé, il ne peut être traduit en justice, mais seulement averti et redressé par la voie des remontrances ou autres moyens de droit, sans jamais encourir les peines contenues dans les codes et dans les autres parties de la législation. Et s'il vient à abdiquer ou à perdre sa puissance, de quelque manière que ce soit, nul n'a le droit de l'inquiéter pour les actes de son administration, puisqu'antérieurement il n'était pas soumis à la puissance coactive et vindicative des lois, et que celles-ci n'ont jamais droit d'effet rétroactif. Il en serait autrement si le Prince avait enfreint les règles de la justice commutative : il pourrait être contraint à restitution ou à réparation, parce qu'alors il serait question moins d'une peine que d'un devoir de justice. Mais dans tous les cas, il ne peut pas être astreint aux peines ordinaires prononcées par les lois. Et c'est ce qui fait voir la monstrueuse iniquité des conventionnels envers Louis XVI ; puisque non-seulement il n'était pas soumis à la correction des lois, non-seulement en leur qualité de sujets ils n'avaient aucun droit de le frapper, mais que ce Prince infortuné n'avait rien fait pour le mériter.

§ VI. — LA PUISSANCE SOUVERAINE EST SOUMISE A LA FORCE DIRECTIVE DES LOIS.

Cependant, comme il faut se tenir toujours à égale distance des extrêmes pour être dans le vrai, nous devons ajouter que si le Souverain est exempt de la puissance coactive des lois, il ne l'est pas de leur puissance directive et morale; de sorte qu'il est tenu en conscience à l'observation de ses propres lois, comme le moindre de ses sujets. On a montré qu'il ne peut rien contre les lois : il a toute puissance pour les faire observer quand son autorité est ce qu'elle doit être : mais il n'en a point au-dessus des lois, qui le lient, et restreignent de toutes parts son pouvoir, nécessairement renfermé dans ces sages limites ; de sorte que, dans tous les systèmes, il ne peut ni les faire ni les abroger sans cause ; et dans le système représentatif et constitutionnel, il n'a point d'autorité pour les établir et les changer seul, ni pour en dispenser par lui-même, bien moins encore pour agir contrairement à leurs dispositions tant qu'elle subsistent. C'est là ce qui fera éternellement la différence entre le gouvernement régulier et légal et le gouvernement vicieux et despotique. Toutes les fois que le Souverain ne gouverne que par les lois, et surtout par les lois qu'il ne peut faire ni changer seul, il est dans l'ordre, les peuples sont libres civilement et politiquement; si, au contraire, il règne arbitrairement et en dehors des lois, les peuples sont esclaves, et il devient despote; ce n'est plus un gouvernement bien ordonné, c'est une oppression ; car, comme nous l'avons dit souvent après les auteurs les plus compétents, ou plutôt avec tout le monde, l'Autorité consiste à avoir toute puissance dans la sphère des lois, et la liberté à ne dépendre que d'elles. L'accord entre l'Autorité et la liberté, cette question interminable qui divise les rois et les peuples, sera obtenu par la soumission des uns et des autres à la loi régnante. Ceux-ci se montrent inconstants, amis d'une liberté excessive et infidèles à leur Prince, s'ils veulent autre chose que ce qui est établi, à moins qu'il ne survienne dans les affaires publiques de grands changements qui en exigent de semblables dans les lois ; et le Souverain de son côté pousse son autorité au-delà des justes bornes s'il veut agir à sa tête, ou s'il ne sait pas se prêter aux modifications commandées par la nécessité ou par le vœu unanime et bien constaté des peuples. Il doit donc subir cette force directive des lois publiques dans son administration extérieure, et il ne peut licitement s'y soustraire sans une absolue nécessité.

Et non-seulement il n'est pas au-dessus de la loi dans sa conduite publique et gouvernementale, mais il y est même soumis dans sa conduite privée et dans toutes ses actions. Ecoutons encore Suarès : « C'est le sentiment commun et constant des théologiens, que le Prince, ou le législateur tant civil qu'ecclésiastique, est tenu d'observer ses propres lois, quand la matière de ces lois est commune au Prince et à ses sujets, et que les motifs en sont identiques pour les uns et pour les autres ». Et tous les autres docteurs viennent à sa suite. Ainsi, de l'aveu de tout le monde, le Souverain est entièrement soumis à l'action directive des lois, et obligé en conscience de s'y conformer, sauf les cas d'exception, ou, pour mieux dire, d'impossibilité, qui sont pour lui comme pour les autres ; et cela pour plusieurs grandes raisons. La première est que toute loi juste est l'expression de la volonté divine sur tous les membres de l'Etat; or le Souverain, pour être la tête ne laissant pas d'être l'un de ces membres et le plus noble de tous, l'obligation de la volonté de Dieu exprimée dans la loi l'atteint comme tout le monde. Mais cette noblesse et cette grandeur du Prince fournit un second motif non moins considérable de l'obligation où il est de s'y conformer. C'est précisément parce qu'il est le plus élevé, le plus haut placé, qu'il y est plus strictement obligé ; la violation de la loi venant de si haut ne peut que la faire tomber dans le mépris des inférieurs ; tandis que l'obéissance qui lui est rendue par le Souverain la relève nécessairement dans l'estime des peuples, lui donne une force immense et lui concilie de la part de tous un respect et un amour plus utiles à son observation que toutes les répressions et tous les discours. L'exemple du Prince entraîne tout, soit pour le bien, soit pour le mal : s'il s'affranchit de la loi, les peuples le verront et s'en affranchiront comme lui; s'il s'y conforme, il la rend respectable, et l'on se fera un plaisir de la soumission. C'est donc précisément parce qu'il est au-dessus de tout qu'il lui importe d'être fidèle observateur des règlements communs. Ainsi le Prince est tenu à observer ses propres lois, et il se lie lui-même en enchaînant tous les autres.

Prétendra-t-on qu'il est impossible de se commander à soi-même et de s'imposer une obligation morale ? Cette difficulté s'évanouira si l'on réfléchit qu'il y a dans le Prince comme deux hommes : le Souverain et le simple particulier; en tant que Souverain il fait la loi; en tant que personne privée il la subit; et il y est soumis comme tout autre. La loi a pour effet d'assujettir la conscience de tous les membres de la nation; une fois que le législateur a prononcé, la loi existe; elle exerce sa force et son droit sur tous les sujets; et comme en dehors de sa fonction de législateur, le Prince n'est plus qu'un individu et qu'un citoyen, il est tenu en cette qualité d'obéir aux règles faites par le Souverain pour tous les individus, pour tous les citoyens, pour tous les sujets de ce même Etat. Mais le législateur n'a pas le droit de dispenser personne de l'observation de la loi sans motifs sérieux et pour la seule considération de la fortune, de la naissance et des titres; il ne peut donc s'exempter lui-même sans cause suffisante, sous prétexte de sa haute position; car s'il est à l'abri de l'action coactive de la loi, c'est parce qu'il n'a aucun supérieur qui ait droit de le contraindre à la suivre et de le réprimer, et qu'une contrainte inapplicable n'est qu'une fiction et une chimère. Mais la force morale et directive d'une loi agit par elle-même dans l'intime de l'âme, et sans avoir besoin d'un secours extérieur pour imposer une véritable obligation. La loi s'impose donc à tous les hommes, aux législateurs Souverains comme aux simples sujets, et cela en vertu de l'Autorité suprême de Dieu, qui est le maître des grands comme des petits, qui commande aux rois comme aux peuples, et qui ne veut pas, selon le reproche qu'il en a fait lui-même dans l'Evangile à quelques supérieurs hautains, les voir s'arroger le droit de poser sur les épaules de leurs frères des fardeaux insupportables auxquels ils ne daignent pas toucher du bout du doigt. Car les honneurs et les distinctions sociales sont nécessaires parmi les hommes pour le bon ordre de l'univers; mais ils n'existent pas devant Dieu, du moins jusqu'au point de mettre à ses yeux les grands au-dessus de toutes les règles, et de les dispenser des prescriptions communes et de l'observation des lois.

§ VII. — LA FIDÉLITÉ DES PEUPLES ENVERS LEUR SOUVERAIN VA JUSQU'A LA MORT.

La fidélité est un grand devoir : la Religion, la raison, l'honneur, l'intérêt de la société, tout le démontre. Mais il faut en comprendre l'étendue et la force, et pour cela pénétrer le sens profond et intime du mot. Rappelons les définitions. Qui dit fidèle dit quelque chose d'essentiellement fixe, quelque chose de stable, de constant; l'idée que tout le monde en conçoit, c'est l'idée de persévérance dans la reconnaissance de la même autorité, dans l'obéissance et dans l'affection qu'on lui conserve. C'est donc une obligation glorieuse et douce pour toute âme noble et vertueuse, mais obligation permanente qui pèse sur la vie entière des citoyens, en particulier ou en masse; la fidélité n'a point d'autres bornes que l'existence des peuples.

Nous avons vu que ni les Souverains étrangers, ni les

magistrats, ni les grands, ni la généralité du peuple ne peuvent légitimement délier les sujets de l'obligation de leurs serments, ou s'ils n'en ont pas fait, de l'obéissance et des autres devoirs naturels, des autres liens sacrés qui les unissent à leur Prince. Il n'y a donc point de puissance en dehors de l'action propre et personnelle de Dieu seul, qui ait le droit de rompre cette grande et immortelle alliance du Souverain et de son peuple; et ainsi en vertu d'une loi supérieure et antérieure à toutes les lois positives, les peuples doivent être fidèles jusqu'au dernier soupir à celui que Dieu leur a donné pour conducteur. On a vu que lors même qu'ils l'auraient élu, il ne leur est pas permis d'oublier qu'ils ne sont pas les auteurs, mais seulement le canal de transmission de son autorité; et qu'une fois cette haute et exceptionnelle mission remplie, ils se sont liés à ce supérieur dont ils doivent désormais respecter les ordres, sans aucun pouvoir de le changer.

Voilà pourquoi le crime de lèse-majesté chez les particuliers a paru à toutes les législations et dans tous les empires l'un des plus énormes et des plus condamnables qui se puissent commettre, et pourquoi il a toujours été justement puni de la peine capitale.

D'où vient donc que dans ce siècle on est si vite lassé d'être fidèle? Rien ne semble plus naturel que les mouvements populaires, et le soulèvement de la foule qui, sans tenir compte de son devoir, de la reconnaissance et des malheurs de la guerre civile ne craint pas, pour se faire l'instrument maladroit des rêveries coupables de quelques insensés ou de quelques traîtres, de semer de toutes parts l'inquiétude, la crainte, la désolation, de tout remplir de sang et de carnage, de provoquer le despotisme et de l'enfanter, et de se jetter pour un temps indéfini dans une suite inextricable de maux. La fidélité ne connaît point ces inconstances et ces criminelles folies. Qu'on nous parle tant qu'on voudra de prétendues libertés sur lesquelles personne ne s'accorde; des libertés achetées par de pareils moyens ne sont que des horreurs. Mais le peuple, dit-on, est le souverain, et il ne fait qu'user de son droit. Le peuple ! quel peuple? Celui des capitales? Mais c'est une goutte d'eau dans la mer. Le peuple tout entier? Il peut être Souverain sous un rapport ; mais ce n'est pas lui qui fait les révolutions; elles sont toujours produites contre le gré du peuple par une poignée d'hommes. D'ailleurs, si l'on excepte le moment unique de l'élection d'un Prince, dans quel sens le peuple lui-même pourrait-il être appelé *Souverain?* Non, il ne l'est pas, puisqu'il lui faut sans cesse un guide, et qu'il est incapable de s'entendre sur l'à-propos d'une seule loi, et, à l'exception de la guerre sur la moindre des questions politiques. Or, le Souverain, c'est le guide, le directeur de la nation ; c'est lui qui donne les ordres; donc ce n'est pas le peuple. Non, le peuple n'est pas le Souverain. Durant près de cinq mille ans, nulle part le monde ne l'a entendu ainsi. Les républiques elles-mêmes, où le peuple a tant de puissance, ont reconnu et reconnaissent encore un Président, et dans ce Président une autorité indépendante et dirigeante; et ce n'est que depuis les deux grandes Révolutions, l'une dans l'ordre religieux au seizième siècle, l'autre dans l'ordre politique au dix-huitième, que l'on a fait entendre ces sinistres doctrines généralement repoussées par le bon sens de l'univers, malgré les formes démocratiques usitées en tant de lieux, formes qui n'ont rien d'inconciliable avec la Souveraineté du Prince. La seule chose qui y répugne c'est la prétention de le soumettre au bon plaisir de la nation, ou plutôt des ambitieux qui veulent la dominer et agir en son nom.

Mais si l'Autorité du Souverain est permanente, la fidélité des peuples, qui lui est corrélative et n'est bornée à aucun temps, est donc également permanente; et leur attachement doit embrasser tous les moments de leur existence. Quels que soient les griefs dont ils s'imaginent avoir à se plaindre, quelles que soient les idées dominantes par rapport au gouvernement et à ses actes, à quelque hauteur de civilisation et de progrès que l'on prétende être parvenu, le devoir est là, toujours là, et les idées révolutionnaires ne prévaudront jamais dans la conscience et devant Dieu contre cette obligation sacrée.

Donc, le renversement des deux rois Charles X en 1830, et Louis-Philippe en 1848, a été illégitime, un acte de rébellion, et un crime contre la fidélité ; pour deux raisons principales : 1° Parce que lors même que ces Princes auraient été coupables, il n'y avait attentat de leur part ni contre la vie, ni contre la religion, ni contre la liberté personnelle, ni contre les droits de famille et de propriété des citoyens ; en un mot, on ne pouvait leur reprocher aucune violation des libertés nécessaires de la France, mais seulement une manière de voir en politique qui n'était pas celle d'une certaine faction. Si la Constitution était violée, comme on l'a prétendu, cela n'autorisait pas à briser leur pouvoir ; à la rigueur, on aurait pu recourir à la résistance passive, il n'était pas nécessaire d'aller jusqu'à la révolte ; du moins, on ne prouvera jamais cette nécessité ; et 2° dans tous les cas, quand bien même, sous prétexte des atteintes portées à la Charte, on se serait cru autorisé à se défendre par les armes, ce qui évidemment n'était pas, ç'aurait été à la nation entière de décider une question aussi grave et de donner le signal de la résistance, et non pas à une poignée d'hommes sans mandat spécial, foulant aux pieds cette même Charte dont ils se disaient les défenseurs, enfreignant toutes les lois et usurpant toutes les attributions, celle de roi, celle de constituants, celle du peuple français dans son ensemble. Ce double coup-de-main ne fut donc qu'une révolte brutale et un crime de lèse-majesté. Il est vrai que le second de ces gouvernements, pour cette même raison, ne paraissait pas en droit de se glorifier de la légitimité d'origine ; mais il avait été accepté, il était régulier, et fonctionnait depuis plus de dix-sept ans, et il semblait ne pouvoir être renversé que par la guerre civile ; le bien général de la nation exigeait donc qu'il fût traité comme s'il avait eu des titres certains.

Quelques-uns ne comprenant pas cette doctrine l'assimilent à la fausse théorie du droit des faits accomplis ; ils disent qu'elle est immorale, que c'est encourager toutes les usurpations, et que de cette sorte tous les attentats, même les plus odieux et les plus sanguinaires, seront réputés honnêtes pourvu qu'ils soient heureux. Mais l'apparence les trompe. Non, non, cet enseignement n'est point la justification et la glorification des faits accomplis. Les faits restent ce qu'ils sont ; et s'ils sont criminels et réprouvés par la conscience, ils ne deviennent point honnêtes ni justes pour avoir été couronnés de succès. Ainsi, ce n'est point le succès que nous glorifions, puisque nous venons de le condamner dans les deux dernières révolutions, et nous ne prétendons pas justifier le fait par cela seul qu'il existe et qu'il triomphe. Dieu le jugera ; la nation pouvait aussi le juger tout d'abord, et ne pas reconnaître ce qui s'était fait ; elle devait même s'opposer comme une barrière infranchissable à tous les projets des factieux et aux envahissements des perturbateurs ; et maintenant encore tout homme a le droit d'apprécier selon sa conscience le fait victorieux, et de ne pas regarder comme légitime en soi ce qui réellement ne l'est ni dans le fond ni dans les moyens qui l'ont établi. Bien plus, toute intrusion violente est un crime dont la trace ne disparaît que dans le cours des siècles, une tache indélébile malgré la légitimation subséquente des peuples et des temps ; et ses auteurs seront flétris par l'impartiale histoire, et punis tôt ou tard par le juste et incorruptible vengeur de tous les droits. Mais en même temps il faut convenir que ces violations du droit, condamnables en elles-mêmes et en principe, ne sont pas toujours claires et manifestes dans les cas particuliers; et la preuve, c'est que ces sortes de faits donnent lieu et dans l'origine et dans la suite à tant d'appréciations et d'opinions différentes, qui s'affirment et se traduisent par la formation des divers partis. Est-ce que l'on ne doit pas se respecter assez mutuellement pour se croire de bonne foi? Est-ce que l'honneur du pays et l'estime de l'humanité n'imposent pas le devoir de regarder toutes les opinions modérées comme consciencieuses? Certainement elles le sont; et si l'on se trompe, l'erreur est dans l'esprit et non pas dans la volonté. Mais si tant de bonnes et solides intelligences n'atteignent pas le vrai, puisque leurs jugements sont contradictoires, s'il y a tant de diverses manières de voir dans les individus, si le principe du droit, tout certain qu'il est en lui-même, n'est cependant pas aperçu par un si grand nombre, il n'est donc pas aussi facile qu'on pourrait le penser de porter sur chaque fait un jugement absolument sûr et de prononcer avec fermeté; comment donc affirmer sans crainte que tel fait accompli est réellement vicieux?

En outre, on ne saurait nier qu'il n'est pas permis d'agir pour un droit obscur et dans un fait douteux, comme si l'un et l'autre étaient incontestés, comme s'ils avaient tous les caractères de la certitude; que si ce fait de l'existence ou du défaut de droit est évident pour quelques-uns, il ne l'est pas pour un grand nombre; et que le petit nombre dans tous les cas, n'a pas le droit d'imposer violemment ses opinions à tous les autres, surtout quand il doit en résulter les plus affreux malheurs, la division, les haines, la ruine, l'effusion du sang. C'est la propre doctrine de saint Thomas (2ª 2æ q. 104), qui enseigne que lorsque l'on est soumis à à un Prince dont le pouvoir est usurpé ou qui commande des choses injustes, les sujets ne sont point tenus de lui obéir, si ce n'est accidentellement, pour éviter le scandale ou le péril, *propter vitandum scandalum aut periculum;* or, quel plus grand scandale ou quel plus affreux danger que celui de mettre à feu et à sang un pays actuellement tranquille! Et encore saint Thomas parle d'une usurpation certaine, et nous parlons d'une usurpation douteuse; il suppose que tout le monde est d'accord, *subditi,* sans distinction, et nous parlons d'un peuple profondément divisé dans ses opinions; le péril existe donc toujours. Sans doute il est douloureux de voir triompher l'erreur, mais ici le remède serait pire que le mal; car on ne pourrait y remédier que par les troubles au sein de la paix; et selon le même saint docteur, la sédition est toujours un péché très-grief. C'est pourquoi, quand les titres d'un gouvernement bien établi ne seraient pas certains, il paraît qu'il n'y aurait pas là de raison suffisante pour lui refuser la fidélité, puisque ce gouvernement étant reconnu et servi paisiblement par la grande majorité du peuple, lors même que l'on ne voudrait pas admettre dans cette reconnaissance la base d'un droit réel, il faudrait bien au moins avouer que ceux qui s'insurgent scindent la nation en deux ou plusieurs catégories hostiles, et amènent forcément tôt ou tard non-seulement le péril, mais la cruelle réalité de la guerre civile, qui est le pire de tous les maux. C'est du reste l'intérêt évident de tous les systèmes; car chacun croyant avoir le droit pour soi cherchera toujours à abattre le système dominant, si dans l'intérêt de la paix publique il ne veut pas tenir compte de la possession. Vient-il à triompher, l'exemple de sa victoire excitera les autres aux mêmes luttes; et ainsi nul Souverain, nul peuple ne pourra se maintenir, ou du moins être en sûreté avec de pareils principes; ce qui ne va à rien moins qu'à éterniser les troubles et le malheur de la société. Ainsi, la raison, l'amour de la patrie, la conscience font une loi à tous les gens de bien d'adhérer à leur gouvernement, non pas à cause du fait accompli, mais pour les autres puissants motifs que nous venons d'énumérer, et dont un esprit droit, calme, réfléchi et élevé au-dessus des passions sentira aisément toute la force.

Il y a donc une extrême différence entre notre doctrine et la théorie réprouvée des faits accomplis. 1° Les partisans de cette opinion soutiennent que le fait victorieux entraîne le droit, et nous, nous disons que malgré la victoire de la force, le droit ancien subsiste, au moins radicalement. 2° Ils prétendent qu'on doit obéir au nouvel ordre de choses à cause de lui ; et nous disons que si on lui doit obéissance ce n'est pas à cause de son fait victorieux, mais pour le bien général qui, rendant la paix nécessaire, l'emporte sur toute autre considération. 3° Ils veulent qu'on ne puisse plus revenir sur les faits accomplis ; et nous disons que dans des circonstances favorables et avant la prescription, il n'est point interdit à l'ancien droit de se relever et de se faire valoir, s'il le peut sans conspiration, et sans un plus grand préjudice pour l'ensemble du pays. Il n'y a donc aucune assimilation possible à faire entre notre principe, éminemment conservateur, et la fausse théorie des faits accomplis, évidemment immorale et subversive.

La fidélité d'un peuple envers son Souverain doit encore aller jusqu'à la mort, en ce sens que l'on est tenu de perdre la vie plutôt que de le trahir, que de prendre part à l'émeute, ou de tremper dans les conspirations qui en veulent à ses jours ou à son pouvoir. De quelque belle couleur qu'on veuille couvrir une pareille conduite, elle paraîtra toujours effroyable à tous les honnêtes gens ; et comme nous l'avons fait remarquer, le crime de lèse-majesté n'a pas été en vain regardé par toutes les législations comme l'un des plus horribles qui se puissent commettre, et le désir de sauver sa vie n'en efface pas l'horreur. C'est une loi, une obligation sacrée et indispensable pour tout citoyen, sauf les cas d'exception, de dénoncer les complots tendant au renversement du Prince ou de l'Etat, dût-on s'exposer à la vengeance des conjurés ; et le secret naturel lui-même n'en dispense pas. Seulement faut-il prendre la précaution de s'assurer de la vérité, de ne pas l'exagérer, de ne parler qu'avec mesure, de ne pas aller au-delà de sa science, et de s'environner d'un salutaire secret en même temps que des preuves nécessaires.

Enfin, la fidélité impose aux jeunes gens l'obligation de s'enrôler dans la milice et de prendre les armes selon les lois de l'Etat, de soutenir le poids de la guerre et des combats, même au risque de leur vie : que sous le nom d'*honneur* elle leur fait défense de quitter leurs drapeaux, et de trahir la cause nationale en passant à l'ennemi ; la lâcheté, la perfidie et la trahison ont toujours été choses horribles devant Dieu, infâmes et impardonnables devant les hommes. L'homme d'honneur, le vrai brave ne connaît que son Souverain, comme il ne connaît que son Dieu et son devoir ; selon la parole de l'Evangile, il ne sert pas deux maîtres à la fois, il n'a qu'une parole, qu'un serment, qu'un drapeau ; et s'il ne peut y être fidèle qu'aux dépens de sa vie, il ne balance pas, il meurt. Voilà l'étendue du devoir de la fidélité.

§ VIII. — COROLLAIRE DES MAXIMES PRÉCÉDENTES.

Le vrai patriotisme, à quelque opinion qu'il appartienne, ne raisonne pas et surtout n'agit pas comme l'école révolutionnaire. Il subordonne les intérêts privés quels qu'ils soient à l'intérêt général, inséparable de la fidélité au Souverain, et il ne cherche pas à ébranler le fondement de l'Etat. Quiconque l'attaque se démasque. Pour le bien des peuples les Constitutions et les dynasties devraient être fixes, et en quelque sorte éternelles, il faut donc toujours les mettre hors de cause. Si la Constitution et les lois organiques ont besoin de perfectionnements, le Souverain et la majorité de la nation unis ensemble ont seuls le droit de les faire, et encore avec une extrême prudence, et sans toucher aux bases essentielles. Les hommes, qui dans leur intérêt ne rêvent que renversements, font au nom de la nation des demandes incessantes de libertés nouvelles, et dont personne en-dehors d'eux ne sent le besoin. Il serait utile de méditer plus souvent cette parole du grand Bâcon (1): « Il n'y a rien de plus dangereux dans un Etat que de prêter l'oreille à toute proposition qui tend à introduire quelque changement dans le gouvernement, le changement proposé parût-il le plus léger de tous? » D'ailleurs, si quelques modifications deviennent absolument nécessaires, elles doivent être provoquées non par les aspirations vagues et inconstantes de gens turbulents qui ne peuvent demeurer en repos, mais par la claire vue d'un changement profond dans la chose publique, et d'un besoin généralement senti par suite de ce changement. C'est donc, non pas à une fraction du peuple et de ses Représentants, mais à la nation seule et à son Souverain d'y penser, et de choisir pour ces réformes le moment qui leur convient, et dont eux seuls sont les juges, parce que c'est à eux seuls à décider ces questions. On ne saurait donc repousser avec trop de force et d'unanimité les inquiétudes factices, déraisonnables et quelque peu séditieuses de certaines minorités. Revenir continuellement sur cet objet, même après de nombreux échecs, c'est afficher son mépris pour les droits du Souverain et de la nation, puisqu'on paraît ainsi ne revendiquer si souvent et avec tant de force ces libertés que pour satisfaire sa passion et provoquer de nouveaux bouleversements et de nouvelles ruines; la preuve en est dans cet acharnement à critiquer sans mesure, à trouver tout mauvais; c'est

(1) Conseils à Buckingham.

un acte de factieux. Les gouvernements sont tombés non par l'excès de leur force, mais par leur faiblesse, par leurs hésitations, par leurs concessions imprudentes et inopportunes, ou pour n'avoir pas apporté à leur défense toute l'énergie et les précautions nécessaires ; ils ne sont pas tombés par l'usage ferme et prudent de leurs prérogatives. C'est donc une nécessité pour le Pouvoir de s'opposer comme un mur de fer à toute espèce de modifications imprudentes et trop hâtées. Il suffit qu'on paraisse exiger pour qu'il n'accorde pas ; il accordera, s'il est à propos, quand le calme sera rétabli.

Voilà donc les diverses obligations des peuples envers l'Autorité qui les régit. Plût à Dieu qu'ils ne les eussent jamais ignorées, qu'ils ne les eussent pas entrevues comme au travers d'un songe, et que les hommes qui se sont donné naguère la mission de les instruire, ne se fussent pas contentés de leur apprendre *les droits de l'homme*, mais qu'ils leur en eussent en même temps enseigné *les devoirs*. Nous n'aurions pas eu à déplorer dans presque toute l'Europe ces révolutions funestes qui ont déchiré le sein de la patrie. Et pourquoi certains journaux si prompts à flatter et à tromper le petit peuple ne lui font-ils pas entendre la voix de la raison et de la conscience, qui parlerait si haut, si elle n'était pas étouffée par des sophismes ? Au lieu de ces passions dévorantes qu'ils allument dans leurs cœurs, et qui les rendent si malheureux, ils les établiraient dans la paix, dans la confiance et dans l'amour, source unique de tout le bonheur de la vie. Il est vrai qu'à leur défaut, la Religion, cette grande et suprême maîtresse de l'humanité leur fait entendre avec une autorité divine, s'ils la veulent écouter, ces graves leçons qui, une fois bien pratiquées, réprimeraient tous les excès et des rois et des peuples, les porteraient à se pardonner, à se comprendre, à s'aimer, et à conserver entr'eux cette harmonie et cette douce union qui sont le but de toute société.

CHAPITRE VI.

Examen des reproches et des accusations par lesquels on bat en brèches la fidélité des peuples envers leur Souverain.

Les principes que nous avons posés jusqu'ici suffisent ; mais, cependant, il est bon pour compléter notre démonstration d'examiner, avant de finir, les objections ordinaires formulées contre le Pouvoir souverain, dont elles détruisent insensiblement la confiance et l'amour dans le cœur des peuples. De nos jours, soit par prévention et par haine, soit par une habitude d'émancipation et d'indépendance trop souvent confondue à tort avec la noblesse de l'âme, soit, enfin, par conviction sincère, on charge les Souverains d'une multitude de reproches, la plupart sans fondement. Quand les émotions politiques se sont emparées non d'une fraction du peuple, mais des masses, il faut des siècles pour les calmer ; celle de la liberté en particulier ébranle les esprits d'autant plus fortement que l'idée en est plus vague, parce qu'elle laisse entendre je ne sais quelle initiative et puissance populaire non définie ; si on la connaissait mieux, ou si l'on se souvenait davantage, on s'en effraierait. Mais le commun des hommes n'est guère frappé que des impressions présentes ; et quand on lui parle de liberté, « quand une fois, a dit un grand orateur, on a trouvé le moyen de prendre la multitude par l'appât de la liberté, elle suit en aveugle, pourvu qu'elle en entende seulement le nom. » Et si lassée de ses propres excès la nation fait appel à un Pouvoir fort et réparateur, elle se lasse peut-être encore plus facilement de son calme et de son bien-être : à la suite d'un petit nombre d'intrigants elle soupire après de nouvelles aventures ; et quelques années à peine après les terribles leçons qui l'avaient si fort épouvantée, le moindre souffle suffit pour ranimer son feu mal éteint. Si l'on n'y prend pas garde, cette disposition est l'avant-courrière d'une autre série de tempêtes, de ces situations désastreuses qui toujours commencent par le dénigrement et l'affaiblissement du Pouvoir, et finissent par la déception cruelle et le malheur de la nation. Ainsi lors-même que les griefs seraient fondés, il vaudrait mieux dans son intérêt les dissimuler et prendre patience que de s'exposer à tout perdre par un zèle imprudent et précipité de réformation, et par une ardeur téméraire pour une perfection chimérique dont la faiblesse humaine est peu capable. Mais le plus souvent il ne reste pas même ce prétexte d'abus réels et de reproches fondés, au moins, dans l'essentiel; ce ne sont que des points de détails qui peuvent ne pas plaire à certains esprits, mais qui tiennent à un ensemble bien coordonné de mesures préservatrices, fécondes et salutaires, dont on ne sent pas l'utilité, parce qu'on ne voit pas les choses de haut et qu'on n'est pas chargé du gouvernement; aussi n'est-il pas rare de voir des hommes appelés aux affaires y suivre la même marche qu'ils avaient condamnée n'étant que simples particuliers, et dont à cause de leur position inférieure ils n'avaient pas été en état de saisir les raisons profondes; il fallait l'expérience pour leur dessiller les yeux.

Il est donc important de montrer que généralement les griefs articulés contre l'Autorité n'ont pas de fondement solide, ni surtout sérieux, et qu'ils sont par conséquent incapables de faire impression sur un homme judicieux et de sang-froid. Nous croyons devoir d'abord poser en principes quelques observations générales qui serviront extrêmement à la solution des différents cas particuliers.

ARTICLE PREMIER.

PRINCIPES GÉNÉRAUX.

Premier Principe. — *Il n'y a point de gouvernement sans défaut.* — Cette vérité est tellement évidente, tellement élémentaire, tellement banale, que son énonciation ressemble à une naïveté ; cependant dans la pratique on la met presque constamment en oubli ; et l'on parle, l'on agit d'ordinaire comme si l'Autorité souveraine devait être absolument parfaite et irréprochable, lorsque, par suite de l'extrême faiblesse inhérente à l'humanité, il est impossible qu'il s'en rencontre une seule sans défauts et sans imperfection. Et quand nous disons qu'il n'y a pas de gouvernement parfait, nous ne parlons pas de leur nature ; république, monarchie, ou toute autre forme, peu nous importe; nous n'avons point eu en vue leur plan, leurs assises, leur composition, mais l'action même de l'Autorité, la manière de gouverner les hommes; et il est plus clair que le jour que chacun d'eux a et doit nécessairement avoir ses médiocrités et ses défaillances. Tous les gouvernements humains, même les mieux combinés et les plus sages, se ressentent de l'infirmité de ceux qui l'exercent. Tous ont leurs endroits faibles. Les uns débiles et timides donnent trop de largeur à la liberté, les autres trop forts et trop décidés penchent un peu vers la compression ; les uns sont imprévoyants, inattentifs et se laissent trahir; les autres défiants et ombrageux fatiguent la nation par l'excès des rgèlements; ceux-ci, loin de s'opposer à l'introduction d'une foule d'abus qui énervent la discipline, portent en vain le glaive, sont nuls pour reprendre et n'ont pas la force de faire respecter les lois ; ceux-là déploient une rigueur excessive et poussent tout à l'extrémité. On en voit de passionnés pour la guerre, qui épuisent le pays d'hommes et d'argent pour des expéditions d'une justice et d'une utilité douteuses; on en voit d'apathiques et de craintifs, incapables de soutenir l'honneur de la patrie ; de religieux à l'excès, qui vont jusqu'à la cruauté pour réprimer l'erreur ; d'indifférents, qui laissent s'établir sans s'émouvoir les doctrines les plus impies, les plus subversives de tout ordre moral, ne s'inquiétant nullement des suites terribles qui doivent en résulter, même pour eux. Ainsi le meilleur et le plus parfait n'est pas celui qui n'a pas de défauts ; mais celui qui en a le moins ; comparaison difficile ; une perfection absolue est une impossibilité parmi les hommes ; il en est des gouvernements humains comme de chaque homme en particulier. Il est donc souverainement ridicule et criminel de pousser à la haine et au renversement du Pouvoir existant, sous prétexte qu'il a des défauts, d'autant plus que celui par lequel on veut le remplacer en aura peut-être encore davantage. Mais les regrets seront superflus ; le trait du soliveau et de la grue se répète souvent. Il est donc juste d'avoir pour son Souverain la même patience, la même indulgence, la même bonté qu'on attend de lui pour soi-même. Exiger impérieusement d'autrui une perfection dont on doit se sentir si éloigné, c'est une ingratitude et une bassesse.

2e Principe. — *Le gouvernement, même le plus imparfait, vaut mieux que l'anarchie.* — Cette proposition est facile à entendre. Il est clair que les pires de tous les gouvernements sont le despotisme et la tyrannie, si tant est que cette dernière puisse mériter un si beau nom. Or le despotisme, ou l'arbitraire dans l'autorité à la place de la loi, opprime souvent les libertés publiques les plus légitimes, mais du moins il donne l'ordre extérieur et fait régner la paix dans le pays. Il y a plus : la tyrannie elle-même qui est un abus monstrueux, ou plutôt la négation du gouvernement, est un moindre mal que l'anarchie populaire et l'absence complète d'un Pouvoir souverain. Car elle ne dure guère ; elle tombe rapidement par son propre excès ; et si sa compression violente la rend odieuse et insupportable, si elle produit le désordre en haut, toutefois elle l'empêche en bas. Elle contient quelque temps les passions de la multitude; elle met un frein à la fureur des mauvais citoyens; et, si l'on peut ainsi dire, son injustice a un beau côté; puisque le mal est tout concentré dans le Pouvoir, et que par la terreur qu'elle inspire elle tient tous les membres de l'Etat dans le devoir et ne leur permet pas de se nuire; de sorte que l'on n'a affaire qu'à un seul tyran; tandis que dans l'absence de tout gouvernement établi, l'on est sous la main d'autant de tyrans et d'oppresseurs qu'il y a d'hommes puissants et audacieux, sans autre loi que leur caprice et sans autre règle que leur volonté malfaisante. Mais n'est-il pas évident qu'il vaut mieux porter le joug d'un seul tyran que de plusieurs? Car dans ce dernier cas les tyrannies sont tout aussi violentes et beaucoup plus multipliées, étant répandues sur toute la surface du territoire, sans aucun de ces refuges, aucune de ces garanties qu'on trouve toujours dans les gouvernements, même les plus mauvais, fort aises en réprimant les excès d'autrui, de faire valoir leur puissance. La tyrannie d'un seul ne s'attaque guère d'ordinaire qu'à une classe, ou à un objet; la tyrannie de la foule, ou l'anarchie, s'en prend à toutes les classes et à toutes choses : il y a de toutes parts trop de cupidités à assouvir, trop de vengeances à exercer, trop de positions à conquérir, trop de passions surexcitées et d'appétits insatiables pour qu'il y ait un terme aux malheurs publics; tout est en proie, tout est dévoré par la guerre civile, tout nage dans le sang. Et voilà pourquoi l'anarchie, qui multiplie les fléaux et les déchaîne sans remède et sans contre-poids, est beaucoup plus redoutable que le plus mauvais des gouvernements, que la tyrannie elle-même. C'est ce que l'on a toujours vu. On sait que dans l'antiquité la tyrannie de Pisistrate, à Athènes, fut incomparablement plus douce que celle des trente tyrans qui plus tard décimèrent ce malheureux pays ; mais que serait-il donc devenu si l'anarchie eût été complète ! La brutale tyrannie des décemvirs, qui fit tant gémir les Romains, leur parut mille fois plus insupportable dans leur courte administration que les manières hautaines de Tarquin-le-Superbe durant vingt-cinq ans de règne. Mais qui ne frémit encore à la pensée de cette effroyable Terreur planant naguère sur toute la France, ayant pour agents dans la capitale quelques misérables scélérats se massacrant les uns les autres pour s'assurer du Pouvoir, et dans les provinces cette foule de bourreaux altérés de sang qui frappaient sans distinction d'âges, de sexes ou de classes sur la nation entière ! Ainsi l'anarchie est la plus détestable des tyrannies et la plus affreuse des calamités ; elle est le produit des passions les plus furieuses et les plus inplacables ; mais un seul tyran peut avoir de bons moments ou des lassitudes, il n'a du reste que sa malice personnelle. En général, quelque faible, insouciant ou rigide que soit un gouvernement, il respecte au moins les droits essentiels du peuple, sa vie, et d'ordinaire sa religion, ses droits de famille et de propriété ; il protége l'ordre et la paix publique jusqu'à un certain point ; qu'on cherche ces avantages dans l'anarchie. On n'y trouvera ni sécurité personnelle, ni respect pour ses convictions, ni garantie de son bien, d'aucun de ses droits, d'aucune de ses libertés ; tout est à la merci d'une populace inconstante et féroce dont les instincts violents et sanguinaires ne s'apaisent pas. Dans ce grand trouble, où est le commerce, où est l'industrie, où les beaux-arts, où même l'alimentation publique ? C'est un chaos, un abîme, une horreur. Donc il vaut cent fois mieux garder son gouvernement, quel qu'il soit, même le plus imparfait, que de s'exposer imprudemment aux affreux malheurs de l'anarchie.

3e Principe. — *Or les luttes continuelles contre le Souverain mènent inévitablement à l'anarchie.* — De même qu'il n'y a point de muraille ni de place forte si solide qui puisse résister aux coups de canon fréquemment répétés, de même il n'existe pas de Pouvoir politique, si fort et si concentré qui ne succombe aux efforts multipliés et incessants d'une opposition nombreuse, énergique, infatigable, quand elle est complétement libre et maîtresse de ses moyens d'action. Nous le voyons par l'histoire de nos dernières discordes; elle le mine sourdement et finit par emporter la place. Mais quel est le profit de ces luttes? Elles ne réussissent même pas d'ordinaire à ceux qui les livrent, lors même qu'ils triomphent. Sans doute si ces habitudes d'opposition systématique et universelle s'enracinent dans un pays, le Gouvernement sera nécessairement et bientôt emporté; mais ceux qui le remplaceront sont également dévoués aux mêmes attaques, et par conséquent aux mêmes chutes. Le gouvernement devenant ainsi impossible, l'anarchie s'élève sur ses ruines avec tous ses désordres, toutes ses épouvantes, toutes ses calamités; à moins qu'il ne se rencontre un homme assez supérieur pour faire surgir un Pouvoir fort, et pour imposer silence à ces clameurs injustes. Combien donc n'est-il pas à désirer pour un peuple qu'il ait la sagesse de ne pas se laisser mener par des factieux, de ne pas aspirer en fait de gouvernement à une perfection imaginaire et impossible, de s'attacher sérieusement à ce qu'il a, de le respecter, et de ne faire que des oppositions honnêtes, modérées, et compatibles avec l'ordre public et la stabilité des institutions. C'est là le beau rôle réservé non-seulement aux grands corps de l'Etat, mais à la presse elle-même, si, en se voyant si puissante pour le bien comme pour le mal, elle comprend en même temps son intérêt et son devoir.

4e Principe. — *Les bons gouvernements dépendent très-souvent de la bonne conduite des peuples.* — On se plaint beaucoup des Pouvoirs, on ne leur ménage pas les reproches; et pourtant c'est habituellement à soi-même qu'il faudrait les adresser; car presque toujours les peuples font leur Souverain à leur image; et c'est leur conduite qui décide et fixe celle de leurs gouvernements. Assurément il y a des gouvernements forts et faibles, bons et mauvais par eux-mêmes ; mais souvent aussi ils doivent ces qualités contraires au milieu, aux diverses circonstances où ils se trouvent, et en particulier aux dispositions des peuples qu'ils sont appelés à gouverner. Il est clair qu'un Souverain naturellement débonnaire et un peu timide, se voyant en face d'un peuple hardi et menaçant, n'aura pas l'énergie nécessaire pour réprimer ces audaces et deviendra faible; en présence des passions continuellement hostiles, le Pouvoir malgré la meilleure volonté sera contraint de museler certaines libertés politiques, qu'il serait le premier à donner si ces emportements s'apaisaient, comme on l'a vu naguère en Hongrie. Un Prince sera bien plus exposé à traiter tyranniquement un peuple dur et rebelle qu'une nation fidèle et soumise, mais jalouse de ses droits véritables. Et si les impôts ne rentrent pas exactement, certainement il y aura lieu de se plaindre de l'immobilité gouvernementale, de la stagnation des prospérités de l'Etat, de la nullité des travaux publics, et peut-être de la misère générale; mais alors à qui imputer ce défaut de progrès, cette décadence? Est-ce au gouvernement? ou à la nation qui, par le refus déraisonnable des subsides, met le Pouvoir hors d'Etat d'exécuter ces grandes entreprises, et se punit elle-même de ses résistances? Il est visible que si le Gouvernement est perpétuellement en butte aux attaques d'une opposition tracassière, il ne songera qu'à se défendre, à vivre au jour le jour; et comme il ne peut non plus concéder des libertés extraordinaires qui, dans une telle disposition des esprits, ne serviraient qu'à l'abattre, le travail de sa pensée, qui aurait été fécond dans des circonstances plus heureuses, restera paralysé, au grand détriment du pays tout entier.

Mais quelle largeur de vues au contraire, quelle grandeur de conception, quelle puissance et quelle liberté d'allures, quelle fécondité dans les travaux et la conduite d'un gouvernement en paix tant au dedans qu'au dehors, d'un gouvernement aimé, obéi, soutenu du concours de tous les bons citoyens ! Cette immense multitude d'hommes ne forme plus qu'une famille; le père est respecté, les enfants sont dévoués, glorieux, prospères; c'est une nation forte, invincible, dont toutes les intelligences, tous les bras tendent à un même but; et si l'union fait la force, quelle doit être la puissance d'une nation si unie? Sa sphère d'action est l'univers entier. C'est là le grand secret de la prodigieuse prospérité de l'Angleterre, son patriotisme; pourquoi tous les autres peuples, en suivant les mêmes voies, n'arriveraient-ils pas proportionnellement au même but? Ce n'est donc pas en incriminant le Pouvoir, et en se montrant toujours mécontent, qu'un empire aura à se louer de son gouvernement; mais en le secondant, en l'aidant, en marchant avec lui. En un mot, c'est à tous les membres de l'Etat, par leur fidélité, leur loyauté, leur sage conduite, de faire de lui ce qu'ils voudront; car si les gouvernements sont forcés de résister à la malveillance, c'est leur bonheur et leur gloire d'aller au-devant des vœux des sujets respectueux et soumis; ils mettent leur plaisir à les exaucer dans la mesure de la prudence; car ils savent que de cette manière ils se font des amis, des appuis inébranlables. Ces quatre principes bien médités suffiraient, ce nous semble, pour tarir la source de la plupart des reproches adressés aux divers Pouvoirs; mais il en est quelques-uns qui paraissent faire sur les meilleurs esprits des impressions plus profondes; il ne sera peut-être pas inutile de s'y arrêter un instant.

ARTICLE SECOND.

RÉPONSES SPÉCIALES.

1° Il y a des Souverains, dit-on, qui ne sont pas religieux. — Que signifient ces paroles? Car elles sont équivoques. Veut-on dire que le Souverain en son particulier ne pratique pas les devoirs de la Religion dont il fait profession? Mais cela ne regarde personne; c'est une affaire purement intérieure réservée à la conscience du Prince et au jugement de Dieu. Veut-on dire qu'il n'est pas dans la vraie Religion? Cela est quelquefois malheureusement vrai; mais il est vrai aussi que ordinairement les nations sont complices de cette infidélité, comme on le voit dans les pays hérétiques et schismatiques; ainsi personne alors n'a de reproches à faire au Souverain, puisqu'il se trouve dans le même cas. Si l'on veut faire entendre que le Souverain opprime la véritable Religion, sans doute, hélas, il y en a des exemples, mais heureusement fort rares; et il faut presque sortir de l'Europe pour les trouver. Mais que dans certaines affaires, moitié religieuses moitié politiques, un Prince paraisse prendre un parti moins favorable à la piété, l'on n'est pas pour cela en droit de le condamner comme irréligieux; car il y a des raisons d'Etat si fortes, si décisives, si entraînantes que l'on n'est pas toujours le maître d'accorder ses actes avec ses désirs. N'a-t-on pas vu en Allemagne plusieurs empereurs, et en France François Ier et Richelieu, faire alliance avec le Turc, malgré ce qu'il semblait y avoir de choquant pour les idées chrétiennes dans ces associations anormales; et cependant jamais on n'a prétendu que ces hommes illustres aient été dépourvus de religion. Mais il faudrait avoir pénétré dans le cabinet des Princes et avoir porté le fardeau des affaires publiques pour comprendre combien la force de certaines considérations gouvernementales est irrésistible. Les particuliers jugent les choses par un seul point de vue, et ne les aperçoivent que d'un côté; plus haut on les voit sous toutes leurs faces et dans l'ensemble; et dans ce vaste horizon elles apparaissent tout autres. L'on conçoit que certaines allures ne reviennent pas à nos goûts; mais il faut savoir tenir compte de la différence des positions, et avoir assez de modestie pour ne pas se mettre aisément à la place des pouvoirs publics, et pour ne pas s'imaginer en savoir plus long qu'eux sur les intérêts de la Religion, vus dans l'ordre du possible et dans leurs rapports avec les nécessités de l'Etat. Egalement, de ce qu'un Souverain ne réprime pas tout ce qui se dit et se fait contre la Religion, conclure qu'il est irréligieux, c'est une conséquence fausse et mal tirée, c'est se faire une idée inexacte des devoirs du Souverain : car il n'est pas tenu de punir tout ce qui se fait contre Dieu, ou il faudrait dire qu'il doit punir tous les péchés dont il a connaissance; ce qui est absurde, et ce que personne n'a prétendu jusqu'ici. Il n'est obligé de châtier que les impiétés ouvertes, publiques, ce qui insulte les cultes reconnus, ou les bases mêmes du sentiment religieux et moral; son autorité ne s'étend pas au-delà. Un Souverain serait sans doute fort blâmable si, en déployant une extrême indulgence pour les ouvrages qui attaquent la Religion, il n'avait que des sévérités pour les auteurs qui la défendent; il ne tiendrait pas la balance égale, et il encourrait de justes reproches; car la condescendance et la rigueur doivent être les mêmes pour tous durant les dissensions publiques; et la pensée religieuse a toujours droit à la préférence dans les temps calmes; puisque alors la faveur, indépendamment de la justice intrinsèque, n'a pas d'inconvénients. Mais dès qu'un Prince assure à la religion sa liberté, fait respecter le culte, pourvoit à ses besoins et à ceux de ses ministres, réprime les violences et tous les mépris qui tendraient à en éloigner les hommes, il a bien mérité de la Religion et du pays, et on lui doit des actions de grâces. Plût à Dieu que partout ces devoirs fussent exactement remplis !

2° L'on prétend encore que certains Souverains sont despotes, en ne voulant pas accorder à leurs sujets les libertés nécessaires. Il y a bien de l'humeur et de l'esprit de parti dans ces accusations. Nous avons montré qu'il n'y a point de despotisme chez un Prince qui renferme l'exercice de son autorité dans la sphère des lois ; puisque l'usage légitime de l'Autorité consiste précisément à les faire observer sans rien y ajouter par soi-même, ce qui serait mettre l'arbitraire à la place du droit. Mais dès-lors que le Chef de l'Etat ne commande rien en dehors de la loi, il n'y a rien de despotique dans ses procédés, et sa conduite est parfaitement régulière et légitime. Si la loi paraît trop sévère, que l'on en demande la révision et l'abrogation aux législateurs ; mais tant qu'elle subsiste, on n'a pas le droit d'en faire un crime au Souverain. Est-ce la Constitution elle-même qui déplaît ? Pour être autorisé à y faire des changements, il ne suffit pas des désirs d'un certain nombre de personnes ; la volonté du Souverain et le vote des législateurs ordinaires ne seraient même pas assez puissants pour les opérer ; il faut pour cela le consentement de toute la nation dans un plébiscite ; c'est elle qui lui a donné toute sa force en y adhérant, il n'appartient qu'à elle de la lui ôter ; et l'accusation de despotisme ne pourrait retomber que sur elle. Du reste, dans notre législation française, c'est l'affaire du Sénat, à l'exclusion de tout autre pouvoir, de discuter la Constitution et d'y proposer des réformes. C'est ici surtout qu'il est à propos de se rappeler ce qui a été dit au dernier paragraphe du chapitre précédent sur les inconvénients des changements dans les lois fondamentales et constitutives des Etats, et la grave parole de Bâcon sur ce sujet.

Quant aux libertés, il n'y a de *nécessaires* que celles qui sont naturelles ou civiles; pour celles que l'on appelle politiques, toutes désirables qu'elles peuvent être en elles-mêmes, elles ne paraissent pas avoir rien d'essentiel au bonheur d'un peuple, puisque l'on a vu et l'on voit encore des nations fort prospères qui n'en ont jamais été pourvues. Il est bon de ne rien donner à l'exagération, et de se tenir en garde contre les machinations de certains esprits. D'ailleurs, qu'on rende ces libertés possibles et sans danger par l'apaisement des passions, et les Souverains se feront un bonheur de les concéder sans attendre qu'on les presse.

3° On fait encore un grief aux Souverains du mauvais état de leurs finances. Il est très-vrai que par suite des défiances extrêmes où les entreprises ambitieuses ou révolutionnaires de ces derniers temps tiennent les Princes, ils se sont crus obligés à conserver leurs armées sur le pied de guerre, et en faisant ainsi des armements monstrueux qui épuisent les finances de l'Etat, à contracter des dettes inquiétantes pour l'avenir. Cette plainte ne s'adresse pas à un seul gouvernement, elle s'adresse à tous; car il n'est pas une seule des grandes Puissances de l'Europe qui, pour cette cause, ne soit fortement obérée. C'est un malheur. Mais les nations ont-elles bien le droit de reprocher à leurs gouvernements la pénurie du trésor public malgré l'accroissement des impôts? Ne devraient-elles pas plutôt faire un retour sur elles-mêmes? Car si par leur respect, leur soumission, leur fidélité, leur application à faire la sourde oreille aux insinuations des hommes turbulents, elles donnaient à leurs Souverains un motif solide de ne plus redouter de nouveaux ébranlements, il serait facile alors de renfermer dans ses justes bornes le contingent de l'armée, de diminuer considérablement les dépenses, et de faire ainsi d'énormes économies qui auraient bientôt rétabli l'ordre et l'équilibre dans la fortune de l'Etat.

4° On leur reproche également, et c'est là une des

plaintes les plus communes et les plus amères, l'élévation exagérée des impôts, patentes et autres contributions au profit de l'Etat. Nous croyons qu'ici chacun doit avoir la bonne foi de se reconnaître en faute : le gouvernement, pour avoir cédé avec trop de facilité au mouvement qui l'entraîne vers le nombre, l'étendue et le luxe des bâtiments, la reconstruction des grandes villes, les énormes travaux des chemins de fer, etc., toutes choses qui ne sont pas sans gloire, mais qui à côté d'immenses avantages produisent aussi des inconvénients de plus d'une sorte, et en particulier la détresse financière nécessitant l'augmentation des impôts; et les municipalités, d'autre part, ne méritent pas de moindres reproches en se laissant emporter si aisément à ce tourbillon vertigineux. En France en particulier a-t-on bonne grâce en effet de s'élever avec tant d'amertume contre la multiplicité des charges publiques, quand on s'en accable soi-même par son libre choix; quand on voit la plupart des communes de l'Empire solliciter à l'envi des autorisations d'emprunter, de s'imposer des centimes additionnels, et de contracter sous toutes les formes et pour toute sorte de motifs plus ou moins spécieux des obligations qui, en ajoutant leur poids aux charges déjà si lourdes du budget général, les obèrent, les pressurent pour de longues années, et causent une extrême misère dans les classes pauvres ? Si l'on savait se borner et mettre un frein à cette fureur de dépenses, qui n'ont très-souvent pour objet que des travaux de luxe et d'embellissement sans véritable nécessité, l'on ne sentirait pas tant le fardeau imposé à toute la nation, et l'on ne songerait pas à rendre le gouvernement responsable d'un état de gêne et de souffrance dont on est soi-même le principal auteur. Aussi l'on s'étonne, et non sans quelque raison, de l'extrême facilité avec laquelle les pouvoirs publics accordent presque sans examen ces autorisations ruineuses.

On voit maintenant à quoi se réduisent ces reproches tant rebattus contre l'Autorité souveraine. Il n'était pas nécessaire de faire tant de bruit pour de si petits sujets ; et plus on examine à fond ces diverses plaintes faites avec tant d'assurance, plus on est stupéfait de l'audace de certaines gens, et de la crédulité d'une foule d'autres. Un peu de calme, de patriotisme et d'énergie de caractère, de la part de la masse des citoyens, aurait bientôt fait prendre le parti du silence à ces esprits aventureux qui cherchent toute leur puissance dans la séduction de leurs brillants sophismes, et ne trouvent de bien que ce qu'ils font. Oh ! combien la tâche des Souverains serait simplifiée, et la prospérité des peuples plus réelle et plus prompte, si au lieu d'accuser l'on voulait aider, si au lieu d'ébranler on travaillait à affermir, si au lieu d'entraver la marche du Pouvoir par des déclamations vagues et des dénigrements, on s'appliquait, en renonçant sincèrement à des aspirations dangereuses, à lui prêter un constant et loyal appui.

CONCLUSION.

Arrivé à la fin de notre course, nous pouvons nous rendre ce témoignage de n'avoir cherché que la vérité, l'affermissement de la paix et le vrai bien du monde ; et nous croyons ne nous être point trompé. Car le plus grand avantage de la société, c'est bien incontestablement de jouir des choses qui lui sont les plus nécessaires selon Dieu et selon ses véritables intérêts, et qui pourtant trop souvent lui font presque complétement défaut. L'immense besoin de la société de nos jours, de l'aveu de tous les esprits sérieux, c'est le respect de l'Autorité, et surtout de l'Autorité souveraine, source de toutes les autres.

Dans toutes les opinions, dans toutes les classes, un certain nombre d'hommes supportent impatiemment une

Autorité si haute et si vénérable : les uns n'ayant point de principes, et les autres ne suivant pas les leurs. L'impiété si longtemps régnante, et dominant encore aujourd'hui par le seul souvenir de sa puissance, les révolutions si nombreuses qui ont montré à une fraction du peuple sa force et l'ont accoutumé à vouloir être le maître, les chutes fréquentes et rapides des races royales, les habitudes d'émancipation et de hauteur qui ne peuvent supporter aucun joug même le plus honorable et le plus nécessaire, enfin toutes les autres causes d'insubordination que nous avons énumérées au second Livre de la première Partie, ont jeté dans une multitude d'âmes des aspirations perpétuelles et inquiètes vers une liberté sans définition et sans frein. L'on s'est dit que la liberté consiste à ne pas dépendre de l'homme, c'est vrai ; mais l'on n'a pas ajouté, ce qui est également vrai, que la liberté n'affranchit pas de la règle et du devoir, et que c'est cette règle, ce devoir, qui oblige à se laisser conduire par une Autorité vivante, sans laquelle tout n'est qu'orgueil, illusion et malheur. Alors le sens légitime de la liberté a été perdu, mais le respect de l'Autorité spirituelle et temporelle s'en est allé dans la même proportion ; et plus l'homme s'est élevé dans ses pensées fières et hautaines, plus il a, par une conséquence inévitable, méprisé et cherché à rabaisser tout ce qui est au-dessus de lui. Et si maintenant encore, malgré la paix extérieure donnée par la sagesse et l'énergie du Pouvoir, l'avenir paraît si peu rassurant, si tant de symptômes sombres et redoutables inquiètent à bon droit les hommes les plus optimistes, si un certain soulèvement mal dissimulé des esprits nous réduit à redouter des commotions nouvelles, c'est à cette décadence de la Puissance souveraine dans l'estime et dans l'affection de la génération présente qu'il le faut attribuer. Et toutefois, qu'on se le redise encore avec une conviction profonde et plus que suffisamment déterminée par les faits, l'empire des révolutions ne prendra fin qu'à la renaissance de l'esprit de soumission aux deux Pouvoirs religieux et politique; elles ne seront mortes que quand le respect pour la grandeur divine de cette double Souveraineté aura remplacé l'orgueil et la passion politique, cachés sous les formes séduisantes de cet amour de la liberté qui, semblable au serpent du Paradis terrestre, inspirait à nos premiers pères la révolte contre leur Créateur, sous prétexte des égards dus à la liberté et à la dignité humaines. Et c'est uniquement ce respect pour les deux grandes Autorités de la terre qui rend les nations guérissables, selon le langage de l'Ecriture.

Sans doute il se rencontrera des hommes pour dire que nous flattons les rois. Cette inculpation ne serait pas extraordinaire, mais elle ne nous effraie pas plus qu'elle ne nous atteint. Car si c'est flatter les rois que de leur montrer à la suite de leur élévation, de leur puissance et de leurs droits, leurs devoirs les plus rigoureux et les plus imprescriptibles; si c'est flatter les rois que de leur faire entendre qu'ils ne s'appartiennent plus, mais à la nation qu'ils gouvernent, et pour laquelle ils sont obligés de se sacrifier; qu'ils sont pour elle et non pas pour eux; qu'ils n'ont pas le droit de faire ce qui leur plaît, mais seulement ce qui est dans l'ordre; qu'ils doivent renfermer toute leur domination et tous leurs actes dans la sphère des lois sans jamais en sortir; qu'ils sont tenus de respecter les vraies libertés et prérogatives des peuples, et que toute cette gloire et splendeur du trône n'est qu'un lourd fardeau, une responsabilité immense et un engagement à une immolation de tous les jours et de tous les instants, à des devoirs accablants et extrêmement difficiles, et à une sorte de travail de mercenaire; si c'est flatter les rois que de leur faire apercevoir ce jugement de Dieu auquel ils ne peuvent échapper, et où ils s'exposent à être traités avec plus de rigueur qu'aucun de leurs sujets, et de leur dire que les grands abus de leur Pouvoir seront punis, et par l'aiguillon du remords, et par l'exécration de leur mémoire et par une damnation éternelle, oh! alors sans doute nous sommes les flatteurs des rois. Mais qui donc osera regarder comme des flatteries des vérités si dures! Du moins nos flatteries, si on veut leur donner ce nom, sont des avertissements salutaires; et des Princes ainsi flattés, s'ils veulent profiter de ces graves leçons, dictées par le respect et par l'amour, ne peuvent être que les meilleurs des rois; ils feront nécessairement le bonheur de leurs peuples; et par conséquent nous aurons atteint notre but.

Mais peut-on en dire autant des flatteurs des peuples, plus nombreux et moins sincères assurément que les prétendus adulateurs des rois? Quelles louanges trompeuses donnent-ils donc au peuple, ces gens d'un caractère si équivoque? Par quelles chimériques promesses l'endorment-ils? Ecoutons Bossuet : « C'est toujours, ou leur liberté qu'on veut leur rendre, ou leurs biens qu'on veut leur assurer, ou leur religion qu'on veut rétablir. Le peuple se laisse flatter et reçoit le joug. C'est à quoi aboutit la souveraine puissance dont on le flatte; et il se trouve que ceux qui flattaient le peuple sont en effet les suppôts de la tyrannie. C'est ainsi que les Etats libres se font des monarques absolus, et deviennent insensiblement, mais, que dis-je, ils deviennent manifestement, l'annexe d'une monarchie étrangère. C'est ainsi que les Etats monarchiques se font des maîtres plus absolus que ceux qu'on leur fait quitter, sous prétexte de les affranchir. On a fait cet ouvrage en les flattant. (1). »

Nous ne nous arrêterons donc point à de vains reproches dont nous nous glorifierions plutôt, s'il fallait se glorifier de quelque chose; car ils montreraient en réalité que nous avons pris le contre-pied de l'esprit de sédition, et proposé

(1) 5e Avertiss.

le vrai remède au mal qui nous mine aujourd'hui. Puissent les peuples chrétiens entendre mieux leurs intérêts, et discerner leurs véritables amis de ceux qui ne savent que les flatter pour en faire l'instrument et le jouet de leur ambition! Et ce n'est pas sans raison que nous nous servons de ce mot de *chrétien;* car il n'appartient qu'à la Religion de faire pénétrer dans les volontés les salutaires enseignements que nous ne pouvons que présenter à l'intelligence. C'est l'impiété qui a commencé à ébranler l'autorité des Souverains, non dans l'intérêt du peuple, mais pour se faire elle-même reine, à la place du vrai Pouvoir. Car l'impie « sait bien, dit un auteur moderne, qu'ayant détruit l'harmonie dans son centre et l'unité dans sa source, le concert civil n'est plus qu'un mot vide de sens, et que pour un homme comme lui l'ordre consiste à tout sacrifier à l'amour de soi-même. Celui qui, après s'être étudié à avilir le spectacle de la Religion, veut encore nous intéresser à celui de la société, ressemble parfaitement à un homme qui, tout à la fois tourmenté du besoin de nuire et de la passion d'être estimé, veut paraître étançonner et soutenir un édifice dont il a auparavant miné tous les fondements. »

Il n'y a donc, il n'y a jamais eu, il n'y aura jamais de vrai bonheur pour un peuple, quel qu'il soit, que dans la soumission sans subterfuge à l'Autorité souveraine de Dieu, et de l'homme qui le représente. Mais cette soumission ne s'établira que par la foi; elle ne s'affermira qu'avec l'affermissement du principe religieux; car c'est à la Religion seule qu'il appartient d'affirmer avec certitude tous les droits, tous les vrais principes, de les faire aimer, et d'établir ainsi sur une base ferme et inébranlable le solide bonheur des Souverains et des sociétés.

FIN DE LA DEUXIÈME PARTIE.

TABLE

DE LA SECONDE PARTIE.

SECONDE PARTIE.

Nantes, imp. M. BOURGEOIS, rue Saint-Clément, 115.

Printed in Dunstable, United Kingdom

91220131R10301